PRÉFACE

Les Grandes Maisons gagnent et perdent en un siècle une gloire immortelle. Elles bourgeonnent, éclosent, fleurissent, portent fruit; du fond de l'obscurité elles s'élèvent pour dominer leur Âge, indélébilement inscrire leur nom dans l'Histoire: un siècle plus tard, cédant la place à d'autres qui occuperont dorénavant le devant de la scène, elles disparaissent dans la foule et y poursuivent une vie anonyme, insignifiante et retirée.

Les Césars furent jadis les maîtres du monde; le génie d'un Divus Julius ou d'un Divus Augustus était partout célébré sur les autels. Il existe aujourd'hui des Cesarini à Rome, *cosa grande ch'il sole,* maîtres de vastes domaines, non d'empires. Buonaparte tint jadis l'Europe dans ses griffes. Le Buonaparte d'aujourd'hui vit en exil dans les Flandres ou en Moscovie. Les Sforza furent jadis des souverains régnants; deux de leurs filles devinrent respectivement impératrice et reine. Il existe aujourd'hui des Sforza à Santafiora et à Rome; des princes les égaux, non des rois. Borgia jadis fut suprême dans la Chrétienté. Il y a des Borgia aujourd'hui, pairs de France; ou des patriciens dont les noms sont inscrits dans le Livre d'Or de Rome.

En un peu plus d'un siècle, de 1455 à 1572, les Borgia bondissent d'un seul coup sur le piédestal de la gloire; partis de petits évêchés et de cardinalats, ils atteignent la terrible altitude du Trône de Pierre; ils produisent en ces quelques années deux papes, un saint et un général des Jésuites. Il est vrai qu'est mort au XIXe siècle un autre Borgia de renom, Stefano Borgia, Cardinal-Presbytère du Titre de San Clemente, homme d'une bonté et d'une grandeur sans égales, digne d'être admiré par les Anglais pour certain haut fait qui n'a point encore été écrit dans les Annales de l'Angleterre; et qui préféra garder un second rang plutôt que d'atteindre la vertigineuse prééminence de ses ancêtres.

L'histoire de la Maison des Borgia est celle de la fin du grand schisme; de la renaissance des lettres et des arts; de l'invention de l'imprimerie ; de la consolidation de cette souveraineté pontificale qui dura jusqu'en 1870 ; de la découverte d'un Monde ; c'est l'histoire de la découverte, par l'homme, de l'Homme.

« Il est impossible de pénétrer l'abîme de la personnalité humaine. Nul homme ne voit véritablement l'âme vivante de son prochain, de son épouse, ni même la sienne propre » (*John Addington Symonds*). Plus obscures doivent être celles de ses amis ; et plus impénétrables encore celles de ses ennemis. Et il s'agit ici des vivants. Que pouvons-nous savoir alors de personnalités qui ne sont plus que de simples noms, peut-être dénués d'intérêt ?

Il existe des chroniques, et des chroniqueurs ; dans lesquels on ne peut pas plus avoir confiance que dans nos modernes journaux du soir ou du matin. Le même défaut leur est commun – l'équation personnelle, la nature humaine de l'écrivain, de l'historien, du journaliste.

Le Cardinal Bartolomeo Sacchi (dit Platina) était « un païen, et de la pire sorte ». Il fut traduit devant un tribunal pour avoir adoré de faux dieux, acquitté faute de preuves, et quitta cette vie en odeur de sainteté. Les recherches effectuées de nos jours dans les recoins oubliés des Catacombes ont prouvé qu'il s'adonnait là à ses infâmes pratiques avec une poignée d'individus extravagants de même acabit. Il écrivit une Histoire des Papes qui mérite réellement d'être considérée comme véridique ; mais il en voulait personnellement au Pape Paul II, lequel l'avait fait juger pour paganisme, et soumettre à cette torture appelée la question ; c'est pourquoi il se vengea de Sa Sainteté lorsqu'il écrivit l'histoire de Sa vie, et il serait difficile de trouver un exemple plus singulier de vérité racontée de manière mensongère. Platina mourut sous le règne du Pape Sixte IV ; son Histoire des Papes fut continuée par Onofrio Panvinii, lequel, selon Sir Paul Rycaut, affirme très sérieusement qu'en 1489, le Pape Innocent VIII autorisa la Norvège à célébrer la messe sans vin ; ce pays étant très froid et fort éloigné, le vin y gelait ou tournait au vinaigre avant même d'y parvenir. Il est évident que ces allégations de Platina et de Panvinii exigent des vérifications.

Les observations de Messer Stefano Infessura sur Sixte IV mettent elles-mêmes en doute sa bonne foi et ses connaissances.

Monsignor Hans Burchard, dont le Diarium original n'est toujours pas retrouvé, est négligent, teuton et mesquin.

Les Orateurs des Puissances rédigent leurs notes diplomatiques à partir des ragots qu'ils ont pu entendre aux portes des palais, ou des propos tenus par des laquais vénaux.

LES BORGIA

FREDERIC ROLFE (Baron Corvo)

LES BORGIA

Traduit de l'anglais par Antoine Berman

Jean-Cyrille Godefroy

ISBN : 9782865532445
www.editionsjcgodefroy.fr

Messer Paolo Giovio, que le Pape Clément VII proposa comme Évêque de Nocera, Messer Francesco Guicciardini et Messer Benedetto Varchi étaient tous des Florentins qui écrivaient à la manière florentine sur Rome et les affaires de Rome, d'un point de vue malveillant, et en s'appuyant exclusivement sur des potins et des commérages parvenus à Florence bien des années plus tard. Certes, ils écrivirent dans une langue noble et raffinée, « selon le désir de Dante, dans cette illustre langue maternelle des cardinaux de cour et de curie, propre à chaque État italien, mais particulière à aucun, à l'aune de laquelle les parlers locaux de chaque cité doivent être mesurés, pesés et comparés ». Mais... celui qui étudie leurs œuvres doit savoir que (comme tous les auteurs professionnels de brocards, de libelles et de pasquinades, à toutes les époques) ils ne louaient que ce qu'ils aimaient, et condamnaient rhétoriquement et catégoriquement ce qu'ils exécraient, composant à cette fin des catalogues concis des pires crimes relevés par la casuistique pour les déposer aux portes de leurs ennemis. Celui qui étudie l'histoire doit donc connaître les sympathies et les antipathies personnelles de ces historiens ; il doit découvrir leur équation personnelle ; et lorsqu'il a déduit celle-ci de l'ensemble, parvenir à la vérité par juxtaposition. Voilà la méthode qui a été tentée dans le présent ouvrage, en l'absence de sources impersonnelles.

« Il me semble que l'histoire a fait servir la Maison des Borgia de toile de fond sur laquelle peindre la licence effrénée qui régnait au XVe et au XVIe siècles. » (*Ragguali, sulla vita di Marino Sanuto*). Certains historiens décrivent les femmes de la Maison Borgia comme des « ménades porteuses de poison » ou des « bacchantes vénéfiques » ; les hommes, eux, sont dépeints comme des monstres totalement abominables. Hommes et femmes, ici, apparaissent comme des êtres d'une mauvaiseté parfaitement inaccessible à la nature humaine, parfaitement improbable même dans une nature kakodémoniaque. Mais d'autres historiens – qui appartiennent, chose curieuse, surtout à l'École française – nous montrent les mêmes Borgia comme des êtres innocents et immaculés, rayonnant d'une inconcevable vertu.

Aucun homme, depuis Adam, à l'exception d'Un Seul, n'a été entièrement bon. Aucun n'a été entièrement mauvais. La vérité sur les Borgia se trouve sans aucun doute entre ces deux extrêmes. On les accuse d'avoir eu une morale relâchée, de s'être livrés à des pratiques et à des distractions inconvenantes.

Soit. Et après ? Qui oserait les juger ? Des papes, des rois, des amants, des hommes de guerre, des hommes de l'intellect ne sauraient être jugés d'après le code mesquin, la norme rétrécie du journaliste, du concierge, ou du plombier et du mercier. Une proposition d'une injustice aussi indécente ne pouvait émaner que de gens qui espèrent obtenir quelque chose par comparaison.

Pourquoi les belles heures lumineuses du jour devraient-elles être traînées devant un tribunal par ceux-là mêmes qui, aujourd'hui, iront s'asseoir au banc des prévenus? Pourquoi ne pas laisser le sort des Borgia à l'Ange qui tient le registre de tous nos actes?

Un jour, nous saurons tout des Borgia; dans l'intervalle, mieux vaut étudier avec franchise et ouverture cette époque de vive et vivace violence où «le Pape était un despote italien paré de quelques attributs sacerdotaux»; et où «ce que Stuart Mill désirait dans son Essai sur la Liberté – et qui semble chaque jour plus inaccessible dans la vie moderne – était le bien commun de tous les Italiens: *il n'y avait aucun frein à la croissance de la personnalité, et les hommes n'étaient point ravalés à la moyenne générale*».

«Amorist, agonist, man, that, incessantly toiling and striving Snatches the glory of life only from love and from war»: telle est la formule qui exprime le mieux les Borgia. Car ils étaient aussi des êtres humains, des êtres aux prises avec la naissance, la lutte pour la vie, et la mort.

Dans ce sujet idéal qu'est la Maison des Borgia, il y a matière pour toute une équipe de spécialistes. L'auteur de ces lignes ne se targue d'aucun savoir particulier; bien que ses recherches, assurément, l'aient mené dans telle direction plutôt que telle autre. Prisonnier de ses propres limitations, il ne prétend point avoir découvert des faits inédits ou frappants: mais il croit en toute humilité avoir réussi à jeter une lumière neuve et plus naturelle sur certains mythes et légendes, et avoir réordonné causes et événements selon une suite humainement plausible.

En traitant de certaines calomnies circonstancielles, il a adopté un système nouveau; par exemple, dans le cas de personnes supposées avoir été élevées à la pourpre cardinale en récompense de services criminels. Il fournit ici la liste complète des personnes élevées à la pourpre, et quand les noms de ceux qui sont accusés de crimes n'y apparaissent pas, il considère ce fait comme une réfutation directe et positive de la calomnie en question.

En ce qui concerne les noms et les titres, il s'est efforcé de corriger les traductions négligentes et corrompues qui sont à présent en vogue.

Évoquer des personnages en des termes qui conviendraient mieux à leur chien ou à leur esclave ; parler de souverains ou de pontifes comme s'il s'agissait de Pierre ou de Paul – voilà des manquements à l'étiquette d'une impardonnable grossièreté. L'auteur de ces lignes a du moins essayé d'accorder à ses personnages l'usage des noms et la courtoisie des titres qui étaient réellement les leurs.

En écrivant de la sorte, il a tenté d'épouser ses sautes d'humeur, en consonance avec le sujet de son étude, et de conserver quelque chose de cette inconstance souveraine, haletante et cavalière qui est le propre de la Nature. Car les hommes, à l'époque des Borgia, étaient très naturels.

On a parfois soutenu que le style d'un ouvrage historique doit être grave et majestueux ; et il doit en être ainsi quand l'Histoire est écrite de manière épique. Mais écrire sur des hommes et des femmes – des humains – de cette manière non humaine n'est qu'un crime contre nature ; aussi ridiculement incongru et inconsistant que de chanter le *Miserere Mei Deus* sur l'air de *La Marseillaise.* Car la nature humaine n'est point grave et majestueuse en toutes les époques ; étant humaine nature, elle a ses périodes pantouflardes et domestiques. Le but de cet ouvrage est de peindre les Borgia tels qu'ils furent réellement, pittoresques, vivants, et fort peu conventionnels ; non de les figer monumentalement dans des moules idéaux et héroïques, ou de les ciseler dans des effigies banales et méconnaissables.

L'auteur n'écrit pas dans le simple but de « blanchir » les Borgia ; son opinion actuelle étant d'ailleurs que la vilenie des hommes est telle qu'aucun mot ne peut l'exprimer.

En outre, il n'écrit pas pour défendre les intérêts de l'Église romaine ; ni ceux des Jésuites ; ni ceux d'aucun credo, d'aucune corporation ou d'aucun être humain. Mais seulement comme quelqu'un qui a déterré quelques tessons de savoir qu'il se voit obligé de vendre pour survivre

Il est superflu de dire qu'il n'est tenté dans ces pages ni de persuader, en l'absence de conseils qu'il eût désirés, a écrit ce qu'il a écrit « sauf correction ».

CHRONIQUES DE LA MAISON DES BORGIA

« UN FEU QUI S'EMBRASE COMMENCE PAR DE LA FUMÉE ET DE BREFS SIFFLEMENTS ; IL S'ATTAQUE AU BOIS, EXPLOSE EN UNE GRONDANTE FLAMBÉE DONT LES LANGUES FURIEUSES DÉVORENT TOUT SE QUI SE TROUVE À LEUR PORTÉE ET PARSÈMENT LE FOYER D'ÉTINCELLES FUGITIVES ; PUIS DEVIENT CETTE FERME ET GÉNIALE CLARTÉ, CETTE LUMIÈRE BRILLANTE QUE LES HOMMES APPELLENT FEU ; IL SE CONSUME EN CENDRES LENTES ET EXPIRANTES, SURVIT LÀ OÙ LA COUVAISON DES BRAISES JETTE UNE LUEUR VACILLANTE ET ALIMENTE SON INCANDESCENCE, JUSQU'À CE QU'UN SOUFFLE PROPICE LE RAMÈNE À LA VIE. »

LIVRE PREMIER

LA NAISSANCE DU FEU

« Un feu qui s'embrase commence par de la fumée et de brefs sifflements ; il s'attaque au bois... »

En l'an 1455 de la Restauration du Salut, la Chrétienté se trouvait dans une périlleuse situation. L'Infidèle qui arrivait en foule du sombre Orient avait juré de planter le Croissant sur les ruines de la Croix. En résistant à cette poussée, le Roi Wladislaw de Hongrie et le Légat apostolique, le Très Illustre[1] Seigneur Giuliano Cesarini, Cardinal-Évêque de Tusculum, Romain de Rome, descendant d'une glorieuse famille[2], avaient perdu la vie à la bataille de Varna. Au bout de cinquante-trois jours de siège, Constantinople tomba entre les mains du Grand Turc, le sultan Mohammed II. Johannes Paléologue, « Roi et Autocrate des Romains », était mort ; son successeur Constantin Dragasès XIII, le dernier Empereur Chrétien de l'Est, mourut en défendant sa capitale. À la chute du grand Empire byzantin, les remparts de la Chrétienté s'effondrèrent ; l'Infidèle se rua sur ses frontières. Seul, sans aucun allié, Jan Hunniade défendait désespérément la Hongrie. Les Puissances européennes, elles, étaient absorbées par des affaires de moindre importance.

À cette époque, Rome était l'œil et le cerveau du monde ; Rome avait vu et compris tout ce qui allait advenir.

Pendant de nombreuses années, depuis les premiers signes de l'offensive musulmane, des fugitifs de Byzance avaient accosté sur les

1. L'épithète *Très Éminent* (Eminentissimo) fut accordée aux cardinaux par Sa Sainteté P. P. Urbain VIII, en 1630. Auparavant, ils étaient appelés *Très Illustre* (Illustrissimo) ou, dans le cas d'un Cardinal-Doyen et des Cardinaux-neveux, *Très Honorable* et *Très Vénérable* (Osservantissimo, Colendissimo).

2. Qui affirmait descendre de la Gens Julia. Leurs armoiries montrent l'Ours (Orsini) enchaîné à la Colonne (Colonna) avec l'Aigle impérial sur le chef, toutes ailes déployées.

rives italiennes. La gloire de la Grèce avait autrefois émigré dans la Rome impériale. À présent, la gloire et la grandeur de Byzance émigraient dans la Rome chrétienne. Quand le danger devint menaçant, quand des jours de violence commencèrent à s'annoncer, les savants et les artisans les plus expérimentés, les spécialistes les plus habiles en toutes sortes de connaissances s'enfuirent à l'Ouest, allèrent se jeter dans les bras ouverts de l'Italie avec leurs trésors de science. L'Italie accueillit tout ce qui pouvait amplifier et illuminer son génie transcendant ; culture, talent et savoir trouvèrent en elle non l'exil, mais une terre où demeurer, et un marché d'échanges. La science devint une mode. « Le goût littéraire était le principe qui régissait tout. » Ce fut l'âge de l'acquisition. « Les Italiens connaissent à peine le toscan, mais le latin est partout répandu dans le monde », disait Filelfo. Mais pour un gentilhomme, le véritable critère était la connaissance du grec, et les hellénistes étaient les hôtes les plus honorés de l'Italie. Insatisfaits des textes et des classiques de l'Antiquité que ceux-ci avaient emmenés avec eux, les princes et les patriciens italiens envoyèrent des ambassades dans la Byzance en déclin, pour y chercher des manuscrits, des inscriptions, ou encore des gemmes, des bronzes et des marbres sculptés. Intailles et camées ornaient les bagues, les cols et les toques des sénateurs vénitiens, des seigneurs florentins, des souverains du Regno[1], des barons, des cardinaux et des papes romains. « Ils avaient découvert que le corps d'un homme constitue un miracle de beauté, que chaque membre est une merveille divine, chaque muscle une source de joie aussi grande que le spectacle des étoiles et des fleurs. » Messer Filippo Brunelleschi, qui déclara réellement que sa figure du Christ était un Contadino crucifié, érigea le splendide dôme de Florence. Messer Antonio Filarete sculpta pour sa Sainteté P.P. Eugène IV les rapts de Léda et de Ganymède sur les grandes portes de bronze de Saint-Pierre. Messer Lorenzo Ghiberti modela les magnifiques portes du Baptistère. Messer Simone Fiorentino (dit Donatello) plaça sur la paroi nord d'Orsanmichele son superbe saint George en marbre, et coula dans le bronze pour le duc Cosme le David du Bargello. Tommaso di Ser Giovanni degli Scheggia, surnommé Masaccio (le gros balourd) peignit saint Pierre et saint Paul relevant les morts, avec la dextérité qu'il avait apprise de Tommaso di Cristoforo Fini, appelé Masolino (le joli petit gars). Paolo Doni, surnommé Ucello (oiseau) mit des oiseaux dans ses tableaux, conformément à ses habitudes. Le Bienheureux Giovangelico da Fiesole emplit

1. Les royaumes d'Aragon, de Naples, les Deux Siciles et Jérusalem.

les triptyques avec ses visions de la hiérarchie des anges. Fra Filippo Lippi peignit l'Archange saint Gabriel avec ses ailes aux yeux d'argus dans une admirable Annonciation. Pétrarque et Boccace cherchèrent des manuscrits dans tous les couvents, les abbayes et les musées de Byzance. Messer Poggio Bracciolini découvrit des manuscrits de Lucrèce, de Vitruve, de Quintilien, ainsi que l'Oraison cicéronienne *Pour Caecina.* « Ni les rudesses du froid hivernal, ni la neige, ni les longueurs d'un voyage, ni la dureté des chemins ne l'empêchaient d'amener à la lumière les monuments de l'Antiquité », déclare Francesco Barbaro. Il n'hésitait pas non plus à voler quand un larcin lui semblait nécessaire pour sauver un manuscrit précieux. Trois disciples de Manuel Chrysoloras gagnèrent le renom dans cette course érudite : Giovanni Aurispa recueillit près de deux cent trente-huit manuscrits importants de l'Antiquité, Guarino da Verona et Francesco Filelfo revinrent de Byzance les bras chargés.

Enivrée par ces connaissances nouvelles, l'Italie ne perçut point le véritable sens de ses acquisitions. Elle resta aveugle au péril qu'elles annonçaient pourtant avec évidence.

Mais Rome, elle, sut voir. Et pendant de nombreuses années, elle éleva sa voix et cria bien fort que l'Italie ne jouissait de cet enrichissement de son patrimoine que parce que Byzance n'était plus un dépôt sûr de celui-ci. Pendant de nombreuses décennies, Rome proclama le danger que représentait la progression des Infidèles. Mais la Chrétienté fit la sourde oreille, et compara Rome à Cassandre. Puis l'Immortelle Rome sombra dans une espèce d'apathie : sa voix s'entendait désormais moins souvent, et parlait sur un ton plus faible et moins insistant. Et peu à peu, le charme puissant de la Renaissance s'empara d'elle : sous le règne de Sa Sainteté P.P. Nicolas V[1], elle devint à son tour victime du délire de la mode. Des églises et des palais furent conçus, construits, décorés. Des manuscrits furent rassemblés, collationnés et recopiés. Des bibliothèques et des collèges furent fondés. La culture enfin, et pour une fois, était devenue chose suprême ; et le phénomène du génie dans le besoin chose inconnue. Ce fut une époque où la demande de science et de beaux-arts excéda l'offre.

Rome connut alors que le Beau est parfois acquis à un prix trop élevé ; que son essentielle évanescence exige l'appui de la vertu et de l'héroïsme, de l'honneur et des armes ; précisément comme la femme a besoin de la protection de l'homme. Rome sentit que la progression des Infidèles représentait une menace pour la civilisation, et supplia

1. P.P. : *Pater Patrum*, le titre officiel du Pontife romain.

la Chrétienté de s'opposer au flot de barbarie qui se déversait maintenant sur elle.

Entre toutes les Puissances d'Occident, seule la Hongrie répondit à cette supplique ; mais elle tomba bientôt entre les mains des Mahométans.

L'Angleterre, que la révolte de Jack Cade avait déchirée, allait connaître un conflit plus sanglant que la Guerre civile américaine ou la Guerre des Boers. Le règne du roi Henri VI Plantagenet, le plus noble saint qui eût jamais porté un diadème terrestre, touchait à sa fin : de ces pâles mains jointes pour la prière, de ces mains sacrées qui avaient envoyé au Vicaire du Christ une pétition pour la canonisation du héros de l'Angleterre, le roi Aelfred le Grand[1], le sceptre allait bientôt tomber. Les trompettes résonnaient du Kent au Northumberland. L'air pur des vallons du Yorkshire vibrait du sifflement des flèches, du choc de l'acier des lances sur les boucliers. L'Angleterre était un vaste camp en armes ; et la Guerre des Deux Roses avait commencé.

L'Allemagne et l'Autriche, sous le règne du Saint Empereur Germanique, « Caesar Semper Augustus », Friedrich IV (le Pacifique), étaient agitées par des vagues de mécontentement politique et religieux. Sous l'apparence d'un désir de réformes, ambitions politiques et personnelles se frayaient leur chemin. Le Caesar Friedrich IV tenait d'une main lâche les rênes du gouvernement. Excellente figure de proue, empereur décoratif, il n'imposait pas à son empire la ferme poigne d'un *gantelet de fer*. Le symbole A.E.I.O.U. (AUSTRIAE EST IMPERATOR ORBIS UNIVERSI – ALLE ERDE IST OESTERREICHS UNTERTHAN) qu'il avait inventé pour sa devise, représentait plus son désir que son réel pouvoir. Les souverains féodaux de l'Empire s'employaient à agrandir leurs domaines ; l'influence de leur suzerain n'exerçait sur eux aucun frein.

L'Italie méritait la désignation que lui a donné Metternich à l'époque moderne ; ce n'était pas une nation, mais une expression géographique. Au Nord, il y avait les Républiques de Venise, Gênes, Florence, et les États de moindre format qui les imitaient, ainsi que les duchés royaux de Savoie, de Milan et de Ferrare. Les États pontificaux traversaient tout le pays, en direction du Nord-Est, de Rome à la Méditerranée, d'Ancône à l'Adriatique. L'Est et le Sud, avec la Sicile, la Sardaigne et les Îles, étaient appelés le Regno, et gouvernés depuis Naples par les rois de la Maison d'Aragon. Disséminés dans tout le

1. Le procès de canonisation du roi Aelfred, quoique entamé par un roi d'Angleterre (lui-même proclamé saint par acclamation) n'avait pas encore été achevé par la Cour de Rome au bout de quatre cent cinquante ans.

pays, il y avait enfin des territoires et des villes à demi indépendants, fiefs féodaux tenus par des noblesses locales, dont les barons portaient le titre inoffensif de Tyran ; ils exerçaient un pouvoir absolu sur leurs petits États, comme les Manfredi, Tyrans de Faenza, les Malatesta, Tyrans de Rimini, les Sforza, Tyrans de Pesaro, Chotignuola, Santafiora, Imola et Forli, etc.

La France, qui avait envoyé au bûcher sa plus glorieuse figure, la Pucelle d'Orléans, guérissait peu à peu des victoires grâce auxquelles, de 1434 à 1450, elle avait arraché à l'Angleterre toutes ses possessions sur son territoire, à l'exception de Calais. Le lâche et faible Charles VII était mort ; Louis XI, gentilhomme de plaisir et de piété, occupait le trône.

L'Espagne, enfin unifiée après des siècles de lutte entre ses divers royaumes grâce au mariage du Roi Don Hernando d'Aragon et de la Reine Doña Isabella de Castille, se préparait à une ère d'expansion coloniale.

Le Portugal consolidait ses possessions en Afrique.

La Norvège et la Suède, après une brève séparation, s'étaient une fois de plus unies sous le sceptre du Danemark ; elles apprenaient les leçons de la paix.

Et soudain, à Rome, en 1455, le 24 mars, un lundi de la Semaine Sainte, Sa Sainteté P.P. Nicolas V mourut ; avec Sa mort, le flot de la Renaissance italienne s'immobilisa.

Le Collège des cardinaux assuma le gouvernement de Rome et de l'Église universelle, tandis que le Conclave qui devait élire le Successeur de saint Pierre se réunissait. Pendant neuf jours, on célébra les Novendialia, ces étranges cérémonies liées aux obsèques d'un Pape. Le Vendredi Saint, le 4 avril, après l'Adoration de la Croix, la Messe des Présanctifiés et l'Exposition du Suaire (ou Véritable Image de notre Divin Rédempteur, vulgairement appelée Véronique) dans la Basilique vaticane, les cardinaux se cloîtrèrent ; portes et fenêtres du Vatican furent murées ; Pandolfo, Prince Savelli, Maréchal Héréditaire de la Sainte Église, assura la garde du Conclave ; l'élection commença.

Le Collège des cardinaux était constitué de vingt membres. De ces vingt membres, quinze seulement participèrent au Conclave de 1455. Au XVIe siècle, un voyage à travers l'Europe, ou de quelque siège épiscopal éloigné, prenait plus de temps que les onze jours qui devaient s'écouler entre la mort d'un Pape et la clôture du Conclave. Des quinze cardinaux présents, sept étaient Italiens, quatre Espagnols, deux Français, deux Byzantins. Comme à l'accoutumée, ils étaient divisés en factions ; mais, chose curieuse, ces divisions n'étaient pas d'ordre national. L'ancien et interminable conflit qui opposait les grandes Maisons baronniales de Colonna et d'Orsini se reflétait jusque dans cette enceinte close. L'élection n'était pas dominée par la politique séculière du Saint-Siège, ou par des divergences religieuses, mais par une simple rivalité de clans. Le Très Illustre Seigneur Prospero Colonna, Cardinal-Archidiacre de San Giorgio *in Velum Aureum,* créature *(creatura)* de sa Sainteté P.P. Martin III, eût sans aucun doute été élu si Nicolas V n'était point mort au début, et non à la fin, d'une longue maladie; car selon la dépêche de Nicolas de Pontremoli, Orateur du Duc Francesco Sforza-Visconti de Milan, datée du premier avril 1455, il était alors le favori. Herr Ludwig Pastor, dont l'excellente Histoire des Papes est aussi la plus récente, allègue de manière tout à fait inexplicable que le grand âge du Cardinal Colonna empêcha son élection. Mais l'exact Ciaconni l'élève à la pourpre avec le Cardinal Capranica lors de la quatrième création de Sa Sainteté P.P. Martin III en 1426, alors qu'il était encore un jeune homme (« *adhuc iuvenis* ») ; la publication de son élévation ayant été retardée jusqu'au Cinquième Consistoire du 8 novembre 1430. En supposant qu'il ait eu vingt et un ans en 1426 (hypothèse fort libérale à une époque où les jeunes garçons devenaient cardinaux à treize ans, jeunes mariés à la puberté, et pères à quinze ans), il n'aurait eu que cinquante ans en 1455. On peut donc écarter ici l'obstacle de la sénilité. À défaut du Cardinal Prospero, le Cardinal-Presbytère du Titre de Santa Croce *in Gerusalemme,* Cardinal-Pénitencier, Évêque de Fermo, noble Romain du parti gibelin, fut mis en avant par la Maison Colonna comme second candidat.

De l'autre côté, le riche Guelfe romain, Latino Orsini Ban, Cardinal-Presbytère du Titre de San Giovanni e San Paolo *in Monte Celio,* représentait les intérêts de la Maison d'Orsini laquelle offrait comme alternative aux suffrages du Sacré Collège le Vénitien Pietro Barbo, Cardinal-Presbytère du Titre de San Marco, et Évêque de Vicenza.

Les trois premiers scrutins ne donnèrent aucun résultat; les cardinaux entrèrent en consultation au sujet des mérites des candidats, et des causes qu'ils représentaient. On parla beaucoup en faveur du Cardinal Vapranica. Il était « Romano di Roma », ses manières étaient distinguées et polies, son caractère irréprochable.

Mais le Cardinal Orsini et sa faction, tout en étant incapables de proposer comme candidat le Cardinal de Venise, furent assez puissants pour écarter le candidat de Colonna, et l'élection aboutit à une impasse.

Dans ces circonstances, le Collège chercha, et finit par trouver, un candidat neutre: un candidat qui n'était partisan ni d'Orsini, ni de Colonna. Il y avait deux Cardinaux byzantins; le premier, Monseigneur

Johannes Bessarion, Cardinal-Évêque de Tusculum, Moine de la Religion[1] de Saint Basile, Archevêque de Trébizonde ; le second, Monseigneur Isidore de Thessalonique, Cardinal-Évêque de Sabina, Moine de la Religion de Saint Basile, Archevêque de Ruthénie.

Des deux candidats, le Cardinal Bessarion avait de nombreuses recommandations. C'était un converti du Schisme grec ; il avait été le disciple de Gemisthos Plethon à Constantinople ; personne n'avait une plus grande réputation de piété chrétienne, personne n'était plus admirable pour la doctrine, plus riche en manières généreuses (Ciacconi, II, 906). Il n'avait pas d'ennemi au Conclave. En un tel moment critique, l'élection d'un Pontife byzantin, qui sympathisait naturellement avec ses malheureux compatriotes, aurait assuré à la Chrétienté un champion contre l'Infidèle triomphant. Quand la nuit mit fin aux délibérations du Conclave, il semblait certain que le Cardinal Bessarion monterait le lendemain sur le Trône de saint Pierre ; de fait, ses frères-cardinaux lui demandaient des faveurs, comme s'il eût déjà été en possession des clefs. Eût-il condescendu à solliciter les quatorze autres électeurs, ou à faire le plus léger effort en sa faveur, son accession au Trône aurait été inéluctable.

Mais le matin de ce Lundi de Pâques, l'Archevêque français d'Avignon, Monseigneur Alan Coëtivy Britto, Cardinal-Presbytère du Titre de Santa Prassede, créa une diversion contre le Cardinal Bessarion. « Devons-nous, nous autres Latins, protesta-t-il, laisser la Grèce occuper le Siège de l'Église Latine ? Sa Seigneurie de Trébizonde est depuis si peu de temps parmi nous qu'elle n'a pas eu le temps de se raser la barbe ; ce n'est qu'un néophyte, un nouveau-venu en Italie et dans la Sainte Église Catholique. Devons-nous en faire notre Maître ?[2] »

---

1. « Religion » signifie ici « but pieux ». C'était l'équivalent d'« ordre » ou de « société » au XVe siècle.

2. Le Pape Clément VII (Giulio de Medici), 1523-1534, apparaît sur les ravissants médaillons de Cellini avec une grande barbe. Il n'avait probablement pas eu le choix : lors du sac de Rome en 1527 par les Goths luthériens et les Catalans catholiques de l'Empereur-Électeur Charles V, Sa Sainteté défendit le Môle d'Hadrien, ou Château Saint-Ange, et endura les pénibles privations d'un siège. Il cessa ensuite de se raser, et la barbe devint à la mode dans le clergé. Plus tard, le Pape Alexandre VII (Flavio Chigi) fit de la barbe à la Van Dick et de la moustache retroussée une mode cléricale ; plus tard encore, tout le visage fut rasé, comme c'est encore la règle de nos jours. Mais à l'époque où le Cardinal d'Avignon faisait des observations à propos de la barbe du Cardinal de Trébizonde, il semble y avoir eu un net préjugé en faveur d'un Pape rasé, et même tonsuré. C'est ce qu'on peut voir sur les médaillons de papes et de cardinaux du XVe siècle (alors que la propreté était une marque de noblesse) : tonsure et visage rasé y sont très repérables.

Les Cardinaux débattirent toute la journée; mais aucune élection ne fut possible. La nuit tomba, et le problème resta sans solution.

Le 8 avril, un compromis fut proposé. On décida d'ajourner le différend en élisant un vieillard dont les jours étaient comptés. On choisit donc un cardinal dont l'âge, de par le cours même des choses, amènerait prochainement une nouvelle élection; dont le caractère falot ne modifierait ni ne bouleverserait la politique traditionnelle de la Papauté; qui, pendant sa longue vie, avait su éviter la pompe et les vaines gloires; dont la sagesse, la science et la modération seules lui avaient valu ce haut rang; dont la réputation était sans tache; dont les capacités politiques étaient élevées; qui était l'intime de l'ami et du voisin de la Sainte Église, Don Alonso d'Aragon, Roi de Naples; qui enfin, étant de race espagnole, apparaissait comme l'ennemi héréditaire de l'Islam, éminemment qualifié pour défendre la Chrétienté contre l'Infidèle. Le Cardinal d'Avignon et Monseigneur Ludovico Scarampi dell'Arena Mezzaruota, Cardinal-Presbytère du Titre de San Lorenzo *in Damaso,* exercèrent toute leur influence en ce sens; et après un nouveau scrutin, Monseigneur Giorgio Flisco de Savignaga, Cardinal-Doyen et Cardinal-Évêque d'Ostie et Velletri, proclama l'élection

« J'ai à vous annoncer une grande joie. Nous avons pour Pape Monseigneur Alonso de Borja, Évêque de Valence, Cardinal-Presbytère du Titre de Santi Quattro Coronati, Qui sera appelé Calixte III »[1].

La Maison espagnole des Borja affirme avoir pour ancêtre le Roi Don Ramiro Sanchez d'Aragon, 1035 après J.-C.

À l'époque de Don Pedro, comte d'Aybar et Seigneur de Borja, qui mourut en 1152, la famille restait confinée à l'Espagne. Puis, d'après certaines sources dignes de foi, la branche cadette, en la personne de Don Ricardo de Borja, émigra dans le Royaume de Naples et des Deux Siciles, pour y prendre du service. Ce Don Ricardo est mentionné dans un document de donation, sous le règne du Pape Lucius III, 1181-1185 (Ricchi); ce qui tendrait à prouver que cette

1. Dans les Acta Consistorialia des Archives Secrètes du Vatican, ce Pape est appelé Calixte IV, erreur provoquée par quelque scribe apostolique, qui devait savoir qu'un certain Jean, Abbé de Struma, s'était lui-même intitulé Calixte III en se faisant élire schismatiquement et non-canoniquement sous le règne du Pape Alexandre III; ce scribe ignorait que la Sainte Église Romaine a pour habitude d'ignorer les pseudo-pontifes et autres prétendants à la Papauté.

branche cadette fut naturalisée en Italie. Ses descendants en ligne directe y vivent encore au début du XXe siècle ; le dernier en date étant Don Alessandro Borgia, né à Milan en 1897. Pour donner plus de clarté à cette chronique, l'histoire de cette branche sera évoquée plus loin ; l'intérêt principal réside ici dans les descendants de Don Pedro, Ximenes Garcia de Borja, le fils aîné de Don Pedro, et le fondateur de la branche aînée ; laquelle, quoique transplantée en Italie au milieu du XVe siècle, et y ayant prospéré pendant plusieurs générations, doit toujours être considérée comme espagnole, et non italienne.

Il est fait mention en 1244 d'un fils de Don Ximenes Garcia de Borja, appelé Gonzales Gil ; son fils, Don Raymon de Borja, fut le père de Don Juan Domingo de Borja, Seigneur de la Torre de Canals de la ville de Xativa, province de Valence. Par son épouse, Doña Francisca, ce Don Juan Domingo eut au moins deux filles et un fils, Juana, Caterina et Alonso.

Doña Juana épousa Don Jofre de Lançol ; Doña Caterina épousa Don Juan de Mila, Baron de Mazalanes ; une troisième fille, dont le nom nous reste inconnu, se maria également ; et la descendance de ces trois femmes eut, plus tard, une extrême importance.

Le fils, Alonso, naquit la veille de la Saint-Sylvestre, en 1378, année du Grand Schisme, à Xativa, et fut baptisé dans l'église Sainte-Marie de cette ville. Il nous l'a lui-même appris dans deux bulles datées de 1457[1]. Il passa sa jeunesse à l'Université de Lerida, où il se spécialisa dans la jurisprudence, devint Docteur en droit civil et en droit canon, obtint un professorat et entra dans les Ordres. Alors qu'il était encore un jeune prêtre (1398-1408), il eut la chance d'assister à un sermon prêché par le grand Dominicain Vincent Ferrer, lors d'une mission à Valence. À la fin de son discours, le religieux montra dans la foule Don Alonso Borja, et lui adressa cette remarquable prédiction : « Mon fils, tu seras un jour appelé à être l'ornement de ta Maison et de ton pays. Tu seras investi de la plus haute dignité qui puisse échoir à un homme. Après ma mort, je serai de ta part l'objet d'honneurs spéciaux. Efforce-toi de persévérer sur le chemin de la

1. Villanuava (I. 18, 181) cite deux bulles de Calixte III, offrant des reliques à l'église de Xativa. P. 51, Villanueva fait allusion à lui comme *« Don Alonso de Borja, natural de la Torre de Canals, bautizado en la Iglesia Collegial de Xativa, hoy S. Felipe, electo en 20 de Agosto de 1429 por el Legado de Martin V. Conserve el gobierno de esta Iglesia hasta el año en que murió, siendo ya Papa Calixto III. En 1457 concedió a esta Iglesia un jubilo en el dia de la Asunción de Nuestra Señora, imponiendo para la fabrica la contribución de diez sueldos. »*

vertu». Don Alonso fut fort impressionné par ces paroles, car il les répéta à Saint-Jean Capitran en 1449, et attendit patiemment qu'elles s'accomplissent. Après son élection à la Papauté, il fit solennellement canoniser saint Vincent Ferrer le 25 juin 1455.

De son poste de professeur, Don Alonso assuma le canonicat de la cathédrale de Lerida, qui lui fut donné par son compatriote, Don Pedro de Luna, le pseudo-pontife Benoît XIII. Plus tard, il entra dans l'arène politique en devenant le secrétaire du Roi Don Alonso Premier de Naples et des Deux Siciles, dit le Magnagnime ; et là, ses talents diplomatiques et sa formation juridique le firent accéder au poste officieux, mais important, de conseiller confidentiel de sa Majesté du Regno. Une fois installé en Italie, son ascension fut rapide. En 1429, il s'attira la reconnaissance du Pape Martin III (ou V) en obtenant le soutien de l'Espagne à Sa Sainteté, et en négociant la renonciation du pseudo-pontife espagnol, Don Gil Muñoz, qui s'était appelé lui-même Clément VIII.

Cette époque du Grand Schisme, où les Pontifes romains avaient fort à faire pour maintenir Leur Autorité face aux pseudo-pontifes élus irrégulièrement, doit avoir été extrêmement difficile. Il n'est guère aisé d'être un souverain régnant lorsque se manifestent des prétendants ou des usurpateurs de la couronne. La France républicaine bannit, de manière risible, les hommes dont les ancêtres plus nobles ont incarné d'autres formes de gouvernement. L'Angleterre parfois s'éveille prodiguement, prête à verser sang et argent pour défendre sa suzeraineté. Si les Puissances séculières combattent et luttent pour leur survie, et, dans ce combat, provoquent ravages et désolation, combien plus désolante encore doit avoir été la rivalité du Grand Schisme, alors que l'enjeu était le Gouvernement de la Chrétienté ! Cette considération fera facilement comprendre l'énormité des obligations auxquelles le Pape Martin III soumit l'habile chanoine, qui persuada finalement son rival de renoncer pacifiquement à ses prétentions à la triple couronne, mettant ainsi fin au trente-huitième schisme de la Sainte Église Romaine. En récompense, le Chanoine Alonso de Borja reçut l'Évêché de Valence, son diocèse natal ; après cette consécration, il continua à servir le Roi Don Alonso d'Aragon, en réorganisant le gouvernement du Regno, et en supervisant l'éducation du bâtard royal, appelé à lui succéder, Don Ferrando.

Le XVe et le XVIe siècle n'ont pas connu de situations moins invraisemblables que le XXe siècle. Les situations étaient différentes, voilà tout. Le statut des bâtards y était tout à fait curieux, et quiconque désire comprendre cette époque doit s'en aviser. Les théories de Ludovico Romano peuvent aider à une telle compréhension. Il soutient qu'il est faux de dire que les bâtards sont privés de droits civils et incapables d'atteindre aux honneurs. Celui qui est privé de droits civils ne peut accéder à la dignité de décurion (commandement de dix hommes). Or, les bâtards peuvent devenir décurions. Ils ne sont donc ni privés de droits civils, ni incapables d'atteindre aux honneurs. Giampetro de Crescenzi Romani, dans *Il Nobile Romano*, expose ainsi le problème : les plébéiens ne sont point éligibles au décurionat. Les bâtards le sont. Les bâtards ne sont donc pas des plébéiens, mais, s'ils sont issus d'une lignée noble, des nobles eux-mêmes. Les bâtards sont capables de noblesse, de dignité séculière et civile : Ismaël n'a pas été chassé de la maison de son père à cause de sa bâtardise, mais pour son insolence. Il n'est pas nécessaire de mentionner l'argument de Crescenzi concernant les bâtards du Roi David, duquel descend le Fils de David, le Fils d'Abraham selon l'Écriture, et que les Pères de l'Église proclament être de royale lignée ; ou de citer d'autres exemples de sa liste, comme Théodoric, Roi des Goths d'Italie et d'Espagne, l'Empereur Charlemagne, Roberto et Pandolfo Malatesta, Tyrans de Rimini, Giovanni Sforza, Tyran de Pesaro, Guillaume (dit le Conquérant), Duc de Normandie et Roi d'Angleterre. Crescenzi poursuit en disant que la nature ne distingue pas entre les bâtards et les enfants légitimes ; les premiers sont appelés enfants naturels parce qu'ils sont les véritables enfants de la nature. Il n'est pas non plus de distinction en matière de grâce ; tout comme les bâtards sont capables de noblesse séculière, ils sont capables de noblesse spirituelle, comme en témoignent Sainte Brigitte d'Irlande et d'autres enfants naturels de grâce insigne et de vertu renommée. De plus, Crescenzi soutient que les fils de bâtards qui ont perdu leur noblesse pour cause de rébellion ne sont pas privés de leurs droits ; ils les récupèrent à la mort de leur père ; toute incapacité juridique, quelle qu'elle soit, peut être effacée par le baptême ; le Pape peut les délivrer de toute incapacité postérieurement contractée par simple dispense. Il distingue entre les bâtards qui ne sont légitimés que par les princes et l'empereur, et qui ne peuvent être élus à des bénéfices ecclésiastiques, et ceux qui ne sont légitimés que par le Pape, et ne peuvent hériter des fiefs des autres princes. Il conclut en disant que la bâtardise se purge d'elle-même au plus tard à la quatrième génération.

Au XXe siècle, le bien d'un propriétaire est dévolu « aux héritiers mâles légitimement procréés » ; au XVe siècle, la clause « légitimement procréé » n'avait pas invariablement force de loi. Un bâtard légitimé et reconnu par son père était aussi valide et capable que le fils d'une union légitime. Le péché de la mère et du père était un péché purement personnel, tout en restant un péché; mais on ne lui permettait pas d'affecter des enfants innocents. Le Pape Pie II, qui se rendait au Congrès de Mantoue en 1459, fut abordé à la frontière de Ferrare par huit bâtards de la Maison royale d'Este, dont l'adorable Borso, duc régnant, et deux fils naturels de son frère bâtard, qui l'avait précédé à cette charge, le duc Leonello. Il faut bien comprendre ces choses; car maints personnages de cette chronique étaient de naissance illégitime, sans pour autant souffrir d'aucune incapacité juridique.

Le Roi Don Alonso Premier d'Aragon sentait la couronne du Regno menacée. La Maison d'Anjou la réclamait. Madame Marguerite d'Anjou, fille du roi-poète René, avait cédé ou vendu ses droits au roi Louis XI de France, dont les prétentions étaient soutenues par le Pape Martin III. Le Magnagnime menaça d'épouser la cause du pseudo-pontife (appelé Clément VIII) et de bénéficier ainsi de son aide; tous les éléments d'une conflagration dévastatrice semblaient être réunis. Mais l'Évêque Alonso de Borja répéta ici sa manœuvre diplomatique. Une fois de plus, en négociant la retraite pacifique d'un pseudo-pontife, il obtint la reconnaissance du Pape; et Martin III, qui devait tellement à l'Évêque Alonso, se laissa facilement persuader de considérer d'un œil également favorable le maître d'Alonso. Malheureusement, le Pape mourut, et Son successeur, Eugène IV, pencha pour la cause française, ce qui ranima la querelle en 1439. Mais pour la troisième fois, l'Évêque Alonso tira parti des difficultés du Pontife romain. Quand le Synode schismatique de Bâle, pour parvenir à certaines fins privées, lança vainement une sentence d'excommunication et de déposition contre Eugene IV, et élut l'ambitieux duc Amadeo de Savoie comme pseudo-pontife sous le nom de Félix V, toute la Chrétienté s'attendit à ce que le Roi Don Alonso, qui était un potentat très habile, bondisse sur l'occasion et fasse cause commune avec le rival de ce Pape qui se refusait à confirmer sa couronne. Mais toute la Chrétienté fut déçue. Le secrétaire du Roi Don Alonso manœuvra habilement, comme à l'accoutumée. Tout d'abord, l'Évêque Alonso de Borja refusa de se rendre au Synode schismatique de Bâle; de ce fait, il devint *persona gratissima* au Vatican. En second lieu, le Roi de Naples donna instruction à ses Orateurs (ambassadeurs) de parler au Pontife et au pseudo-pontife, et de voir lequel des deux pourrait lui octroyer une concession satisfaisante. En troisième lieu, Don

Francesco Sforza-Visconti, duc de Milan, commença à harceler le Pape Eugène. Celui-ci accepta alors de recevoir une ambassade du Roi de Naples, et d'écouter l'Évêque Alonso de Borja plaider sa cause.

Voici en quoi consistait précisément cette cause. Bâtard de la Maison d'Aragon, le Roi Don Alonso avait été adopté par la Reine Doña Juana de Naples, qui n'avait pas d'héritier direct, en 1420. Il fut reconnu par le peuple comme souverain du Regno, et monta sur le trône.

Le Roi Louis XI prétendait lui aussi avoir été adopté par la reine Doña Juana ; mais il n'avait jamais été reconnu, et n'avait jamais possédé la couronne.

Il y avait ensuite le problème du fils naturel du Roi Don Alonso, Don Ferrando. La reine, bréhaigne, avait cru qu'il était le fils de Doña Margarita de Hijar, l'une des dames de sa suite ; dans un accès de rage jalouse, elle l'avait chassé. Le Roi exila alors son épouse en Aragon, et légitima Don Ferrando comme héritier.

Il faut reconnaître qu'au XVe siècle, les Papes agissaient, et étaient censés agir, en respectant aussi bien la lettre que l'esprit des imposantes paroles que leur adressait le Cardinal-archidiacre lors de leur couronnement. *Reçois cette tiare ornée de trois couronnes, et Sache que Tu es le Maître du Monde, le Père des princes et des Rois, le Vicaire Terrestre de Jésus Christ notre Sauveur.* Le siècle a tendance à considérer le Pape comme un espèce de prêtre inintéressant, lointain et semi-diplomate, nourrissant des prétentions d'une insignifiance achevée. Il sera bon de rappeler qu'autrefois, le Pape était une Puissance, qui ne voyait rien de figuré, de métaphorique ou d'extravagant dans l'exorde cité plus haut ; qui n'était en rien une quantité négligeable dans les affaires du monde, et qui avait littéralement le droit, indiscuté, de faire ou de défaire des princes, des rois et même des empereurs.

Il y avait ici un cas d'espèce. Le Roi Don Alonso était un roi couronné, mais il se savait parfaitement incapable de conserver sa couronne, et encore moins d'assurer sa succession à son fils, s'il n'obtenait pas la confirmation et l'autorisation du Pontife romain – ou, en langage plus technique, s'il n'ajoutait pas à son titre de *Roi par la Grâce de Dieu* celui de Roi par la Faveur du Siège Apostolique.

D'où l'ambassade envoyée au Pape Eugène IV, dirigée par l'Évêque Alonso de Borja, grâce à l'infatigable labeur et à la subtile maîtrise diplomatique duquel fut obtenu le traité, ratifié en 1444, par lequel Sa Sainteté le Pape d'une part confirmait la couronne de Naples, des Deux Siciles et de Jérusalem au Roi Don Alonso Premier d'Aragon, et d'autre part légitimait Don Ferrando ; de son côté, Sa Majesté acceptait de défendre le Pape Eugène IV contre Ses ennemis, et particulièrement le duc Francesco Sforza-Visconti de Milan.

En récompense de ses talents dans le rôle de conciliateur, l'Évêque Alonso de Borja fut élevé à la pourpre le 10 mai 1444, comme Cardinal-Presbytère du Titre de Santi Quattro Coronati, avec rang à la Curie ; et ainsi, le Roi Don Alonso, le Magnagnime, perdit le conseiller en lequel il avait le plus confiance. Le fils naturel de l'Évêque, Don Francisco de Borja, qui fera plus tard son apparition dans cette chronique, était né à Savina, dans la province de Valence, en 1441.

À la Cour de Rome, le Cardinal de Valence acquit la réputation d'être inaccessible aux flatteries, incapable de partialité, incorruptible en matière de morale et d'intégrité, infatigable en ce qui concernait la conduite des affaires et l'étude du droit canon. En 1446, le Pape Eugène IV fit restaurer l'hospice de la Confrérie de Santo Spirito, dans la région de Borge, pour lui redonner une partie de son lustre d'antan ; et il décida de lui verser une somme annuelle pour lui permettre de continuer à aider les pauvres et les nécessiteux. Cet exemple de charité pontificale déclencha toute une mode chez les cardinaux de la Curie. La curieuse bulle qui contient les noms des souscripteurs est signée par

Moi, Eugène, Évêque de l'Église Catholique

et par neuf cardinaux, dont le dernier est

Moi, Cardinal de Valence, Presbytère du Titre de
Santi Quattro Coronati.

Le Cardinal de Borja assista à l'élection du Pontife suivant, Nicolas V ; à la mort de Celui-ci, en 1455, la prédiction de saint Vincent Ferrer s'accomplit.

À l'époque de Son élévation au Pontificat Suprême, Calixte III était un vieil homme débile, âgé de soixante-dix-sept ans. Ses obligations, en tant que Gouverneur du Bâtard de Naples, Évêque de Valence, Orateur du Roi auprès du Pape, Plénipotentiaire entre le Pape et le Roi, Conseiller du Roi, Cardinal-Conseiller du Pape, ainsi que l'étude incessante de la jurisprudence et du droit canon, avaient usé ses forces corporelles, cette mince gaine de peau périssable qui cachait un acier indomptable et tranchant.

Hors du Vatican, les opinions les plus diverses couraient sur lui. Son long commerce avec le Roi Don Alonso Premier provoquait une certaine anxiété, de la suspicion et de la jalousie parmi les Puissances italiennes. Elles étaient toujours mécontentes, ces Puissances, de voir un Pape entretenir de bonnes relations avec un souverain séculier, avec l'une d'elles; et Don Alonso le Magnagnime était le voisin le plus proche, si l'on peut dire, du Pape Calixte III. Une telle alliance inspirait fatalement de la méfiance. On craignait que Naples, par l'entremise de son ancien secrétaire, ne dominât le Saint-Siège, et toute la Chrétienté. Les dépêches officielles des Orateurs de Florence, de Gênes et de Venise affichaient hypocritement la plus vive satisfaction; mais leurs lettres privées donnaient un son de cloche diamétralement opposé. On regrettait beaucoup que le nouveau Pape fût un Espagnol, et un étranger. Certains estimaient qu'une poignée de Cardinaux allaient quitter Rome, installer un pseudo-pontife dans une autre ville, et inaugurer ainsi le quarantième Schisme. Oh, comme les hommes savaient être vraiment hargneux vis-à-vis de leur prochain en ce siècle! Mais Rome considérait Sa Seigneurie Calixte III comme un homme juste et droit. Le Procureur Général de l'Ordre des Chevaliers Teutoniques écrivait au Grand Maître le 3 mai 1455: « Le nouveau Pape est un vieil homme d'excellente réputation, qui a mené une vie honorable et vertueuse. » Messer Bartolomeo Michele, un Siennois, écrivit à sa ville natale en exhortant ses compatriotes d'envoyer l'ambassade la plus splendide possible pour congratuler le Pape, et de choisir pour celle-ci des hommes éminents et distingués, attendu que Sa Seigneurie Calixte III était extrêmement cultivée et clairvoyante: « C'est un homme d'une grande sainteté et d'un profond savoir, un ami et un partisan du Roi Don Alonso. Il a toujours montré des dispositions favorables envers notre Cité, et il est par nature amical et pacifique. » Mais l'appréciation la plus chaleureuse est fournie par saint Antonio, le noble et vaillant archevêque de Florence, dont l'univers entier admire et chérit la valeur. Voici ce qu'il écrivait à Messer Giovanni d'Orvieto le 24 avril 1455:

« L'élection de Sa Seigneurie le Pape Calixte III causa au premier abord peu de satisfaction aux Italiens. Avant tout, il était Valencien, ou Catalan; et ils craignaient qu'Il ne transfère la cour papale dans un autre pays. Ils craignaient également qu'Il ne confie aux Catalans les forteresses de la Sainte Église qui venaient d'être récupérées après maintes difficultés. Mais à présent, une réflexion plus mûre les a rassurés, ainsi que la réputation de bonté, de sagacité et d'impartialité du Pape. Je L'ai également vu promettre solennellement de consacrer toutes Ses forces à lutter contre le Turc et à reconquérir Constantinople. On ne doit point croire ou dire qu'Il est plus attaché à une nation qu'à une autre, mais qu'en tant qu'homme juste et prudent, Il donnera à chacun son dû. Entre-temps, il nous faut estimer le Saint Père, et juger ses actes plus favorablement que ceux d'aucun être humain. Et ne soyons pas effrayés au moindre petit choc. Le Christ guide la barque de Pierre, qui ne peut donc jamais sombrer. »

Cette lettre contient un résumé concis de la situation, écrit avec la bienveillante simplicité d'un gentilhomme fin et vertueux, et avec l'infaillible sagesse d'un saint.

Le Pape est l'Évêque de Rome. Les insignes de Sa charge sont l'Anneau du Pêcheur, la Triple Couronne, la Triple Croix, et les Clefs. Lorsqu'Il est élu par le conclave, Il reçoit l'Anneau. Après quoi les insignes lui sont conférés, avec le Pallium qu'Il porte en toute occasion et en signe de juridiction universelle, lorsque le Cardinal Archidiacre Le couronne dans la basilique collégiale de Saint-Pierre-du-Vatican. Mais une autre cérémonie doit encore être célébrée. En tant qu'Évêque de Rome, il doit prendre formellement possession de la cathédrale de son diocèse et y être intronisé, soit en personne, soit par procuration. Cette cathédrale n'est pas celle de Saint-Pierre, mais celle de Saint-Jean in *Laterano*, laquelle porte par conséquent sur sa façade ce titre magnificent :

MÈRE ET MAÎTRESSE
DE TOUTES LES ÉGLISES
DE LA VILLE ET DU MONDE

C'est l'église la plus importante de la Chrétienté.

Sa Seigneurie P.P. Calixte III fut élue le 8 avril 1455. Le 20 avril, le Pape fut couronné « Maître du Monde, Père des princes et des rois, et Vicaire Terrestre de Jésus-Christ Notre Sauveur » ; le même jour, il fit un défilé triomphal dans la cité, pour prendre possession du Latran. Au porche de cette cathédrale, il y a un trône de marbre assez bas, appelé Sedes Stercoraria, sur lequel le Pape s'assoit pour recevoir l'hommage du Chapitre du Latran, tandis que les chanteurs entonnent l'hymne :

lui qui relève le pauvre de la poussière,
du fumier il fait remonter l'indigent,
pour le faire asseoir avec les nobles,
avec les nobles de son peuple (Ps. CXIII, 7,8).

On a vu que Sa Seigneurie P.P. Calixte III n'était pas outre mesure populaire. Il est facile de comprendre que les maisons baroniales romaines de Colonna et d'Orsini auraient fait montre d'une vertu surhumaine si elles n'avaient senti aucune mortification à voir échouer leurs manœuvres au Conclave, destinées à assurer la Papauté à l'un des leurs. Mais ce qui était fait était fait. Un Catalan – les Romains du XVe siècle appelaient tous les Espagnols des Catalans –, oui, un Catalan avait été élu ; mais Il était vieux, Il était faible, Il pouvait être influencé, Il pouvait être ramené à la raison par l'intimidation ou quelque démonstration de force. Il est tellement facile pour le XXe siècle, avec son physique usé et son cerveau sophistiqué, et les vastes perspectives que lui donnent cinq siècles, de déchiffrer les motivations qui dominaient le XVe siècle, époque physiquement plus vigoureuse et intellectuellement plus naïve, quand l'univers – cette poussière qui constitue la chair des hommes – était de cinq siècles plus jeune et plus frais ; quand les couleurs étaient encore vives ; la lumière, pur flamboiement ; la vertu et le vice, extrêmes ; la passion, ardente et primitive ; la vie, empreinte de violence ; la jeunesse, intense et suprême ; et la chicanière-sentencieuse-respectable médiocrité, débile, sénile et sans aucun poids.

Ainsi, tandis que Sa Seigneurie P.P. Calixte III se trouvait au Latran, les barons romains décidèrent de passer à l'action. Une querelle minime qui avait eu lieu dans la foule entre l'un des Orsini et un serviteur des Anguillarae (les ennemis héréditaires des Orsini) leur en fournit le prétexte. Instantanément, les cris s'intensifièrent, et des hommes en armes se précipitèrent dans les rues de la ville en hurlant orso, orso (ours, ours, cri de guerre des Orsini, qui faisait allusion à leur insigne).

De toutes les sombres et étroites ruelles des régions du Campo Marzo et du Ponte, de l'Albergo dell'Orso (auberge de l'Ours) à la Torre di Nona, de la puissante forteresse en laquelle les Orsini avaient transformé le Théâtre de Pompée, résonnaient le fracas des armes et le piétinement précipité des hommes de main, des partisans et des mercenaires des Orsini ; et bientôt Don Napoleone Orsini se trouva à la tête de trois mille hommes. Tout autour de la cathédrale, le murmure de la populace en folie se transforma bientôt en hurlement rauque, pareil à celui d'un ours avide de sang humain, quand le Comte Averso d'Anguillara se réfugia dans la basilique du Latran, cherchant la protection du Vicaire du Christ en personne ; par-dessus les clameurs, la voix d'Orsini franchit les portails sacrés du Prince de la Paix, pénétra jusqu'aux oreilles du Pape Calixte qui trônait comme Évêque au milieu de ses chanoines, en plein centre de l'abside, proférant une horrible menace : prendre d'assaut et saccager le Latran si le corps d'Anguillara n'était point livré en pâture à ses trois mille ours. Le collège de velours et d'hermine qui entourait le trône papal se mit à tressaillir, et le Cardinal Latino Orsini di Bari se précipita derrière la nef pour conférer avec son turbulent frère, Don Napoleone. Quoiqu'il eût été déçu de ne point obtenir le Triregno[1], ce cardinal semble avoir gardé quelque notion du sentiment de décence qu'il convenait de manifester vis-à-vis de la Sainte Église. En tant que religieux, il se sentait tenu de rester à ses ordres ; en tant que membre de la Maison Orsini, il eût certes préféré que les choses tournent autrement. Toutefois, le but de l'émeute avait été atteint : Sa Seigneurie P.P. Calixte III avait reçu une leçon, une leçon extrêmement précise et violente. Il savait désormais quelle sorte de kakodémons Il lui faudrait dominer, quelle espèce de sujets Il était appelé à gouverner. Tels furent, à n'en pas douter, les arguments qu'employa le cardinal avec son frère. Ce n'était point le corps mutilé et convulsif de l'Anguille (Anguillara) que l'Ours (Orsini) convoitait. Non, cela n'était qu'un subterfuge. Il voulait simplement humilier la Sainteté du Pape au moment même où Il était élevé de la Sedes Stercoraria au Trône du Latran, Le terrifier pour le rendre plus malléable, pour Le soumettre à la volonté des Orsini, et c'était bien cela, cela qui avait été fait, et bien fait. Il était probable qu'un homme aussi âgé que Sa Seigneurie P.P. Calixte III, tout près de Sa tombe, souhaiterait obtenir la paix à n'importe quel prix, maintenant qu'on Lui avait montré quels démons entouraient les degrés mêmes de Son trône. Don Napoleone acquiesça à ces vues. Il retira ses myrmidons. L'émeute avait pris fin. À présent, le Pape monté sur son palefroi caparaçonné de pourpre se dirigeait vers le Vatican, à travers une cité paisible qui s'agenouillait des deux côtés de son chemin pour demander la Bénédiction Apostolique.

La manière dont les étrangers écrivent sur l'Italie a de quoi faire rire – et pleurer.

Ils évoquent d'une voix traînante un pays de rêve, habité d'une subtile tendresse, d'une lumière doucereuse, d'une fantaisie délicate, aux teintes neutres ; un pays peuplé d'ombres qui semblent s'être échappées de fresques évanescentes et esthétiquement peintes,

1. Le diadème pontifical, qui était constitué par un bonnet conique tissé avec le plumage de paons blancs, cerclé de trois couronnes d'or. On l'appelle parfois la Tiare, qu'il faut distinguer de la Mitre.

académiques, conventionnelles, bien conformes aux canons de ce délayage indiciblement repoussant que le XXe siècle appelle art; qui n'est guère relevé que par la musique des joueurs d'orgues de barbarie et les propos des cartomanciens.

Ils doivent être aveugles, ces étrangers, physiquement et mentalement aveugles, comme ceux qui ne veulent pas voir.

L'Italie est, a toujours été, le pays de la réalité crue, de la lumière scintillante, des couleurs pures et primordiales, de la nature nue et sans honte, des âmes parfaitement transparentes. Le pays de la foudroyante promptitude de l'esprit, du mystère clarissime, de l'extrême simplicité, acier, cerveau et sang.

Sinon, elle n'aurait laissé derrière elle aucune trace, aucune trace singulière et définie, dans l'histoire.

Et vraiment, n'a-t-elle laissé aucune trace?

Ah – elle a laissé une trace, et quelle trace!

Le plus grand historien de cette période, peut-être l'homme de plume le plus alerte et le plus incisif de toutes les époques, Enea Silvio Bartolomeo de Piccolhuomini (qui devint plus tard Pape sous le nom de P.P. Pie II) dit à propos de Sa Seigneurie P.P. Calixte III que Son attention aux devoirs de Sa charge était stupéfiante; que Sa patience lors des audiences était étonnante; qu'Il dictait Lui-même les lettres et bulles apostoliques envoyées aux rois et aux princes, et n'en confiait point la rédaction aux scribes officiels; que Son principal passe-temps était la jurisprudence; qu'Il était aussi familiarisé avec le droit canon que s'Il avait été encore professeur à l'Université de Lérida.

Au début de Son règne, il fut confronté à deux problèmes: la renaissance du savoir, et le conflit des Infidèles et de la Chrétienté. Son prédécesseur avait été un homme amoureux des mots. Sa Seigneurie P.P. Calixte III était un homme épris de hauts faits énergiques. Son attitude vis-à-vis des Lettres et des Arts contrastait fortement avec celle de Sa Seigneurie P.P. Nicolas V. Ce «chanoine flétri», comme le qualifiait un brocard, n'avait guère de sympathie pour la culture. Totalement absorbé par les questions ecclésiastiques et politiques, Il n'avait ni le temps, ni la possibilité, ni l'envie de patronner l'érudition à la mode sous Son règne. Sa mode à Lui était strictement pragmatique.

L'un des secrets de la réussite de la Sainte Église Apostolique et Romaine réside dans sa catholicité: toutes sortes d'hommes de toutes conditions peuvent vivre, et vivent effectivement, en son sein. Sa Seigneurie P.P. Nicolas V avait été un mécène des Lettres et des Arts.

Sous Son règne, érudits, scribes et artisans avaient vécu leur âge d'or. Sa Seigneurie P.P. Calixte III s'employa entièrement à défendre la Chrétienté, et les clients de Son prédécesseur furent très conscients du changement. La littérature et les beaux-arts ont un effet fâcheux sur ceux qui en font profession. Poursuivie avec avidité, la culture intellectuelle entraîne ses fanatiques à regarder avec une certaine commisération les hommes virils qui affrontent les vérités et les réalités, la vie et la mort : les marins, les soldats, les aventuriers et les bâtisseurs d'empires. Les Lettres et les Arts cultivent les parties les plus viles de l'être humain, la mesquinerie, la jalousie, la vanité. La nature susceptible des écrivains et des artistes de 1455 provoqua de violentes dénonciations du Pape espagnol. La lettre que Messer Francesco Filelfo envoya au Cardinal de Trébizonde montre combien les hommes de lettres Le haïssaient. Un autre écrivain L'accusa de détruire la bibliothèque du Vatican. L'Évêque Vespasiano da Bisticci, de Vicenza, déclara :

« Quand le Pape Calixte commença son règne, et vit tant d'excellents livres, dont cinq cents resplendissaient dans des reliures de velours cramoisi avec des fermoirs en argent, Il fut très surpris [rappelons que l'imprimerie n'avait pas encore été inventée], car le vieux chanoine ne connaissait que des livres brochés et écrits sur de la toile de lin [?]. Au lieu de louer la sagesse de Son prédécesseur, Il s'écria en pénétrant dans la bibliothèque : *Voyez donc où est passé le trésor de l'Église de Dieu* ! Il entreprit bientôt de disperser les livres grecs. Il en donna plusieurs centaines au Cardinal de Ruthénie. Comme celui-ci était gâteux, les volumes tombèrent entre les mains de ses serviteurs. Des objets achetés avec des florins en or furent vendus pour une poignée de sous. De nombreux livres latins furent envoyés à Barcelone, certains par l'intermédiaire de l'Évêque de Vich, puissant Mandataire du Pape ; d'autres furent offerts à des nobles catalans. »

La calomnie qui, soit dit en passant, figure comme péché mortel dans les catéchismes modernes, semble être chose courante chez les hommes de foi. À cet égard, le XVe et le XXe siècles se rencontrent sur un plan qui leur est commun. Pour exprimer la vérité par un paradoxe, la cause la plus immédiate du péché de la calomnie est la haine du péché lui-même. Les Catholiques romains comme l'Évêque Vespasiano sont, de leur point de vue, imbus et imbibés de l'idée de l'horreur du péché, non de sa stupidité et de son inutilité. C'est leur épouvantail, leur fruit défendu, et les pécheurs, dûment étiquetés, seront poursuivis avec la plus extrême rigueur de la Loi. En conséquence, la nature du Catholique romain est violemment fascinée par cet épouvantail ; elle est singulièrement bien informée sur la nature, la couleur, la forme, la condition, le lieu du fruit défendu ; elle a minutieusement inspecté chaque pouce de terrain, chaque brin d'herbe, chaque oiseau, chaque buisson, à seule fin que l'homme puisse éviter de prendre, de goûter le fruit défendu, ou de devenir la proie de cet épouvantail. Lorsqu'on a le devoir d'éviter quelque chose, il est bon de savoir quelle est la chose que l'on doit éviter ; mais il n'est que trop facile d'en savoir trop à son sujet. Cette intime prise de conscience de l'horreur du péché, ce catalogue systématique de ses divisions et subdivisions, cette étude raffinée de ses multiples ramifications, inspirent à coup sûr la plus intense des exécrations. Mais elles ont aussi un autre effet. Elles provoquent une conscience exagérée de la vertu. Quand la nature humaine connaît, et est capable de décrire avec une richesse de détails ordinairement inaccessibles, les horribles choses qu'elle ne commet pas, elle devient, pour reprendre l'expression de saint Paul, « bouffie d'orgueil ». Cette « onctueuse rectitude », entièrement inspirée par l'horreur du péché, est la cause la plus immédiate du péché de calomnie. Le Catholique romain, qui n'ignore pas sa propre intégrité, conçoit instantanément toute personne qui lui est antipathique comme pécheresse. J'ai raison – vous n'êtes pas d'accord avec moi – donc vous avez tort. Voilà l'absurde syllogisme, ou le processus logique auquel il recourt. Et puisant dans ses copieux catalogues de péchés, en partant du principe que celui qui cause la moindre offense est coupable de tout, le Catholique romain s'efforcera de montrer combien son ennemi est excessivement plongé dans le péché. Ledit ennemi – qui n'est peut-être qu'un simple contradicteur – se trouvera incontinent accusé de violer les Dix Commandements de Dieu et les divers Préceptes de l'Église ; d'avoir commis les Sept Péchés capitaux, l'Orgueil, l'Avarice, la Luxure, l'Envie, la Gourmandise, la Colère et la Paresse, ou les Six Péchés contre le Saint-Esprit, la Présomption de la Grâce de Dieu, le Désespoir, la Mise en Cause de la Vérité Révélée, l'Envie du Bien Spirituel d'Autrui, l'Obstination dans le Péché et l'Impénitence Finale ; il sera accusé d'avoir commis les Quatre Péchés qui font crier vengeance le Ciel, le Meurtre Volontaire, le Péché des Villes de la Plaine, l'Oppression du Pauvre et la Privation des Laboureurs de leur Salaire ; ou, s'il n'a pas commis ces péchés directement, il sera considéré comme le complice d'un autre pécheur, des Neuf Manières par lesquelles un homme peut être jugé complice du péché d'autrui, *id est* par conseil, ordre, consentement, provocation, louange ou flatterie, dissimulation, participation, silence ou défense du mal commis. Telle est (au XXe siècle, où les catholiques sont dominés par une presse ostensiblement feniane et anglophobe, comme au XVe siècle, où ils étaient aussi des êtres humains, quoique moins vulgaires et moins sophistiqués) la fâcheuse situation de quiconque, Pape ou paysan, s'attirait la mésestime d'un frère de la Foi, provoquait son hostilité, ou était conduit à la provoquer. Par allusions, inférences, insinuations, assignations de motifs mauvais, et une foule d'autres méthodes ingénieuses, mais rarement par des accusations précises, le péché de calomnie est, était commis, de manière radicale et absolue, justement parce que le calomniateur exècre à tel point le péché qu'il n'a aucun mal à se persuader que l'homme qui le nargue doit être un pécheur.

Car il faut observer que toutes les calomnies qui souillent la Maison des Borgia, tout ce « passif de mésestime » qui a été leur lot depuis cinq siècles, et a fait de leur nom même le synonyme de la turpitude, ont une origine catholique. Les Catholiques romains sont les principaux calomniateurs qui ont souillé, et continuent à le faire, les Vice-Gérants de Dieu, Sa Seigneurie P.P. Calixte III et son neveu, Sa Seigneurie P.P. Alexandre VI ; ce sont eux qui les couvrent de toutes sortes d'immondices, qui les chargent de tous les crimes qu'a pu enregistrer la casuistique (la science des cas de conscience), y compris ceux qu'on ne peut pas nommer, sauf dans un appendice rédigé dans une langue secrète et érudite *quo minus erubescamus.* L'Évêque Vespasiano da Bisticci de Vicenza était un Catholique romain ; Messer Stefano Infessura, Monsignor Hans Burchard, Messer Francesco Guicciardini, l'Évêque Paolo Giovio de Nocera, Messer Giangiovio Pontano, Sannazar, dit le « Virgile Chrétien », Messer Benedetto Varchi tous étaient des Catholiques romains, qui inaugurèrent la campagne de calomnies contre les Pontifes Suprêmes de la Maison des Borgia.

Lorsqu'on a affaire à une calomnie, le grand problème est de trouver une preuve précise contre telle ou telle accusation concrète qui s'avère être à la fois intrinsèquement fausse et, en même temps, outrageante pour la personne contre laquelle elle est portée. Telle est la difficulté à laquelle, sans cesse, l'investigation est confrontée. Les prélats, les prêtres, les princes, les hommes de lettres, parfois parce qu'ils avaient un grief précis, parfois de manière carrément délibérée, parfois sur la base de rumeurs éhontées, accusaient communément leurs adversaires ou leurs supérieurs de la dépravation la plus horrible, des crimes les plus odieux. On ne pourra évidemment savoir ce qu'ils ont dit de vive voix que le jour où les Livres seront ouverts. Mais ce qu'ils ont consigné dans leurs pasquinades, dans leurs journaux intimes, dans leurs dépêches officielles, dans leurs chroniques, ou ce qu'ils ont écrit pour le simple plaisir esthétique de graver un propos salace dans le toscan de la Curie ou le latin de l'« Âge d'Or » – cela est resté. On ne discutera ici que les calomnies les plus importantes. Lorsqu'on étudie l'histoire, il n'est rien de plus amusant et de plus ragaillardissant que de clouer les menteurs au mur, comme de la vermine.

Le jugement de l'Évêque Vespasiano da Bisticci, de Vicenza, est un bel exemple du type de calomnie le moins odieux : ses propos équivalent seulement à une accusation de « philistinisme ». Toutefois, ledit jugement peut être considéré à la fois comme stupide et invraisemblable. En ce qui concerne la surprise ingénue dont aurait fait preuve Sa Seigneurie P.P. Calixte III en voyant « tant d'excellents livres », est-il vraisemblable que l'Évêque Alonso de Borja, Ambassadeur Plénipotentiaire et Conseiller Confidentiel de sa Majesté de Naples, n'ait auparavant jamais vu de choses aussi raffinées ? Est-il vraisemblable que le Cardinal Alonso de Borja, qui avait résidé onze ans à la Cour de Rome et siégé à la Curie, n'ait jamais vu ces splendides volumes ? Comment étaient donc les missels et les pontificaux avec lesquels, en tant qu'Évêque, il disait chaque jour la messe ? Est-il vraisemblable que le Cardinal Alonso de Borja – l'un des hommes qui avaient élu Sa Seigneurie P.P. Nicolas V, qui avait été à Ses côtés du début à la fin de Son règne, qui avait sinon soutenu, du moins connu chacune de Ses actions – n'ait jamais vu, jamais touché, jamais manipulé, jamais humé les cinq cents livres identiques, reliés en velours cramoisi avec des fermoirs d'argent, dont l'auguste Pontife avait enrichi la Bibliothèque Vaticane ? Une telle affirmation est ridicule et absurde.

Quant à la calomnie selon laquelle Sa Seigneurie P.P. Calixte III aurait donné des livres à l'Évêque de Vich comme un véritable Vandale, elle a l'origine suivante. Monseigneur Cosimo de Monseratto, Évêque de Vich de 1460 à 1471, fut chargé par Sa Sainteté d'établir un catalogue des livres de la Bibliothèque Vaticane le 16 avril 1455, quatre jours avant Son couronnement. Cinq ans plus tard, le même Monseigneur Cosimo apporta une copie de ce catalogue à Vich lors d'une mission à cet évêché. Elle avait très probablement été faite par l'un des scribes du Vatican[1], et contenait de nombreuses notes marginales écrites par l'archevêque lui-même. À partir de ces notes, on peut obtenir une liste précise du nombre de livres qui furent effectivement donnés par Sa Seigneurie P.P. Calixte III. Il y en avait cinq,

1. La première presse à imprimer n'arriva qu'en octobre 1465 en Italie, à Subjaco, dans les collines de Sabine.

et non « plusieurs centaines », de peu de valeur, et qui étaient d'ailleurs des doubles. Deux d'entre eux, une copie des Épîtres de saint Augustin annotée par Nicolas de Lira, et un livre sur la Vérité de la Foi Catholique, furent présentés au dernier maître du Pape, le Roi Don Alonso d'Aragon, Souverain de Naples, des Deux Siciles et de Jérusalem. La note qui les accompagne dans le catalogue est : *S. D. N. dedit hunc domino regi Arag.* (« Notre Saint Seigneur a donné ceci au Seigneur Roi d'Aragon »). Mais alors, s'Il n'a donné que deux livres à Son vieil ami et ancien maître qui (ainsi qu'on peut en juger par le fait qu'il avait pour secrétaire les fameux Lorenzo Valla et Giangiovio Pontano) avait un goût très développé pour les lettres, était un souverain régnant et un allié extrêmement puissant et dévoué du Saint-Siège, est-il vraisemblable qu'il en ait donné « plusieurs centaines » au Cardinal de Ruthénie et aux nobles Catalans ? Enfin, le Cardinal païen Platina, qui écrivit son Histoire des Papes sous le règne de Sa Seigneurie P.P. Sixte IV[1] (le troisième après Sa Seigneurie P.P. Calixte III), évoque expressément la magnificence de la Bibliothèque de Sa Seigneurie P.P. Nicolas V, qu'il n'aurait certainement pas pu connaître si elle avait été démantelée de la façon décrite par l'Évêque menteur Vespasiano da Bisticci de Vincenza.

On peut certes verser au compte de Sa Seigneurie P.P. Calixte III un acte « philistin ». Il vendit l'argent des reliures de ces livres. Il les sacrifia à la croisade entreprise pour la défense de la Chrétienté. Il insista d'ailleurs pour que la salière de Sa propre table fût en argile, et non en or ; et en vérité, il offrit également Sa tiare en gage pour la même admirable cause. Il en fut blâmé.

Sa Seigneurie P.P. Calixte III n'était d'aucune manière l'ennemi des belles-lettres. Sans doute exerça-t-il des ravages parmi tous les décadents, les poseurs littéraires affectés qui infestaient l'ère des Borgia comme ils infestent l'ère victorienne ; mais Il chérissait le génie, et Il fut un patron généreux pour les savants de grande valeur. Le cas, amusant, de Messer Lorenzo Valla servira ici d'exemple. Ce notable, qui était l'un des secrétaires du Roi Don Alonso Premier, était bien

1. Le premier Pontife de ce nom, le cinquième après Sa Seigneurie P.P. Saint Pierre, est appelé dans le Canon de la Messe XYSTUS. La même forme XYSTUS se retrouve dans le Kalendaire et, en fait, dans toutes les liturgies officielles ; elle est également adoptée dans la version anglaise autorisée de la liturgie. Le mot SIXTUS ne semble pas du tout être un mot latin, et ne se trouve pas dans le lexique latin-anglais d'Andrew. C'est très probablement une forme corrompue de XYSTUS, quand le latin a donné l'italien SISTO.

connu de Sa Sainteté le Pape. Plus érudit que la majeure partie de ses contemporains, de tempérament audacieux, il ne supportait ni la mauvaise science, ni la fausseté, ni la superstition. En 1440, il rédigea un texte impitoyable sur cette monstrueuse fiction qu'on appelle aujourd'hui les Décrétales et les Donations Forgées de Constantin; c'était sur ces textes que s'appuyaient, en toute bonne foi, les domaines temporels de la Papauté. Il s'en prit également au latin pesant de la Vulgate, et loua le « Latin Doré » de Virgile et de Cicéron, ainsi que le « Latin d'Argent » de Tacite. Le XXe siècle, qui sait que le latin de la Messe romaine est le bas-latin des plébéiens romains des cinq premiers siècles, de l'époque de Sa Seigneurie P.P. Saint Pierre jusqu'à celle de Son successeur, Sa Seigneurie P.P. Saint Gélasius, dont la « Prière pour la Paix » est la dernière addition connue au canon – considérera que Messer Lorenzo Valla n'a commis aucun crime choquant. Mais le clergé de Naples y vit une menace pour le Palladium chrétien, et le dénonça à l'inquisition. Quand il fut traduit devant celle-ci, les Inquisiteurs l'invitèrent formellement à adhérer à une profession de foi qui n'était ni le Credo des Apôtres, ni celui de Nicènes, ni celui de saint Athanase, mais un credo qu'ils avaient forgé de toutes pièces pour les besoins imaginaires de leur cause. Cette situation était tout à fait semblable à celle qui a terni les dernières années du siècle dernier. Messer Lorenzo connaissait trop de choses; prenait un plaisir impie à dire ce qu'il savait; il était nuisible, son influence négative. Il opposa un refus très ferme aux propositions de l'Inquisition; il n'était pas question pour lui de signer le credo qu'ils lui tendaient. La situation commençait à devenir très grave. Mais les Inquisiteurs du XVe siècle avaient une sagesse du serpent inconnue de ceux du XIXe siècle. Ils ne lancèrent pas sur-le-champ une excommunication abrupte et sans tact, qui eût exacerbé la colère de toutes les parties. Ils essayèrent une autre méthode. Messer Lorenzo Valla voulait-il avoir la courtoisie de proposer son propre credo, de manière à ce que ses juges puissent décider s'il était hérétique ou non? La réponse de Messer Lorenzo fut remarquable « Je crois, dit-il, ce que croit Notre Sainte Mère l'Église. Elle ne sait rien. Mais moi, je *crois* ce qu'elle *croit.* » Dans ces circonstances, le roi envoya un messager aux Inquisiteurs de Naples, les priant de laisser tranquille le secrétaire de Sa Majesté; et le procès s'acheva. Mais quand Rome apprit ce qui s'était passé, Sa Seigneurie P.P. Nicolas V, admirant l'esprit et le savoir de Messer Lorenzo Valla, amusé, peut-être, par la manière dont il s'était joué des rusés Inquisiteurs, invita ce distingué savant à Sa Cour, où Il le nomma scribe apostolique, avec un magnifique traitement. À la mort du Pontife, le collège de Messer Lorenzo à Naples, Sa Seigneurie P.P. Calixte III, en fit son Secrétaire Pontifical, et le gratifia de plusieurs canonicats, dont l'un à saint Jean in *Laterano,* l'église-cathédrale de Rome. C'est ainsi que le tact et l'agilité d'esprit du XVe siècle firent d'un tel homme un ami, là où l'arrogante stupidité du XIXe siècle ne sait que fomenter une foule d'ennemis méprisants.

La première année du pontificat de Sa Seigneurie P.P. Calixte III fut occupée par les audiences accordées aux Orateurs qui venaient présenter les hommages des Puissances, et par les préparatifs de la Croisade.

L'Allemagne jouissait auprès du Saint-Siège d'une faveur méritée, parce que le maître de ce pays portait le titre de Romanorum Imperator Caesar Semper Augustus Mundi Totius Dominus Universis Principibus et Populis Semper Venerandus; l'accord du Pape et de l'Empereur, l'amitié de Pierre et de César était hautement souhaitable pour la paix et la prospérité de la Chrétienté. Cette amitié, toutefois, était assombrie par de fréquentes brouilles. Empire et Papauté étaient tous deux trop soucieux de leur dignité, trop enclins à se sentir offensés, trop conscients du fait qu'on pouvait empiéter sur leurs droits respectifs. Chacun, en fait, représentait une force tellement gigantesque que des accès intermittents de mégalomanie étaient inévitables. La violence de ces conflits était atténuée, de temps en temps, par des concessions. La situation s'était de nouveau aggravée quelques années auparavant, et avait été temporairement arrangée par un traité, connu sous le nom de Concordat d'Eugène IV.

Au début de Son règne, alors qu'il attendait les hommages officiels du pacifique César Friedrich IV, Sa Seigneurie P.P. Caliste III respecta les clauses de ce Concordat. Quand la nouvelle de Son élection atteignit l'Allemagne, une Diète de l'Empire se réunit à Neustadt, pour désigner des Orateurs[1], et pour examiner la possibilité d'arracher au Pape de nouvelles concessions. « C'est maintenant le moment de revendiquer notre liberté, car nous n'avons été jusqu'ici que la servante de la Sainte Église », déclara Jabob de Trier; et le César Friedrich IV se plaignait en privé du fait que le Pape ne lui fournissait guère de soutien dans ses difficiles relations avec ses turbulents vassaux et ses sujets. Le fameux Enea Silvio Bartolomeo de Piccolhuomini, Évêque de Sienne, jeta de l'huile sur les eaux troublées de la Diète. Il avait vécu de nombreuses années en Allemagne, en tant

1. L'activité de ces Orateurs (ambassadeurs) consistait davantage à tenir des discours fleuris qu'à rédiger des dépêches; mais naturellement, celles-ci n'étaient pas négligées.

que poète-lauréat, orateur en Haute Bretagne (l'Écosse), romancier, historien et secrétaire confidentiel de César; il connaissait bien son Allemagne. L'Église et l'État lui faisaient tous deux entièrement confiance. Il calma César, en lui déclarant que la foule était toujours inconstante et dangereuse, et qu'il était vain, pour un maître, de chercher à plaire. Il apaisa la Diète, en déclarant que les intérêts de la Papauté et de l'Empire étaient identiques, et que l'on pouvait obtenir de nouvelles faveurs d'un nouveau Pape. La Diète désigna l'Évêque Enea Silvio et le juriste Hans Hagenbach comme orateurs devant aller présenter à Sa Seigneurie P.P. Calixte III l'acte d'allégeance du Saint Empire Romain, et exposer devant Lui les griefs de César. Sa Seigneurie P.P. Calixte III était plus indépendante de l'Allemagne que ne l'avaient été Ses deux prédécesseurs; Elle était dans la position de commander, non d'accepter des compromis. Sa Seigneurie P.P. Eugène IV, qui avait besoin d'un appui séculier, S'était acquise l'obéissance de l'Allemagne par de secrètes concessions et des promesses d'argent. Sa Seigneurie P.P. Nicolas V, instruite de ces arrangements, s'était sentie liée par eux, et avait réglé Sa part; mais il restait 25 000 ducats encore impayés. Sa Seigneurie P.P. Calixte III n'avait pris aucune part à ces négociations. Pendant Son cardinalat, elle eut maintes fois l'occasion de s'apercevoir que Friedrich IV n'était qu'un nigaud veule et faible, dénué de toute fermeté morale. Sa Sainteté le Pape sentait intuitivement qu'elle pouvait fort bien s'arranger sans l'Auguste Empereur.

Par conséquent, lorsque les Orateurs de César arrivèrent à Rome, le 10 août 1455, et demandèrent une audience privée (pendant laquelle, selon une coutume bien établie, ils s'efforceraient d'arracher des concessions au Saint Père, en faisant dépendre la déclaration d'allégeance de leur souverain de la bonne volonté du Pape), Sa Seigneurie P.P. Calixte III refusa d'examiner leurs requêtes tant que le serment de l'Allemagne n'aurait pas été prononcé.

Les Orateurs furent abasourdis (selon leurs propres paroles) par cette demande; mais, en tant que fils loyaux de la Sainte Mère l'Église (l'Évêque Enea Silvio était leur porte-parole), et pour éviter tout scandale, ils cédèrent. Devant un consistoire de cardinaux, ils présentèrent au Pape l'hommage de César, dans un discours très élaboré qui ne mentionnait aucun sujet délicat comme les demandes impériales et le Concordat de Sa Seigneurie P.P. Eugène IV; il s'agissait essentiellement d'un chapelet de compliments formels adressés au Souverain Pontife, et de déclamations contre les infidèles (Pii II. Orationes I, 336).

Après un tel préambule, les Orateurs ne pouvaient plus insister sur les Droits de César. Ils pouvaient seulement s'approcher du tenace Pontife comme des suppliants en appelant à Sa clémence, tout comme des enfants prient leur père de leur accorder une faveur. Ils s'étaient coupés l'herbe sous le pied; et, comme le savait fort bien l'Évêque Enea Silvio, c'était précisément ce que le Pape avait voulu. Sa Seigneurie P.P. Calixte III rejeta toute obligation de payer les dettes de Ses prédécesseurs, estimant que les 25 000 ducats pouvaient servir à d'autres usages; quant à la question du droit de César à nommer des évêques et d'avoir une part de la dîme qui devait être prélevée pour la Croisade, la chose, déclara le Pape aux Orateurs, serait examinée le moment venu.

Entre-temps, la Ville Éternelle se préparait à la guerre. Immédiatement après Son couronnement, Sa Seigneurie P.P. Calixte III proclama en privé la Croisade. En août, il fit la même déclaration devant un consistoire public, et lut le serment suivant: « Nous, Calixte le Pontife, jurons à Dieu tout-Puissant, à La Sainte et Une Trinité, que nous poursuivrons impitoyablement les Turcs, ennemis du Nom du Christ, par la guerre, les malédictions, les interdits, les exécrations et tous les moyens qui sont en Notre pouvoir» (Ciacconi II., 981). Ce serment holographe resta constamment sous les yeux du Pape pendant Son pontificat; on le trouva accroché sur le mur, près de son lit, quand Il finit par mourir.

Les infirmités du grand âge enchaînaient le Pontife à Sa chambre; le repos était pour Lui une chose inconnue, car l'affaire de la Croisade consumait toutes Ses énergies. Sa volonté inébranlable et infatigable, concentrée sur ce but unique, ne tolérait ni contrôle, ni influence. Il savait Lui-même qu'Il était le « Maître du Monde», et Il ne tolérait presque aucune opposition. Il envoya aux turbulents souverains de la Chrétienté des légats chargés de régler tous leurs différents, de mettre fin à leurs querelles privées, de les pousser à abandonner leurs mesquines ambitions, afin de se consacrer à la tâche urgente de résister à l'Infidèle et de l'anéantir. Il envoya ses Missionnaires Apostoliques dans chaque pays chrétien, ainsi que des prélats et des évêques de la Curie, des moines et des frères religieux renommés pour leur éloquence, afin qu'ils prêchent le devoir sacré: lutter contre les ennemis de la Foi chrétienne. Il imposa à chaque pays une nouvelle dîme destinée à financer la Croisade. L'Archevêque San Antonino de Florence seconda noblement Ses efforts en levant l'étendard de la croix vermeille de saint George et en prêchant comme un nouveau saint

Bernard. Les constructions avec lesquelles le Pontife précédent avait commencé à orner la ville furent arrêtées, et les ouvriers des chantiers congédiés. Les revenus des États Pontificaux furent consacrés à la construction d'une flotte de galères rapides, destinées à harceler les Turcs. Le Saint Père descendait chaque jour de Saint-Pierre pour accrocher une croix sur la poitrine des recrues, de Ses propres mains. Les bijoux pontificaux furent mis en gage, et l'argent obtenu versé au trésor de guerre. Sa Sainteté avait une grande confiance dans le Duc Philippe de Bourgogne ; Il essaya de persuader le Magnagnime Don Alonso d'Aragon de prendre la tête de la Croisade.

À l'est de l'Europe, la sombre nuée des Infidèles avançait sans désemparer. Skanderberg, chef au passé romantique, renommé pour ses exploits militaires, s'opposa à eux. Ses glorieux hauts faits furent les seuls à illuminer la guerre sainte. Son armée, composée de diverses races traditionnellement antagonistes, n'était unie que par la magie des succès ou de son influence personnelle. Mais un tel lien reste très faible. Une cause qui repose sur un seul homme ne saurait résister à l'épreuve. Au moment où les Infidèles exerçaient sur lui une dure pression, ses Albanais se révoltèrent. Vaincu, il se réfugia dans ses repaires montagneux, et envoya des courriers à Rome demandant des renforts. Sa Seigneurie P.P. Calixte III lui envoya de l'argent, ce qui permit à Skanderberg d'obtenir l'allégeance de ses troupes et de consolider sa position. Mais le triomphe fut suivi d'un prompt désastre. Pour venger quelque affront, son propre neveu se souleva contre lui, persuada les Albanais de se révolter, de déserter et de rejoindre avec lui les rangs des Infidèles.

Il est dans la nature des choses humaines que chaque homme, quel que soit son rang, connaisse quelque affliction du corps ou de l'esprit. S'est-on jamais soucié de savoir quelle peut être l'affliction particulière d'un Pape ? C'est la solitude – l'extrême solitude –, la solitude dans une foule. Le Pape ne peut avoir d'amis ; car l'amitié présuppose l'égalité, et qui est l'égal du Pape ? Les cardinaux qui L'entourent appartiennent à la faction qui s'est opposée à Son élection, ou à celle qui réclame des faveurs pour prix de Son appui. Lui, assis sur le Trône de Pierre, regarde du haut de ce pinacle les peuples, les nations et les langues, sachant dans Son cœur qu'il s'agit d'ennemis ou de courtisans. Il n'est donc pas étonnant que même si Son esprit reste indépendant, Son humanité soupire après la sympathie des humains.

Ces considérations peuvent servir à expliquer le népotisme des Papes de la Renaissance. Ils s'entouraient Eux-mêmes de gens de Leurs propres familles ; d'hommes liés à Eux par les liens du sang et de la parenté. Étant généralement d'âge mûr, ils choisissaient les membres de Leur Famille les plus jeunes ; et Ils leur conféraient le rang qui leur permettait d'entrer dans le cercle le plus intime de la Curie. Cette conduite semble avoir été dictée par le désir de descendance propre à la nature humaine. Certes, un Pape peut toujours nommer des cardinaux qui seront pour Lui comme des fils spirituels ; mais faire des cardinaux de ceux qui appartiennent déjà à votre propre famille représente quelque chose de plus proche encore, de plus intime. C'est ainsi que le cœur humain du Pape peut rajeunir, renouveler sa force, satisfaire son désir naturel d'avoir un entourage dans lequel il peut avoir toute confiance. Car les cardinaux-neveux, exécrés par tous les autres cardinaux, devant tout au Pape, sont désormais liés à lui et à ses intérêts par des chaînes d'acier. Ce système, certes, a montré qu'il permettait bien des abus. C'est le corollaire de tous les systèmes humains. Il est indéfendable, mais il est explicable ; ce qui va suivre n'en constitue qu'une tentative d'explication.

Le 20 février 1456, au début de la seconde année de Son règne, Sa Seigneurie P.P. Calixte III proclama devant un consistoire houleux la création de trois cardinaux, dont deux étaient Ses propres neveux, et le troisième le fils de l'héritier de la couronne du Portugal. Il faut observer qu'Il ne fit rien pour Son fils, Don Francisco de Borja, qui était alors un charmant jeune homme de 15 ans, parfaitement éligible.

Le Sacré Collège murmura, éleva des objections ; mais en la matière la volonté du Pape fait loi. Les nouveaux cardinaux étaient :

(a) Don Luis Juan de Mila y Borja, âgé de 20 ans, renommé pour sa vigueur et sa beauté physique. Il était le fils de Doña Caterina de Borja (sœur de Sa Sainteté le Pape) et de son mari, Don Juan de Mila, Baron de Mazalanes. Le Pontife lui donna le chapeau cardinal qu'Il avait abandonné lors de Son élection à la papauté, et le rang de Cardinal-Presbytère du Titre de Santi Quattro Coronati.

(b) Don Rodrigo de Lançol y Borja, âgé de 25 ans, d'une magnificence et d'une courtoisie toute hispaniques, qui provoquèrent l'admiration jusqu'à sa mort. Il était le fils de Doña Juana de Borja (sœur de Sa Sainteté le Pape) et de son mari Don Jofre de Lançol. Le Pontife lui donna le chapeau cardinal et le titre de Cardinal-Diacre de San Niccolo *in Carcere Tulliano*.

(c) Don Jayme de Portugal, Archevêque de Lisbonne et fils de l'Infant Don Pedro de Portugal. Le Pontife lui donna le chapeau cardinal et le titre de Cardinal-Diacre de Sant'Eustacchio. Il semble que plusieurs raisons aient présidé à l'élévation de ce jeune homme, et il était habituel, pour les Maisons régnantes d'Europe, d'avoir un de leurs héritiers cadets au Sacré Collège. Le Cardinal de Portugal vécut une vie retirée, digne d'un saint, d'une modestie et d'une pureté virginale remarquables. Il mourut en 1459, à l'âge de 25 ans ; et sa tombe, conçue par Messer Antonio Rossellino, à San Miniato al Monte, à Florence, est l'un des monuments de la Renaissance les plus exquis. Elle porte cette épitaphe touchante

« Regia stirps Jacobus nomen Lusitana propago,
« Insignis forma, summa pudicitia,
« Cardineus titulus, morum nitor, optima vita,
« Iste fuere mihi : mors iuuenem rapuit ;
« Ne se pollueret, maluit iste mori. »

L'Évêque Enea Silvio Bartolomeo de'Piccolhuomini déclare dans ses Commentaires à propos de ces cardinaux : « Ils sont tous jeunes, mais d'excellente nature. » La seule concession que le Pape fit aux cardinaux qui élevaient des objections fut de remettre la cérémonie de la remise des insignes au mois de septembre suivant ; moment où bon nombre des mécontents auraient dissipé leurs vaines humeurs en quittant Rome.

Cette année-là fut marquée par des luttes. En Italie centrale, la paix était troublée par le bandit Niccolo Piccinino, un bâtard de Visconti ; croyant que le pays allait se vider de ses hommes d'armes, il estima que c'était l'occasion rêvée pour accroître son pouvoir. Il rassembla des mercenaires et marcha sur Sienne, petite république très fidèle au Saint-Siège qui, à cette époque si cultivée, avait détruit l'adorable Aphrodite de Lusippos par crainte du paganisme, et s'était consacrée à la Madonne en se donnant le titre de « Sena Ciuitas Virginis ». Après avoir combattu les forces papales et milanaises qui se concentraient pour partir en Croisade, mais étaient prêtes à affronter un adversaire en chemin, Piccinino se retira dans les montagnes. Le Roi Don Alonso du Regno, comme d'habitude, joua un double jeu. Il ne lui convenait pas de témoigner une amitié trop visible aux alliés du Pape, de peur que Sa Seigneurie P.P. Calixte III ne devienne trop indépendante. Des mesures favorables à Piccinino furent prises ; ayant vainement demandé l'appui de Naples, les Siennois furent obligés de signer une paix honteuse avec le brigand.

Le Sultan Mohammed avait étendu ses conquêtes à la Serbie, et se préparait à annexer la Bulgarie, en lançant cent cinquante mille infidèles contre Belgrade. Fra Jan Capistran, par son éloquence et son zèle pieux, fit prendre conscience aux Magyars de l'imminence du péril; le Cardinal Bernardino Caravajal, le légat, anima leur patriotisme par sa sagesse et sa dévotion; et Jan Hunniades, le Voïvode de Hongrie, décida de résister à l'invasion. La confiance déposée dans les princes, comme toujours, s'avéra vaine. Le roi Wladislaw, pris de terreur, quitta avec sa cour et son chef, le Comte de Cilly, Buda pour Venise; les hordes d'Infidèles s'engouffrèrent dans la vallée du Danube pour encercler Belgrade. Le Voivode Jan Hunniades leva une armée à ses propres frais; d'où vinrent les moyens, les hommes, nous ne le savons pas, car la plupart des importants documents liés au siège de Belgrade attendent encore d'être découverts; mais il y avait désormais une armée magyare, commandée par Jan Hunniades et organisée par Fra Jan Capistran, qui avançait pour dégager Belgrade. Le légat du Pape, Fra Bernardino Caravajal, resta à Buda, à la demande du Voivode, pour rassembler des renforts. Le quatorzième jour du siège, les Magyars se heurtèrent aux Infidèles. Les murailles de Belgrade commençaient à céder; mais l'arrivée du Voïvode permit de briser les lignes musulmanes et d'obtenir une victoire complète; les assiégés reprirent courage. Au bout de trois mois, les forces turques se concentrèrent de nouveau, et le 21 juillet, la ville connut un second assaut. Jan Hunniades et Fra Jan Capistran, de l'une des tours, dirigèrent la défense. À un moment critique du combat, l'héroïque religieux s'élança, tel un second Joshua, vers les troupes chrétiennes en brandissant un crucifix et une bannière portant le monogramme sacré inventé par San Bernardino de Sienne. Le Voïvode se précipita derrière lui pour l'aider. Les Infidèles se ruèrent plusieurs fois dans la ville par les brèches, mais à chaque fois le flot des ennemis fut contenu et repoussé. Fra Jan Capistran lui-même dirigea un escadron de huszars magyars[1] qui mirent en fuite les fiers janissaires de l'Islam. Et la journée s'acheva par une victoire; le Très Saint Nom résonna dans l'air, crié par les Croisés victorieux, tandis que le Sultan Mohammed, blessé, battait retraite en désordre avec le reste de son armée vaincue. Belgrade était sauvée.

Quand la nouvelle de la victoire atteignit Rome, Sa Sainteté le Pape gisait sur Son lit, malade, abattue, sombre, regardant de Sa fenêtre les galères que l'on construisait dans les chantiers de Ripa Grande. La délivrance d'une cité assiégée, même au XIXe siècle où l'indifférence était devenue une mode, provoque toujours des manifestations

1. *Huszar,* terme dérivé indirectement de l'italien cossaro.

de foule délirantes. Les hommes, au XVe siècle, étaient tout aussi humains qu'au XIXe siècle, mais moins complexes, et beaucoup plus simples. Belgrade était sauvée, et toute la Chrétienté se réjouit.

En mai, Ludovico Scarampi dell'Arena Mezzarota, Archevêque de Florence, Patriarche d'Aquileia, Légat auprès du Regno, Cardinal-Presbytère du Titre de San Lorenzo *in Damaso*, fut nommé Amiral de la Flotte Pontificale. Sous le règne de Sa Seigneurie P.P. Eugène IV, il avait dominé Rome en qualité de Commandant en chef de l'Armée Pontificale. Démis de sa charge par Sa Seigneurie P.P. Nicolas V, il s'était adonné à une vie luxurieuse, et avait gagné le sobriquet de *Seigneur* Lucullus. Sa silhouette maigre, mais voluptueuse, fait penser qu'il méritait ce surnom. Voyant que Sa Seigneurie P.P. Calixte III était un vieil homme faible, qui pouvait éventuellement lui permettre de satisfaire ses insatiables ambitions et lui donner une nouvelle promotion, il était venu à Rome offrir ses services au Saint Père. Mais les Cardinaux-neveux, Sa Seigneurie Luis Juan de Mila y Borja, Cardinal-Presbytère du Titre de Santi Quattro Coronati, et Sa Seigneurie Rodrigo de Lançol y Borja, Cardinal-Diacre de San Niccolo *in Carcere Tulliano*, se méfièrent des avances du Cardinal Scarampi. Mettant en doute sa bonne foi, ils exprimèrent leurs soupçons à leur Auguste Oncle, si bien qu'il fut interdit au Cardinal de pénétrer au Vatican. Ne s'avouant point battu, celui-ci se découvrit une ferveur particulière pour la Croisade. Il n'y avait pas de meilleure manière d'entrer dans les faveurs du Pape. Sa Sainteté estima que ce prélat pouvait consacrer son énorme fortune à la guerre; Elle le reçut aussitôt en audience, et le nomma Amiral Pontifical. Les Cardinaux-neveux le pressèrent de limiter ses pouvoirs; et son autorité fut quelque peu restreinte. Un homme d'une telle qualité et d'une telle étoffe aurait pu exercer une très bonne activité en mer; mais cela n'aurait pas convenu aux Cardinaux-neveux; et Sa Seigneurie P.P. Calixte III ne voyait toujours pas la bourse du Cardinal-Amiral se desserrer. On l'invita à des banquets, puis on lui donna ses ordres de marche. Une flotte de vaisseaux de transport descendit le Tibre avec cinq mille hommes à son bord; mais le Cardinal-Amiral resta à Rome, pour persuader Sa Sainteté que ces effectifs étaient insuffisants; qu'une flotte de trente galères était absolument nécessaire.

L'opiniâtre Pontife se souvint alors que le Roi Don Alonso avait promis de Lui fournir une telle flotte; et on enjoignit courtoisement et fermement le Cardinal-Amiral de se rendre à Naples pour prendre possession des navires: s'il ne se rendait pas dans cette ville, il serait soumis à une enquête judiciaire sur ses agissements en tant que generalissimo sous le règne de Sa Seigneurie P.P. Eugène IV. Le Cardinal-Amiral partit à tire d'aile pour Naples ; mais une fois arrivé, il apprit que le Roi Don Alonso le Magnagnime n'avait pas tenu ses promesses : il avait envoyé ses vaisseaux en mer pour régler une petite querelle qui l'opposait à la République de Gênes. C'étaient là de mauvaises nouvelles pour le Pape, mais cela ne changea pas d'un seul cheveu sa détermination. Il était très habitué aux caprices et aux magnanimités du Roi de Naples, qu'Il avait connu plus de quarante ans. Il était également tout à fait résolu à utiliser les services que le Cardinal-Amiral avait proposé. Les hommes avaient cru qu'Il était un vieillard débile qu'on pouvait aisément influencer. Ils découvraient maintenant leur erreur. Nous avons coutume de nous représenter la jeunesse comme fière et obstinée mais qu'est-ce qui peut faire plier la volonté d'un vieil homme fier et obstiné ? Sa Sainteté envoya au Cardinal-Amiral des ordres impératifs, lui enjoignant d'utiliser au mieux les vaisseaux dont il disposait, et de faire route pour la mer Égée, où il pouvait aider la Croisade en créant une diversion sur les îles que les Infidèles contrôlaient là-bas.

De nouveaux troubles s'étaient produits en Hongrie. Autour de Belgrade, les cadavres putréfiés des Musulmans empoisonnaient l'air par milliers. On ignorait jusqu'aux rudiments d'un traitement antiseptique. Ceux qui ont eu affaire aux Boers, aux Cubains ou aux Philippins savent quelle indicible horreur cela implique. La peste décima l'armée chrétienne. Le fléau atteignit les hôtes magyars, que les Infidèles avaient vainement tenté d'anéantir. Quand on lui dit que sa fin était proche, que le Viatique allait le soutenir sur cet obscur chemin que tout homme doit parcourir seul, le noble Voïvode Jan Hunniades déclara : « Il ne convient pas que notre Seigneur rende visite à son serviteur » ; et se dressant sur son lit de mort, il se traîna jusqu'à l'autel le plus proche où, après la confession et la communion, il mourut dans les bras d'un prêtre et rendit à Dieu une âme grande et sublime, le 11 août 1456. Le 23 octobre, Fra Jan Capistrano mourut lui aussi.

De Rome, la voix du Pape s'adressait obstinément aux Puissances. Ses légats prêchaient dans tous les pays. Le peuple l'entendit avec joie, et répondit à Son appel ; mais les nobles firent la sourde oreille. La Haute Germanie et Nuremberg équipèrent des bataillons de Croisés, qui furent renforcés par des contingents venus d'Angleterre et de France.

En novembre, le jeune roi fainéant Wladislaw retourna en Hongrie, et se rendit sur le champ de bataille de Belgrade. Depuis la mort de Jan Hunniades, le Comte de Cilly avait acquis une autorité absolue sur le domaine royal. Belgrade pleurait encore le puissant Voïvode ; et les nobles, dirigés par le fils de Hunniades, Wladislaw Cornivus, irrités par les déclarations insolentes et la lâcheté de de Cilly, le tuèrent sur place. Le jeune roi dissimula son courroux, et persuada les fils de Jan Hunniades de le suivre à Buda. Ceux-ci, qui ne soupçonnaient pas les traîtrises dont les lâches sont capables, obéirent ; à leur arrivée dans la capitale, Sa Majesté le Roi de Hongrie les fit arrêter et Wladislaw Corvinus Hunniades fut publiquement décapité comme un traître. La Hongrie se trouvait maintenant dans une lamentable situation. Privée par la hache et la peste de ces chefs énergiques qui avaient mérité sa confiance, gouvernée par un enfant venimeux, sans héritier légitime, elle attendait, dans la crainte et le tremblement, que les clameurs des Infidèles retentissent de nouveau à ses portes. Toute discipline avait disparu ; les huszars magyars furent congédiés, et s'en revinrent à leurs foyers.

En Allemagne, la question de la Succession Magyare fut considérée comme d'une inextricable confusion ; et les Électeurs de l'Empire estimèrent que le moment était venu d'exercer de nouveau des pressions sur leur suzerain, le faible et nécessiteux César Friedrich IV.

Ils l'invitèrent à présider une diète à Nuremberg, en 1456, le jour de la Saint-André ; et de fait, leur conduite pendant cette diète fut réellement calédonienne. Le but apparent était la préparation d'une nouvelle Croisade ; et ils annoncèrent leur intention d'agir de leur propre chef si César refusait de s'y engager. En réalité, il s'agissait de dresser le Pape contre l'Empereur, et l'Empereur contre le Pape ; dans la confusion ainsi créée, ils pourraient satisfaire leurs propres ambitions, en arrachant des concessions à l'une ou l'autre de ces Puissances. En prétendant vouloir lancer une nouvelle croisade, ils gagneraient les faveurs pontificales. En agissant de leur propre chef, ils éveilleraient la colère impériale. Le Pape pourrait leur accorder ce qu'ils appelaient la Réforme Ecclésiastique pour récompenser leur attitude et le fait de soutenir Ses plans de lutte contre l'Infidèle. César, lui, pouvait leur concéder plus de pouvoir politique, pour prix de leur allégeance. Dans les deux cas, ils obtenaient quelque chose.

César interdit aussitôt la réunion de la Diète à Nuremberg. Mais ses ordres ne furent pas respectés ; la Diète se réunit, et un Légat du Pape s'y rendit. Des discussions purement politiques s'ensuivirent ; et la Diète s'ajourna avant d'être parvenue à la moindre conclusion. L'Électeur Albrecht de Brandenberg estima alors bon de former un fort parti césarien ; et les électeurs de la faction papale furent mis en minorité. On lança un appel pour la réforme de l'Église. La Papauté était menacée par ce qu'on supposait être pire qu'un Concile Général – une Sanction Pragmatique, *i.e.* une affirmation très nette de la Suprématie Impériale[1]. Les Électeurs gardèrent leurs délibérations secrètes, et peu de nouvelles purent atteindre Rome, où la Curie était décidée à résister dans tous les cas.

L'appel à la réforme de l'Église est un appel très populaire. Exprimer le désir de cultiver et de réaliser l'idéal chrétien gagne invariablement des sympathies. Il est peut-être regrettable que les soi-disants réformateurs du XVe siècle attachaient au mot réforme une signification plus vile que celle qu'il a au XXe siècle.

Rome avait déjà un champion dans la personne d'Enea Silvio Bartolomeo de Piccolhuomini, Évêque de Sienne, à qui elle avait confié la tâche de la défendre ; pour qu'il puisse disposer de toute l'autorité nécessaire, Sa Sainteté le Pape le nomma Cardinal-Presbytère du Titre de Santa Sabina. « Aucun cardinal n'est jamais entré dans le Collège avec autant de difficultés que moi ; la rouille avait à tel point rongé les gonds (*cardines,* bon exemple de l'humour du XVe siècle) que la porte ne pouvait pas tourner et s'ouvrir. Calixte fit employer des béliers et toutes sortes d'instruments pour l'ouvrir », déclara le nouveau Cardinal de Sienne à Giovanni Castelleone, Évêque et Cardinal de Pavie. Le Sacré Collège n'avait point pardonné à Sa Seigneurie P.P. Calixte III la nomination des Cardinaux-neveux ; et sa politique était de s'opposer au Vice-Gérant de Dieu et à toutes Ses Œuvres. Le nouveau cardinal, en outre, avait la réputation d'avoir des tendances libérales ; et le conservatisme des cardinaux italiens fut hérissé. Le Cardinal de Sienne avait résidé si longtemps en Allemagne qu'on le considérait plus Allemand qu'Italien, plus proche de César que de Pierre. Et par-dessus tout, ses prodigieux talents et son extrême souplesse attiraient l'hostilité des médiocres.

La Diète se réunit de nouveau, à Francfort-sur-le-Main. Là, elle devint définitivement hostile à César ; et, en annonçant son intention de s'opposer à la collecte de la dîme, au Pape également. Elle commit l'erreur stratégique d'unir ses deux ennemis en les liant par un intérêt

---

1. La Sanction Pragmatique, terme d'origine byzantine, fut appliquée aux Édits Impériaux contenant des décrets édictés comme des Lois Fondamentales. Des Décrets du Concile de Bale furent intégrés à une Sanction Pragmatique par la Diète de Mayence en 1434 ; mais au Concile de Vienne (1448), la plupart des avantages qu'elle s'efforçait d'obtenir pour l'Église d'Allemagne furent abandonnés.

commun. Sa Seigneurie P.P. Calixte III demanda instamment à César Friedrich IV de participer à la Croisade; ainsi s'acheva l'an de grâce 1456.

Il faut concéder que l'Allemagne avait de forts griefs; que certains engagements n'avaient pas été tenus par Rome. Et alors? Rome, comme le reste du monde, savait que l'Allemagne avait l'habitude de réclamer une réforme, chaque fois qu'elle estimait possible d'être payée pour son silence. Rome, comme le reste du monde, savait que ces réclamations avaient pour auteurs des prélats insincères et vénaux, des Électeurs corrompus, qui seraient devenus obséquieusement muets si on avait satisfait leurs intérêts personnels.

Le chef des Électeurs était Hans de Baden, Prince Archevêque de Mayence. Son chancelier, Martin Mayr, tout en congratulant le Cardinal de Sienne pour son élévation, en profita pour parler très hostilement de la manière dont le Pape traitait l'Allemagne. « Sa Sainteté n'observe ni les décrets du Concile de Constance, ni ceux du Concile de Bâle, ni les accords de Ses prédécesseurs; elle ne tient nul compte de l'Allemagne », déclara-t-il. « Nos élections des évêques sont arbitrairement annulées. Des réserves sont faites en faveur des cardinaux et des secrétaires du Pape. Vous avez vous-mêmes une réserve générale de bénéfices dans les provinces de Mayence, Trier et Cologne d'une valeur de deux mille ducats *per annum* – ce qui est un droit sans aucun précédent. Les annates sont rigoureusement exigées, les octrois d'expectatives sont ordinairement donnés, et Sa Sainteté n'est pas satisfaite par Son dû. Les évêchés ne sont pas accordés aux meilleurs, mais aux plus offrants. De nouvelles dîmes sont imposées sans le consentement de nos évêques, et sont payées au Pape. De toutes les manières, l'Allemagne, autrefois si glorieuse, est traitée comme une servante. Elle a murmuré pendant des années au sein de son esclavage. À présent, ses nobles pensent que le moment est venu de la libérer. »

Cette lettre paraît un sincère cri de détresse. Mais le Cardinal de Sienne savait fort bien répondre à des affirmations aussi malhonnêtes, qui auraient trompé quelqu'un de moins expert. Il pouvait lire entre les lignes; et il connaissait bien le Chancelier Mayr. Il commença par affirmer la suprématie papale, et par rejeter les décrets du Concile schismatique de Bâle. Il déclara que le Concordat de Sa Seigneurie P.P. Eugène IV devait être observé. Il écrivit que Sa Seigneurie P.P. Calixte III était disposée à accueillir tous les griefs, si les Électeurs lui adressaient des envoyés dans les formes. À ce stade, rien ne pouvait être plus satisfaisant; le Cardinal de Sienne se mit alors à l'œuvre.

L'interférence papale en matière d'élections, dit-il, était une intervention purement judiciaire, due à l'ambition et à l'avidité des candidats, non à la rapacité du Pape. Si certaines sommes avaient été versées par des aspirants-évêques pour soudoyer des membres de la Curie, ces aspirants-évêques ne pouvaient pas blâmer Sa Sainteté, mais leur propre ambition, qui aurait été capable de tout pour s'assouvir. Les hommes n'étaient pas plus angéliques à Rome qu'en Allemagne : quand on leur offrait de l'argent, ils l'acceptaient tout naturellement. Mais le Saint-Père ne pouvait en être blâmé. Il souhaitait mettre un terme aux agissements de certains membres de la Curie. Il ne recevait Lui-même que Son dû. Chacun pense que se séparer de son argent est une souffrance, et il en sera toujours ainsi. La Bohême élevait contre l'Allemagne les mêmes plaintes que celle-ci adressait à Rome : à savoir, qu'on prenait son argent. Et pourtant, l'Allemagne, grâce à ses liens avec la papauté, était devenue une nation riche et puissante, plus riche qu'à aucune époque de son histoire, malgré toutes ses plaintes. En ce qui concernait des problèmes plus personnels, le Cardinal de Sienne estimait injuste que le Chancelier Mayr critique les provisions faites en sa faveur. En tant que poète-lauréat de l'Empire et orateur de César, il avait vécu et travaillé si longtemps en Allemagne qu'il trouvait très dur qu'on le considère comme un étranger. En conclusion, *il remerciait le Chancelier pour son offre personnelle de l'aider à réaliser lesdites provisions; et serait heureux d'entendre parler de bénéfices éligibles qui deviendraient vacants.*

Tout le sel de cette lettre se trouve dans sa conclusion. Il est évident que Martin Mayr, tout en rédigeant sa précieuse liste de griefs, avait également adressé en privé au cardinal une autre lettre dans laquelle il lui proposait ses propres services pour la collecte des impôts. En théorie, il prétendait n'avoir aucun lien particulier avec Enea Silvio. En pratique, il voulait absolument être employé comme agent de reprise à la commission. Avec un Janus aussi vénal, une seule réponse était possible; et le Cardinal de Sienne révéla l'insincérité du porte-parole de l'Allemagne en répondant dans la même missive à sa lettre privée et à sa lettre publique.

Cette tactique, comme le cardinal s'y attendait, entraîna une proposition du supérieur du Chancelier Mayr, le Prince Archevêque de Mayence; celui-ci envoya son secrétaire à Rome le 10 septembre 1456, avec les pleins pouvoirs pour négocier avec le Cardinal de Sienne une alliance contre les Électeurs. Ce prélat renégat était prêt à déserter les rangs du parti allemand attaché à la réforme si on lui concédait le droit de confirmer les élections épiscopales dans toute l'Allemagne comme prix de sa trahison; droit qui lui permettrait d'imposer à volonté une taxe aux candidats-évêques.

Le Cardinal de Sienne répondit au Prince Archevêque d'une plume courtoise, mais cinglante. Il se réjouissait d'apprendre, disait-il, que sa Toute-Puissance ne voulait plus s'allier à ces individus malintentionnés qui attaquaient le Saint Père; mais il regrettait de le voir demander ce qui était un droit inhérent à la Papauté, dont aucun de ses prédécesseurs n'avait encore joui. Aucune manœuvre, aucun accord secret n'étaient nécessaires entre le Vice-Gérant de Dieu et Ses sujets. Tous devaient Lui obéir. Il était sûr que la modestie de l'Archevêque se trouvait mal représentée par cette requête inopportune, qu'il ne pouvait, pour sa part, exposer à un Pape aussi intègre et droit que Sa Seigneurie Calixte.

À présent que la nature vénale de la demande de réforme avait été rendue tout à fait claire aux yeux du monde, le Cardinal de Sienne écrivit une missive éloquente et raisonnable à Friedrich IV, au Roi de Hongrie, aux Princes et aux Prélats d'Allemagne, leur signalant combien il était futile de se disputer avec le Pape, dont ils tiraient tant de bénéfices. Il développa également le contenu de sa lettre au Chancelier Martin Mayr, tout déconfit, dans un pamphlet intitulé *De ritu, situ, conditione, et moribus Germaniae*, où il montrait que l'Allemagne avait reçu de Rome bien plus que ce qu'elle lui avait donné. Ses raisonnements avisés et incontestables, liés à l'habileté diplomatique de l'envoyé du Pape, Lorenzo Rovarelia, ramenèrent le calme en Allemagne. Puis survint la mort du Roi Wladislaw de Hongrie à la veille de son mariage avec Madame Marguerite de France. Ses possessions en Autriche, en Hongrie et en Bohême furent revendiquées par plusieurs prétendants. Les Puissances allemandes devinrent extrêmement intéressées. Cela leur fit oublier le chantage qu'elles tentaient d'exercer sur le Vicaire du Christ. Ainsi le but de Sa Seigneurie P.P. Calixte III fut-il atteint, et la crise évitée sans proclamation d'une Sanction Pragmatique.

Entre-temps, le Cardinal-Amiral se trouvait en mer Égée. N'étant ni un héros, ni un croisé fervent, il se contenta de naviguer de place en place et de faire montre d'activité, arrachant quelques îles sans importance aux Infidèles et subvenant aux besoins des Chevaliers de Rhodes. Son seul objectif était d'éviter l'enquête judiciaire dont les Cardinaux-neveux l'avaient menacé; et de fait, il fit une Croisade de pure forme. Son influence s'avéra mauvaise; car en donnant aux habitants des îles de la mer Égée l'impression que Rome les défendait, il leur inspira un sentiment de fausse sécurité et affaiblit leur détermination à se défendre eux-mêmes.

Le conflit de la Chrétienté Orientale devenait de plus en plus désespéré. De toutes les puissances occidentales, seule Sa Sainteté le Pape prit des mesures pratiques. La France promit, mais ne tint pas sa parole et ne paya pas la dîme. Le Duc de Bourgogne collecta celle-ci, et la garda. La Norvège, le Danemark et le Portugal ne bougèrent pas. Le Duc de Milan et la République de Venise dédaignèrent les suppliques du Pape. La Signoria de Florence refusa de L'aider. Seuls quelques barons italiens – tyrans de petits fiefs – Lui fournirent des armes et de l'argent. La République de Gênes resta loyale ; en retour, l'obstiné Calixte III protégea les colonies génoises sur les rives de la mer Noire et conféra à ses nobles des honneurs. Ce sombre panorama fut éclairé temporairement par une victoire sur la flotte musulmane, dans laquelle vingt-cinq galères tombèrent aux mains de Rome. Il faut rappeler que c'est grâce à l'esprit de décision, à la prévoyance et à l'énergie du vieux Pontife (qui dirigeait personnellement de Rome les mouvements des navires) que les marins pontificaux purent remporter ce triomphe. Si le Cardinal-Amiral Scarampi avait eu tous les pouvoirs qu'il désirait, le sort de la flotte papale aurait été beaucoup moins heureux ou brillant.

Il ne fait aucun doute que ce sont les chicaneries allemandes qui empêchèrent le Pape d'exécuter ses plans pour la défense des Chrétiens d'Orient. Skanderberg n'avait à opposer aux Infidèles qu'une poignée de huszars. Et aucun autre encouragement : l'apathie de César et des Puissances ne lui permit pas d'exploiter ses victoires. Le Roi de Naples était une véritable épine dans les yeux du Pape. Celui-ci avait placé de plus grands espoirs dans Son ancien maître, qui l'avait fait venir en Italie ; et Il fut amèrement frappé par la trahison du Roi Don Alonso qui avait envoyé sa flotte au large ; celle-ci, bien que construite dans le port de Naples, avait été financée par l'or pontifical. Et à présent, le Magnagnime l'utilisait pour régler une querelle privée avec une Puissance chrétienne, la République de Gênes, au moment même où la Chrétienté était gravement menacée par les Infidèles.

L'indulgence de Sa Seigneurie P.P. Calixte III atteignit ses limites en ce qui concerne Naples avec cette affaire. À partir de ce moment-là, il s'opposa impitoyablement à la politique du Roi Don Alonso, et tout spécialement à son projet d'alliance avec Milan, par lequel il espérait rendre doublement sûre la succession du bâtard Ferrando, dont la légitimité avait pourtant été reconnue par les deux Pontifes précédents.

Au début de l'année 1458, György Podiebrad renonça à l'hérésie hussite lors de son élection au trône de Bohême. Le Roi György ne fit aucune difficulté pour faire acte d'allégeance au Saint-Siège ; il promit également de participer à la Croisade. Mais si l'on considère que ses territoires étaient immédiatement menacés par les Infidèles, il est évident que sa politique fut dictée par des raisons d'État plutôt que par la ferveur religieuse.

Sa Sainteté le Pape fut réconfortée de voir la Bohême rejoindre les rangs assez maigres de ses alliés. Elle espérait que l'exemple du Roi György aurait un bon effet sur les hérétiques de cette région ; car les affaires spirituelles ne sont point indifférentes à un Souverain Pontife. Il semblait que l'occasion fût bonne pour mettre les Puissances sur la brèche ; et le Pape décida de réunir un congrès à Rome, dont le but était l'Unité du Christianisme. Les hommes pieux ont toujours poursuivi ce but – l'unité religieuse. À l'époque de Sa Seigneurie P.P. Calixte III, l'unité politique était bien plutôt le but souhaité, toujours vainement.

Après la Croisade, la tâche la plus chère fut pour le Pape la promotion des intérêts de Ses neveux. Pourquoi ne fit-il jamais rien pour Son propre fils, cela reste une énigme historique. On a déjà évoqué l'élévation au cardinalat de Don Luis Juan de Mila y Borja et de Don Rodrigo de Lançol y Borja. Il y avait aussi un jeune frère du Cardinal Rodrigo, âgé d'un an et demi de moins que lui, Don Pedro Luis de Lançol y Borja, être somptueusement beau, pleutre et lâche, vers lequel le Pape dirigea l'admiration envieuse que le grand âge porte à la jeunesse et à la force ; on n'avait encore rien fait pour lui. Sa Seigneurie P.P. Calixte III, bien qu'elle ne tînt aucun compte des opinions du Sacré Collège, ne déclencha pas un deuxième orage en élevant ce jeune homme à la pourpre. Ce dernier préférait d'ailleurs une carrière séculière ; et l'on pensait que le sang chaud des Borja le destinait naturellement à embrasser une carrière militaire. C'est pourquoi Son Oncle, en qualité de despote italien, le nomma Duc de Spoleto, Gonfalonier de la Sainte Église Romaine, Châtelain de toutes les forteresses pontificales et Gouverneur des villes de Terni, Narni, Todi, Rieti, Orvieto, Spoleto, Foligno, Nocera, Assise, Amelia, Civita Castellana, Nepi, ainsi que du Patrimoine de saint Pierre en Toscane – acte de générosité extravagante qui ne se justifie que par le souci de Sa famille à l'âge de quatre-vingts ans seulement, Il pouvait enfin s'occuper d'elle. Cette nomination provoqua bien sûr l'habituel concert de protestations du Sacré Collège, dirigé par Domenico Capranica,

Cardinal-Presbytère du Titre de Santa Croce *in Gerusalemme,* et une sorte d'émeute à Rome, dont les habitants avaient toujours détesté les Espagnols, et particulièrement les Catalans. Car le bruit s'était répandu en Espagne que les Espagnols étaient bien traités à Rome ; une foule de Castillans se pressa alors dans la Ville Sainte pour recevoir les dons que, croyaient-ils, un Pape espagnol ne manquerait pas de leur octroyer. Rome fut rendue furieuse par cette immigration ; mais Borja fit des avances à Colonna, et traita les Romains avec toute la morgue des Espagnols. Quant au tenace Calixte III, Il manifesta la méfiance qu'Il ressentait vis-à-vis de l'opinion publique en installant Don Pedro Luis de Lançol y Borja à la Préfecture de la Ville ; acte qui signifiait que le Môle d'Hadrien, ou Château Saint-Ange, l'imprenable forteresse construite sur les bords du Tibre, était aux mains des Borja. Don Pedro Luis fut considéré par les Orsini comme un ennemi mortel, puisque Don Giovantonio Orsini avait perdu à cause de lui la Préfecture. Dans ces conditions, les relations très tendues des Borja avec les Orsini permirent une alliance avec les Colonna, à cette époque simple où les amis de l'un étaient les amis de l'autre, et les ennemis de l'un les ennemis de l'autre ; et Colonna était la Maison la plus puissante de Rome. Une chanson de nourrice écrite pendant cette période montre dans quelle estime les Colonna étaient tenus :

« Che possa avere cinque figli maschi,
« E tutti quanti di Casa Colonna,
« Uno Papa, l'altro cardinale,
« Éd uno arcivescovo di Colonia,
« Éd uno possa aver tanta possanza
« Da levar la corona al re di Franza
« E l'altro possa aver tanto valore
« Da levar la corona all'imperatore.

Ainsi la Ville Éternelle devint-elle pour un bref laps de temps le fief de la Maison des Borja. Les Catalans envahissaient les rues, et se livraient au meurtre et au vol. Intimidés, les Conservateurs (dont l'équivalent moderne serait un conseil municipal) remercièrent servilement le Pape d'avoir nommé son neveu, et suggérèrent même que Don Pedro Luis fût couronné Roi de Rome.

Le 27 juin 1458, le Roi Don Alonso le Magnagnime, qui régnait sur l'Aragon, Naples, les Deux Siciles et Jérusalem, mourut. Sa Seigneurie P.P. Calixte III refusa de reconnaître son élève d'antan, le bâtard Ferrando, comme son successeur; et il menaça impétueusement de plonger l'Italie dans la guerre, en revendiquant pour Son propre compte le Regno comme un fief du Saint-Siège.

La politique favorite des ecclésiastiques de tous les rangs et de toutes les époques semble être correctement résumée par Patrizzi dans la phrase suivante: *Avancez des prétentions, et elles deviendront des réalités.* Sa Sainteté le Pape désirait avantager Don Pedro Luis. Si Ses prétentions à être suzerain du Regno pouvaient recevoir quelque substance, Il pourrait alors faire de Don Pedro Luis le Roi de Naples. Il s'agissait de territoires vastes et importants, qui incluaient toute l'Italie du Sud, les Abruzzes, l'Apulie, la Calabre, ainsi que l'Ile-aux-Trois-Langues[1], la Sicile. D'un point de vue commercial, l'action du Pape était tout à fait digne d'un marchand. Et il fallait prendre en compte autre chose encore: à supposer que le bâtard Ferrando fût assez fort pour résister, il devrait tout de même sacrifier une part du Regno pour obtenir la paix; ainsi un fief pourrait-il être donné à Don Pedro Luis qui, dans tous les cas, était gagnant. Si le Regno lui échappait, le Pape avait l'intention de pousser opiniâtrement à la reconquête de Constantinople, et de couronner Son neveu Roi de Chypre et Empereur de Byzance. En gage de sa bonne volonté, Il le nomma aussitôt Lieutenant de Benevento et de Taracina, qui se trouvaient à l'intérieur du Royaume de Naples, et confirma cette nomination par Lettre le 31 juillet 1458.

À Rome, l'indignation ne connaissait plus de bornes. Il était clair que ces jeunes gens – les Cardinaux-neveux – étaient à présent, après la Croisade, tout-puissants avec le Maître du Monde. La ville bouillonnait de jalousies, de révoltes, et l'on attaquait tout ce qui ressemblait à un Catalan. Les Espagnols assez téméraires pour se montrer dans les rues couraient le risque d'être assassinés. Quant au Pape, l'âge et la maladie mortelle qui le frappait semblaient porter au rouge incandescent l'acier de son inflexible volonté impériale. Le Cardinal de Santa Croce *in Gerusalemme* fut envoyé dans une lointaine ambassade, et menacé d'emprisonnement s'il élevait encore la voix pour protester. Le Protonotaire Apostolique, Fra Bernardino Caravajal, fut envoyé en Allemagne. Le Cardinal-Amiral Scarampi dut demeurer en mer. Seuls quatre des Très Illustres restèrent fidèles au Pape et aux Cardinaux-neveux. Il s'agissait: du Romain Prospero Colonna, Cardinal-Diacre de San Giorgio in Velum Aureum; du Vénitien Pietro Barbo, Cardinal-Diacre de Santa Maria Nuova; du Français Guillaume

1. Le sicilien, le grec et le latin.

d'Estouteville, Cardinal-Évêque de Porto ; et du Siennois Enea Silvio Bartolomeo de'Piccolhuomini, Cardinal-Presbytère du Titre de Santa Sabina. Profitant de l'absence temporaire d'opposition, Sa Sainteté le Pape donna l'évêché de Lerida à Son neveu, le Cardinal Luis Juan de Santi Quattro Coronati ; quant au Cardinal Rodrigo de San Niccolo *in Carcere Tulliano*, Il lui donna la Vice-Chancellerie de la Sainte Église Romaine.

Le Bâtard de Naples finit par décider de réagir ; il rassembla les nobles napolitains, et leur demanda de le reconnaître comme roi. Il ne réclama pas les royaumes d'Aragon, de Valence et de Catalogne, en Espagne ; ni la Sardaigne, les îles Baléares et la Sicile, que le Roi Don Alonso avait laissé à son propre frère, le Roi Don Juan de Navarre ; mais il était prêt à se battre pour la couronne de Naples et la Souveraineté de l'Ordre de l'Étole que son père avait fondé. En outre, pour défendre ses droits contre le Pape, il réclama la réunion d'un Concile général, procédure plutôt stupide, mais assez courante en cas de litige à l'époque des Borgia. Il faut signaler en passant que Sa Seigneurie P.P. Calixte III n'était pas seule à réclamer les possessions de Don Ferrando. Indépendamment des prétentions du Roi René d'Anjou, le Bâtard avait un troisième rival en la personne de son cousin Don Carlos de Biana, fils du Roi Don Juan de Navarre.

Le Pape savait bien que, tout en pouvant semer le trouble en Italie, Il ne pouvait pas à Lui tout seul espérer l'emporter dans une guerre contre Naples ; Il essaya donc de gagner à Lui Don Francesco Sforza-Visconti, Duc de Milan, qui, après le Cardinal de Sienne, était l'homme d'État le plus grand et le plus perspicace de son temps. Le Duc Francesco répondit brièvement et abruptement que la Succession napolitaine avait été réglée par Sa Seigneurie P.P. Nicolas V à la satisfaction de tous les princes italiens, et qu'il avait l'intention de défendre le Roi Don Ferrando I, plutôt que voir son pays dévasté par une guerre civile.

Cette dernière déception provoqua une grande amertume chez le Pape, et ruina définitivement Sa santé. Avec l'été, la peste apparut dans Rome. Sa Seigneurie P.P. Calixte III gisait dans les affres de la fièvre ; et les Orsini prirent ouvertement les armes contre tous les Catalans. Le peuple montrait du doigt la plume blanche des Neveux pontificaux ; ceux-ci restaient inébranlables. Don Pedro Luis de Lançol y Borja, en sa qualité de Préfet de Rome, vendit le Môle d'Hadrien au Sacré Collège pour vingt-deux mille ducats et s'enfuit de la ville, escorté par ses Catalans. Le Cardinal de Venise lui fournit un vaisseau sur le Tibre, grâce auquel, à la faveur de l'obscurité de la nuit, il put gagner en toute sûreté Civita Vecchia, évitant ainsi les Orsini qui l'attendaient aux portes de Rome. Le 26 septembre, dit Lo Spondano, il mourut subitement.

L'une des affirmations de l'Église est celle de la Promesse Divine de sa Subsistance jusqu'à la fin du monde. L'historien constate avec intérêt que, de temps en temps, Ses autorités responsables se comportent comme si elles ne croyaient absolument pas à la validité de cette prédiction. Elles semblent estimer que l'accomplissement de cette promesse dépend uniquement de leurs propres efforts. L'étrange conviction de la nécessité de son existence présente, innée chez l'homme du commun, explique peut-être l'extraordinaire dépense d'énergie consacrée à éviter la mort, qui frappe de nullité les professions de foi les plus ferventes et les plus fréquentes dans la Vie du Monde Futur, et renforce les institutions et les plans humains, lesquels obtiennent en de telles occasions la fermeture d'une prélature ou la fin d'un pontificat. S'il est vrai que les actes parlent plus fort que les paroles, alors la confusion qui suit la mort d'un Pape présente un triste tableau.

Le 6 août 1458, Sa Seigneurie P.P. Calixte III était mourante au Vatican. Rome était sens dessus dessous. Les Colonna et les Orsini aiguisaient leurs épées. Les cardinaux bannis revenaient en hâte pour le prochain Conclave. Les quatre cardinaux loyaux s'étaient fortifiés dans leurs palais. Seuls les Cardinaux-neveux restaient auprès du Pape.

Le curieux privilège qui leur avait été accordé pendant cette période ne pouvait s'exercer dans le présent cas. Par le fait même qu'ils étaient des nouveaux venus au Sacré Collège, supposés avoir une puissante influence sur le Pontife régnant, les Cardinaux-neveux étaient l'objet d'une antipathie intense (pour exprimer les choses avec modération) de la part de leurs collègues. Leur élévation était une offense; leur enrichissement, une source d'envie; leur indifférence à l'opinion publique, une source de haine déclarée. La seule consolation des autres cardinaux, créatures des Pontifes précédents, était que cette situation devait cesser avec la fin de son promoteur. Quand leur Oncle Pontifical cessa de vivre dans ce monde, les Cardinaux-neveux furent ramenés à leur juste place dans le Sacré Collège. Dans de telles circonstances, ils étaient habitués à battre le fer tant qu'il était chaud, et à utiliser toutes leurs prérogatives pour s'assurer un avenir sûr, en leur qualité de jeunes cardinaux, et cela en acquérant des propriétés, des biens, des bénéfices, des bijoux ou de l'argent, à la grande joie du Pape. Et quand leur temps approcha de sa fin, quand leur Auguste Oncle entra dans sa dernière agonie, les Cardinaux-neveux s'emparèrent dans le palais apostolique de tous les objets de valeur qui n'étaient pas encore entre leurs mains. Ce privilège était leur dernière opportunité ; car dès que le Pontife est mort, le Cardinal-Chambellan prend possession de la Curie ; et à une époque où l'auto-agrandissement n'était pas moins une passion dominante qu'il ne l'est de nos jours, cette pratique était au moins tolérée, en partant du principe que chacun doit avoir son heure.

Mais, en la circonstance, les Cardinaux-neveux ne se livrèrent à aucun pillage. La fureur des Romains contre tous les Espagnols leur fit éviter les risques d'une traversée de la ville et d'un retour vers leurs palais avec les mules qui portaient leur butin. Voici ce qui semble humainement parlant expliquer leur présence au Vatican, à l'heure où les Orsini massacraient les Catalans et attaquaient tous ceux qui portaient des armes dans le Borgo, ou Région pontificale de Rome.

Le docte Dr. Creighton a dit très justement que les hommes qui ont des opinions décidées et d'éminentes capacités, lorsqu'ils parviennent au pouvoir tard dans leur vie, consacrent la passion accumulée pendant toute une vie à l'accomplissement de leurs désirs les plus chers. Sa Seigneurie P.P. Calixte III appartient certainement à cette catégorie.

Bien qu'Il fût peu enthousiasmé par la Renaissance des Lettres et des Arts, et ait mis un terme aux plans démesurés de Son prédécesseur, Il n'était en aucune manière inattentif aux devoirs qu'impliquait Sa position. Il restaura le palais et l'église de Santi Quattro Coronati, parce qu'il y avait séjourné pendant son cardinalat. Il embellit l'église de San Sebastiano *extra muros,* au-dessus de la Catacombe de San Calixto, en l'honneur du saint auquel Il avait emprunté Son nom. Il fit réparer l'église de Santa Prisca, et commença la construction du nouveau toit de la Basilique Libérienne, sur l'Esquilin. Il employa les peintres, qui n'avaient pas quitté Rome lors de Son élection, pour les bannières de la Croisade. L'école de tapisserie du Vatican, fondée par Sa Seigneurie P.P. Nicolas V, continua à exercer, et prospéra grandement sous Sa juridiction. Il créa neuf cardinaux pendant son bref Pontificat. Les Porporati du Consistoire du 20 février 1456 ont été évoqués plus haut. Au Consistoire du Noël, de la même année, Il éleva à la pourpre

(a) Rainaldo Pisciscello, le vertueux et docte Archevêque de Naples, devint Cardinal-Presbytère du Titre de Santa Cecilia ;

(b) Don Juan de Mella, frère du Franciscain Frat'Alonso de Mella, noble d'Espagne, Auditeur de la Ruota auprès de Sa Seigneurie

P.P. Martin III, devint Cardinal-Presbytère du Titre de Sant'Aquila e Santa Prisca;

(c) Giovanni Castelleone, patricien de Milan, Légat auprès de César Friedrich IV et Évêque de Pavie, devint Cardinal-Presbytère du Titre de San Clemente;

(d) Giacomo di Collescipoli Teobaldi, citoyen romain, devint Cardinal-Presbytère du Titre de Santa Anastasia[1];

(e) Richard de Longueil Olivier, Évêque de Constance, Archiprêtre de la Basilique Vaticane, l'un des juges lors du procès de réhabilitation de Madame Jehanne de Lis, la Pucelle d'Orléans, fut nommé Cardinal-Presbytère du Titre de Sant'Eusebio;

(f) Enea Silvio Bartolomeo de'Piccolhuomini fut nommé Cardinal-Presbytère du Titre de Santa Sabina.

Sa Seigneurie P.P. Calixte III n'est aucunement responsable de la mauvaise réputation qui entoure Sa Maison. Ce qu'on a pu dire de pire à Son sujet, c'est qu'Il était obstiné, irritable, et n'inspirait pas d'affection. Naturellement, c'étaient les courtisans déçus qui parlaient de la sorte. Sa Sainteté Se comporta toujours aimablement avec les pauvres et les nécessiteux, qui trouvèrent en Elle un bon Samaritain. On a déjà mentionné tout ce qu'Elle a fait pour l'hôpital de Santo Spirito. Dans Son testament, Elle laissa cinq mille ducats pour la fondation d'un hôpital dans son palais cardinal de Santi Quattro Coronati. La vie privée du Pape était marquée par une piété rigide; il portait des habits très simples, montrait une ferveur apostolique. Il laissa cent cinquante mille ducats au Trésor Pontifical, qu'il avait rassemblé pour la Guerre Sainte.

Mais toute l'énergie de Son caractère plein de ressources et de capacités était concentrée sur la Croisade, et l'établissement de Ses neveux bien-aimés. Sur ces deux points, il ne souffrait aucune opposition. Avec la violente impétuosité de l'âge et du sang espagnol, Il devenait inflexible, autoritaire, inconsidéré pour tout ce qui concernait ces projets. Toute l'ardeur, tout le zèle qu'Il consacra à la lutte contre les Infidèles et à la délivrance de la Chrétienté étaient voués à l'échec. Les Infidèles souillent aujourd'hui encore Constantinople. Mais le traitement qu'Il réserva à Ses neveux donna des résultats plus durables.

1. Notez son épitaphe à l'église de Santa Maria sopra Minerva, rappelée par Ciacconi : « Cardineo Divus Honore Decoravit Calixtus. »

Il est évident que le XVe siècle employait le terme « Divus » comme l'employait Tacite à propos de Julius et d'Augustus; au XXe siècle, on dirait « feu... »

Pourtant, « ce sera toujours l'honneur de la Papauté qu'à une époque de crise en Europe, elle ait affirmé l'importance d'une politique qui défendait la totalité de celle-ci. Calixte et son successeur méritent, en tant qu'hommes d'État, une estime qui ne peut être accordée à aucun autre homme politique de leur temps. La Papauté, en demandant à la Chrétienté de défendre les frontières de la civilisation chrétienne contre les assauts du paganisme, accomplissait valeureusement le principal devoir séculier de sa charge » (Creighton).

Sa Seigneurie P.P. Calixte III mourut le 6 août 1458, dans la quatrième année de Son règne ; Elle fut enterrée par quatre prêtres dans la crypte de l'ancienne Basilique de Saint-Pierre-du-Vatican.

L'EMBRASEMENT

On a déjà dit que la branche cadette de la Maison des Borja (qui descendait de Don Ricardo de Borja, second fils de Don Pedro, comte d'Aybar, Seigneur de Borja, mort en 1152) émigra au royaume de Naples, où elle se naturalisa, et italianisa son nom en le transformant en « Borgia ». De Don Fortunio, le fils de Don Ricardo, descend Don Rodrigo, qui eut deux fils :

(a) Don Romano Borgia, moine de Vall'Ombrosa et Évêque de Venafri, A. D. 1300.

(b) Don Ximenes Borgia, capitaine dans l'armée de Naples, dont le fils, Don Antonio Borgia, épousa Madonna Girolama Ruffola de Naples, et eut des enfants.

(a) Don Niccolo Borgia, familier du Roi Don Alonso Premier le Magnanime, Régent de Velletri en 1417, épousa la noble Madonna Giovanna Lamberti de Naples, et eut des enfants

(b) Don Girolama Borgia (dit Seniore)

Pour revenir à la Branche aînée :

La carrière de Don Francisco de Borja, bâtard de l'Évêque Alonso de Borja de Valence (devenu Sa Seigneurie P.P. Calixte III), reste un mystère complet de sa naissance en 1441 jusqu'à l'année 1497

Des cinq enfants de Doña Juana de Borja et de son époux Don jofre de Lançol :

(a) Doña Francisca épousa Don Ximenez de Arenas ;

(b) Doña Tecla épousa Don Vitale de Villanueva ;

(c) Doña Juana épousa son cousin Don Guillelmo de Lançol, et eut des enfants :

Girolama,

Angela,

Pedro Luis (Pierludovico)

Juan (Giovanni seniore)

(d) Don Rodrigo, Vice-Chancelier et Cardinal-Diacre de San Niccolo *in Carcere Tulliano*

(e) Don Pedro Luis, Duc de Spoleto, châtelain de Santangelo, Préfet de Rome, mourut le 26 septembre 1458, en laissant deux bâtards :

Juan (Giovanni giuniore)

Silvia, qui épousa Don Alonso Gomiel.

Des deux enfants de Doña Caterina de Borja et de son époux Don Juan de Mila, Baron de Mazalanes :

(a) Don Luis Juan, Cardinal-Presbytère de Santi Quattro Coronati, Évêque de Lerida, se retira dans son diocèse à la mort de son Auguste Oncle et Créateur, et y mena une vie recluse jusqu'à sa mort en 1507 (la carrière et le caractère de ce prince de l'Église, cardinal à 20 ans, évêque à 23 ans attendent toujours les études qu'elles méritent ; pendant ces trois années, il vécut au centre même de la cour pontificale ; puis il jugea bon de s'ensevelir dans une lointaine ville universitaire pendant près d'un demi-siècle, tandis que les siens dominaient l'Europe et la Chrétienté).

(b) Doña Adriana se rendit en Italie, épousa Don Luigi Orsini et eut Don Orso Orsini pour fils

Le principal personnage de la Maison des Borja, à la mort de sa Seigneurie P.P. Calixte III, était le Cardinal Rodrigo, âgé de 27 ans.

Sa position était précaire ; et il est tout à fait surprenant qu'il n'ait pas été obligé de suivre son cousin, le Cardinal de Mila, dans une retraite permanente. Qu'il ait été capable, non seulement de rester à Rome, mais de s'y bâtir une destinée unique, est dû sans aucun doute à ses magnifiques talents et à cette alerte vigueur de caractère qui ont fait de lui une figure prééminente dans l'Histoire.

À Rome, il n'avait que deux amis : le Cardinal Enea Silvio de Sienne, et le Cardinal-Archidiacre Prospero Colonna. Peu impressionné par la haine que lui portaient les autres cardinaux, il se rendit au Conclave de 1458 pour l'élection du nouveau Pape, en se gardant bien d'avoir par-devers lui quelque chose d'aussi sot qu'un plan d'action ; par contre, il était décidé à se comporter de manière à améliorer sa position et ses perspectives. Il lui était impossible, de prime abord, de savoir quels pas il devrait faire : il ne pouvait être guidé que par les circonstances. Mais les dieux accordent leurs faveurs à un jeune homme d'un tel tempérament. Le Conclave se trouva dans une impasse ; et le Cardinal Rodrigo sut trouver la sortie de cette impasse.

On peut élire un Pape de cinq manières :

(a) Par compromis, *i.e.* quand les cardinaux constituent un comité qui a le pouvoir de nommer le Pape ;

(b) Par inspiration, *i.e.* quand un certain nombre de cardinaux proclament ensemble le nom d'un cardinal, en disant « Le Cardinal-Prieur-Presbytère est Pape », ou « Le Cardinal-Archidiacre est Pape » ; cette manière de faire attire d'autres voix, et la majorité minimum (des deux-tiers plus une voix) est atteinte ;

(d) Par adoration, *i.e.* quand la majorité minimum (des deux-tiers plus une voix) des cardinaux se lève et va exprimer sa vénération à tel ou tel cardinal ;

(e) Par scrutin, *i.e.* quand chaque cardinal enregistre secrètement un vote ;

(f) Par accession, *i.e.* quand, le scrutin n'ayant pu donner la majorité minimum (de deux-tiers plus une voix) à un cardinal, les adversaires de celui-ci dont le nombre est le plus élevé se joignent à lui.

Au Conclave de 1458, la méthode du compromis ne fut point utilisée et aucun cardinal ne suivit celles de l'inspiration ou de l'adoration. On procéda au scrutin, et celui-ci révéla une situation peu ordinaire. Le Français d'Estouteville avait pour lui un certain nombre de voix ; le Cardinal Enea Silvio de Sienne en avait plus encore ; mais aucun n'avait la majorité requise. Les cardinaux restaient assis sur leurs trônes verts ou pourpres, sous leurs dais verts ou pourpres, observant la situation et attendant un signe.

C'est alors que le jeune Cardinal Vice-Chancelier Rodrigo de Lançol y Borja se leva et proclama : « Je me joins à Sa Seigneurie le Cardinal de Sienne. » Son ami et allié, le Cardinal-Archidiacre Prospero Colonna, le suivit : « Je me joins à Sa Seigneurie le Cardinal de Sienne. » Le Cardinal Teobaldi qui, en tant que citoyen romain, suivait Colonna, déclara lui aussi : « Je me joins à Sa Seigneurie le Cardinal de Sienne. » Tous trois descendirent de leurs canopes rouges et vertes. Ils étaient devant le Pape, en Qui réside toute autorité, et devant Qui personne ne peut rester couvert. Sa Seigneurie Enea Silvio Bartolomeo de'Piccolhuomini, autrefois ambassadeur de César dans les « Bretagnes horribles et lointaines » (l'Écosse), autrefois poète-lauréat, romancier, historien, évêque et cardinal, était devenu Sa Seigneurie P.P. Pie II.

Par cet acte, qui donna pratiquement le fier triregno à son ami, le Cardinal Vice-Chancelier gagna les plus extrêmes faveurs du nouveau Pontife, dont le caractère avenant se réjouissait du brillant et de la valeur de Borgia ; son avenir, dès lors, fut l'objet d'un intérêt tout spécial de la part du Pape.

Les matériaux relatifs à l'histoire du Cardinal Rodrigo pendant ce règne sont peu nombreux, et le resteront tant qu'il ne sera pas possible de procéder à des investigations personnelles. En 1459, il partit en voyage de villégiature avec Sa Seigneurie P.P. Pie II pour Florence, et l'arrivée dans cette ville fut triomphale ; c'est là que le Saint Père bavarda quelques instants avec un adorable enfant de sept ans appelé Lionardo da Vinci, bâtard d'un notaire florentin et d'une contadina. Ils se rendirent à Sienne ; puis à Corsignano, où Sa Sainteté était née, et qu'Elle se plut à rebaptiser Pienza en l'honneur de Son nom papal. Le Pape y fit également construire une cathédrale, un palais épiscopal, et le palais Piccolhuomini pour Sa Propre famille, sur les trois côtés de la place publique. Pour montrer Sa confiance dans le Vice-Chancelier-Cardinal-Archidiacre (l'Archidiacre étant le Cardinal Prospero Colonna), pour dompter aussi, peut-être, l'exubérance d'un homme qui avait parfois enfreint les convenances, Sa Seigneurie P.P. Pie II abandonna la surintendance de ces bâtiments au Cardinal Rodrigo, qui fit orner sans trop de scrupules leurs façades avec les armoiries de la Maison des Borgia.

Le Vice-Chancelier-Cardinal-Archidiacre Rodrigo avait vécu la vie d'un prince galant et de belles manières, d'un homme du monde du XVe siècle, qui ne différait d'aucune manière de son anti-type du XXe. Avec la Renaissance était venue une époque où la sensualité dégénérait en sensualisme et où celui-ci se manifestait dans les sphères les plus élevées. On ne pouvait guère s'attendre à autre chose. « Nous ne pouvons pas servir Dieu et Mammon. » La science et l'art sont essentiellement, radicalement, nécessairement opposés au Christianisme, même si cela semble dur à admettre. Vis-à-vis d'eux, la politique de l'Église a toujours été une politique de compromis. « Vous pouvez apprendre la sagesse du monde, mais vous ne pouvez toute l'apprendre », dit-elle ; essayant de servir Dieu tout en marchandant avec Mammon. « Nudus, Nudum Christum sequens » : ainsi devint Fra Francesco quand il renonça au monde ; et l'Église conclut des compromis avec saint Sébastien pour Phébus Apollon. Ainsi donc, aussi longtemps que la Grâce et la Nature seront servies sur le même plat, il restera idiot et déraisonnable de lever de pieuses mains au ciel en signe d'horreur quand de hauts dignitaires ecclésiastiques se comportent comme des êtres humains.

Le XXe siècle n'est nullement plus chaste que le XVe, et peut difficilement se permettre de lui jeter la pierre. Mais le XVe siècle n'est pas non plus, comme certains veulent nous le faire croire, un chaudron de stupre et de débauche. Il était immoral, comme le XXe siècle l'est.

Mais il existait à cette époque, comme maintenant, des âmes pures et virginales ; et la différence entre le XXe et le XVe siècles n'est qu'une différence de mode. Aujourd'hui, nous prétendons être immaculés ; les hommes de cette époque, eux, se vantaient d'être vils. Une grande partie de la littérature du XVe siècle gagne à être lue dans le texte original. Les poètes et les historiens – et particulièrement les historiens – ne se permettaient guère de lâcher la bride à leur imagination. La convention du déguisement, de la suggestion, n'avait pas encore été inventée. Messeri Stefano Infessura et Benedetto Varchi faisaient partie des plus éminents chroniqueurs de leur temps ; il est sûr que le latin du premier et le toscan de l'autre pourraient servir de modèles. Mais une traduction complète et non expurgée du Journal des Affaires Romaines *(Diarium Rerum Romanorum)* de l'un et de l'Histoire Florentine *(Storia Fiorentina)* de l'autre serait incontinent interdite par la police. Et pourtant, il serait absurde d'en conclure que ces écrivains, ou d'autres de leur trempe, ont donné une image juste de la morale de leur époque. « Les tribunaux de divorce et les rapports de police ne reflètent pas l'état de la moralité en Angleterre. Pas plus que les Satires de Juvénal ne nous donnent une image complète ou impartiale de la société romaine. Nous devons lire ces Satires avec les lettres de Pline, qui leur sont contemporaines, et qui donnent une image de Rome très différente ; il faut aussi tenir compte des témoignages apportés par les inscriptions » (E. G. Hardy, Satires de Juvénal, p. XLIV). Tel est l'esprit dans lequel celui qui étudie le XVe siècle doit entreprendre sa tâche. Il lira tout, écoutera toutes les parties, et en tirera sa propre conclusion, laquelle sera peut-être erronée et le restera jusqu'à ce que les secrets de tous les cours soient connus.

Le Vice-Chancelier-Cardinal-Archidiacre était un être humain. S'il était, comme le décrit Gaspar Veronensis à une date ultérieure, « un homme avenant, de joyeux maintien, aux propos pleins de douceur, qui obtenait l'affection de toutes les femmes qu'il admirait, et les attirait comme l'aimant attire l'acier », quelle n'a pas dû être son allure dans la fleur de sa jeunesse ! Voilà évidemment une réputation qui ne convient guère à un homme d'Église ; et seul son caractère unique l'empêche d'être déplaisante. Du point de vue théologique, les plaisirs charnels du Cardinal Rodrigo sont naturellement indéfendables : mais cet ouvrage s'efforce d'étudier certains êtres humains éminents de l'Histoire, non d'être un traité de théologie ou un acte de l'*advocatus diaboli.* Sa Seigneurie P.P. Pie II a dit : « S'il y a de bonnes raisons d'enjoindre le célibat au clergé, il y a des arguments encore meilleurs et encore plus solides pour lui prôner le mariage » ; et ce Pontife Suprême était de très loin l'homme le plus avisé et le plus observateur de Sa propre époque (voire de toutes les époques).

C'est pourquoi nous suggérons que le Pape, connaissant les penchants du Cardinal Rodrigo, étant en vérité son très ferme ami, souhaitant qu'il puisse vivre conformément aux devoirs de son rang et, par-dessus tout, agissant en tant que Vicaire du Christ, l'envoya assurer la surintendance des bâtiments de Pienza – pour l'éloigner de toute vie turbulente.

En 1460 était né Don Pedro Luis de Borja, bâtard du Cardinal-Archidiacre et d'une demoiselle (soluta). L'enfant fut reconnu publiquement et honorablement élevé.

C'est à peu près à cette époque que Sa Seigneurie P.P. Pie II écrivit une lettre pour critiquer le Cardinal Rodrigo et Giacopo Ammanati, Cardinal-Presbytère du Titre de San Crisogono, qui n'avaient pas observé la discipline ecclésiastique. Il s'agit d'une lettre géniale et paternelle, dans laquelle une franche haine du péché n'empêche point l'affection pour les pécheurs. Le Cardinal Rodrigo répondit en rectifiant certaines erreurs de fait ; que cette réponse n'ait pas satisfait Sa Sainteté, c'est ce que montre une seconde lettre, dont le ton est plus ferme et plus admonitoire. Certains auteurs, dont le but est de répandre une lumière peu favorable sur les ecclésiastiques, ont largement utilisé cette correspondance. Il faut cependant noter que Sa Seigneurie P.P. Pie II reprochait à ces cardinaux certaines visites prolongées qu'ils faisaient chez des dames de leur connaissance – et rien de plus. Il n'y avait apparemment rien d'autre à reprocher, et le fait que Sa Sainteté estimait ces visites imprudentes de la part d'ecclésiastiques prouve plus l'extrême et stricte sollicitude du Saint Père et Son souci du bien-être spirituel de ses ouailles que la conduite dissolue des deux cardinaux. Mais les diffamateurs du Cardinal Rodrigo présentent ses visites de la pire manière possible, comme s'il s'agissait d'orgies et de débauches nocturnes ; et des visites nocturnes prolongées, bien sûr, constitueraient un très grave scandale. Or, cette présentation partiale est probablement due à l'ignorance et à la négligence. Car la manière italienne de mesurer le temps au XVe siècle risque de tromper l'historien superficiel. On connaît un peu les cadrans d'Italie, qui comptent les heures jusqu'à la vingt-quatrième ; lorsque l'on affirme que le Cardinal Rodrigo rendait visite à des dames dans leurs jardins « de la dix-septième heure à la vingt-deuxième heure », l'ignorance et l'a-peu-près cyniques évoquent aussitôt des orgies nocturnes. Mais lorsque l'on sait qu'au xve siècle, la première heure commençait une demi-heure après le coucher du soleil et que ces visites avaient lieu en été, on se rend compte que le Cardinal Rodrigo se rendait simplement chez ses amies à l'heure du déjeuner, et les quittait une heure et demie avant le coucher du soleil ; chose peut-être imprudente, mais certainement pas criminelle, comme certains voudraient nous le faire croire. Mais quand le calomniateur s'efforce de ruiner une réputation, par négligence ou de façon délibérée, il lui est très facile de travestir une faute en crime.

Le Vice-Chancelier-Cardinal-Archidiacre étonna Rome, selon tous les témoignages, par la magnificence des tentures qui ornaient la façade de son palais lors de la Fête du Corpus Domini, en 1461. Les constructions de Pienza l'occupèrent toute l'année 1462. L'année suivante, son nom n'est lié à aucun événement particulier.

En 1464, « un vieil homme avec une tête neigeuse et des membres tremblants » prit la croix vermeille dans la Basilique de Saint-Pierre, à Rome. Il s'agissait du Souverain Pontife, de Sa Seigneurie P.P. Pie II, unique dans l'histoire, Qui, pour donner l'exemple aux potentats apathiques de la Chrétienté, lança la croisade contre les Infidèles, et cela bien qu'Il fût mourant. Le Cardinal Rodrigo veillait sur Sa Sainteté lors de ce terrible voyage vers l'Adriatique, dans une Italie écrasée par la chaleur de l'été ; et c'est là, à Ancône, alors qu'il attendait la flotte pontificale, que mourut pendant le mois d'août Sa Seigneurie P.P. Pie II. Le Cardinal Rodrigo, frappé lui aussi par la fièvre, ne put retourner à Rome pour le Conclave, et fut obligé de renoncer au privilège qui lui revenait en tant que Cardinal-Archidiacre : couronner Sa Seigneurie P.P. Paul II, le seize septembre.

Ce Pontife (précédemment appelé Pietro Barbo, Cardinal de Venise) souhaita, lors de Son élection, prendre le nom de Formosus, à cause de la beauté de sa personne. On vivait alors une époque naïve, où les hommes ne dissimulaient ni leurs vices, ni leurs défauts ; il est possible que cette histoire soit vraie ; mais il s'agit très vraisemblablement de l'une de ces malveillantes déformations des motifs que les ecclésiastiques de tous les temps s'attribuent les uns aux autres. Les Papes, après les six premiers siècles, n'ont jamais montré beaucoup d'originalité dans le choix de Leurs noms pontificaux, et ont généralement repris celui de l'un de leurs prédécesseurs immédiats. À présent, Pie, Léon et Grégoire ont la préférence ; la gamme des noms du xve siècle était plus ample. Mais bon nombre des adorables noms des temps passés, comme Anaclète, Fabien, Félix, Sylvestre,

Hadrien, Victor, Evariste, ont sombré dans l'oubli dès cette époque. Il est beaucoup plus juste de supposer que le Cardinal de Venise eut l'idée de faire revivre le beau nom de Sa Seigneurie P.P. Formosus, qui régna de 891 à 896, et fut le cent douzième Pape après Sa Seigneurie P.P. saint Pierre. Les cardinaux le dissuadèrent de faire un tel choix. Il dépensa deux cent mille fiorini d'oro pour un triregno orné de saphirs, fit construire le Palais Saint-Marc (Palazzo Venezia) au bout du Corso à Rome, organisa des courses de chevaux débridés (appelés Barberi, par un jeu de mot sur son nom), ainsi que de juifs chargés de lourds vêtements de laine épaisse et bourrés jusqu'au cou de gâteaux. En 1467 naquit Madonna Girolama de Borja, bâtarde du Vice-Chancelier Archidiacre, d'une mère inconnue. L'enfant fut publiquement reconnu et honorablement éduqué. Pendant ce règne, le Cardinal Rodrigo garda les faveurs du Pape ; et, à cause de l'élégance de son maintien et de sa longue habitude des coutumes de la Curie, il fut chargé de recevoir à Viterbo César Friedrich IV, le Pacifique, venu rendre visite au Pape en 1469.

À la mort de Sa Seigneurie P.P. Paul II, le Cardinal Rodrigo de Lançol y Borja, le Cardinal Guillaume d'Estouteville et le Cardinal bannes Bessarion restaient les trois seuls étrangers au Conclave de 1471. Une fois de plus, le Vice-Chancelier-Cardinal-Archidiacre fut assez habile pour faire élire un Pape par obligation, en défendant le Cardinal Francesco della Rovere, qui fut élu et prit comme nom Sixte IV. Tous les chroniqueurs, sauf un, affirment que ce Pape dut son élection à l'intervention des Cardinaux de Borja, Orsini et Gonzaga de Mantoue, lesquels récoltèrent de riches récompenses, sous formes de bénéfices et de promotions. Sa Sainteté donna au Cardinal Rodrigo l'opulente abbaye de Subjaco in commendam ; celui-ci laissa un mémorial de son passage avec la tour qu'il fit ajouter au château de Subjaco, où l'on trouve encore les armoiries de la Maison des Borgia. Le dernier acte officiel du Cardinal Rodrigo, en tant qu'Archidiacre de la Sainte Église Romaine, semble avoir été le couronnement de Sa Sainteté P.P. Sixte IV, le 25 août 1471. Après quoi il fut ordonné prêtre, consacré évêque, et élevé au rang de Cardinal-Évêque d'Albano, l'un des sept sièges suburbains. Il continua à diriger la Vice-Chancellerie ; et c'est à ce titre qu'il se fit construire à Rome un palais à Banchi Vecchi, lequel, même à cette époque somptuaire, éveilla une extravagante admiration. De ce palais subsiste actuellement un peu moins du tiers des bâtiments : l'immense Palazzo Sforza-Cesarini sur la Piazza Sforza-Cesarini, situé presque en face de l'Oratoire, ou Chiesa

Nuova. Depuis l'unification de l'Italie en 1870, une nouvelle avenue, très large, le Corso Vittoremanuele, a été tracée au milieu de la ville, ce qui a exigé la démolition de plus des deux tiers de l'édifice du Cardinal Rodrigo, et la construction d'une façade moderne dépourvue de toute distinction, donnant sur la nouvelle artère ; mais les cours qui restent, et dont les façades donnent toujours sur le Banchi Vecchi, demeurent plus ou moins telles quelles. Nous raconterons plus loin comment ce palais tomba entre les mains des Sforza-Cesarini.

Le 23 décembre 1471, le Cardinal Rodrigo fut envoyé comme Légat a latere en Espagne, pour prêcher une nouvelle Croisade contre les Infidèles. Il est curieux de constater que le Cardinal était impopulaire en Italie à cause de son origine espagnole, tandis qu'il l'était également en Espagne, où on le considérait comme un Italien ; confusion des plus ridicules, car Don Rodrigo de Lançol y Borja était Espagnol par sa naissance, son ascendance, son caractère, ses goûts et ses coutumes, et le resta jusqu'à la fin de sa vie, sans être influencé le moins du monde par son long séjour en Italie. Pendant son absence, Sa Seigneurie P.P. Sixte IV fit construire la Chapelle Sixtine du Vatican et appela à Rome, des jardins de Florence où il travaillait pour Lorenzo de'Medici, le vif et bizarre Messer Alessandro Filipepi (surmommé Botticelli), merveilleux élève de Fra Lippo Lippi, de Masaccio, du Beato Giovangelico da Fiesole, pour décorer ses murs avec des fresques *in tempera,* dont les couleurs étaient mélangées avec le jaune d'œufs pondus à la campagne pour les teintes plus profondes, et avec celui d'œufs pondus en ville pour les teintes plus pâles, conformément aux règles énoncées par Messer Cennino Cennini, qui les rédigea en 1437. En 1471, on découvrit au Capitole le bronze antique connu sous le nom d'*Il Spinarlo.*

À cette époque, Le Seigneur Rodrigo de Lançol y Borja, devenu à présent Cardinal-Évêque de Porto et Vice-Chancelier de la Sainte Église Romaine, âgé de quarante-trois ans, maintenait des relations irrégulières avec Madonna Giovanna de'Catanei, une dame romaine née le 13 juillet 1442 et âgée de trente-deux ans, épouse d'un certain Don Giorgio della Croce. Le mari avait-il coutume de monnayer les faveurs de son épouse (comme ce criminel qui, en 1780, fut promené dans Rome avec une mitre en carton sur laquelle était écrit *cornuto voluntario contento),* cela reste matière à conjectures. Mais en 1474, Madonna Giovanna donna naissance à un fils, Don Cesare, qui fut appelé Borgia ; et l'on affirme que le Cardinal Rodrigo était son père. Aucune enquête historique n'a pu exhiber la moindre preuve que le

Cardinal Rodrigo ait directement rejeté cette paternité; puisqu'il était sans aucun doute profondément amoureux de Madonna Giovanna, et qu'il resta son intime pendant les dix années suivantes, il est fort probable que ses réticences ont été dues à des sentiments de pudeur. Mais il existe de fortes probabilités qu'un autre cardinal adversaire et rival notoire, pendant toute sa longue vie, du Cardinal Rodrigo, ait été le père de cet enfant; de nombreuses incohérences historiques très mystérieuses seraient expliquées si l'on parvenait à vérifier cette probabilité. Toutefois, nous ne ferons pour l'instant que constater la naissance en 1474 de Don Cesare (dit Borgia) et nous aborderons plus loin la question de sa paternité.

En 1475, Madonna Giovanna donna au Cardinal Rodrigo Don Juan Francisco de Borja, auquel (après la mort en 1481 de Don Pedro Luis de Borja) son père accorda tous les honneurs et l'affection dus à un fils aîné et à un héritier. C'est là la preuve circonstancielle la plus évidente que nous possédions contre le droit de Don Cesare à porter le nom de Borgia.

En janvier de la même année, le Cardinal Rodrigo fut envoyé avec un neveu de Sa Seigneurie PP. Sixte IV, un certain Cardinal Giuliano della Rovere qui, dans son enfance, avait vendu des oignons sur un bateau entre Arbisola et Gênes, pour accueillir le Roi Don Ferrando Ier de Naples à Tarracina, à l'occasion de la visite officielle qu'il faisait au Saint-Siège. Trois jours plus tard, le Cardinal Rodrigo dit une messe pour Sa Majesté à San Paolo *extra muros,* au moment où le roi partait pour le fief des Colonna à Marino, où les envoyés anglais du Roi Edouard IV Plantagenet, qui venaient juste de donner le Très Noble Ordre de la jarretière au Duc Francesco Sforza Visconti de Milan, l'attendaient pour lui rendre le même honneur.

Le 10 juin 1476, la peste fit son apparition à Rome, et Sa Seigneurie P.P. Sixte IV, escortée par le Cardinal Rodrigo, partit avec sa cour à Viterbo, où la fraîcheur de l'air diminuait les risques de contagion.

En 1478, l'horrible conspiration des Pazzi à Florence provoqua une grande émotion dans toute l'Italie. Cette même année, Madonna Giovanna de'Catanei donna au Cardinal Rodrigo une fille, Madonna Lucrezia Borgia.

Le premier octobre 1480, « Sixte, évêque, Serviteur des serviteurs de Dieu » envoya « à Son bien-aimé fils Cesare (dit Borja), grand érudit à l'âge de six ans, ses salutations et la Bénédiction Apostolique », en le dispensant d'avoir à prouver la légitimité de sa naissance; règle qui doit être observée (en l'absence d'une dispense) par quiconque souhaite devenir éligible pour des bénéfices ecclésiastiques.

En 1481 mourut Don Pedro Luis de Borja, le plus âgé des bâtards du Vice-Chancelier Cardinal Rodrigo. Il était âgé de vingt et un ans, et fiancé à une enfant, la princesse Doña Maria de Aragona. Cette même année, Madonna Giovanna de'Catanei donna au Cardinal Rodrigo un fils, Don Gioffredo Borgia.

Le 24 janvier 1482, Madonna Girolama Borgia, bâtarde du Vice-Chancelier-Cardinal et née de mère inconnue, fut mariée à l'âge de quinze ans à Don Giovandrea Cesarini, descendant d'une maison barroniale romaine d'origine impériale. Cette même année, le seize août, Sa Seigneurie P.P. Sixte IV nomma le Cardinal Rodrigo administrateur de tous les bénéfices qui pourraient être concédés à Don Cesare (dit Borgia) jusqu'à ce qu'il atteigne ses quatorze ans. Il existe une seconde lettre datée de cette période, de « Sixte Évêque, Serviteur des serviteurs de Dieu, à Son bien-aimé fils Master Cesar (dit Borgia) », nommant l'enfant Chanoine de Valence et « Notre Notaire » ; autant de petites promotions fournissant des revenus suffisants pour son éducation. Ces trois lettres qui se réfèrent à Don Cesare ont été trouvées dans les archives secrètes des Ducs d'Osuña et Infantado, dont la lignée s'est éteinte en 1882 à la mort de Don Mariano.

En 1484, Sa Seigneurie P.P. Sixte IV mourut, et le Cardinal gênois Cibo monta sur le trône pontifical, sous le nom d'Innocent VIII.

Pendant les vingt-six années qui s'étaient écoulées entre la mort de Sa Seigneurie P.P. Calixte III et l'accession au trône pontifical de Sa Seigneurie P.P. Innocent VIII, la position du Vice-Chancelier-Cardinal Rodrigo avait considérablement changé. Il était alors un jeune homme, qui n'avait que deux amis, un jeune Cardinal-Diacre entouré par une foule d'ennemis. Il avait maintenant atteint l'âge mûr, était devenu le doyen du Sacré Collège des évêques-cardinaux, le Vice-Chancelier de l'Église, assez puissant pour se faire autant d'amis qu'il le souhaitait, et assez riche pour les acheter ; plus riche que les hommes les plus riches de cette riche époque, grâce aux revenus que lui fournissaient ses nombreux bénéfices ; de par son rang, il n'avait comme supérieur que le Pape Lui-même. Pour un homme aussi éminemment ambitieux et magnificent que le Cardinal Rodrigo, il ne restait au monde qu'une seule chose à obtenir. Il décida délibérément de s'emparer du triregno.

Nous ne possédons aucune chronique le concernant pendant les huit années de règne de Sa Seigneurie P.P. Innocent VIII. Il se retira bien évidemment de la vie publique de la Curie, de la splendeur des légations, pour s'occuper de ses revenus et devenir l'intime de ceux qui, lors du prochain Conclave, tiendraient entre leurs mains le couronnement ou l'effondrement de ses espoirs. Avec la sagesse du serpent et la douceur de la colombe, il entreprit de bâtir sa maison; mais tout d'abord, en homme prudent, il évalua le prix de l'opération. Le cardinal Rodrigo était un diplomate trop fin, un homme d'affaires trop avisé, pour négliger une longue et méticuleuse préparation. Il connaissait parfaitement son propre siècle – quoiqu'en fait, ses dons d'organisateur l'auraient rendu fameux dans n'importe quel siècle; en habile stratège, il prépara ses forces pour pouvoir frapper le moment venu. La facilité avec laquelle les choses fonctionnèrent lors du Conclave de 1492 montre à l'évidence, même pour l'homme le moins averti des affaires humaines, qu'un esprit génial avait agencé toute cette mécanique pour s'assurer le minimum de frictions et un résultat précis.

En septembre 1484, Sa Sainteté P. P. Innocent VIII nomma Don Cesare (dit Borgia), âgé alors de 10 ans, Trésorier de la Cathédrale de Carthagène (Carthago Nova).

En 1485, l'année du prétendu meurtre en Angleterre du Roi Edward V Plantagenet et de son frère le Duc Richard d'York, mourut à Rome Don Giorgio della Croce, le mari de Madonna Giovanna de'Catanei. Le 7 juin 1486, elle épousa Don Carlo de Canale, un noble de Mantoue, et à partir de ce moment ses relations irrégulières avec le Cardinal Rodrigo cessèrent. À une époque où le commerce n'était pas considéré comme une chose inconvenante, sauf pour les patriciens, et où les plus grands artistes eux-mêmes tenaient des boutiques (non des studios, en manière de compromis, mais de vraies boutiques, *Botteghe,* comme les forgerons ou les cordonniers), il n'est point choquant d'apprendre que Madonna Giovanna possédait une auberge dans la Région de Ponte. Ce qui ne signifie pas qu'elle accomplissait les devoirs d'une hôtelière. C'était une très grande dame, bien vue dans la société romaine, avec une ravissante villa près de San Pietro *ad Vincula;* mais elle tirait certainement un revenu confortable de l'Auberge du Lion (Albergo di Leone) située en face du Tordinona, sur la Via del Orso, qui était une rue emplie d'auberges pour les étrangers. Le Tordinona, de la fenêtre supérieure duquel se balançait en permanence une corde avec un nœud coulant pour les malfaiteurs (nœud coulant généralement pourvu d'une tête), a maintenant disparu: mais les celliers caverneux de l'Auberge du Lion, autrefois emplis d'un vin sur lequel, par faveur pontificale, aucun impôt n'était perçu, sont restés exactement comme ils étaient lorsque la maîtresse du Cardinal espagnol les possédait.

Privé de la compagnie de Madonna Giovanna de'Catanei, le Cardinal Rodrigo, à l'âge de 55 ans, choisit de se distraire avec une jeune fille de haut lignage, Madonna Giulia Farnese, surnommée à Rome *La Bella,* fiancée et plus tard mariée à Don Orso Orsini, lui-même descendant des Borgia. On peut voir une pâle représentation de sa merveilleuse et éclatante beauté sur la fresque maniérée peinte par Messer Bernardo Betti (dit Pinturicchio) dans la Tour Borgia du Vatican, où elle figure une Madonne ; ou sur la tombe de son frère Alessandro (qui devint plus tard Sa Seigneurie P.P. Paul III), dans la Basilique de Saint-Pierre, où elle fut sculptée sur marbre par Messer Guglielmo della Porta et représente la Vérité nue (cette sculpture a été maladroitement drapée après qu'un étudiant en théologie érotomane l'eut prise pour la déesse Kuthéreia de Lucien). Le fruit de sa précoce liaison avec le Cardinal Rodrigo fut Madonna Laura, dite Orsini, née en 1489, et adoptée par Don Orso Orsini, le mari de Madonna Giulia.

Le règne de Sa Seigneurie P.P. Innocent VIII se caractérise par l'extrême relâchement auquel le laxisme du gouvernement avait mené Rome. Le Souverain Pontife était un homme de famille, Qui reconnaissait ouvertement être père de sept bâtards, et dont le principal souci semble avoir été d'établir ceux-ci. Il maria l'un de ses fils, Don Franciotto Cibo, petite chiffe molle avare et mauvaise, à Madonna Maddalena, la fille de Lorenzo de'Medici ; il maria Sa fille à Messer Gheraldo Usodimare, riche marchand de Gênes ; les fêtes de mariage eurent lieu au Vatican, et Sa Sainteté les présida ; ainsi le monde perdit-il peu à peu de vue les idéaux élevés de la Papauté tels que les exemplifiait Sa Sainteté P.P. Pie II, et considéra-t-il le Suprême Pontife comme un simple monarque, un simple être humain. Le Cardinal Piero Riario, en 1473, avait marchandé avec le Duc Galeazzo Maria Sforza-Visconti de Milan pour faire de lui le Roi de Lombardie, en échange d'argent et de troupes grâce auxquels il pourrait monter sur le trône papal, son oncle, Sa Seigneurie P.P. Sixte IV étant disposée à abdiquer en sa faveur ; si le Cardinal Piero n'était pas subitement mort, cette abominable machination se serait à coup sûr accomplie.

Nicolas avait été un érudit et un gentilhomme ; Calixte le champion tenace et zélé d'une cause perdue ; Pie un gentilhomme saint et génial, doublé d'un habile homme d'État ; Paul une figure pleine de noblesse ; Sixte un népotiste plébéien ; Innocent, lui, était un pater familias léthargique. Bien évidemment, l'état du royaume, avec de pareils souverains (si l'on considère les Papes du point de vue temporel, et non spirituel) ne pouvait qu'aller de mal en pis.

Et pourtant, les Lettres et les Arts étaient florissants, comme sous le règne doré de Sa Seigneurie P.P. Nicolas V. Le chanoine Angelo Ambrogini (dit Poliziano) montrait dans son hymne délicat *In Divam Virginem* qu'il était possible d'écrire des vers chrétiens dans un latin aussi bon que celui de son âge d'or, et qu'un homme d'Église du xve siècle, qui n'avait appris le grec dans aucune école ou collège, pouvait composer des vers aussi délicats que ceux de Théocrite. Le xxe siècle peut-il avoir une véritable vision du xve ? Le siècle peut-il se rendre compte combien le xve manquait de matériels scolaires que n'importe quel garçon d'école primaire a à sa disposition pour une interrogation ? Le titre du livre « De Omnibus Rebus et Quibusdam Allis » fait aujourd'hui éclater de rire. Mais à l'époque, il était tout ce qu'il y a de plus sérieux ; car il était alors possible pour un homme de connaître tout ce qui était connu – tellement peu de choses étaient connues au xve. Dante Alighieri connaissait tout au début du xive. Lionardo da Vinci connaissait tout au début du xvie – littéralement tout. Qu'on aille donc jeter un coup d'œil à ses carnets manuscrits, et que l'on y découvre les diverses choses qu'il connaissait, la profondeur du savoir qu'il avait atteinte, les applications ingénieuses de la sagesse qu'il avait gagnée ; ses inventions de boulets coniques, de navires pourvus de roues à aubes, de machines volantes, d'appareils en liège pour flotter sur l'eau. Que l'on songe qu'il était machiniste, ingénieur, architecte, et mathématicien, constructeur d'artillerie, de fortifications, de canaux et de fossés ; et qu'incidemment, il a peint aussi des tableaux, le « Cenacolo » perdu de Milan connu du monde entier perdu parce que Messer Lionardo avait essayé de peindre sa fresque à l'huile. Que l'on observe également, dans ses carnets, avec quelle habileté et quelle facilité il écrivait de droite à gauche pour protéger ses connaissances des yeux vulgaires, superficiels et fureteurs. Que l'on regarde ses signes fluides, ses coups de maître décisifs, et les croquis plutôt obscurs avec lesquels il illustrait chaque page. Le siècle peut-il comprendre que l'esprit italien du xve, en l'absence de matériaux suffisants, se concentrait entièrement sur l'exécution ? De là les merveilles artisanales que nous utilisons aujourd'hui comme modèles, les gravures, le travail des métaux et les motifs des tissus. Le fini de l'exécution était alors partout, dans les Arts et les Lettres aussi.

« Tant que la forme était élégante, conforme aux normes de leur goût, les latinismes abondants et justes, le thème d'un livre n'éveillait aucun scrupule. Des érudits d'une éminente sobriété, comme Guarino da Verona, n'avaient aucun problème pour saluer avec admiration l'*Hermaphroditus* de Boccadelli ; et l'excellent Nicolas V passait neuf jours à lire attentivement les satires obscènes de Filelfo » (Symonds'Renascence, II, p. 574). Le fini de l'exécution était partout. La civilisation du XVe siècle était aussi élevée que celle du XXe dans sa conception et sa production du beau. Mais il faut clairement comprendre que « la civilisation n'a rien à voir avec la moralité ou l'immoralité » ; que « les grands réformateurs détruisent généralement le beau » ; que « la haute civilisation est généralement immorale ». L'âge de la Renaissance, qui ne trouvait rien de honteux dans la profession d'hétaïre (si nous pouvons en juger d'après l'épitaphe de l'une d'entre elles, *Imperia, Cortisana Romana, quae digna tanto nomine, rarae inter homines formae specimen dedit. Vixit a. xxvi.d.xii. Objit MDXL. die XV. Aug.*), et qui ne connaissait pas encore l'hypocrisie engendrée par la Réforme allemande un peu plus tard (hypocrisie que décrit si admirablement la maxime « Si non caste tamen caute »), était franchement et ouvertement a-morale, du moins en ce qui concerne une bonne partie des chefs. Et pourtant son amoralité se maintenait à l'intérieur de certaines limites, était comme circonscrite par une force qui, maintenant, n'existe plus. L'imprimerie en était à ses premiers balbutiements. Les livres imprimés étaient peu nombreux, et très coûteux. À Milan, ville de deux cent mille habitants, il y avait seulement cinquante copistes. Ce ne fut pas avant 1465, sous le règne de Sa Seigneurie P.P. Paul II, qu'une presse à imprimer fut introduite en Italie, à Subjaco, sur le mont Sabine. Et Florence n'eut pas de presse avant 1471. Au début, les livres imprimés furent considérés avec mépris à cause de leur caractère bon marché. Un homme riche disait qu'il aurait eu honte d'en avoir dans sa bibliothèque, tout comme un riche, aujourd'hui, aurait honte d'avoir du plaqué au lieu de l'argenterie contrôlée. Et pourtant, grâce aux imprimeurs ambulants qui n'imprimaient qu'une page à la fois sur une presse à la main installée sur une charrette (c'étaient les pionniers de cette malédiction de la véritable civilisation : le livre imprimé), près de 4 987 livres avaient été publiés avant 1500 dans la seule Italie. Ici aussi, la passion du XVe siècle pour le fini de l'exécution se manifesta. Messer Aldo Manuzio, de Venise, demanda à un grand artiste, Messer Francesco Raibolini (dit il Francia) qui avait peint la suave Pieta qui se trouve à la National Gallery, de créer un caractère d'imprimerie d'après l'adorable écriture du poète Pétrarque. C'est l'Aldine, ou le caractère italique d'origine ; l'écriture d'un chanteur du XIVe siècle. Le XXe siècle peut-il, avec ses multiples machines et appareils qui économisent du travail, améliorer ce caractère artisanal, ou même approcher de sa conception ? Un Académicien Royal condescendrait-il à tailler des caractères pour un imprimeur ? Regardez les médaillons et les peintures de l'époque pour voir quel goût possédaient ces hommes simples et raffinés du siècle (le caractère anglais, robuste, complexe et simple à la fois ; le caractère français, simple, léger et vain ; l'italien, subtil, simple et vigoureux) un Hospitalier anglais, un cardinal français, un savant italien appelé le Phénix du Génie ; John Kendal, Grand Prieur des Chevaliers de Saint Jean de Jérusalem en Angleterre ; le Cardinal-Évêque Georges d'Amboise ; et Messer Giovanni Pico della Mirandola, sur les médailles des musées Victoria et Albert, et du Musée britannique. Les peintres de cette époque, après Giotto, s'étaient libérés eux-mêmes de la tutelle de l'Église. Ils refusaient d'être désormais liés par ce décret du Concile de Nicée (787 après J.-C.) qui ordonnait calmement, inexorablement et en même temps justifiablement : *Ce n'est pas l'invention du peintre qui crée la peinture ; mais une loi inviolable, une tradition de l'Église. Ce n'est point le peintre, mais les saints pères, qui doivent inventer et dicter. À eux, manifestement, appartient la composition ; au peintre, seulement l'exécution.* Le XVe siècle fut le siècle des liens brisés, des liens de la discipline, des liens de la moralité. Les hommes goûtaient la liberté, avaient découvert l'Homme ; et comme des écoliers rompant toutes les barrières, allant faire l'école buissonnière et folâtrer dans quelque beau jardin, ils s'amusaient et se divertissaient avec les fruits jusqu'alors défendus, avec des possibilités longtemps restées endormies, et maintenant éveillées. Mais leur œil encore inhabitué n'avait que des impressions imparfaites. Les hommes voyaient « les hommes comme des arbres qui marchaient » ; pourtant, ces impressions étaient pleines de vie, étaient à la semblance de la vie, étaient vraies. Que l'on examine les dessins d'une impitoyable précision du Cavaliere Andrea Mantegna, dit Le Lombard, élève de Squarcione, qui peignit pour Sa Seigneurie P.P. Innocent VIII cette chapelle sur le Belvédère détruite par Sa Seigneurie P.P. Pie VI, et qui gagna son titre de chevalier en peignant pour le Marquis Don Francesco de Gonzaga de Mantoue. Que l'on examine les œuvres de Messer Luca Signorelli, le premier et le dernier peintre à l'exception de Michelangelo à employer le corps sans sentiment, sans voluptuosité, sans aucune intention seconde d'aucune sorte, comme principe décoratif suprême, qui, lorsqu'on tua à Cortona son jeune et beau fils, déshabilla son corps et, avec des nerfs d'acier, le peignit pendant un jour et une nuit, « afin de pouvoir, grâce à l'œuvre de sa propre main, contempler ce que la nature lui avait donné, mais qu'une fortune adverse lui avait ôté » (Vasari). Et surtout, que l'on étudie Messer Alessandro Filipeli (dit Botticcelli) qui, après avoir fini la chapelle de Sa Seigneurie P.P. Sixte IV, s'en revint à Florence peindre pour Lorenzo de'Medici. Combien de Medici mit-il dans ses peintures, nous ne le saurons jamais ; mais si jamais un peintre a peint à partir de la vie même, c'est bien Alessandro Filipeli ; et avec un peu d'ingéniosité sympathisante, on peut parvenir à tracer la figure unique et précieuse de ce peintre grâce à ses œuvres, et à celles d'autres peintres plus conventionnels ; afin, de cette manière, de savoir comment était l'une des personnalités les plus marquantes de l'ère des Borgia. Que l'on examine les anges-enfants et le San Giambattista de la ronde Madonne de la National Gallery et le Couronnement de la Madone aux Uffizi. Que l'on regarde l'Hermès Ptenopedilos dans le Printemps que Botticelli a peint sur les vers de Lucretius Carus (737-740) comme cadre pour le portrait d'une dame inconnue de la Maison des Medici. Et que l'on étudie le svelte San Sebastiano à Berlin. Puis le bâtard assassiné de Giuliano, Giulio de Medici, archevêque de Florence, Chevalier de Saint-Jean de Jerusalem, et Cardinal-Diacre de Santa Maria *in Domnica,* dans le portrait de Sa Myope Seigneurie PP. Léon X par Messer Rafaele Sanzio da Urbino. On découvrira alors de manière claire et intime un jeune italien de l'ère des Borgia, mince, musculeux, vif, réfléchi, pieux, immoral, voluptueux et pourtant robuste. Et les médailles : observez comment les médaillistes n'ont pas appris à flatter ou idéaliser ; ce qu'ils voyaient dans leur modèle, ils l'ont gravé dans le bronze éternel. Notez le caractère, l'individualité distinguée, préservés ici ; les médailles des Sforza, par exemple, avec leurs profils grecs bien nets, frappants, vigoureux, venimeux, que cette illustre Maison a hérité (et conserve encore à ce jour dans les personnes du Prince Guido Sforza et de sa sœur la Princesse Carolina Corsini), de la Comtesse Polissena Russa de Montalto, qui épousa le Duc Francesco. Remarquez, d'après la manière dont ils l'habillent, combien ces gens adoraient l'Homme. Dissimuler sa grâce dans des cylindres fracturés et bosselés n'était pas leur fait… Chaque ligne naturelle doit être préservée, chaque contour doit être montré, en cet âge d'un réalisme non-conventionnel. Les fresques de Messer Bernardo Betti (dit Pinturicchio), dans la bibliothèque de la cathédrale de Sienne, sont considérées comme les gravures de mode de l'époque (1503-1507), exécutées par un artiste éminent. Et les tissus dont ils faisaient leurs habits étaient simples et fins; car l'usage de la camelote était inconnu. De somptueux brocards, de belles étoffes de lin, des fourrures venues de l'Est, des cuirs délicats et résistants ornaient ces hommes et ces femmes qui n'avaient pas appris à changer de toilette aussi souvent qu'ils changeaient leurs esprits; et qui allaient au lit comme la nature les avait faits. Qu'ils étaient méticuleusement propres, c'est ce qu'attestent les cuvettes bosselées et les brocs employés pour de fréquentes toilettes, les lavabos suspendus aux murs de toutes les chambres (quand se laver était une habitude cérémoniale), les installations d'eau perfectionnées, les bains d'herbes douces macérées, de salicorne, de lys blanc, de guimauve, de lupin, d'alcaline, de mucilagineux, d'émollients et d'adoucissants qui équivalaient à notre savon. Le soin de l'apparence personnelle était extrême. De menus signes le montrent. Par exemple, l'homme du XXe siècle, création de son bonnetier et de son tailleur, joue avec sa chaîne de montre, sa canne ou son porte-cartes; l'écrivain hésitant sur la tournure d'une phrase ou attendant que vienne le mot juste roule une cigarette; le peintre, examinant un effet, ouvre son pot à tabac et allume sa pipe. L'homme a une tendance naturelle à utiliser ses mains. Dans des situations semblables, le modèle et l'aide d'atelier de Messer Lionardo da Vinci, Salaino, le garçon à la tête bouclée, apportait de l'eau de rose et une serviette à son maître pour qu'il rafraîchisse ses mains; le chanoine Angelo Ambrogini (dit Poliziano) prenait un peigne d'ivoire et peignait ses longs cheveux lisses; et un dandy examinait anxieusement son image dans des miroirs de métal poli disposés comme des protubérances sur le fourreau de sa dague, ou mâchait des semences de coriandre confites trempées dans un vinaigre de marjolaine et incrustées de sucre, pour se souvenir de tel détail particulier. À une époque où les fonctions personnelles et privées étaient poursuivies avec les méthodes des chiens ou des chats, conformément au tempérament de l'individu, où ce que l'on appelle maintenant l'hygiène sanitaire était inconnu, de grands et incessants efforts dans le domaine de la propreté étaient impératifs; et celui qui exhibait de manière insistante, qui montrait publiquement ses habitudes de propreté jouissait tout naturellement de la considération et de l'approbation de ses contemporains, aussi épris de mode que lui. Et ils étaient également pieux et pratiquants, ces êtres délicats, robustes et ardents, qui versaient le sang d'un ennemi sans le moindre remords, comme si le crime eût été une fonction naturelle. Ils pleuraient de véritables larmes de dévotion sur le drame de la Passion de notre Divin Rédempteur représenté dans le Colosseo en ruine de Rome ; et ensuite, se rendaient armés de leurs couteaux dans les maisons de Juifs connus, ou sillonnaient les sombres ruelles de la ville à la recherche d'un membre de cette race maudite assez fou pour se promener avec son justaucorps jaune. Les Vénitiens avaient un penchant pour les saintes reliques, et aucun sacrifice ne leur paraissait assez grand pour accroître leurs collections. En 1455, la république fit une offre de dix mille ducats pour la Sainte Tunique, maintenant à Trèves, et décréta plusieurs journées d'humiliation quand cette offre fut rejetée. Le Doge de Venise fut obligé officiellement d'assister à douze processions publiques chaque année. Pour satisfaire la piété et la vanité de Florence, Lorenzo de Medici demanda personnellement à la ville de Spoleto le cadavre du peintre Fra Lippo Lippi ; mais Spoleto répondit que la ville n'avait pas assez d'ornements, particulièrement sous la forme de cadavres de personnes distinguées, et le pria d'excuser son refus. Les hommes de la Renaissance étaient ainsi constitués que passer du vice, de la cruauté et du crime, de la corruption délibérée et de l'asservissement d'un peuple par des plaisirs licencieux, de la persécution d'un ennemi en secret, à un mouvement fervent et passionné de l'âme vers Dieu ne leur était aucunement impossible. Leur tempérament admettait une telle anomalie, comme on le voit clairement dans l'autobiographie de Cellini.

Sa Seigneurie P.P. Innocent VIII ne fit aucune impression particulière sur son époque ; en tant que despote, Il était un échec vivant. « Le Patrimoine de saint Pierre serait le plus délicieux pays du monde sans les Colonna et les Orsini », disait le Sieur Philippe de Commines, Orateur du Roi chrétien Louis XI de France. Les États de l'Église étaient devenus un chaudron bouillant de licence et de désordre. Rome elle-même, « où tout ce qui est honteux ou horrible trouve des partisans et est pratiqué » (Tacite), grouillait d'assassins professionnels et amateurs. Toute personne soucieuse de sa sécurité enfilait une cotte de maille en sortant de son lit, et ne mettait pas les pieds dans la rue avant d'avoir ceint son épée, ou pris au moins une dague. La perfection de ces cottes de maille du siècle, que l'on pouvait tenir dans ses mains et qui protégeaient pourtant des coups, parle d'elle-même. Le métier d'armurier était devenu un art honorable et un mystère à cette époque où les hommes exposaient leur vie à tout moment, comme aujourd'hui ils payent de l'argent pour leurs convictions et leurs opinions. Toute une ambassade de Maximilien, le Roi des Romains, comme on appelait l'héritier de César Friedrich IV, fut assaillie par des brigands et entièrement dépouillée en plein Rome.

En juillet 1492, Sa Seigneurie P.P. Innocent VIII montra des signes de déclin ; la faiblesse propre à Son âge augmentait, et seul le lait des femmes Le maintenait en vie. Les chroniqueurs modernes de Ses dernières heures ont commis une grave erreur en rapportant qu'un chirurgien hébraïque avait pratiqué une opération de transfusion de sang sur Sa Sainteté le Pape, mais sans succès. Cette erreur s'explique par l'oubli de certains faits : (a) l'idée d'une transfusion du sang ne pouvait venir à personne à une époque où on ne connaissait pas la circulation du sang ; (b) ce phénomène ne fut découvert par Harvey qu'au XVIIe siècle. Avant que l'on connaisse la circulation du sang, les veines du corps visibles étaient prises pour des tendons. Verrochio pensait qu'il s'agissait des tendons quand il les sculpta sur les bras minces et juvéniles de son alerte David. Le sang était conçu comme quelque chose qui stagnait dans le corps ; les battements du cœur comme une pulsation des intestins. Si l'idée de transférer du sang d'un corps vigoureux à un corps faible était venue à l'esprit de quelqu'un, les chirurgiens du XVe siècle ne se seraient pas contentés d'une simple incision ; ils auraient rempli le corps malade en pratiquant de nombreuses ouvertures qu'ils auraient ensuite refermées par une cautérisation à chaud, comme d'habitude ; et le patient serait probablement mort pendant l'opération d'une syncope provoquée non par la perte de son sang, mais par l'acquisition d'un autre. Les historiens modernes ont mal compris les mots avec lesquels Infessura et Raynaldus décrivent la mort de ce Pape : et leur erreur de compréhension est due à une connaissance désinvolte et superficielle de la médecine du XVe siècle. Infessura et Raynaldus disent qu'un certain médecin juif promit à Sa Sainteté le Pape de rétablir Sa santé ; qu'il prit trois garçons de l'âge de dix ans, en leur donnant à chacun un ducat, en leur déclarant qu'il souhaitait guérir le Pape et qu'il avait besoin pour cela d'une certaine quantité de sang humain jeune. Les chroniqueurs ajoutent qu'il prit tout le sang de ces trois garçons, et que ceux-ci moururent sur le champ ; que lorsque Sa Seigneurie P.P. Innocent VIII apprit la chose, Elle trouva détestable le crime du Juif et ordonna son arrestation ; que celui-ci s'enfuit pour échapper aux bourreaux ; et que le Pape ne put guérir. C'est ce que le Dr Mandeli Creighton et Mr John Addington Symonds appellent une transfusion de sang. Ils semblent ne pas connaître la passion du XVe siècle pour la sublimation et la distillation ; et ils semblent avoir oublié cette phrase de Raynaldus, *ut ex eo* (le jeune sang) *pharmacum stillicidium chimica arte paratum propinandum Pontifici conficeret;* qui montre clairement que c'était un breuvage, une boisson[1] – la quintessence du sang des garçons – préparé par alchimie avec lequel le médecin hébreu allait échouer à sauver la vie du Pape.

Telle était l'époque, tels étaient les hommes avec lesquels le Vice-Chancellier-Cardinal Rodrigo de Lançol y Borja devait composer.

1. L'idée de la vertu salvatrice d'un breuvage n'était pas nouvelle Cf. Tertullien, Apol. IX. « *Item illi qui munere in arena noxiorum iugulatorum sanguinem recentem (de iugulo decurrentem exceptum) avida siti comitiali morbo medentes hauserunt, ubi sunt?* »

LIVRE SECOND

LA FLAMME GRONDANTE

Le sujet de ce livre a fourni une occasion aux menteurs de toutes les époques – aux menteurs impudents, aux menteurs vénaux, aux menteurs délirants, aux menteurs négligents, aux menteurs intelligents et aux menteurs futiles – d'accomplir leurs fonctions.

Sa Seigneurie P.P. Innocent VIII mourut le 25 juillet 1492. Le Seigneur Rafaele Galeotti Sansoni-Riarjo, Cardinal-Diacre de San Giorgio *in Velum Aureum,* Cardinal-Chambellan de la Sainte Église Romaine, envoya des gardes aux portes de Rome. Les *Caporioni,* les prieurs des quatorze Régions, patrouillaient dans la ville pour réprimer les séditions et les désordres. Patarina, la grande cloche du Capitole qui ne sert qu'à la mort d'un Pape, sonnait le glas sans discontinuer.

À cette époque, le Sacré Collège était formé par vingt-sept cardinaux. Quatre d'entre eux se trouvaient dans des sièges éloignés, et ne pouvaient rejoindre Rome dans les neuf jours qui étaient à leur disposition. Il s'agissait :

(a) du Seigneur Luis Juan de Mila y Borja, Cardinal-Prieur-Presbytère du Titre de Santi Quattro Coronati ;

(b) du Seigneur Pedro Gonsalvo de Mendoza, Cardinal-Presbytère du Titre de Santa Croce *in Gerusalemme ;*

(c) du Seigneur André Spinay, Cardinal-Presbytère du Titre de San Martino *in Monte t.t. Equitii* ;

(d) du Frère Pierre d'Aubusson, Grand Maître des Chevaliers de Rhodes, Cardinal-Diacre de Sant'Adriano.

Vingt et un cardinaux furent présents au Conclave. Il s'agissait :

(a) du Seigneur Rodrigo de Lançol y Borja, Cardinal-Évêque de Porto et Santa Rufina, Doyen du Sacré Collège, Vice-Chancelier de la Sainte Église Romaine, etc. ;

(b) du Seigneur Giovanni Michele, Cardinal-Évêque de Praeneste, Évêque de Vérone ;

(c) du Seigneur Oliviero Carafa, Cardinal-Évêque de Sabina, Archevêque de Naples ;

(d) du Seigneur Giorgio Costa, Cardinal-Évêque d'Albano;

(e) du Seigneur Girolamo Basso della Rovere, Cardinal-Presbytère du Titre de San Crisogono, Évêque de Recanata;

(f) du Seigneur Domenico della Rovere, Cardinal-Presbytère du Titre de San Clemente, Archevêque de Tarente;

(g) du Seigneur Giuliano della Rovere, Cardinal-Presbytère du Titre de San Pierto *ad Vincula;*

(h) du Seigneur Paolo Fregosio, Cardinal-Presbytère du Titre de San Sisto, Archevêque de Gênes;

(j) du Seigneur Giovanni de'Conti, Cardinal-Presbytère du Titre de San Vitale, Archevêque de Consano;

(j) du Seigneur Giangiacomo Sclafenati, Cardinal-Presbytère du Titre de San Stefano *in Monte Celio,* Évêque de Parme;

(k) du Seigneur Ardinicio della Porta, Cardinal-Presbytère du Titre de San Giovanni e San Paolo, Évêque d'Alba;

(l) du Seigneur Lorenzo Cibo, Cardinal-Presbytère du Titre de Santa Cecilia, Archevêque de Benevento;

(m) du Seigneur Francesco de'Piccolhuomini, Cardinal-Archidiacre de Sant'Eustacchio, Archevêque de Sienne;

(n) du Seigneur Rafaele Galeotti Sansoni-Riarjo, Cardinal-Diacre de San Giorgio *in Velum Aureum,* Cardinal-Chambellan de la Sainte Église Romaine;

(o) du Seigneur Giovanni Colonna, Cardinal-Diacre de Santa Maria *in Aquiro*;

(p) du Seigneur Giambattista Orsini, Cardinal-Diacre de Santa Maria *Nuova*;

(q) du Seigneur Giovanni de'Medici, Cardinal-Diacre de Santa Maria *in Domnica*;

(r) du Seigneur Giovanni Savelli, Cardinal-Diacre de San Niccolo *in Carcere Tulliano*;

(s) du Seigneur Giambattista Zeno, Cardinal-Diacre de Santa Maria *in Portico*;

(t) du Seigneur Ascanio Maria Sforza-Visconti, Cardinal-Diacre de San Vito e San Modesto *in Macello,* Martiri.

Au dernier moment, avant que le Conclave ne soit fermé, arrivèrent:

(u) Fra Mafeo Gheraldo, Cardinal-Presbytère du Titre de San Nereo e Sant'Achilleo, Patriarche de Venise;

(y) le Seigneur Friderico Sanseverini, Cardinal-Diacre de San Teodoro.

Le six août 1492, ce Conclave de vingt-trois cardinaux écouta les exhortations préliminaires de Fra Bernardino Lopez de Caravajal, et les élections commencèrent.

L'homme, grâce à Dieu, est incapable de prévoir les effets que ses actions auront sur l'avenir. Bon nombre de ces cardinaux avaient déjà assisté à l'élection d'un Pape; c'était une routine avec laquelle ils étaient familiarisés. Mais ils ne pouvaient aucunement savoir quelle marque sur l'histoire du monde ils feraient avec cette élection. Les événements ultérieurs, cependant, montrèrent que dans ce Conclave furent semées les graines de problèmes immenses, aussi immenses que la consolidation du royaume européen dirigé par une dynastie souveraine qui dura jusqu'à 1870. Le Conclave de 1492 doit donc être considéré comme l'un des plus importants qui aient jamais eu lieu; et ses détails, comme dignes de considération.

Parmi les cardinaux, il y avait une faction, et une ombre de faction. Le candidat de la première était le Doyen et Vice Chancelier-Cardinal Rodrigo de Lançol y Borja, neveu de Sa Seigneurie P.P. Calixte III. Il était activement soutenu par les très influents Cardinaux Sforza-Visconti, Colonna et Riarjo, dont on affirme qu'il avait cultivé l'amitié sous le règne du Pape défunt par des promesses de bénéfices et de dons. On affirme aussi qu'il s'était gagné l'alliance de quatorze autres cardinaux par de tels procédés, et s'était ainsi placé lui-même à la tête d'une faction de dix-huit cardinaux. Ses partisans avaient été conduits à croire que sa nationalité espagnole le rendrait neutre vis-à-vis des factions politiques d'Italie; et l'on soulignait beaucoup le fait que l'Espagne était maintenant la puissance montante de l'Europe, puissance avec laquelle l'Église avait avantage à s'allier. Les normes morales de l'époque empêchaient toute critique du caractère du Cardinal Rodrigo; et il était en outre évident qu'il s'agissait du cardinal le plus riche, celui qui possédait les charges les plus lucratives, charges qu'il devrait laisser vacantes au cas où il était élu.

Le candidat de la seconde faction était le Cardinal Giuliano della Rovere, un neveu de Sa Seigneurie P.P. Sixte IV. Il était depuis toujours le rival malheureux, dans bien des domaines, du Cardinal Rodrigo. Sa candidature représentait une tentative du Roi Chrétien Charles VIII de France de faire élire un Pontife dévoué à la France, et non aux intérêts espagnols; à cette fin, Sa Majesté le Roi avait déposé deux cent mille ducats dans une banque romaine pour acheter les votes des cardinaux.

Il y avait aussi un candidat indépendant, le Cardinal Lorenzo Cibo, un neveu de Sa Seigneurie P.P. Innocent VIII, auquel le Cardinal Pallavicini était lié par des liens de gratitude; mais il n'avait aucun autre partisan, et fut submergé par la majorité.

Des deux candidats, le Cardinal Giuliano della Rovere avait le moins de chances d'être élu. Ses propres cousins, les Cardinaux Girolamo et Domenico della Rovere, ne le soutenaient pas. Sa personnalité éveillait partout de l'antipathie, tandis que celle de son rival provoquait la sympathie de tous. L'argent français qu'il avait reçu n'était qu'une goutte d'eau dans l'océan en comparaison de la fabuleuse richesse et de la détermination implacable de l'Espagnol. Ainsi n'y avait-il pas de votes à vendre. Quatre cardinaux – les Seigneurs Oliviero Carafa, Giorgio Costa, Francesco de'Piccolhuomini et Giambattista Zeno – annoncèrent qu'ils voteraient de manière indépendante et sans céder à aucune influence; tandis que le reste du Sacré Collège, soit dix-sept cardinaux, après avoir été fortement sollicité par le Cardinal Ascanio Maria Sforza-Visconti, représentant de la Maison régnante de Milan et ennemi héréditaire de la France, était déjà acquis au Vice-Chancelier-Cardinal-Doyen.

Le troisième soir du Conclave, les discussions préliminaires s'achevèrent; et à l'aube, le 11 août 1492, le Cardinal Rodrigo fut élu Pape, avec une confortable majorité de vingt-deux votes sur vingt-trois; les votes en question, outre le sien propre, étant ceux des Cardinaux-Évêques Giovanni Michele, Oliviero Carafa, Giorgio Costa, des Cardinaux-Presbytères Antoniotto Pallavicini, Lorenzo Cibo, Mafeo Gheraldo, Girolamo Basso della Rovere, Domenico della Rovere, Paolo Fregosio, Giovanni de'Conti, Giangiacomo Sclafenati, Ardicino della Porta, du Cardinal-Archidiacre Francesco de'Piccolhuomini, des Cardinaux-Diacres Galeotti Sansoni-Riarjo, Giovanni Colonna, Giambattista Orsini, Giovanni de'Medici, Giovanni Savelli, Friderico Sanseverini, Giambattista Zeno et Ascanio Maria Sforza-Visconti.

Rome se passionnait pour cette élection. Quatre mules chargées d'argenterie avaient été amenées du palais du Cardinal Rodrigo à la maison du Cardinal Sforza-Visconti avant l'emmurement du Conclave, probablement pour y être plus en sécurité. Rome devinait que l'Espagnol était tellement certain d'être élu qu'il se préparait à la plaisante coutume de la ville, consistant à piller le palais du cardinal qui allait être élu Pape. Certains des objets d'argent, peut-être, passèrent entre les mains de Sforza; mais aucune preuve directe ne vient étayer l'absurde affirmation de Monsignor Burchard, selon laquelle il s'agissait du prix de son vote. En premier lieu, la sécurité de ces objets fut probablement le motif de leur transfert. Après l'élection, le Pape allait naturellement récompenser son partisan le plus utile; et il laissa sans nul doute l'argent chez le Cardinal Sforza

Visconti, tout en lui accordant des preuves de reconnaissance plus proportionnées[1].

Dans le Conclave, si l'on peut en croire les récits, l'excitation n'était pas moindre. Toute la sombre dignité espagnole délaissa le Cardinal Rodrigo en ce moment suprême de sa vie. Il apparut comme un simple être humain ayant réalisé la plus téméraire, la plus immense de toutes les ambitions, quand ses anciens collègues abaissèrent leurs canopes vertes ou pourpres vers lui et qu'il s'écria joyeusement : « Nous sommes Pape et Vicaire du Christ ! »

Les cardinaux s'agenouillèrent à Ses pieds, et le Cardinal Sforza-Visconti déclara que cette élection était sans nul doute l'œuvre de Dieu. Puis le nouveau Pape retrouva au moins une certaine retenue dans ses paroles, et répondit qu'Il était conscient de Sa Propre faiblesse, et s'en remettait entièrement à la Gouverne Divine ; mais l'ordre qu'Il donna à Monsignor Burchard, le Caerimonarius, d'écrire Son nom sur de petits bouts de papier et de les lancer d'une fenêtre, à la grande satisfaction des citoyens qui s'étaient impatiemment rassemblés devant le Vatican ; Sa hâte à se retirer derrière l'autel pour quitter Sa pourpre cardinalice et mettre l'habit papal de taffetas blanc avec sa ceinture, son rochet de beau lin, son étole de pourpre brodée, son almuce et ses souliers d'hermine et de velours pourpre (dont trois tailles étaient prêtes, pour convenir à la stature de n'importe quel Pape) ; cet ordre et cette hâte montrent que Sa Sainteté était profondément remuée, comme n'importe quel autre être humain aurait pu l'être.

Dans les rues, Rome se réjouissait. Dans l'enceinte du Vatican, les cardinaux se demandaient quel nom le Pape allait choisir, avançant celui de Calixte, en hommage à Son Oncle défunt et à Son Créateur, Qui L'avait amené pour la première fois à Rome. Mais à présent le Pontife avait retrouvé son attitude magnificente, et répondit fièrement : « Nous désirons le nom de l'Invincible Alexandre. » Le Cardinal Giovanni de'Medici, un garçon intelligent et sérieux âgé de

1. La Maison des Sforza ne possédait à la fin du siècle dernier qu'une pièce en argent ancien, une salière. Tout le reste ne put être récupéré de ce qu'avait pris Don Marino Torlonia, qui usurpa les titres et les biens des Sforza-Visconti de 1832 à 1836, date à laquelle il en fut privé par la Ruota, le Tribunal Suprême du Saint Siège, en faveur de Don Lorenzo Francesco Sforza-Visconti, grand-père du duc actuel. La lignée du grand Francesco Sforza-Visconti, Duc de Milan, à laquelle appartenait le Cardinal Ascanio Maria, est maintenant éteinte. L'actuelle Maison des Sforza-Visconti descend de Don Bosio Sforza, Comte de Santafiora, 1441-1476, frère du grand Francesco, et second fils de Don Giovanni Muzio Attendolo, dit Sforza.

dix-sept ans, murmura au Cardinal Cibo : « Nous voilà entre les griffes d'un loup rapace. Si nous ne fuyons pas, il nous dévorera. » Mais le gigantesque Cardinal Sanseverini prit Sa Seigneurie P.P. Alexandre VI dans ses bras puissants et La couronna sur l'autel ; et le Sacré Collège Lui rendit un premier hommage en embrassant la croix brodée sur Son soulier et sur les bouts de l'étole, à la hauteur de Son genou ; il embrassa l'Anneau du Pêcheur sur Son index droit, tandis que le Cardinal-Archidiacre Francesco de'Piccolhuomini et le second Cardinal-Diacre proclamaient le couronnement, à la porte maintenant ouverte du Conclave

« Je vous annonce une grande joie. Nous avons pour Pape le Vice-Chancelier-Cardinal-Doyen Rodrigo de Lançol y Borja, Qui souhaite être appelé Alexandre le Sixième[1]. »

Et incontinent, dit Monsignor Burchard, le vulgaire et cancanier Caerimonarius (citant de manière volontairement déformée le Psaume de la Vulgate CXI.9), une fois assumé le pouvoir papal, « *dispersit et dedit pauperibus bona sua*, Il dispersa et donna ses biens aux pauvres ». Au Cardinal Orsini, il donna le palais du Vice-Chancelier de San Lorenzo in Damaso, les forteresses de Soria et Monticelli, les revenus de la cathédrale de Carthagène en Espagne, représentant cinq mille ducats (qu'Il avait administrée pour Don Cesare (dit Borgia) conformément aux Brefs de Leurs Seigneuries P.P. Sixte IV et Innocent VIII), ainsi que la légation d'Ancône. Au Cardinal Ascanio Maria Sforza-Visconti, Il donna Son nouveau palais sur le Banchi Vecchi, la ville de Nepi, les revenus de la cathédrale d'Agria en Hongrie, représentant dix mille ducats, et le nomma, à l'âge de trente-sept ans, Vice-Chancelier de la Sainte Église Romaine. Au Cardinal Colonna, Il donna l'Abbaye de Subjaco avec toutes ses forteresses et ses droits de patronage. Au Cardinal Riarjo, Il donna le palais géant du Trastevere (maintenant Corsini) laissé par le Cardinal Sforza-Visconti, des bénéfices en Espagne rapportant quatre mille ducats de revenu annuel, et le confirma dans sa charge de Cardinal-Chambellan. Au Cardinal Savelli, Il donna les légations de Pérouges et de Civita Castellana, avec vingt cités et un revenu de trois mille ducats ; et il donna aux autres cardinaux le reste des promotions qu'Il abandonnait.

Si tous ces cadeaux furent donnés – et reçus – comme prix des votes en sa faveur, il s'agit d'un monstrueux acte de simonie, l'achat et

1. Ce paragraphe repose entièrement sur les propos et les conjectures de Manfredi, Orateur de Ferrare à Florence ; de Stefano Infessura (Éd. Tommasini), d'Hans Burchard (Éd. Thuasne), de Bernardino Corio (Storia di Milano).

la vente de pouvoir ecclésiastique. Plus tard, les ennemis du Pape l'accusèrent continuellement de simonie; mais sur le moment, aucune accusation sérieuse ne fut lancée. Même les quatre cardinaux qui avaient déclaré qu'ils n'accepteraient aucune influence votèrent pour Sa Seigneurie P.P. Alexandre VI. Et on peut faire remarquer que même si la simonie, de par la Bulle de Sa Seigneurie P.P. Jules II *De Simoniaca Electione,* invalide une élection ecclésiastique, ladite Bulle ne fut promulguée qu'après la mort de Sa Seigneurie P.P. Alexandre VI, et n'a aucun effet rétroactif, bien que la haine véhémente de Jules pour Alexandre, haine plus digne du Carthaginois Hannibal que du Vicaire du Prince de la Paix, ne laisse aucun doute sur son intention de souiller la mémoire du Pontife précédent par une insinuation qui n'a jamais pu être démontrée. Dans ces conditions, il est peut-être permis de rappeler à ces individus irrationnels qui usurpent habituellement les fonctions du juge Éternel, et qui ont déjà condamné le Pontife Borgia, que si cette élection avait été invalidée et condamnée pour simonie, il n'aurait jamais été Pape, et ne pourrait donc être blâmé, attaqué, jugé en cette qualité.

En même temps, bien que cette idée puisse être acceptée pour un usage privé, comme une « opinion pieuse » à distinguer d'un « dogme », il serait judicieux d'opposer à cette Bulle une autre Bulle, la Bulle *Execrabilis* de Sa Seigneurie PP. Pie II, qui punit toutes les calomnies proférées contre des Papes. Mais une fois tout bien considéré, il n'existe aucune preuve qu'un cardinal ait vendu – *vendu* – son vote à un Cardinal Rodrigo qui l'aurait acheté. Seul un cardinal acheté ou non acheté peut attester qu'il s'est ou non vendu ; et aucun cardinal n'a témoigné sur ce point. Que le nouveau Pape ait fait de grands cadeaux, la chose n'est pas niable. Les Papes font toujours de même. Ils ne peuvent S'en empêcher. Sa Seigneurie P.P. Alexandre VI abandonnait tant de charges qu'Elle avait beaucoup à donner. Offrir ces charges était l'un des devoirs de Sa position ; et naturellement, Elle les offrit à Ses amis, et non à Son unique ennemi, Son rival envieux, le Cardinal Giuliano della Rovere lequel, en revanche, l'accusa de simonie.

Sa Seigneurie P.P. Innocent VIII mourut le *25* juillet 1492. Sa Seigneurie P.P. Alexandre VI commença Son règne le 11 août. Pendant les dix-sept jours qui s'écoulèrent entre ces deux dates, tandis que la ville était soumise à la poigne de fer du pâle Cardinal-Chambellan Riarjo, près de deux cent vingt assassinats furent commis : le Pape défunt avait laissé la cité dans un tel désordre que plus de neuf meurtres étaient commis chaque jour pour une population de 85 000 personnes. Sa Seigneurie P.P. Alexandre VI agit avec décision pour mettre un terme à cette exécrable anarchie. Un assassin fut pris les mains encore rouges de sang – la chose n'était pas bien difficile ; on l'obligea, avec son frère, à assister à la destruction de sa maison (la pire disgrâce pour un Romain) ; après quoi ils furent cérémonieusement pendus au milieu des ruines. Une commission fut instituée pour trancher tous les différents qui, auparavant, l'étaient par le fer. On nomma des inspecteurs officiels des prisons ; les arriérés des salaires officiels furent mis à jour ; et quatre juges furent chargés de s'occuper des crimes capitaux. Ainsi le premier acte de Son Pontificat fut-il de rétablir, au moins provisoirement, l'ordre public. Les Romains admiratifs disent que cette vigoureuse justice était due à l'intervention directe du Tout-Puissant.

Le couronnement de Sa Seigneurie P.P. Alexandre VI par le Cardinal-Archidiacre le 26 août, qui eut lieu sur les marches de la Basilique Saint-Pierre du Vatican, fut d'une magnificence sans limites, et y assistèrent les Orateurs des Puissances, qui saluèrent le Pape avec leurs congratulations les plus louangeuses. Le Chanoine Angelo Ambrogini (dit Poliziano), qui parlait au nom de Sienne, déclara :

« Praestans animi magnitudo quae mortales crederes omnes antecellere – Magna quaedam de te, rara, ardua, singularia, incredibilia, inaudita, pollicentur. »

L'Orateur de Lucques dit :

« Quid iste tuus divinus, et maiestate plenus, aspectus ? »

L'Orateur de Gênes :

« Adeo virtutum gloria et disciplinarum laude, et vitae sanctimonia decoraris, et adeo singularum ac omnium rerum ornamento dotaris, quae talem summam ac venerandam dignitatem praebeant ut valde ab omnibus ambigendum sit, tu ne magis pontificatui, an illa tibi sacratissima et gloriosissima Papatus dignitas offerenda fuerit. »

Le Sénat de Venise se réjouissait :

« Propter divinas virtutes ac dotes quibus Ipsum insignitum et ornatum conspiciebamus, videbatur a Divina Providentia talem Pastorem gregi, dominio et sacrosancto Romanae Ecclesiae Vicarium Suum fuisse delectum et praeordinatum. »

Manfredi, l'Orateur de Ferrare à Florence, écrivit à sa Duchesse: «Dicei che sara glorioso pontifice!»

Ces paroles furent transmises de Milan, de Naples, et même de la lointaine Allemagne: «On dit que ce sera un glorieux Pontife!» Tous ceux qui étaient admis en Sa présence admiraient Sa magnifique prestance et Sa langue de miel; chacun louait Ses talents, Sa remarquable maîtrise des affaires, Sa bonté et Sa bienveillance actives. On l'admirait, parce que Ses habitudes étaient d'une extrême simplicité, et Sa magnificence libre de toute ostentation prodigue; quoiqu'il faille ajouter que l'Orateur de Ferrare disait que les gens n'aimaient pas dîner avec Sa Seigneurie P.P. Alexandre VI, parce que Ses repas consistaient en un seul plat. Mais Rome, et plus généralement l'Italie, étaient très fières de Lui, parce qu'à soixante et un ans, Il combinait la vigueur de l'âge mûr et la sagesse donnée par l'expérience de la vie. Si la paix pouvait être maintenue tandis qu'une main ferme guidait la politique de la Papauté, les auspices seraient très favorables.

Le 31 août, au Premier Consistoire, Sa Seigneurie P.P. Alexandre VI nomma son neveu, Don Juan de Borja y Lançol (Giovanni Borgia, dit Seniore) Cardinal-Presbytère du Titre de Santa Susanna. Le Très Honorable Cardinal était le fils de la sœur du Pape, Doña Juana. Il avait été Protonotaire Apostolique, Correcteur des Brefs Pontificaux et Archevêque de Monreale sous le règne de Sa Seigneurie P.P. Sixte IV, et gouverneur tout-puissant de Rome sous le règne de Sa Seigneurie P.P. Innocent VIII. C'était un grand homme d'affaires, habile, très capable quand on lui donnait des pouvoirs pléniers, et compétent dans toutes les affaires d'importance. Sa Seigneurie P.P. Alexandre VI, comme Son Auguste Oncle, voulait s'assurer tout de suite les services des membres de Sa famille.

Ce chœur de flatterie n'excluait cependant pas certaines disharmonies. Le sinistre Cardinal Giuliano della Rovere, de plus en plus aigri par le succès de son rival abhorré, réclama un Concile Général (conformément à cette coutume ridicule de son époque) pour accuser Sa Seigneurie P.P. Alexandre VI de simonie. À Florence, l'excentrique Fra Girolamo Savonarole, frère de la Religion de Saint-Dominique, prophétisait des jours sombres. Lorenzo de'Medici, «ce monstre de génie», était mort; et il avait été littéralement le Gardien de la Paix. Ses fils, Don Piero et Don Lorenzo Secondo, frères du Cardinal Giovanni, n'étaient pas capables de succéder dignement à un père si renommé. Fra Girolamo devint le véritable maître de

Florence; et sa loi s'avéra funeste, parce qu'il laissa sa personnalité prendre le dessus sur ses principes. Ayant commencé, quelques années auparavant, à convertir les pécheurs de Florence, il prêchait un christianisme dépouillé. Quand il eut forcé de nombreuses âmes à la pénitence, ses convertis (à la manière des convertis) commencèrent à s'appuyer sur lui. Il s'autorisa à devenir leur directeur. À partir de là, il n'y avait naturellement qu'un pas à franchir pour devenir dictateur: et telle fut l'erreur bien humaine de Fra Girolamo Savonarola. C'est le point à partir duquel il se fourvoya. En tant que dictateur, il n'apportait point la paix, mais l'épée – ce qui n'est pas le privilège d'un simple humain. Il ordonna ce que le monde appelle des excentricités; toute opinion adverse, toute résistance, tout contrôle le rendirent impatient; ses pénitents étaient l'Armée du Salut du siècle, et ils se livraient à d'étranges manifestations de bonté fanatique. Il se rendit indépendant, par des moyens parfaitement légaux, de ses supérieurs dominicains locaux; l'Archevêque de la province n'avait aucune juridiction sur lui; il n'était soumis qu'au Général des Dominicains et au Pape à Rome. Il était absolument sincère; catholique fervent; on ne saurait douter de sa bonne foi. Ses manières n'avaient rien d'attrayant; son aspect personnel était vulgaire, terrible, consternant. Mais il doit y avoir eu quelque chose de fascinant dans son discours, car des hommes très saints et très grands quittèrent tout pour le suivre; Messer Alessandro Filipeli (dit Botticelli) se rallia à lui. Et il prétendait maintenant être le prophète du Très Haut, annonçant les maux qui allaient bientôt se produire.

Milan menaçait la paix de l'Italie. Après l'assassinat du Duc Galeazzo Maria Sforza-Visconti en 1476, le duché était passé dans les mains de son très jeune fils, le Duc Giangaleazzo; sa mère, la Duchesse veuve Bona de Savoja, était Régente. Quatre frères de son mari mort conspirèrent contre elle; et en 1479, l'aîné, Don Ludovico Maria Sforza Visconti (dit Il Moro) s'empara de son enfant et lui arracha la régence. Le Cardinal Ascanio Maria, frère d'Il Moro, s'efforça de faire confirmer par Rome cet acte impie. La Duchessa Bona, affolée par le rapt de son jeune fils, et sachant que la vie de celui-ci était le seul obstacle entre son oncle Ludovico Maria et le trône de Milan, appela frénétiquement une intervention française. Mais le Roi Chrétien Louis XI de France mourut avant d'avoir pu répondre à cette pauvre mère; et Don Ludovico Maria, en tant que Régent, triompha. Il fit garder le jeune duc à Pavie, dans un palais qui n'était en fait qu'une prison, dans des conditions qui, sans être cruelles ni funestes, n'étaient assurément pas celles d'un duc et ne convenaient guère à une vie saine et réjouissante. En 1489, le Duc Giangaleazzo eut vingt ans ; et l'on se rappela alors que sa mère, la Duchesse Bona, l'avait fiancé dans son enfance à Madonna Isabela, la fille de l'héritier de Naples, le Duc Don Alonso de Aragona de Calabria. Il semblait que Don Ludovico Maria n'eût aucune raison d'irriter la Maison Royale de Naples en s'opposant à ce contrat ; le garçon était disposé à se marier, la jeune fille en âge de l'épouser ; et les noces furent célébrées avec toute la pompe appropriée. Le Régent usurpateur insista cependant sur le fait que le jeune Duc étant mineur, il devait rester sous tutelle ; et les deux enfants nouveaux-mariés s'en revinrent à Pavie goûter la vie conjugale. Un an plus tard, en 1492, un fils naquit ; c'est alors que le Duc Giangaleazzo, que la paternité avait enhardi et mûri, commença à vouloir rejeter le joug de son oncle, en affirmant qu'il n'accepterait plus d'être traité comme un enfant. Mais Don Ludovico savait pertinemment qu'un long confinement écourte l'existence ; et son neveu était resté son prisonnier pendant dix ans. Il n'était pas précisément fait de l'étoffe des meurtriers ; sinon, une lame de couteau délicatement enfoncée entre le cou et l'épine dorsale du garçon lui aurait depuis longtemps laissé le sceptre de Milan. En tant que Régent, il disposait d'un pouvoir absolu ; et il était tout à fait disposé à attendre. Il ne tint donc aucun compte des remontrances du Duc Giangaleazzo ; pour passer le temps, il se maria à son tour avec l'adorable Madonna Beatrice d'Este de Ferrare en 1491. (Don Francesco Sforza, le fils de Don Bosio Sforza et de Madonna Cecilia Aldobrandeschi, héritière de Santafiora, le parent par alliance de Don Ludovico Maria, qui arrangea ce mariage, fut l'Orateur de Milan au couronnement de Sa Seigneurie P.P. Alexandre VI en 1492). Après les noces du Régent usurpateur, le jeune Duc Giangaleazzo se résigna à son sort. Mais son épouse était furieuse, et songeait aux intérêts de son tout jeune fils. « En vérité », criait Madonna Isabella à son faible conjoint, « vous êtes Duc de Milan, et Moi Votre Duchesse. Mais vous êtes heureux de rester à Pavie tandis que ce Noir, Don Ludovico, règne dans votre duché, et assied Madonna Beatrice près de lui à ma place sur votre trône. Je ferai savoir à cette fille qu'elle n'est pas duchesse, et que moi, moi Isabella, je suis la Duchesse de Milan ». Et la dame écrivit à son père, Don Alonso de Aragona, le Duc de Calabre, héritier de la couronne du Regno, le poussant à relever l'insulte qu'on lui faisait, à elle sa fille, à mettre fin à l'usurpation de Don Ludovico Maria, et à rétablir le Duc Giangaleazzo dans son duché.

Le Duc Don Alonso s'y montra disposé. La guerre entre Milan et Naples devint imminente. C'est alors que le Pape mourut; Sa Seigneurie P.P. Alexandre VI Lui succéda; et comme à cette époque on admettait franchement que le Pape était le Maître du Monde, le Père des princes et des rois, etc., toute l'Italie et la Chrétienté attendirent de savoir quel était le bon plaisir du Pape.

Il s'agissait là de la première d'une série de situations extrêmement délicates dans lesquelles Sa Seigneurie P.P. Alexandre VI allait se trouver engagé. D'un côté, la Papauté était en paix avec Naples. De l'autre, Sa Sainteté le Pape trouvait Son brillant et jeune Vice-Chancelier-Cardinal Ascanio Maria Sforza-Visconti d'une extrême valeur; et il était le propre frère de ce Don Ludovico Maria (dit Il Moro) contre lequel Naples se dressait. De l'action du Pape dépendaient des événements importants.

Le 11 décembre 1492, arriva à Rome Don Federigo de Aragona, Prince d'Altamura, second fils du Roi Don Ferrando Premier, venu présenter à Sa Sainteté le Pape l'acte d'allégeance de Naples, ainsi que des félicitations pour Son couronnement. L'envoyé royal fut somptueusement reçu par le Cardinal Giuliano della Rovere, dont la principale préoccupation pendant cette période semble avoir été de tâter le pouls des Puissances et de rechercher un Potentat disposé à lutter contre les Borgia.

Les manifestations de bonne volonté entre la Papauté et le Regno plaisaient aux Romains. La frontière de Naples n'était qu'à une journée de cheval de Rome; et les Romains aimaient sentir qu'au-delà de la frontière vivait un ami, non un ennemi aux aguets. Lors d'une audience privée, cependant, Don Federigo déclara que l'aide du Pape était requise pour une affaire de famille; et il laissa entendre clairement que l'attitude du Regno vis-à-vis de la Papauté serait déterminée par le fait de savoir dans quelle mesure Sa Seigneurie P.P. Alexandre VI se mettrait aux côtés de Naples.

Tel était le problème qui se posait. Le Roi Matthias Corvinus de Hongrie avait épousé Madonna Beatrice, une bâtarde du Roi Don Ferrando Premier. À la mort du Roi Matthias Corvinus, la Reine Beatrice, bréhaigne, intrigua pour que la couronne de Hongrie soit remise au Roi Wladislaw de Bohême, lequel, en récompense de ses services, avait promis de l'épouser. Une telle promesse de mariage équivalait à des fiançailles, et à cette époque des fiançailles étaient presque aussi contraignantes qu'un mariage, à ceci près qu'elles pouvaient être annulées; alors qu'un mariage était – et reste – indissoluble.

Le Roi Wladislaw de Bohême avait été couronné Roi de Hongrie grâce aux efforts de la Reine Béatrice. Celle-ci, préférant la situation de Reine régnante à celle de Reine Douairière, avait rempli sa part du contrat; mais à présent, le Roi Wladislaw avait changé d'idée, et s'apprêtait à demander au Pape de le dispenser de l'obligation d'accomplir sa promesse de mariage. C'était là une grave insulte à la bâtarde du Roi de Naples, dont la contre-pétition adressée à Sa Seigneurie P.P. Alexandre VI demandait qu'aucune dispense de ce genre ne soit accordée au Roi Wladislaw, et qu'il fallait l'obliger à exécuter sa part du marché. On ne parlait pas à cette époque de l'affaire de la Duchesse Isabella de Milan, qui intéressait aussi le Regno. Les cas des reines ont la préséance sur ceux des duchesses.

Sa Seigneurie P.P. Alexandre VI, avec l'expérience que lui conféraient ses 73 ans de diplomatie curiale, demanda un délai pour réfléchir à Sa réponse, et ne voulut pas s'engager immédiatement avec le prince napolitain. Don Federigo, qui s'imaginait que le Regno n'avait qu'à demander pour obtenir quelque chose, fut extrêmement outré; et son hôte, le Cardinal Giuliano delle Rovere, l'enflamma avec sa sardonique sympathie: à partir de ce jour-là il eut les yeux fixés sur le Regno. Ce Très Illustre Seigneur et Cardinal était un comploteur singulier et tenace. S'il avait été capitaine de condottieri, il se serait emparé d'un royaume: mais comme ecclésiastique, il était généralement fort peu édifiant. Sa Seigneurie P.P. Alexandre VI semble l'avoir traité avec une admirable longanimité, avec une méprisante indifférence, attitude bien propre à exacerber et à irriter sa médiocrité bilieuse. On lui avait permis d'obtenir l'évêché d'Ostie, sans lui poser aucun obstacle ou empêchement; mais il était mécontent, jaloux, rempli d'envie, de haine, de malice et dénué de tout esprit de charité.

Il est impérativement important de savoir distinguer entre la Charge et l'Homme; et d'éviter l'erreur excessivement vulgaire de confondre le général avec le particulier. Les actes pontificaux de Rodrigo, appelé Sa Seigneurie P.P. Alexandre VI, peuvent être favorablement comparés avec ceux de n'importe quel Pontife Suprême, de Simon, appelé Sa Seigneurie P.P. Pierre, jusqu'à Gioacchino Vincenzo Rafaele Luigi, appelé Sa Seigneurie P.P. Léon XIII. Son attitude en tant qu'homme, et en tant que despote italien, est un autre problème. La juste nécessité de procéder à cette distinction s'impose de manière insistante à celui qui étudie Son histoire.

Personne n'est enclin à vouloir plaire à une personne qui vous joue de mauvais tours. Sa Seigneurie P.P. Alexandre VI ne souhaitait guère plaire au Roi de Naples. Tandis que l'envoyé du Regno présentait la pétition royale aux pieds du Père des Princes et des Rois, Sa Sainteté le Pape devait digérer un nouveau tour que Lui avaient joué les intrigues du Roi Ferrando Premier.

Don Franciotto Cibo, bâtard de Sa Seigneurie P.P. Innocent VIII, avait été doté par son père des seigneuries de Cervetri et d'Anguillara. Il s'agissait de fiefs pontificaux, possédés par le Pape. Gringalet faiblard, avare et mauvais, effrayé par les responsabilités du baronnage, Don Franciotto Cibo vendit lesdites seigneuries à Don Virginio Orsini pour quarante mille ducats ; puis s'en alla vivre à Florence sous la protection de son beau-frère, Don Piero de'Medici. Mais Don Virginio Orsini avait emprunté ces quarante mille ducats au Roi de Naples, dont il était l'ami intime, et qui était parfaitement qualifié pour voir dans ce prêt un investissement de première qualité. Les seigneuries de Cervetri et d'Anguilara se trouvaient entre le Regno et les territoires de la République de Florence ; leur transfert aux mains d'Orsini, ami de Naples, signifiait l'ouverture d'une route de Naples à la Toscane, par laquelle une armée napolitaine pouvait facilement progresser, si le Roi Don Ferrando souhaitait engager une campagne dans le Nord.

Ce fut Don Ludovico Maria Sforza-Visconti (dit Il Moro), le régent usurpateur de Milan, qui perçut le premier le caractère inquiétant de ce transfert ; mais bien qu'il eût communiqué ses appréhensions à Sa Sainteté le Pape, il se trompa du tout au tout. Les usurpateurs sont les êtres les plus ombrageux qui soient, et voient des dangers partout où quelque chose échappe à leur compréhension. La frontière septentrionale de la Toscane empiétait sur la frontière méridionale de Milan. À présent que cette frontière était reliée au Regno par Cervetri et Anguillara, Don Ludovico Maria soupçonnait une alliance entre Don Piero de'Medici, et le Roi Don Ferrando Premier, entre la Toscane et Naples, alliance qui impliquait très probablement des desseins inquiétants pour le Duché de Milan : après tout, la vraie Duchesse de Milan, Isabella, était une bâtarde de Naples, pensait Don Ludovico Maria, l'usurpateur ; et il envoya prestement des courriers à son frère vice-chancelier à Rome, avec comme instructions d'aviser le Pape de cet imbroglio.

Telles étaient les nouvelles que ruminait Sa Seigneurie P.P. Alexandre VI au moment où Elle accordait une audience au Prince d'Altamura. Avec Son magnifique talent pour réduire les problèmes diplomatiques à leurs éléments les plus simples, grâce à quoi il pouvait écarter ceux qui Lui semblaient inutiles et garder ceux qui Lui paraissaient essentiels, Sa Sainteté le Pape en conclut que les politiques de Milan, de la Toscane et du Regno, et les affaires de leurs dirigeants, étaient d'importance secondaire et donc négligeable ; mais que le transfert secret et non autorisé de fiefs papaux dans les mains de dangereux adversaires comme la très puissante Maison Orsini exigeait une prompte réaffirmation des droits du Suzerain Pontifical.

Au début de 1493, le Cardinal Ascanio Maria Sforza-Visconti pressa le Pontife Suprême d'agir contre le transfert illégal de Cervetri et d'Anguillara. La loyauté envers son frère, le Régent usurpateur de Milan, et ses devoirs en tant que Vice-Chancelier chargé de défendre la suzeraineté de la Sainte Église Romaine, tout l'obligeait à défendre ce point de vue.

Ce conflit d'intérêts entre la Papauté et le Regno ne pouvait manquer de plaire au Cardinal Giuliano della Rovere. Il n'hésita pas à prendre le parti de Naples. S'il avait un ennemi qu'il haïssait autant que le Pape, c'était bien le Cardinal Ascanio Maria Sforza-Visconti, dont les efforts en faveur de son rival l'avaient privé de la tiare du triregno ; s'étant juré que l'un d'eux quitterait le Sacré Collège, il saisit avidement l'occasion d'infliger une humiliation au Cardinal Ascanio et au Pape. Naturellement, il avait l'appui des Orsini. Colonna, toujours plus Gibelin que Guelfe ne dédaignait point d'épouser la cause d'un homme qui disait partout que Sa Sainteté le Pape complotait pour ruiner sa réputation – sa réputation ! et pour le priver de ses charges ; de là surgit une alliance singulière et peu ordinaire.

La Papauté avait été généralement alliée avec les Colonna ou avec les Orsini. L'importance de ces maisons était telle que, pendant plusieurs siècles, les traités européens contenaient l'un ou l'autre de leurs noms. Mais ici, pour une fois, et malgré leur inimitié mystérieuse et interminable, ces puissants barons romains, avec toutes leurs branches collatérales et leurs myriades de serviteurs armés, faisaient cause commune. Ce phénomène peut être expliqué par l'apparition d'autres maisons baronniales, qui devenaient aussi nombreuses et presque aussi puissantes que les Colonna et les Orsini ; et qui étaient aussi importantes comme alliées. La plus en vue de ces maisons était, en 1493, celle des Sforza, à quoi il faut ajouter celle des Cesarini. Les Sforza descendaient de Don Giovanni Muzio Attendolo (dit Sforza) ; ils possédaient le Duché-Souverain de Milan, par le mariage du grand Francesco avec l'héritière du Duc Giangaleazzo Visconti ; le Comté souverain de Santafiora, par le mariage du frère de Francesco, Bosio, avec l'héritière d'Aldobrandeschi ; et les Tyrannies de

Pesaro, de Chotignola, d'Imola et de Forli. Le blason des Sforza était le lion rampant avec la fleur sacrée du coing pour les Santafiora, et le garçon sauvage coupé aux genoux issant d'un serpent posé pour la branche milanaise. Les Cesarini étaient une maison romaine d'une grande richesse et d'une grande distinction, affirmant descendre de César. Elle était déjà alliée avec Sa Seigneurie P.P. Alexandre VI par le mariage en 1482 de Sa bâtarde Madonna Girolama Borgia avec Don Giovandrea Cesarini. Son représentant, Don Gabriele Cesarini, était le Gonfalonier de Rome, qui disputa au Prieur des Caporioni la préséance lors du couronnement de Sa Seigneurie P.P. Alexandre VI. Celle-ci avait accordé la première place au Cesarini. Don Giangiorgio Cesarini, l'héritier, était allié aux Sforza par son mariage avec Madonna Maria Sforza di Guido di Santafiora ; et Don Giuliano Cesarini avait une charge à la Chambre Apostolique. C'était une maison qui, pendant des siècles, s'était contentée d'un rang second tout en accumulant d'immenses réserves de pouvoir, qu'elle s'apprêtait maintenant à faire entrer en action. Telles étaient les deux Maisons patriciennes que Sa Sainteté le Pape trouva à Ses côtés quand Colonna se ligua avec Orsini contre la Paix qu'Il avait établie. De fait, les Sforza et les Cesarini étaient la main droite et la main gauche de Sa Seigneurie PP. Alexandre VI, tout comme Colonna et Orsini l'avaient été pour ses prédécesseurs et le furent pour ses successeurs.

Le Cardinal Giuliano della Rovere, après avoir fait plusieurs discours qui pouvaient le trahir, considéra que Rome n'était plus sûre pour lui ; il descendit le Tibre et gagna l'évêché d'Ostie, où il s'enferma et recruta des mercenaires.

Le mot guerre, pour les sanglants hommes de valeur de la fin du XVe siècle, signifiait un jeu semblable à celui des échecs. L'unique objet de la guerre était le profit. On entreprenait une guerre pour priver un ennemi de ses biens, et c'est tout. Les prisonniers étaient gardés et relâchés contre une rançon. Villes et forteresses étaient prises grâce à la famine, ou un déploiement de force écrasant. Mais on évitait – ceci est digne d'être noté – autant que possible de verser du sang ; l'essentiel de ce jeu consistait en marches stratégiques, en contremarches et en manœuvres. C'était un négoce, une profession, « pas plus risquée que celle d'un joueur de football ». Les hommes superflus et les lutteurs par tempérament s'engageaient comme mercenaires auprès des capitaines et des princes qui pouvaient les acheter et leur offrir une vie aguichante. Le patriotisme et l'honneur de la patrie étaient des choses inconnues. À l'exception de l'Angleterre, il n'existait aucune armée nationale. Quand une position avait été conquise, quand une ville avait été prise, les conquérants se contentaient des rançons et du butin. Si les citoyens souhaitaient éviter les inconvénients d'un pillage, ils rassemblaient une somme suffisante pour payer les troupes et les officiers. Sinon, les mercenaires s'emparaient des femmes, et avaient le droit de se dédommager par le pillage. Toute résistance signifiait la torture et la mort: mais verser du sang n'était qu'un accident, non l'essence de la guerre.

L'action du Cardinal Giuliano della Rovere incita Sa Seigneurie P.P. Alexandre VI à entrer en guerre. Il avait jeté le gant. C'est lui qui avait exécuté le premier mouvement du jeu; son gambit était très fin, car la forteresse d'Ostie dominait l'embouchure du Tibre, et lui permettait de paralyser Rome en bloquant le trafic maritime.

Comme tous les personnages importants, le Pape était névrotique; mais il n'était pas le moins du monde lâche. Prompt à sentir le danger, il pouvait être saisi d'une crainte momentanée. Au début du printemps 1493, il se rendit à un pique-nique dans la villa que Sa Seigneurie P.P. Innocent VIII avait fait bâtir pour le délassement des Papes à La Magliana, hors des murs de Rome; quand un canon salua Son approche, il fut soudain pris de panique et retourna au galop au Vatican, tandis que son escorte se répandait en injures à cause de la collation perdue.

Telle était la situation. Le Pape s'était brouillé avec le Cardinal Giuliano della Rovere et ses alliés, Naples, les Orsini et les Colonna. La Toscane hésitait entre le Pape et Naples. Les autres Puissances attendaient.

Alors que Don Ludovico Maria Sforza-Visconti suggérait une alliance entre le Pape, le duché de Milan et la République de Venise, pour intimider l'Alliance napolitaine, le Roi Don Ferrando se demanda s'il ne pouvait pas faire une meilleure affaire avec le Souverain Pontife qu'avec les Colonna, les Orsini et della Rovere. Ce n'était point de la trahison. C'était simplement la méthode napolitaine, que l'Italie entière connaissait bien. Sa Majesté le Roi envoya des émissaires à Rome, à Milan et en Toscane, pour essayer de régler l'affaire de Cervetri et d'Anguillara par des moyens pacifiques.

Sa Seigneurie P.P. Alexandre VI savait bien qu'Elle ne pouvait faire aucune confiance au Roi Don Ferrando Premier: mais pour lui donner une chance, Elle proposa un mariage entre Son bâtard, Don Gioffredo Borgia, alors âgé de douze ans, et Madonna Lucrezia, petite fille de Sa majesté le Roi de Naples. En même temps, Elle rassembla des troupes, fortifia le Vatican et le Môle d'Hadrien, ainsi que la galerie qui les relie, appelée Lo Andare, qui permet en cas de péril aux Papes et aux cardinaux de quitter le Palais apostolique et de se réfugier dans l'imprenable forteresse-tombeau du Tibre.

La République de Venise se jeta d'elle-même dans les bras de Don Ludovico Maria Sforza-Visconti, car le Doge et le Sénat redoutaient que les appels passionnés de la Duchesse Isabella en faveur de son mari, le malheureux Duc Giangaleazzo, ne reçoivent une réponse positive de Naples. Si ledit Duc Giangaleazzo devait la récupération de son trône au Roi Don Ferrando Premier, Milan deviendrait un fief du Regni ; et voir Naples régner dans le Nord de l'Italie ne pouvait aucunement plaire à Venise, qui préférait s'allier avec le Régent usurpateur, même si elle devait pour cela ratifier son usurpation. Mais l'alliance de Milan et de Venise menaçait leurs voisins ; agissant selon le même principe qui avait réuni ces deux Puissances, les duchés de Mantoue et de Ferrare et la République de Sienne s'allièrent avec elles. Cette alliance, supérieure à celle que Naples avait obtenue, poussa Sa Seigneurie P.P. Alexandre VI à prendre une décision : le 25 avril 1493, accompagnée par des cavaliers armés envoyés par les Sforza et les Cesarini, Sa Sainteté le Pape quitta Rome et se rendit à l'église vénitienne de saint Marc, sur la Piazza Venezia, où Elle publia cérémonieusement la Bulle de la Ligue entre la Papauté, les duchés de Milan, de Mantoue, de Ferrare, les Républiques de Venise et de Sienne ; après quoi, comme le port fluvial d'Ostie était entre les mains de Ses ennemis, le Pape entreprit de fortifier le port terrestre de Rome à Civita Vecchia, pour donner effet à Sa proclamation de guerre.

À tout cela, le Cardinal Giuliano della Rovere répliqua par une demande de Concile Général destinée à déposer Sa Seigneurie P.P. Alexandre VI, et Don Alonso d'Aragona, Duc de Calabre, voulut s'allier immédiatement avec Don Piero de'Medici et la Signoria de Florence pour, avec l'aide des Colonna de Paliano et de Marino et les Orsini de Gravina et de Bracciano, s'emparer de Rome, tandis que les Orsini et les Colonna qui se trouvaient dans les murs de la ville devaient faire diversion. Mais le Roi Don Ferrando était trop rusé. Il avait encore une autre pièce à jouer. Il savait, et personne ne le savait mieux que lui, que les territoires du Saint-Siège, au cours des siècles, avaient été distribués entre les proches et les favoris du Souverain Pontife ; qu'à présent, les États de l'Église étaient plus petits qu'un duché ordinaire ; et on lui avait dit que Sa Seigneurie P.P. Alexandre VI était un père singulièrement affectionné, dévoué aux intérêts de Ses enfants. Il en déduisit donc, très correctement, que Sa Sainteté le Pape essayerait coûte que coûte, par la diplomatie, par des mariages, ou par la guerre, de récupérer les possessions de la Papauté, de manière à assurer la fortune de Sa famille. En second lieu, le Roi Don Ferrando Premier savait que la France était le plus proche voisin septentrional de Milan ; et il entrevit l'accablante possibilité d'une alliance entre le Régent usurpateur, Don Ludovico Maria Sforza-Visconti, et le Roi Très Chrétien Charles VIII de France : alliance qui, combinée avec la Ligue qui unissait la Papauté, les duchés et les républiques italiennes, constituerait pour le Regno une menace absolue et permanente. Pour opérer une diversion, c'est-à-dire pour détourner la France de cette région, il décida de chercher une alliance avec l'Espagne.

À cette fin, il se mit à lancer des invectives contre Sa Seigneurie P.P. Alexandre VI, reprenant à son compte toutes les insultes gratuites et les propos mensongers que la bouche maligne du Cardinal-Évêque Giuliano della Rovere avait pu proférer. « Il mène une vie exécrée par tous, sans aucun respect pour le siège qu'Il occupe » (comparez avec les discours des Orateurs et leurs dépêches). « Il ne se soucie que d'enrichir ses enfants par tous les moyens, bons ou mauvais » (à cette époque, le Pape n'avait rien fait du tout pour Ses enfants ; sauf priver le bâtard qui Lui était attribué, Don Cesare (dit Borgia) des revenus de la cathédrale de Carthagène, en faveur du Cardinal Giambattista Orsini, qui maintenant L'abandonnait). « Depuis le début de Son Pontificat, Il n'a fait que troubler la paix. » Ceci est en partie vrai. Sa Sainteté le Pape avait plus fait que n'importe quel Pontife précédent pour restaurer le gouvernement, l'ordre et la sécurité à Rome. Mais Il s'était conduit, à un certain moment, d'une manière extrêmement offensante pour l'idéal de paix espagnol. Conformément aux idées du Roi Don Ferrando Premier d'Aragona, lui-même Espagnol, et Sa Majesté de Naples était un Espagnol qui écrivait à des Espagnols – Sa Seigneurie P.P. Alexandre VI avait effectivement troublé la paix. En 1492, l'horrible Inquisition espagnole – cette terrifiante et diabolique atrocité constamment condamnée par Rome –, dirigée par le Grand Inquisiteur Torquemada, avait obtenu l'expulsion des Juifs d'Espagne. Les Espagnols avaient beaucoup d'éléments maures en eux ; le principe oriental, ce principe du mal, les habitait. Dans toute la Chrétienté, les Juifs étaient considérés avec horreur, non sans mériter parfois ce traitement. De nombreuses années auparavant, l'Angleterre les avait chassés ; à présent, ils devaient quitter l'Espagne. Les souffrances que les sataniques Espagnols leur infligèrent furent si terribles qu'elles excitèrent la pitié dans l'Italie papale elle-même, où l'exécration des Juifs constituait une habitude d'esprit et un article de foi, non un vice inhumain; Messer Giovanni Pico della Mirandola (dit Fenice degli Ingegni) disait:

Les souffrances des Juifs, dont la gloire de la Divine justice se réjouit, étaient si extrêmes qu'elles nous remplirent, nous autres Chrétiens, de commisération.

Quant à Senarega:

L'affaire [c'est-à-dire l'expulsion des Juifs] parut d'abord digne d'éloges, puisqu'elle concernait l'honneur de notre religion; mais elle impliquait une certaine cruauté, si nous les considérons [les Juifs] non comme des bêtes, mais comme des hommes, des créations de Dieu.

De nombreux membres de cette race infortunée gagnèrent Rome où, sur les ordres exprès de Sa Seigneurie P.P. Alexandre VI, ils reçurent une protection, et purent jouir de cette sécurité de corps et d'esprit qu'Elle avait rétabli dans la ville au début de Son Pontificat. Les Romains n'aimaient point ces Marañas, comme ils appelaient les Juifs maures; pas plus qu'ils n'aimaient, ou n'aiment, les Catalans, les Francs, les Goths, ou tout autres étrangers à l'exception de ceux qui parlent anglais; suivant leur instinct héréditaire, ils se livrèrent occasionnellement à des persécutions. L'interdiction de celles-ci par la justice du Pape provoqua des émeutes intermittentes et une certaine désaffection des citoyens, qui ne pouvaient considérer les Juifs que comme leurs proies. C'était là la seule atteinte à la paix dont le Roi Don Ferrando pouvait accuser le Saint-Père; et c'était un acte de justice et d'humanité. Mais le XVe siècle, comme le XIXe (le XXe est trop jeune pour être jugé) était très prompt à flétrir l'homme qu'il ne pouvait détruire.

Mais le succès qu'auraient pu obtenir les rageuses calomnies de la Majesté de Naples fut empêché par un événement d'une portée extraordinaire.

Un marin de Gênes, appelé Messer Cristoforo Colombi, annonça à la Cour d'Espagne, en mars 1493, une nouvelle étonnante: il avait découvert un nouveau continent. La flamme de l'explorateur, unie en lui au zèle de la religion, l'avait poussé à reculer les frontières de la Chrétienté. Il avait appareillé dans l'espoir de trouver quelques îles. Il revenait maintenant en Europe et affirmait solennellement avoir découvert un monde. Ses propos éveillèrent une curiosité universelle, et l'on prépara une nouvelle expédition pour que l'intrépide marin puisse prouver l'existence de sa découverte, et assurer le droit de l'Espagne. Entre-temps, Don Hernando et Doña Isabella, le Roi et la

Reine Catholiques d'Espagne, estimèrent qu'il serait prudent de lier ce nouveau monde à leurs territoires par un lien ne pouvant être aisément rompu. Le Pape, en tant que Maître du Monde et Vicaire Terrestre de Jésus-Christ, était considéré comme ayant autorité sur toutes les terres païennes ; on envoya un messager d'Espagne à Sa Sainteté, chargé de Lui annoncer la découverte et de Lui demander de confirmer les nouvelles possessions au Roi et à la Reine Très Catholiques.

Precipitevolissimevolmente (aucun autre terme ne peut décrire cette action) une Bulle fut promulguée : « À Rome, ville de Saint-Pierre, l'année de l'Incarnation de notre Seigneur, 1493, le quatrième jour des nones de mai, et la première année de notre pontificat. » Elle donnait à Don Hernando et à Doña Isabella, ainsi qu'à leurs héritiers et successeurs, toutes les îles et continents découverts ou encore à découvrir dans l'océan occidental, à l'ouest et au sud d'une ligne devant être tracée du Pôle Nord au Pôle Sud, à cent cinquante lieues à l'ouest des Açores et des îles du Cap Vert. Le langage de cette Bulle est exquisement touchant ; il est vigoureux, puissant, grave, majestueux, comme la version autorisée des Épîtres de Saint Paul. Son motif, à n'en pas douter, est celui d'un apôtre : convertir un monde au Christ. Cette autorisation est donnée à Sa Majesté d'Espagne, qui s'engage de son côté à envoyer des hommes honnêtes, érudits, lettrés et craignant Dieu enseigner au-delà des mers la Foi chrétienne ; et la peine d'excommunication *latae sentenciae* tombe sur quiconque, fût-il roi ou empereur, tenterait d'interférer ici. Cet, Acte Pontifical d'une suprême beauté, la Bulle *Inter caetera* de Sa Seigneurie P.P. Alexandre VI, est citée textuellement dans Raynaldus, sub anno 1493. Ainsi l'Espagne avait-elle donné les Borgia à l'Italie, et celle-ci et les Borgia donnaient-ils Messer Cristoforo Colombi et le Nouveau Monde à l'Espagne.

Don Hernando et Doña Isabella, le Roi et la Reine Très Catholiques, étaient des Espagnols. Lorsqu'on dit cela, tout est dit ; toute l'horrible histoire du Nouveau Monde sous la domination espagnole est expliquée. Ces souverains n'aimaient guère Sa Seigneurie P.P. Alexandre VI, bien qu'Elle fût espagnole. Comme tous les autres souverains d'Europe, ils étaient prêts à harceler et à invectiver un Pape qui s'opposait à leurs désirs, jusqu'à risquer l'excommunication et les interdits ; moment auquel, bien sûr, ils auraient rampé devant Lui comme ce vil usurpateur John Plantagenêt, mais le fait que leur demande ait été si rapidement satisfaite dans le cas du Nouveau Monde, et l'immense distinction que la Bulle *Inter Caetera* conférait à eux et à l'Espagne, leur firent tourner casaque. De courtisans impertinents, ils devinrent des partisans abjectement dévoués de Sa Seigneurie P.P. Alexandre VI, du moins pendant quelque temps ; et ils empêchèrent le Roi Don Ferrando de conclure son alliance anti-pontificale. C'est bien là-dessus, évidemment, que comptait Sa Sainteté le Pape. Il est rare, dans la vie, qu'un homme voie aussi clairement quelles sont ses obligations avec la certitude d'être récompensé pour leur accomplissement. Et il fut très rare, pendant le pontificat de Sa Seigneurie P.P. Alexandre VI, qu'Elle ait daigné accorder aussi immédiatement et aussi résolument une faveur. Le Pape avait dû percevoir, avec ce merveilleux instinct qui lui permettait de pénétrer jusqu'à la racine des choses, que cette fois-là, les chemins du devoir et ceux du plaisir coïncidaient. Et Il s'y engagea sans la moindre hésitation.

Le douze juin, Sa Seigneurie P.P. Alexandre VI maria Sa fille bâtarde, Madonna Lucrezia Borgia, âgée de 15 ans, avec le Tyran de Pesaro, Don Giovanni Sforza, âgé de 26 ans, avec toute la magnificence due à Son rang séculier en tant que despote italien ; déliant ainsi les langues de ceux qui regrettaient le déclin de la discipline ecclésiastique, et qui ne savaient pas distinguer entre les deux offices contradictoires que le Pape était censé réconcilier ; déliant aussi les plumes des pamphlétaires et des pasquinistes professionnels. Le banquet nuptial eut lieu au Vatican, en présence du Pape, de dix cardinaux et de quinze patriciens romains et de leurs épouses. Le Saint-Père présenta aux dames des coupes d'argent emplies de confiseries et les versa sur leurs poitrines ad honorem et laudem Omnipotentis Dei et Ecclesiae Romanae, affirme la venimeuse et peu fiable bouche d'or de Messer Stefano Infessura. Dans la soirée, il y eut des danses et des comédies, du genre grossier, mais courant, qui existait à l'époque. Cet événement a servi de base aux accusations les plus déplaisantes portées contre Sa Seigneurie P.P. Alexandre VI. On peut constater sommairement que toutes ces accusations sont constituées par les bavardages indignes d'être publiés de personnes inférieures ou hostiles ; et qu'aucune d'entre elles n'a pu être prouvée de manière indiscutable. Que le Vicaire du Christ ait osé aller si loin, cela est impossible ; qu'un monarque temporel ait été aussi loin, c'est probable ; peut-être regrettable ; mais le statut même des hôtes – les cardinaux, les patriciens et leurs épouses – garantit la respectabilité de la petite réunion privée du Despote, du moins pour les critères de l'époque.

En juin, arriva aussi à Rome Don Diego Lopez de Haro, venu présenter à Sa Sainteté le Pape les hommages et l'allégeance de l'Espagne.

Ceux-ci ayant été acceptés, l'Orateur commença à reprocher au Pape, au nom de la Reine et du Roi très Catholiques, l'asile offert aux Marañas qui avaient fui l'Inquisition espagnole et s'étaient réfugiés à Rome. Des milliers de ces infortunés campaient au milieu des tombes de la Voie Appienne, et avaient apporté la peste avec eux. L'Espagne exécrait la tolérance du Pape, et s'étonnait que le Saint-Père, en tant que Guide de la Chrétienté, protège ceux que l'Espagne avait chassé de son sol en tant qu'ennemis de la Foi Chrétienne. L'Orateur espagnol déclara ensuite que le Roi Chrétien Charles VIII de France menaçait d'envahir l'Italie et de profiter des querelles entre les Puissances italiennes; il souligna la nécessité de la paix et d'un accord entre les souverains dont le Pape était le Chef spirituel. Pour montrer que certaines concessions assureraient l'unanimité de l'Italie, il lut une liste de griefs ecclésiastiques qui avaient besoin de remèdes; griefs qui, depuis l'époque du Concile de Constance, avaient été adressés à la Papauté, pour être utilisés à d'autres fins dans des négociations.

Don Ludovico Maria-Sforza-Visconti salua publiquement la ligue entre Venise, Milan et la Papauté. Mais en privé, il conclut un traité secret avec le Roi Chrétien Charles VIII par l'intermédiaire de Belgioso, l'Orateur de Milan. En tant qu'usurpateur, il n'avait pas confiance en ses alliés: il préférait avoir deux cordes à son arc, et pensait que la seule manière de consolider sa position était de troubler la paix en Italie.

Publiquement, depuis sa forteresse d'Ostie, le Cardinal Giuliano della Rovere, cette espèce de maniaque épileptique, continuait à réclamer à grands cris un Concile général pour déposer son rival. L'abominable caractère de ce cardinal est bien démontré par le fait qu'il tentait d'exposer l'Église et la Chrétienté à un quarantième schisme, afin de satisfaire sa vengeance personnelle.

Comme Gallio, Sa Sainteté le Pape ne se souciait aucunement de ces choses: ni de l'Espagne, ni de Milan, ni du méprisable cardinal. Il croyait en Lui, et en Son propre pouvoir. N'avait-il pas officiellement été salué comme le Maître du Monde?

Les intrigues et la campagne d'invectives du Roi de Naples ayant décidément échoué, Sa Majesté essaya une démonstration hostile. Son second fils, le Prince Don Federigo d'Altamura, fit son apparition avec onze galères à Ostie, dans l'embouchure du Tibre; il fut aidé avec enthousiasme par le cardinal félon, par les Colonna et Don Virginio Orsini.

Sa Seigneurie P.P. Alexandre VI était disposée à négocier. Les négociations des Borgia signifiaient invariablement que les Borgia céderaient quelque chose à leurs adversaires, mais pas ce qu'ils voulaient, et d'une manière qui empêchait toujours un refus. La conspiration Naples-Orsini-Colonna-Cardinal Giuliano della Rovere avait demandé Cervetri et Anguillara pour les Orsini (et Naples) et la disgrâce du Vice-Chancelier-Cardinal Ascanio Maria Sforza-Visconti pour satisfaire les langueurs du traître d'Ostie. Le 24 juin, le Cardinal, le prince napolitain et Don Virginio Orsini se rendirent à Rome pour entendre la décision du Pape, qui était la suivante :

(a) Sa Sainteté le Pape confirmait Cervetri et Anguillara à Don Virginio pour la vie ; à sa mort, ils devraient revenir au Saint-Siège : mais il devait payer au trésor pontifical le prix de quarante mille ducats qu'il avait déjà payé à Don Franciotto Cibo ;

(b) Sa Sainteté le Pape était disposée à pardonner et à accorder de nouveau ses faveurs au Cardinal Giuliano della Rovere, mais Elle refusait la disgrâce du Vice-Chancelier-Cardinal Ascanio Maria Sforza-Visconti ;

(c) Sa Sainteté le Pape consentait à S'allier Elle-même avec la Maison de Naples, par le mariage de Son fils bâtard, Don Gioffredo Borgia, avec Madonna Sancia, la fille bâtarde de Don Alonso de Aragona, Duc de Calabre et héritier du Roi Don Ferrando Premier. Cet accord fut ratifié par des fiançailles ; Don Gioffredo partit à Naples rencontrer la jeune fille et recevoir sa dot avec le titre de Prince de Squillace. Le mariage fut remis à plus tard, parce que ni le fiancé ni la fiancée n'avaient encore treize ans.

À peine le traité de paix était-il signé que le Sieur Perron de Basche, l'Orateur du Roi Chrétien Charles VIII de France, arriva à Rome avec des instructions pour empêcher une alliance entre la Papauté et le Regno, et obtenir la confirmation de l'élection, par le chapitre de Rouen, de Messire Georges d'Amboise comme Archevêque. Le Pontife Suprême, pour souligner qu'Il était indépendant de la France, refusa de recevoir l'Orateur en audience, annula l'élection de Messire Georges d'Amboise, et nomma à la tête de l'Archevêché de Rouen un membre de Sa propre cour. Ce fut ce que le XXe siècle appelle timidement un « acte inamical » ; et le Roi Chrétien sympathisa incontinent avec les demandes de Concile général du Cardinal Giuliano della Rovere, destinées à déposer Sa Seigneurie P.P. Alexandre VI[1].

1. Sdegnati di questa collazione contro del Papa, il Re tenne il di medesimo gran consiglio, dove furono proposte e trattate piu cose contro del Papa in riformatione della chiesa. (Dépêche du 31 août 1493, Canestrini, Négociations avec la Toscane. I. 249.)

Pour renforcer Son influence au Sacré Collège en y adjoignant des créatures de Son choix, Sa Seigneurie P.P. Alexandre VI nomma douze nouveaux cardinaux lors du Second Consistoire réuni le 20 septembre 1493 ;

(a) John Morton, Archevêque de Canterbury, Haut Chancelier d'Angleterre, dont les vertus ont été célébrées par un autre Chancelier anglais, le Bienheureux Sir Thomas More ; il était Cardinal-Presbytère du Titre de Santa Anastasia ;

(b) Sa Seigneurie Giovantonio di Sangiorgio, Cardinal-Presbytère du Titre de San Nereo e San Achilleo ;

(c) Frère Jean Villiers de la Grolaye, Seigneur-Abbé de Saint-Denis à Paris, Cardinal-Presbytère du Titre de Santa Sabina ;

(d) Sa Seigneurie Bernardino Lopez de Caravajal, Légat Apostolique auprès du Caesar Friedrich IV, qui avait prêché éloquemment au Conclave de 1492, et qui était Cardinal-Presbytère du Titre de San Marcellino e San Pietro ;

(e) Sa Seigneurie Raymond Perauld, un Français[1], Nonce Apostolique en Allemagne, Cardinal-Presbytère du Titre de San Giovanni e San Paolo ;

(f) Sa Seigneurie Cesare (dit Borgia), réputé bâtard de Sa Seigneurie P.P. Alexandre VI, âgé de dix-huit ans, Cardinal-Diacre de Santa Maria *Nuova* ;

(g) Sa Seigneurie Ippolito d'Este, âgé de quinze ans, grand athlète et lutteur depuis son enfance, et prince de la Maison Royale de Ferrare : « il était de haute taille, musculeux, avec des membres robustes, et renforçait sa vigueur par des exercices, le tir à l'arc et le lancer de javelines ; la grâce et le charme fleurissaient sur son visage ; ses yeux clairs respiraient une grave tranquillité, digne de tous les éloges ; son allure était vraiment royale ; c'était un nageur adroit ; et quelles que fussent les armes qu'il maniait adroitement, il supportait le chaud et le froid et les longues nuits de veille » ; il devenait Cardinal-Diacre de Santa Lucia *in Silice, alias in Orfea* ;

1. Il existe une histoire au sujet de ce personnage qui, s'étant permis d'être effrayé par l'une des calomnies du Cardinal Giuliano della Rovere, selon laquelle le Pape voulait être payé pour le chapeau rouge (indépendamment des six cents ducats que chaque cardinal donne pour l'anneau de saphir d'un cardinal), devint si nerveux le Mercredi des Cendres au moment de répandre des cendres sur la tête du Souverain Pontife, qu'il remplaça les termes usuels de l'administration :

« Memento, homo, qui a pulvis es, et in pulverem reverteris », par les mots « Memento, homo, qui a Papa es, et ego pecunias non habeo. »

(h) Sa Seigneurie Fryderyk Kasimierz Jagelone di Polonia, fils du Roi Kasimierz de Pologne, Évêque de Cracovie, Cardinal-Diacre de Santa Lucia *in Septisolio, alias in Septizonio;*

(j) Sa Seigneurie Giuliano Cesarini (dit Giuniore), Protonotaire Apostolique, Chanoine de la Basilique Vaticane, Cardinal-Diacre de San Sergio e San Bacco;

(j) Sa Seigneurie Domenico Grimani, Protonotaire Apostolique, Cardinal-Diacre de San Niccolo *inter Imagines*;

(k) Sa Seigneurie Alessandro Farnese, Protonotaire Apostolique, surnommé le «Cardinal en jupons», à cause du penchant du Pape pour sa sœur, Madonna Giulia Orsini (née Farnese), Cardinal-Diacre de San Cosma e San Damiano;

(l) Sa Seigneurie Bernardino de'Lunati, Protonotaire Apostolique, ami du Cardinal-Vice-Chancelier, Cardinal-Diacre de San Ciriaco *alle Terme Diocleziane.*

La vigueur de cette action plongea le Cardinal Giuliano della Rovere et son ami le Roi Don Ferrando dans un silence frénétique. Par un simple acte de Sa Souveraine Volonté, Sa Sainteté le Pape avait immensément accru Son propre pouvoir. Deux des nouveaux cardinaux étaient des descendants de dynasties régnantes, dont la loyauté était par là même assurée. Les vertus et l'éloquence du cardinal anglais constituaient comme les deux tours jumelles d'une force inébranlable. Les deux Cardinaux français représentaient un pot-de-vin pour la France. Le diaconat mineur octroyé à Don Cesare (dit Borgia) lui donnait un statut solide, à partir duquel sa jeunesse pouvait entreprendre de grandes choses. Quant aux autres cardinaux, il s'agissait de partisans sûrs qui, devant leur promotion à Sa Seigneurie P.P. Alexandre VI, se trouvaient liés (autant qu'il était humainement prévisible) à Ses intérêts par le lien de la gratitude. C'était un coup paralysant et décourageant pour les ennemis du Souverain Pontife; et l'année 1493 s'acheva par les nouvelles demandes d'un Concile Général du Cardinal Giuliano della Rovere et les invectives renouvelées de Sa Majesté le Roi de Naples.

Le 25 janvier 1494, le Roi Don Ferrando Premier mourut dans la Soixante-dixième année de son âge et la trente-cinquième de son règne. Ç'avait été un homme politique prudent et expérimenté; et depuis Sa Seigneurie P.P. Pie II, Lorenso de Medici et le grand Duc Francesco Sforza-Visconti, le plus grand homme d'État séculier de l'époque. Sa politique avait pour but de préserver l'Italie de l'invasion française, et de détruire les États pontificaux. Il avait traité ses sujets avec quelque libéralité ; mais avec ses barons et ses adversaires, il s'était conduit avec cruauté et félonie. Il aimait avoir ses ennemis toujours près de lui, soit vivants dans les donjons de son palais, soit morts, embaumés et habillés avec les habits qu'ils portaient de leur vivant. Et pourtant, à sa mort, il fut regretté ; car son héritier, Don Alonso de Aragona, homme à la chevelure drue, aux lèvres minces, aux yeux étroits, aux traits asymétriques et au visage joufflu, avait une réputation de violence et de brutalité dont la seule idée provoquait partout la terreur.

Le jeu politique était entré dans une nouvelle phase. Le Roi Très Chrétien Charles VIII de France cherchait avidement l'occasion de s'affirmer ; et il rassembla une armée, soi-disant pour entreprendre une croisade contre le Grand Turc, le Sultan Bajazet, en réalité pour agrandir la France, d'une manière encore indéterminée. C'était un petit avorton infatué de lui-même, ce Roi Chrétien, d'une morale des plus relâchées, même pour un roi, d'un type sémite grossier, avec une tache près de son œil gauche (de naissance) et douze doigts de pieds dissimulés dans ses souliers évasés, qui furent à la mode en Italie jusqu'à la fin du XVe siècle ; comme tous les petits êtres vaniteux, il désirait ardemment acquérir une stature romantique et grandiose. Et il déclara qu'il revendiquait la couronne de Naples.

Pour le Pape Alexandre VI, il devint alors nécessaire de comparer les avantages que représentaient respectivement pour lui la France et le Regno ; entre-temps, pour amener le Roi Très Chrétien à se déclarer de manière plus précise, Sa Sainteté le Pape lui adressa une Lettre dans laquelle le problème de Naples n'était pas mentionné ; mais qui l'assurait de la faveur pontificale, et lui permettait de traverser Rome avec son armée sur le chemin de la croisade qu'il pensait entreprendre. Le Sacré Collège était irrité par l'affaire de l'Archevêché de Rouen ; certains cardinaux commençaient à penser que le temps était venu de tourner casaque, particulièrement dans la mesure où l'on savait que l'Orateur de France avait fait des avances au Cardinal Giuliano della Rovere de la part de son souverain.

Le Souverain Pontife finit par conclure qu'Il préférait avoir un allié à Sa frontière, plutôt qu'un allié dont les territoires étaient séparés de Lui par les domaines d'autres princes. Il décida de laisser la France et de reconnaître l'héritier du défunt Roi Don Ferrando Premier. Il transmit sa décision à Don Alonso de Aragona, Duc de Calabre, en ajoutant qu'il enverrait un Légat à Naples pour lui donner l'investiture et conduire la cérémonie du couronnement. En même temps, Sa

Sainteté le Pape envoya la Rose d'or au Roi Très Chrétien ; il est difficile de dire si ce cadeau symbolisait une consolation ou du mépris. Dans le premier cas, le présent aurait dû être une épée : car l'Épée est le cadeau des Papes aux rois. Dans le second cas, le présent était amèrement approprié, car la Rose d'Or est le cadeau des Papes aux reines. On conçoit donc avec quelque difficulté que le Pape ait délibérément choisi de provoquer un souverain qui se trouvait à la tête d'une armée sur pied de guerre ; cet acte représente probablement l'une de ces opérations bâclées par lesquelles les plus grands génies, de temps en temps, rappellent à l'humanité la vérité de la maxime : *non semper arcum tendit Apollo.* Mais en dépit de cela, Sa Seigneurie P.P. Alexandre VI était un homme très vigoureux, coupable seulement de ne dissimuler aucune de Ses humaines faiblesses.

Quand le Pape publia Sa Bulle sur ce problème d'investiture au Consistoire Public, il déclencha de véritables tempêtes. Le Cardinal Giuliano della Rovere, de nouveau privé diplomatiquement de ses amis napolitains, gagna en hâte Ostie avec les condottieri pontificaux à ses trousses. D'Ostie, il s'embarqua pour Gênes, et se hâta de se présenter à Sa Majesté le Roi de France, l'homme aux yeux rouges. Les Orateurs français à Rome s'écrièrent : « Nous sommes trahis » avec les formules consacrées, et gagnèrent eux aussi des endroits plus sûrs. La forteresse d'Ostie capitula devant le Pape.

En mai, Sa Seigneurie Giovanni Borgia, Archevêque de Monreale et Cardinal-Prêtre du Titre de Santa Susanna, reçut la Lettre qui le désignait Légat Apostolique, et se rendit à Naples pour couronner le nouveau roi. Don Gioffredo Borgia, âgé de quatorze ans, accompagna son Très Respectable cousin et épousa, le jour du couronnement, le sept mai, Madonna Sancia, fille bâtarde du Roi Don Alonso Deux, qui confirma son titre de Prince de Squillace, avec un revenu de quarante mille ducats Pour témoigner de sa gratitude au Pape, le Roi de Naples donna les principautés de Teano et de Tricarico à Don Juan Francisco de Lançol y Borja, le plus âgé des fils bâtards de Sa Seigneurie P.P. Alexandre VI (qui lui avait déjà donné le duché espagnol de Gandia) ; et il offrit au Cardinal Cesare (dit Borgia) des bénéfices napolitains. La Papauté et le Regno formaient de nouveau une Alliance Duelle.

Dans l'Italie du XVe siècle, les esprits humains étaient essentiellement occupés à accumuler et à employer les choses relatives à l'intellect et aux goûts. L'Empereur-Électeur Maximilien, qui avait succédé en 1493 au César Friedrich IV le Pacifique sur le trône d'Europe centrale (appelé le Saint Empire Romain) ajoutait maintenant d'autres territoires aux domaines de sa dynastie, la Maison des Habsbourg d'Autriche. L'Espagne se libérait elle-même, par le fer et le feu, de son cerveau, c'est-à-dire des Maures et des Juifs; et elle exploitait son Nouveau Monde. L'Angleterre connaissait la paix et un nouveau roi depuis la fin de la Guerre des Deux Roses en 1485. La France avait conclu la paix, chèrement, avec le Roi Henry VII Tudor en 1492; puis avec l'Espagne en 1493, en renonçant à ses provinces frontalières de Cerdagne et de Roussillon. Enfin, le Roi Très Chrétien Charles VIII de France avait apaisé la fureur de l'Empereur-Électeur Maximilien, auquel il avait volé sa fiancée, la Duchesse Anne de Bretagne, en lui cédant la plus grande partie de la Bourgogne. Pour le reste, presque tous les royaumes, duchés et fiefs de France étaient tombés entre les mains de ce vantard de Charles, soit par la conquête, soit par des héritages, soit par déchéance ou par mariage. Se trouvant à la tête d'une grande armée experte dans l'art de la guerre, et avec des domaines prospères, il cherchait des terres toutes neuves à conquérir. L'état d'esprit chevaleresque des Croisades n'avait aucunement disparu; il éblouissait les yeux rougeâtres de France; et à un certain moment, il est sûr que le Roi Chrétien voulut marcher contre les Infidèles, maintenant fermement établis en Europe. Mais à la mort du Roi Don Ferrando Premier, l'inconstant Français se souvint d'une très vieille prétention de la Maison d'Anjou à la couronne de Naples, intrigua avec le Cardinal Giuliano della Rovere, et établit son armée dans le Sud, à Lyon. Là, il passa son temps à des occupations lubriques, en attendant de savoir comment les Puissances italiennes réagissaient à ses entreprises. Les envoyés français lui rapportèrent que la Papauté s'était alliée avec Naples, et Naples avec Don Piero de'Medici de Toscane, que Don Filiberto le Beau (le très jeune Duc de Savoie, marié à la fille de l'Empereur-Électeur, Anne), le Duc Ercole d'Este de Ferrare, les Marquises de Montserrat et de Saluzzo étaient neutres, ainsi que la République de Venise. Ce n'étaient point de bons augures pour la France; mais le Roi Très Chrétien, enhardi par la présence du Cardinal Giuliano della Rovere et par ses rodomontades, crut stupidement qu'il était possible d'effrayer le Pape; il se joignit au duo et réclama un Concile général. De fait, il avait plus confiance dans le pouvoir de cette menace que dans sa propre armée; car il menaça Sa Seigneurie P.P. Alexandre VI de Le déposer et de Le priver de la dignité apostolique, non pas par la force des armes, mais par la démonstration canonique du caractère simoniaque de Son élection – à moins qu'Il ne concède à la France la couronne de Naples.

Il est très difficile de comprendre toutes ces demandes de Concile général. Leurs auteurs étaient si intelligents et si logiques dans d'autres domaines qu'il est parfaitement impossible qu'ils n'aient pas été conscients de la totale futilité de leurs démarches. Ils ne peuvent pas avoir été ignorants; ils ont donc été de mauvaise foi. Supposons qu'une assemblée s'intitulant elle-même Concile général ait été réunie par le Cardinal-Évêque d'Ostie et Sa Majesté le Roi de France; qu'elle ait réussi à démontrer, à sa grande satisfaction, que le Cardinal Rodrigo de Lançol y Borja avait acheté, par corruption, les votes de ses frères-cardinaux, de manière à s'élever jusqu'au trône du Vice-Gérant de Dieu: à quoi cela aurait-il servi? Il était moralement, mais non juridiquement interdit (comme on l'a déjà montré) pour un cardinal d'acheter des votes, s'il pouvait trouver des cardinaux assez criminels pour les vendre. Les cambistes étaient, comme maintenant, les maîtres du Temple; et le fouet reposait sur les genoux du Seigneur.

Supposons qu'une assemblée s'auto-intitulant Concile général ait décrété la déposition du Pape pour cause de simonie; les décrets d'un Concile général restent sans effet tant qu'ils n'ont pas été promulgués avec la sanction expresse du Pontife Romain. Est-il vraisemblable que Sa Seigneurie P.P. Alexandre VI, que le Cardinal papelard d'Ostie – ou tout autre être humain – auraient sanctionné la promulgation du décret ordonnant leur propre déposition? Si le Saint-Père avait agi de la sorte, s'il avait déclaré n'être pas Pape, quelle aurait été la valeur d'une telle déclaration? S'il avait été Pape, il n'aurait pas agi de la sorte; s'il n'avait pas été Pape, il n'aurait pu se déposer lui-même. Quelle pouvait donc être l'utilité (pour recourir à la méthode socratique) d'un Concile général qui ne pouvait promulguer que des décrets inefficaces?

Nous abordons ici cette affaire dans son seul aspect humain. L'humanité était alors maîtresse, comme maintenant, des Puissants; la moralité était l'apanage des humbles et des doux. Supposons qu'un soi-disant Concile général ait décrété la déposition du Pape: que se serait-il passé? Ceci: le Sacré Collège se serait divisé en deux factions, ou davantage; disons deux, pour que notre argumentation se maintienne dans des limites raisonnables. Sa Seigneurie P.P. Alexandre VI aurait dirigé l'une des factions; l'envieux Cardinal d'Ostie la seconde. Les deux se seraient réunies en Conclave; l'un à Rome, l'autre en France. Le Conclave romain aurait déclaré que Sa Seigneurie P.P. Alexandre VI était le Pontife Régnant. Le Conclave français aurait élu le Cardinal Giuliano della Rovere, qui serait incontinent devenu le Pseudopontife Jules II. Chacun aurait nommé des cardinaux. Chacun aurait administré la partie de l'Église et de la Chrétienté qu'il aurait persuadé de se soumettre à son administration. Il y aurait eu un Pontife à Rome, un pseudo-pontife en France. Le troupeau du bercail de l'Église aurait été négligé, tandis que les bergers auraient échangé des anathèmes. Tout cela s'était déjà produit beaucoup de fois. Ç'aurait été le Quarantième schisme. Au cours du temps, la mort aurait rappelé à elle le Pontife ou le pseudo-pontife. Sa faction l'aurait remplacé. Et au fil des années, des siècles, se serait produit un phénomène de subdivision, un schisme dans le schisme. Un groupe de cardinaux se serait séparé du Pontife, ou du pseudo-pontife; se serait intitulé Sacré Collège dans un Conclave, et aurait élu un second pseudo-pontife. La Chrétienté aurait été déchirée. Ce crime aurait été susceptible de se développer à l'infini. On avait déjà vu tout cela de nombreuses fois – la dernière, au XVe siècle lui-même, le siècle du Trente-Neuvième schisme de la Sainte Église Romaine, de la Trente-Neuvième déchirure de la Robe sans couture du Christ.

Telle était l'infâme turpitude à laquelle le goût de la revanche menait le Cardinal Giuliano della Rovere, et la vanité le Roi Très Chrétien Charles VIII, tous les deux d'un cœur léger.

Ayant maintenant regagné l'amitié des Colonna et des Orsini grâce à l'alliance avec Naples, ainsi que celle des Sforza et des Cesarini, Sa Sainteté le Pape se rendit dans le Regno pour préparer un plan de campagne avec le Roi Don Alonso II, qu'il rencontra le quatorze juillet à Vicovaro. On convint que le Roi tiendrait les provinces des Abruzzes avec une partie de l'armée napolitaine, tandis que son fils, Don Ferrandino de Aragona, avancerait rapidement sur Milan avec une autre partie de l'armée en traversant la Romagne et en envoyant des colonnes pour chasser les rebelles du pays; après avoir chassé le Régent usurpateur, Don Ludovico Maria Sforza-Visconti, et rétabli le Duc Giangaleazzo sur le trône de Milan, il forcerait les Français à s'engager en Lombardie. Entre-temps, Don Virginio Orsini, avec les condottieri, protégerait les États pontificaux; et Don Federigo de Aragona, le frère du Roi Don Alonso II, s'emparerait avec la flotte napolitaine de Gênes et prendrait le contrôle de la côte nord.

Dans une guerre ressemblant à un jeu d'échecs, aucun plan ne pouvait mieux convenir; mais il avait deux points faibles. Il était trop long à exécuter; car l'armée française se trouvait à la frontière milanaise, que près de la moitié de l'Italie séparait de Naples. Il provoqua la défection de certains Sforza; il brouilla le Pontife Suprême avec Son Vice-Chancelier, Son meilleur ami, car le plan de Naples impliquait l'expulsion de Milan du frère du Cardinal Ascanio Maria Sforza-Visconti, qui devint dès lors neutre, les Sforza soutenant les Sforza.

Avant que le Regno ne fût prêt, la flotte française atteignit Gênes, l'armée française franchit les Alpes et atteignit Milan. L'Amiral Don Federigo de Aragona, ayant trouvé Gênes aux mains de ses ennemis, conduisit les vaisseaux napolitains à Porto Venere, dans le Golfe de Spezzia, mais subit un revers qui l'obligea à quitter Livourne pour reconstituer sa flotte. Voyant dans quelle direction il pouvait attaquer, le Roi Chrétien fortifia Gênes, occupée par des mercenaires suisses commandés par le Duc Louis d'Orléans. Le huit septembre, l'Amiral de Naples s'empara de Rapallo, petite ville située à six lieues de Gênes, et débarqua des troupes. Le commandant français effectua une rapide sortie de Gênes, écrasa les escadrons napolitains et pilla Rapallo. Toute l'Italie fut stupéfaite et paralysée d'horreur de voir la guerre menée de manière aussi sanglante. L'idée d'être tué, sauf peut-être accidentellement, écrasé sur une route, ou lors d'une dispute personnelle, était terrible pour des gens habitués à des batailles qui étaient des processions, et des sièges qui n'étaient que des parties de plaisir pour des gentilshommes oisifs. L'amiral Don Federigo ramena séance tenante le reste de sa flotte à Naples.

Le Vice-Chancelier Ascanio Maria Sforza-Visconti – devenu maintenant hostile – détacha du Pape les Maisons de Colonna et de Savelli (la dernière, jusqu'à extinction de la dynastie, conserva la charge de Maréchal Héréditaire de la Sainte Église Romaine). Les Colonna et les Savelli rassemblèrent leurs partisans et menacèrent la Ville Éternelle. Le dix-huit septembre, Don Fabrizio Colonna reprit Ostie, et la garda au nom du Cardinal-Évêque renégat. Des vaisseaux français transportant des troupes jetèrent l'ancre à l'embouchure du Tibre. Naples désemparée n'osa pas avancer sur Milan, laissant Rome sans protection. C'est alors que Madonna Caterina Sforza-Riario, comtesse et sorcière (fille du grand Francesco, et veuve de l'infâme Comte Girolamo Riario, de la Conspiration Pazzi) se déclara pour la France dans sa citadelle d'Imola, et aggrava les affaires de la Papauté et de Naples en montrant qu'un ennemi désormais les séparait. Dans toute cette détresse, et n'ayant aucun souverain ami en Europe à part Sa Majesté le Roi de Naples, Sa Seigneurie P.P. Alexandre VI recourut au Grand Turc, le Sultan Bajazet. Le rusé oriental accepta de l'aider, à condition que son frère et rival, le Sultan Djim, que la Papauté gardait depuis de longues années en otage, lui soit remis. Sa Sainteté le Pape refusa, ne voulant pas collaborer à un fratricide ; Son isolement et celui du Roi Don Alonso II furent désormais complets.

Le six octobre, le Pontife Suprême demanda impérativement qu'on lui restitue Ostie (tenue par Don Pierfrancesco Colonna (?)), sous peine d'Excommunication majeure. « Il remplit une grande place dans l'histoire, parce qu'il mélangea son autorité spirituelle et son autorité temporelle de manière à utiliser les ressources de l'une pour les fins de l'autre. » En même temps, ayant appris que les Colonna projetaient de s'emparer du Sultan Djim pour le compte de la France, il fit transférer Son hôte mystérieux par Lo Andare au Môle d'Hadrien, sur le Tibre; puis il envoya le Seigneur Francesco de'Piccolhuomini, Cardinal de Sienne, chez Sa Majesté le Roi de France, en qualité d'Envoyé Apostolique. Mais le Roi Très Chrétien ne voulut pas le recevoir, alléguant qu'il allait venir à Rome lui-même voir le Pape.

Le Sultan Djim était un Mystère – l'équivalent, pour le XVe siècle, du Masque de Fer. Frère et rival du Grand Turc, le Sultan Bajazet qui régnait à Constantinople; il fut donné en otage aux Chevaliers de Rhodes, à une époque où Bajazet voulait se gagner les bonnes grâces des Puissances chrétiennes, et se débarrasser d'une dangereuse menace pour la sécurité de son trône. Le Grand Turc proposa de payer quarante mille ducats par an tant que le Sultan Djim serait tenu loin de Byzance; et il envoya aussi à Sa Seigneurie P.P. Innocent VIII la fameuse émeraude sur laquelle est gravée une Image de notre Divin Rédempteur. Après une longue détention, le Frère Pierre d'Aubusson, Grand-Maître des Chevaliers de Rodes et Cardinal-Diacre de Sant'Adriano, transféra ce précieux otage à Rome, pour qu'il y soit plus en sécurité. On donna au Sultan Djim des appartements dans le palais du Vatican, et on lui permit d'y avoir sa propre cour, avec un luxe tout oriental. La grande crainte du Sultan était que son frère tente de le faire empoisonner; les envoyés du Grand Turc ne pouvaient se présenter devant lui que lorsque des précautions rigoureuses et cérémonieuses avaient été prises; par exemple, l'envoyé qui amenait une lettre de Bajazet était obligé de la lécher tout entière, à l'extérieur et à l'intérieur, sous les yeux de Djim, avant qu'il n'y touche. Sa Seigneurie P.P. Innocent VIII, et Son Successeur, Sa Seigneurie P.P. Alexandre VI, considéraient le Sultan Djim comme une précieuse garantie de la bonne conduite du Grand Turc. « Tant que Djim sera entre Nos mains, Bajazet se sentira mal à l'aise; il ne lèvera pas d'armées et ne gênera pas les chrétiens », écrivait Sa Seigneurie P.P. Innocent VIII. Plus tard, le Grand Turc craignit que ses mamelouks mécontents ne le déposent en faveur de son frère; et il proposa de payer cent vingt mille ducats au Pape pour qu'il lui livre le Sultan Djim: il essayait ainsi de le mettre hors d'état de nuire, conformément aux méthodes que les potentats orientaux emploient avec leurs rivaux. Mais Sa Seigneurie P.P. Innocent VIII refusa de collaborer à ce crime, bien qu'Elle eût été très contente d'avoir cet argent pour Sa famille ; le Sultan Djim continua donc à demeurer à Rome. Sa Seigneurie P.P. Alexandre VI suivit la même politique, bien que le Grand Turc eût cessé de lui envoyer les quarante mille ducats annuels, faisant ainsi de son frère à la fois le pensionnaire et l'otage de la Papauté. En octobre 1494, alors que la Ville Éternelle allait être le théâtre de troubles et de luttes, Sa Sainteté le Pape mit son hôte en sûreté dans le Môle d'Hadrien, la forteresse-tombeau, qui était aussi son propre refuge.

Le même jour que l'Amiral Don Federigo de Aragona quitta avec sa flotte Rapallo pour Naples, le Roi Très Chrétien franchit les Alpes avec son armée. Mais ce n'était qu'un Français à la tête creuse, et il souffrait du plus terrible des maux : il n'avait pas d'argent pour payer ses troupes ; pendant plusieurs semaines, il allait devoir traverser des territoires amis, et n'avait donc pas de villes à piller avant d'atteindre les États pontificaux pour apaiser et donner du courage à ses mercenaires. Don Ludovico Maria Sforza-Visconti se hâta d'aller à sa rencontre. Il était lui aussi confronté à un problème : c'était un régent usurpateur qui tenait prisonnier son souverain légitime, et il allait rencontrer un souverain régnant légitime. Don Ludovico Maria allait-il lui consentir un petit prêt ? Telle était la question qui agitait l'esprit du Roi Très Chrétien. Sa Majesté le Roi de France allait-elle se faire le champion de son Ordre, libérer son frère souverain et l'installer sur le trône de Milan, tout en traitant sévèrement et hostilement le régent usurpateur ? Telle était la question qui agitait l'esprit de Don Ludovico Maria. Les deux hommes se rencontrèrent à Asti. Le Roi Chrétien évoqua sur-le-champ son problème ; et Don Ludovico Maria, avec la sûreté d'esprit et la détermination des Sforza, comprit instantanément qu'il pouvait tirer avantage de la situation. Il conseilla au Français de marcher rapidement vers la Romagne, où un riche butin l'attendait. Et il trouva les moyens d'aider le Roi. De l'homme qui vous prête de l'argent au moment même où l'on en a un besoin urgent, on ne peut penser que du bien. Le Roi Très Chrétien était maintenant tout à fait prêt à accepter la haute idée que Don Ludovico Maria avait de lui-même. Celui-ci se permit même de lui montrer le malheureux souverain de Milan dans sa prison.

Après avoir été retenu quelques semaines par ce que les Italiens appellent le mal français, parce qu'il fut introduit en Italie par ce monarque, Charles VIII se rendit à Pavie, et rencontra le Duc Giangaleazzo Sforza-Visconti. Les conditions de vie de ce prince infortuné étaient scandaleuses à l'extrême. Il avait vingt-cinq ans. Il avait été retenu prisonnier pendant quinze ans. Il avait un corps malingre, un esprit faible et obtus. Sa seule joie, dans la vie, était la Duchesse Isabelle et son fils, âgé de quatre ans, pour lequel il demanda humblement la protection du Roi Très Chrétien. France considéra l'enfant d'un air sympathique – ce fut peut-être le moment le plus heureux de la vie de la petite créature –; les narines de son nez grossier prirent un air mécontent au spectacle des souffrances du Duc Giangaleazzo; l'éclat de ses yeux bouillis, avec leur rougeur congénitale, et la ligne grasse et sévère de sa bouche épouvantèrent le Régent usurpateur. Si l'argent de Don Ludovico Maria s'était trouvé dans les coffres du Roi Très Chrétien, la puissance française aurait sans nul doute rétabli les choses dans leur droit. Mais le Roi Très Chrétien, auquel on avait promis de s'occuper des affaires de Milan une fois que Naples aurait été conquise grâce à l'argent de Milan, fut persuadé de marcher sur Piacenza.

Et le vingt et un octobre, il apprit que le prince qu'il avait laissé dans sa prison, le Duc Giangaleazzo Sforza-Visconti, était mort; et que Don Ludovico Maria s'était proclamé lui-même Duc de Milan et avait été accepté comme tel. On disait aussi que l'oncle avait fait empoisonner le neveu, après avoir observé que celui-ci avait gagné la sympathie de France, par crainte que cette sympathie ne lui permette de récupérer son trône. Les choses peuvent s'être passées ainsi; mais aucune preuve ne vient étayer cette affirmation. Cette mort peut aussi avoir été la conséquence d'un désespoir intense provoqué par un espoir de délivrance déçu, désespoir agissant sur un corps naturellement faible, dévoré par la passion et débilité par un long emprisonnement. Le XVe siècle (comme les premières décennies du XVIe) était tellement ignorant en matière de science et de poisons, qu'à moins de posséder des preuves très circonstanciées, on peut écarter toutes les accusations basées sur de simples « on dit », « aiunt », « fertur », ou « dicant », et s'en tenir à la version de la mort naturelle.

Florence, capitale de la Toscane, et ancienne alliée de la France, se trouvait dans une situation critique. Lorenzo de'Medici venait juste de mourir. Son fils, Don Piero, lui avait succédé. Le frère de Don Piero, Messer Giovanni, avait accédé à la pourpre à l'âge de dix-sept ans et était Cardinal à Rome. Le génie du grand Lorenzo l'avait conduit à déguiser son pouvoir. À la demande expresse de sa propre mère, il s'était marié avec Madonna Clarice Orsini, une patricienne de Rome. Ses fils, élevés par le Chanoine Angelo Ambrogini (dit Poliziano) étaient intelligents, joyeux et ambitieux, avec un sens presque excessif de leur propre importance ; et lorsque le sceptre tomba dans ses mains inexpérimentées, Don Piero oublia le conseil de son père : « Souviens-toi que tu n'es qu'un citoyen de Florence, comme moi ». Il se conduisit de manière autocratique, despotique et indépendante, au grand mécontentement de la Ville-Lys.

Lorsque Sa Majesté le Roi de France commença à interférer dans les affaires politiques italiennes, Don Piero de'Medici et Florence, alliés au Regno, refusèrent la proposition d'une alliance française. Le Roi Très Chrétien répliqua en expulsant les marchands florentins de France. Cela fournit l'occasion à ses ennemis (comme toutes les grandes Maisons, les Medici en avaient) de l'invectiver, de murmurer contre les maux de la tyrannie et d'évoquer les avantages d'une République ; les cousins de Don Piero, Don Giovanni et Don Lorenzino, rejoignirent le Roi Très Chrétien à Piacenza ; ils lui déclarèrent que l'ennemi de la France n'était pas Florence, mais Don Piero seulement.

Fra Girolamo Savonarola, frère de la Religion de Saint-Dominique, devint dans cet imbroglio une figure prééminente et décisive. Du point de vue ecclésiastique, il était soumis à la Congrégation dominicaine de Lombardie, mais il avait demandé à être indépendant. Don Piero de'Medici, ne voyant là rien de répréhensible, appuya la demande faite à Rome de libérer les Dominicains toscans de toute allégeance à la Congrégation lombarde ; car, lui disait-on, l'existence d'une Congrégation séparée augmentait la dignité de Florence, et constituerait pour Milan un affront. Sa Seigneurie P.P. Alexandre VI, à laquelle le cas fut soumis en 1493, était encline à défendre Milan, à cause du Vice-Chancelier Cardinal, le frère du régent usurpateur ; mais sur les conseils du Cardinal Oliviero Carafa, qui avait officiellement examiné l'affaire, et s'était prononcé en faveur de Don Piero de'Medici et de l'inquiétant religieux, Sa Sainteté le Pape promulgua la Bulle de Séparation le vingt-deux mai de cette même année. Fra Girolamo Savonarola s'installa alors dans la nouvelle Congrégation toscane, fut élu Prieur de San Marco et Vicaire-Général ; il devint ainsi le maître absolu des Dominicains de Florence, soumis seulement au Général de la Religion de Saint-Dominique et au Pape à Rome.

C'était un homme réellement pieux, dur, ascétique, et très habile. Il employa son indépendance à réformer son couvent de San Marco avec, par miracle, la collaboration dévouée de ses frères ; et il forma ainsi un centre de vie exclusivement religieuse. Il ne voulait aucun compromis. Il voulait servir entièrement Dieu; et n'acceptait aucun accord avec Mam-mon. Il cracha délibérément sur le Monde et le défia. Il se mit à brûler tous les objets de quelque beauté. L'adorable et lascive Florence changea rapidement et le suivit dans le sac et la cendre. Les séduisantes mélodies des Canti. Carnaleschi de Lorenzo de'Medici furent remplacées par le *Miserere mei Deus* et les Sept Psaumes de la Pénitence, avec leurs Litanies; tandis que disciplines et flagellations s'abattaient dans les rues sur les blanches chairs de la jeunesse. Fra Girolamo prêcha la pénitence à l'Avent de 1493. Au Carême de 1494, il prêcha avec le Livre de la Genèse. Lorsqu'il arriva à l'Arche de Noé, il s'y attarda; le sujet le fascinait; chaque planche du navire, chaque clou devinrent un symbole; mais la morale de cette allégorie était la suivante: «Montez dans l'Arche du Salut pour échapper à la colère divine qui s'annonce.»

Florence était inquiète à cause de l'invasion française; celle-ci, disait Fra Girolamo (mélangeant ses métaphores de la seule manière que le vulgaire pût comprendre) était le Fléau de Dieu envoyé pour la Purification de l'Église. En septembre il prêcha de nouveau. Il eut des visions; il les évoqua dans les paraboles. Son succès, son pouvoir grandissant produisaient chez lui une sorte d'ébriété. N'ayant pas encore perdu le contrôle de lui-même, il pouvait percevoir le danger de cet état. Il fit un effort, et cessa de prêcher. Son cerveau ne cessait de s'agiter; l'insomnie détruisait ce qui lui restait de force physique. Il monta de nouveau sur le pupitre de San Marco et tonna comme un prophète, comme un voyant. Il ne s'agissait plus maintenant de ses propres paroles, mais de celles de Dieu: «Ainsi a dit le Seigneur.» Il prétendit avoir le Souffle Divin, l'Inspiration. Humainement parlant, il avait perdu la tête, il était devenu fou.

L'excitation, à Florence, se transforma en frénésie. «Et Voici!», criait tumultueusement Fra Girolamo, «Et Voici que j'amène un déluge d'eaux sur la terre!» Et l'armée française pénétra en Italie.

Florence était à moitié morte de terreur: elle craignait les Français, elle craignait la fureur divine. Elle avait provoqué l'exaspération du Roi Très Chrétien, était divisée, n'avait pas de troupes. Pourtant, elle pouvait résister. Sur sa frontière se trouvaient les puissantes forteresses de Sarzanella et de Pietrasanta. Quelques patriotes résolus pouvaient tenir les cols sur la route de Lunigiana; et un succès initial, ruinant le prestige français, pouvait restaurer la confiance en soi de Florence. C'était bien le moment où l'on pouvait voir de quel bois était fait Don Piero de'Medici. Or, celui-ci en proie à une complète indécision, ne fut pas à la hauteur de la situation. En premier lieu, il envoya son beau-frère, Don Paollo Orsii, diriger la garnison de Sarzanella. En second lieu, il eut peur, parce que les Florentins semblaient le dédaigner. En troisième lieu, il caressa l'idée de se soumettre au Roi Très Chrétien. De la forteresse de Pietrasanta, il demanda un sauf-conduit. Arrivé dans le camp français, il s'effondra : prostré aux pieds des douze doigts de Sa Majesté le Roi de France, il implora le pardon pour l'impertinence qu'il avait eu de défendre la terre paternelle ; et offrit des réparations. Il consentit aux exigences françaises : ses troupes devaient se retirer de la Romagne, évacuer les châteaux de Sarzana, de Sarzanella, de Pietrasanta, de Pise, de Livourne, et être laissées en gage aux Français jusqu'à ce que Naples capitule. Il consentit à un prêt forcé de deux cent mille ducats ; les gages devaient être livrés immédiatement, et un traité être signé à Florence. Les Français n'avaient jamais rêvé que la route s'ouvrirait à eux comme par miracle ; par simple induction, ils se dirent que Dieu était décidément de leur côté.

Florence fut consternée. Don Piero de'Medici resta avec les Français ; ses frères se trouvaient dans le grand Palais Medici (devenu maintenant le Palais Riccardi) au coin de la Via Larga, que Michellozzo avait bâti pour le puissant Cosmo. « Il est temps de se débarrasser de ce gouvernement d'enfants et de retrouver notre liberté », déclara l'excellent et très grave Don Piero Capponi ; et la Signoria envoya une ambassade pour défaire ce qui avait été fait. Il y avait cinq ambassadeurs, y compris Fra Girolamo Savonarola, que Florence adorait, et Don Piero Capponi, qu'elle admirait. Ils quittèrent la ville le six novembre avec les pleins pouvoirs pour modifier les conditions désagréables de la capitulation. Le sept, ils rencontrèrent le Roi Très Chrétien à Lucques ; et le suivirent à Pise. Il les reçut très froidement, leur disant qu'il ne modifierait rien, sauf à Florence même. Fra Girolamo prophétisa au Français malade : « Sache que tu es un instrument entre les mains du Seigneur, qui t'a envoyé pour guérir les maux d'Italie et réformer l'Église prostrée. Si tu ne te montres pas juste et miséricordieux, si tu ne respectes pas Florence et son peuple, si tu oublies l'œuvre pour laquelle le Seigneur t'a envoyé ici, il en choisira un autre à Ta place, et Son courroux t'engloutira. Je parle au nom du Seigneur. »

Le huit novembre, Don Piero de'Medici réapparut à Florence. La Cité des Lys savait que Don Orsini tenait la Porta di San Gallo pour lui, avec des troupes déployées dans cette zone ; et elle soupçonna qu'il allait rassembler les citoyens et devenir leur Dictateur. Le neuf, les soupçons redoublèrent, parce qu'il se rendit avec une suite imposante au Palais de la Signoria où les magistrats se trouvaient réunis en conclave. La porte fut fermée; une voix lui enjoignit de rentrer par-derrière, mais seul. Don Piero de'Medici rebroussa chemin. Un partisan des Medici à la Signoria le suivit, et le ramena. Lorsqu'il passa par la petite porte, il y eut une bousculade, et la porte fut claquée sur lui au milieu d'une foule grandissante qui criait: « Dehors! Dehors! Laisse la Signoria en paix! » Au milieu des sifflets de la foule et des pierres qui volaient, Don Piero de'Medici tira son épée et se précipita au vieux palais Cosmo, où tous les Medici – peu nombreux – s'armaient. Le Cardinal Giovanni de'Medici, qui n'avait même pas dix-neuf ans, risqua sa personne sacrée. Risque véritable parce que la populace florentine avait déjà pendu un archevêque (l'archevêque Salviati de Pise) au bout d'une corde à une fenêtre, et fait pâlir, seize ans auparavant, d'une mortelle terreur le visage d'un enfant-cardinal (Sa Seigneurie Rafaele Galeotto Sanzoni-Riario, Cardinal-Diacre de San Giorgio *in Velum Aureum,* âgé de seize ans). Sa personne était sacrée, parce que celui qui lève les mains *suadente diabolo* sur un tonsuré encourt *ipso facto* l'Excommunication majeure; il risqua donc sa *personne sacrée* au milieu de la populace florentine, essaya de l'entraîner et de la rallier aux Medici avec le cri de guerre: « Palle, Palle, Palle![1] ». Mais en vain.

Le cri de guerre avait perdu sa vertu magnétique; et personne à Florence n'osait maintenant se proclamer ami des Medici. Don Piero se précipita à la Porta de San Gallo, où les Medici n'avaient jamais lancé en vain leurs appels. Il communiqua sa peur à Don Paolo Orsini et à ses bandes; et tous s'enfuirent à Bologne. Le soir, le Cardinal Giovanni et son cousin, âgé de seize ans, Messer Giuliano, Chevalier de Saint-Jean de Jérusalem et de Malte, s'enfuirent de la ville déguisés en frères mineurs; de Bologne, les trois Medici se rendirent à Venise, où les exilés italiens avaient toujours trouvé asile; pendant ce temps, Florence pillait le Palais Medici, ravageait l'inestimable Bibliothèque des Manuscrits des Medici, et mettait à prix la tête de Don Piero, le fils de Lorenzo.

Cette révolte était l'œuvre de Fra Girolamo Savonarola. Pendant soixante ans, Florence avait connu la prospérité avec les Medici. Elle avait été le centre du savoir et le pouvoir médiateur en Italie, avait exercé son influence dans chaque État; de fait, comme l'avait dit Sa Seigneurie P.P. Boniface VIII en recevant les Orateurs des Puissances à Rome lors du Jubilé de 1300, *« i fiorentini sono il quinto elemento ».* Mais le Frère dominicain avait réveillé en elle ces aspirations morales

1. Allusion aux cinq balles rouges et au bezant fleurdelysé des armoiries des Medici.

que les Medici avaient atrophiées; et les méprisables gaffes de Don Piero avaient provoqué l'exaspération finale. La nouvelle république érigea la statue de Judith tenant la tête d'Holopherne sculptée par Donatello sur un piédestal devant le Palazzo Vecchio, avec cette inscription destinée aux despotes en herbe : EXEMPLUM SALUTIS PUBLICAE CIVES POSUERE MCCCCXCV. Et le jour de l'expulsion des Medici, la petite Pise se révolta elle aussi, et secoua le joug de Florence.

Le sort de Sa Seigneurie P.P. Alexandre VI paraissait singulièrement critique. Les Français avançaient sans plus rencontrer d'obstacles, et la sédition grondait à Rome. Le Pontife Suprême fit une ouverture de plus, en envoyant le Cardinal Raymond Perrauld, une créature à Lui, traiter avec le Roi Très Chrétien, lequel persuada sans difficulté le Cardinal français de trahir le Pape. Une Lettre demandant l'aide de l'Empereur-Électeur Maximilien s'avéra sans effet. Les forces de Colonna assiégeaient la Ville Éternelle. Dans ses murs, les trois cardinaux dissidents, Ascanio Maria Sforza-Visconti, Friderico Sanseverini et Bernardino de Lunati, avaient été enfermés avec le Pape dans le Môle pour plus de sûreté. Quand la citadelle pontificale de Civita Vecchia tomba, les loyalistes furent encore plus découragés. Orsini tourna casaque et se rallia aux Français. De tous les patriciens de Rome, seuls les Cesarini restaient des alliés inébranlables et authentiques. Les choses étant ce qu'elles étaient, toute résistance était inutile; et Sa Seigneurie P.P. Alexandre VI laissa entrer le Roi Très Chrétien dans Rome. Il y entra. Humainement parlant, il était le maître de la Ville et de la situation, face à face avec Sa Sainteté le Pape, ayant pratiquement la personne de Celui-ci en son pouvoir.

Sa Majesté le Roi de France demanda la convocation d'un Concile général; et le Vice-Gérant de Dieu répondit par un abrupt et inconditionnel *Non Possumus.* Chaque fois que le Monde a mis l'Église au pied du mur, Elle est devenue inexorablement invincible.

L'année 1495 commença à Rome dans la panique et le désordre : une armée étrangère l'occupait, amenant avec elle la désolation et une nouvelle maladie. Le Roi Très Chrétien, venu conquérir le Regno en déposant le Pape, trouvait la voie complètement bloquée. Il avait fait le paon sur ses douze doigts de pied jusqu'à Rome, prêt à pousser des cocoricos gaulois. Le décret de déposition était préparé, et n'exigeait que la confirmation d'une autorité compétente. Empli d'illusions mégalomaniaques, il avait cru que la mauvaise conscience de Sa Seigneurie P.P. Alexandre VI le rendrait obéissant. En le menaçant d'un Concile général (qu'il voulait réunir à Ferrare), il pensait exercer un chantage sur le Pape et l'amener à lui concéder l'investiture de Naples. Il avait en vain écrasé sous le canon les défenses du Pape. Et maintenant, affirment certains, ses Français ne voulaient plus se battre ; mais d'autres, comme Briçonnet et de Commines, assurent que ce fut le Roi qui se déroba. Tout au moins, malgré son esprit étroit empli de demi-pensées et d'actions inachevées, il se rendit compte qu'un Concile général ne pouvait être un Concile général sans l'autorité du Pape, qu'il ne pouvait évidemment pas rallier à lui, et que s'il ne trouvait pas le moyen de fléchir la volonté pontificale, il ne pouvait espérer obtenir la couronne de Naples. Bien sûr, il ne pouvait pas déposer le Pape. Il pouvait cependant conquérir Naples de force ; peut-être la question de son investiture par le Maître du Monde, le Père des princes et des rois, le Vicaire Terrestre de Jésus-Christ Notre Sauveur – qu'il savait nécessaire – revêtirait-elle un autre aspect s'il la demandait comme un conquérant, tenant entre ses mains le Regno.

Tandis que le Roi Très Chrétien parvenait en tâtonnant à ces conclusions, Sa Seigneurie P.P. Alexandre VI se trouvait avec sa petite cour dans le Môle d'Hadrien, où Elle gardait Ses otages en sécurité, comme le Sultan Djim, demandé par la France comme une arme contre le Grand Turc, et les cardinaux renégats amis des Colonna et des Français. Ici, sa position était pratiquement inexpugnable. Les États papaux pouvaient bien s'effondrer et courir à la ruine : Rome elle-même pouvait être foulée par des pieds étrangers, mais depuis le Môle d'Hadrien, un Pape entouré de ses quelques fidèles pouvait – la chose s'était souvent vue – défier un blocus aussi longtemps qu'il aurait des vivres ; pouvait – la chose s'était souvent vue – lancer des censures, des excommunications et des interdits ; et obliger les souverains rebelles à Le reconnaître et même à Lui obéir de mauvaise grâce. Après tout, ils croyaient en Lui et Le considéraient comme le Maître du Monde, le Père des princes et des rois, le Vicaire Terrestre de Jésus-Christ Notre Sauveur, titres au nom desquels (tant ils étaient glorieux) les Pontifes de ces limpides époques n'hésitaient pas à braver la mort en n'admettant ni compromis, ni discussion. Notre puissance, disaient-ils, est digne d'être possédée, donc digne d'être défendue, et cela au prix de la vie. Et comme c'est invariablement le cas, l'homme qui montre qu'il est prêt à perdre sa vie pour une cause sauve à la fois celle-ci et sa vie.

Du Môle d'Hadrien, donc, Sa Seigneurie P.P. Alexandre VI daigna proposer un accord au Roi Très Chrétien : l'armée française devait se retirer de Rome. Sa Sainteté le Pape n'interviendrait pas. Les Français emmèneraient avec eux en otages, pour une durée de six mois, le

Sultan Djim (grâce auquel on pouvait menacer le Grand Turc, Bazajet) et le Cardinal Cesare (dit Borgia). Le problème de l'investiture de Naples n'était même pas mentionné. Ayant assuré Sa position par cet accord, dans lequel Il n'avait rien cédé aux deux demandes françaises, le Suprême Pontife reçut en audience formelle le Roi Chrétien, qui marcha peu de temps après avec ses troupes vers le Sud, en suivant la Voie appienne, et s'avança vers la frontière napolitaine en passant par Albano, Ariccia et Genzano.

Au Troisième Consistoire du seize janvier 1495, Sa Seigneurie P.P. Alexandre VI nomma un cardinal il s'agissait du Seigneur Guillaume Briçonnet, Inspecteur du Trésor du Roi Très Chrétien Charles VIII, éditeur d'un livre de prières dédié à ledit roi (Enchiridion precum), qui devint Cardinal-Presbytère du Titre de Santa Pudentiana.

À Velletri vivait un certain Don Pietro Gregorio Borgia, fils de Don Niccolo Borgia, de la branche cadette, Régent de Velletri et familier du Roi Don Alonso II, par son mariage avec la noble Giovanna Lamberti. En 1495, ce Don Pietrogorio avait environ vingt et un ans (l'âge, en fait, du Cardinal Cesare) ; et quand le roi français s'arrêta le soir à Velletri, il s'arrangea pour échanger ses vêtements avec ledit Cardinal Cesare (dit Borgia) et l'aider à s'enfuir, en restant comme otage à sa place. C'était un acte hardi, qui fut bientôt découvert : mais le cardinal était sain et sauf à Rome, préparant de nouveaux plans avec le Pape. Sa Majesté le Roi de France donna l'ordre de faire pendre Don Pietrogorio et de brûler la ville ; puis il se hâta vers Naples. Mais le premier secrétaire du roi, qui avait été chargé d'exécuter la vengeance de son maître, empli d'admiration pour le courage du fils du Régent de Velletri, lui donna un coursier rapide et le libéra pour qu'il aille réclamer ses habits au Cardinal Cesare (dit Borgia) ; et il ne fit pas brûler Velletri.

Immédiatement après avoir appris la progression des Français, le Roi Don Alonso II abdiqua en faveur de son fils Don Ferrandino d'Aragona. Les envoyés du Roi Catholique Don Hernando d'Espagne reprochèrent au Roi Très Chrétien Charles VIII d'avoir envahi des territoires de la Maison d'Aragon : mais le Français ne renonça pas. La forteresse de Monte San Giovanni capitula. La marche des Français à travers le Regno fut une série de victoires ; et dans la capitale, il annonça son intention d'abandonner la Croisade, et d'annexer à la France le royaume de Naples.

Mais pour trois raisons, celui-ci ne devint pas un fief français : l'action du Pape, celle des Puissances, et celle de la Providence. Peu après le départ des Français de Rome, Sa Seigneurie P.P. Alexandre VI se retira dans le château pontifical de Viterbo, puissante forteresse située dans une région à l'air frais, et très agréable comme résidence d'été. Il y fut rejoint par le Cardinal Cesare (dit Borgia) et par Don Pietro Gregorio Borgia (devenu le nouveau Très Respectable Lieutenant du Pape et Son porte-étendard) ; de là, il lança une vigoureuse campagne diplomatique contre les Français.

Les Puissances italiennes avaient fini par s'inquiéter. Elles n'avaient jamais envisagé que la France ne rencontrerait partout que soumission, et devienne l'arbitre de tout le pays. Milan, Florence et les États papaux, puis maintenant le Regno, étaient tombés ; avec les Français en France au Nord, et les Français à Naples au Sud, les duchés, États et républiques intermédiaires se trouvaient dans la situation d'une noix que la bouche d'un singe n'a pas encore broyée ! l'Italie, donc, prit peur. Mais l'Espagne était aussi l'ennemie de la France, ainsi que le Saint Empire Romain ; et l'Empereur-Électeur Maximilien et le Roi Catholique comprirent qu'ils avaient là une occasion unique d'envahir la France par le Sud et par l'Est, puisque l'armée française était à Naples, coupée de ses arrières par les États italiens. Toutes ces circonstances et ces considérations, habilement perçues et traitées par Sa Sainteté le Pape de son repaire de Viterbo, aboutirent naturellement à la conclusion d'une Sainte Ligue contre la France, formée par la Papauté, l'Empire, l'Espagne et les Puissances italiennes.

Sa position étant devenue intenable, le Roi Très Chrétien résolut de battre en retraite. Il laissa la moitié de son armée à Naples, et marcha vers le Nord avec le reste. Son arrivée avait été une procession triomphale. Son départ était une fuite à travers des territoires ennemis. Une seconde fois, il pénétra dans Rome, dans l'espoir de récupérer son prestige perdu ; mais le Pape se retira de nouveau, cette fois à Orvieto, et refusa de le rencontrer. Rendus furieux par cet affront, les chevaliers de France se vengèrent du Pape en violant les femmes, en pillant la maison de Madonna Giovanna de'Catanei, et en faisant Madonna Giulia Orsini (née Farnese) prisonnière. Le Roi Très Chrétien se dirigea vers le Nord, et rencontra à Poggibonzi Fra Girolamo Savonarola ; il livra une bataille désespérée à Fornuovo, où il perdit les réserves de son armée ; et il rejoignit la France avec des forces défaites et éparpillées, frappé par la Sentence d'Excommunication majeure que le Pontife irrité et triomphant lançait contre lui.

À Florence, Fra Girolamo ne cessait d'œuvrer en faveur du Roi Très Chrétien, semant partout des semences de discorde politique, et préparant les germes de certaines calomnies qui furent reprises bien des années plus tard par des Florentins amis de la France. Ses sermons étaient des manifestes français et des dénonciations des Medici. Il était passé de la chaire du pasteur à la plate-forme du politicien. Son pouvoir était admirable et admiré, sa sincérité hors de doute ; de très sérieux efforts furent entrepris pour l'arracher aux douteuses pratiques dans lesquelles il s'était engagé. Sa Seigneurie P.P. Alexandre VI le convoqua à Rome dans une lettre aimable et paternelle ; Elle lui dit qu'Elle souhaitait l'entendre personnellement, et parler avec lui des méthodes qu'il défendait. Quelle révoltante inconsistance que celle des auteurs critiquant le Pape à cause du traitement qu'il réserva à ce religieux dégénéré ! Si on laisse de côté les questions de dogme et d'articles de foi, il faut admettre qu'en ce qui concerne les affaires ordinaires du gouvernement et les problèmes de discipline, un Pape bien conseillé est supérieur à un Pape mal conseillé. Eh bien, le Pape avait entendu maintes choses fort dures sur Savonarola, et il proposait aimablement d'écouter la défense de ce fou, tâchait par tous les moyens d'être le mieux informé possible avant de rendre Son jugement. Si les actions ultérieures de Sa Seigneurie P.P. Alexandre VI méritent d'être dites « mal avisées », ce n'est pas le Pape qui doit en être blâmé, mais Fra Girolamo Savonarola lui-même qui, de manière inconséquente, se déroba et continua ses traîtres machinations contre la paix de ce pays en défiant la loi et en méprisant les pouvoirs en place. Un ordre fut lancé à Rome, lui interdisant de prêcher en public et plaçant son couvent de San Marco de nouveau sous l'autorité de la Congrégation lombarde. Fra Girolamo affirma alors qu'il obéissait au Pape ; mais il demanda l'indépendance de son couvent, demande qu'il accompagna d'arguments propres à entraîner une réponse favorable. L'interdiction fut maintenue. Avant l'arrivée de la Lettre pontificale, Don Piero de Medici essaya de revenir à Florence ; mais il en fut dissuadé par une violente diatribe dans laquelle Fra Girolamo le dénonçait. Au fur et à mesure que le temps passait, le religieux intriguait avec Ferrare, gagnait l'appui de nombreux Florentins influents ; la Signoria embrassa sa cause, et demanda formellement à Rome la levée de l'interdiction.

Le passage des Français dans les États papaux, pareil à une invasion de chenilles, avait amené la famine dans le pays. Au XVe siècle, les armées n'avaient point d'intendance. Elles volaient à droite et à gauche, vivant des produits de la terre qu'elles occupaient, ne payant rien et laissant invariablement le pays ravagé et désolé. La détresse et le mécontentement faisaient rage à Rome. Les tempêtes d'hiver provoquèrent une crue du Tibre, et la Ville fut inondée. Ainsi s'acheva l'année 1495.

Au début de l'année suivante, Don Virginio Orsini rejoignit les Français à Naples, contre le Roi Don Ferrandino II, le Pape et Venise. Les Français furent battus à Atella, et la Sainte Ligue devint plus puissante. L'Angleterre s'y joignit. Sa Seigneurie P.P. Alexandre VI – Laquelle, avec sa superbe habileté pour réaliser de multiples choses, avait supervisé la décoration du chœur de Santa Maria *del Popolo* près de la Porte Flaminienne, qui donne sur la grande route du Nord (la porte, donc, ouvrant sur l'Angleterre), se rendit avec une solennelle suite à la chapelle papale pour promulguer la Bulle d'alliance avec le Roi Henry VII Tudor. La France n'avait pas d'allié, à l'exception de Florence, où la Signoria avait pris sur elle de lever l'interdiction imposée à Fra Girolamo Savonarola. Ce religieux prêcha incontinent une série de sermons de Carême pour se défendre, dénonçant violemment Rome et particularisant certains vices universels. Son attitude incorrigible semble « la fureur d'un homme qui sait qu'il a choisi le plus vil alors qu'il aurait pu choisir le plus haut ». Il était en révolte ouverte, non contre la Foi catholique, mais contre les lois du pays, et contre la Règle de la Religion de Saint-Dominique à laquelle il avait juré librement, sans aucune espèce de contrainte, allégeance sur le Sacrement du Corps du Seigneur. Pour lui faciliter les choses, Sa Sainteté le Pape proposa de fonder une nouvelle Congrégation dominicaine à laquelle il serait disposé à obéir, dirigée par le Cardinal Carafa, qui avait déjà montré la sympathie qu'il éprouvait pour le religieux. Mais Fra Girolamo refusa carrément de l'écouter ; on doit dire que la violence avec laquelle il s'en prit à ses supérieurs forme un amer contraste avec la patience et la modération dont faisait preuve vis-à-vis de lui Sa Seigneurie P.P. Alexandre VI en cette troisième année (il faut le noter) de ses déplaisantes extravagances et de sa déloyauté.

Lors du Quatrième Consistoire du vingt et un janvier 1496, Sa Seigneurie P.P. Alexandre VI nomma un cardinal : il s'agissait de Sa Seigneurie Philippe de Luxembourg, qui devenait Cardinal-Presbytère du Titre de San Marcellino e San Pietro.

L'état du pays s'améliora dans le cours de l'année 1496. L'opposition de Venise et du Souverain Pontife empêcha l'Empereur-Électeur

Maximilien de tenter de redonner force au pouvoir impérial en envahissant les domaines italiens. L'Empereur-Électeur s'étant retiré au Tyrol, Sa Seigneurie P.P. Alexandre VI eut les mains libres pour s'occuper des États pontificaux. Le Regno prospérait sous le règne du jeune Roi Don Ferrandino II, et l'occupation française n'était plus qu'un souvenir. Seuls restaient les vassaux rebelles du Saint-Siège ; et parmi eux, les Colonna et les Savelli semblaient s'être soumis ; mais les Orsini étaient encore sur le pied de guerre ; les Malatesta, les Riario, les Manfredi et les Sforza s'étaient fortifiés à Cesena, Imola et Forli, Faenza et Pesaro.

Lors du Cinquième Consistoire du dix-neuf février 1496, Sa Seigneurie PP. Alexandre VI nomma quatre cardinaux espagnols :

(a) Le Seigneur Don Bartolomeo Martino, Évêque de Ségovie, devint Cardinal-Presbytère du Titre de Sant'Agata *in Suburra* ;

(b) Le Seigneur Don Juan de Castro, Préfet de Santangelo, Évêque de Girgenti en Sicile, devint Cardinal-Presbytère du Titre de Santa Prisca ;

(c) Le Seigneur Don Juan Lopez, Chanoine de la Basilique Vaticane, Dataire Apostolique, devint Cardinal-Presbytère du Titre de Santa Maria *in Trastevere, tit. Callisto* ;

(d) Le. Seigneur Giovanni Borgia (dit. Giuniore), Neveu Pontifical, Évêque de Melfi, devint Cardinal-Presbytère du Titre de Santa Maria *in Via Lata.*

En nommant son fils bâtard, Don Juan Francisco de Lançol y Borja, Capitaine Général de l'armée pontificale, et en obtenant l'appui de Sa Majesté le Roi de Naples, Sa Seigneurie P.P. Alexandre VI s'efforça de dompter les Orsini. Dès le début de la campagne, Don Virginio Orsini fut capturé par les Napolitains ; mais quand la forteresse des Orsini, Bracciano, fut secourue par Don Vitellozzo Vitelli, de la Città di Castello, les condottieri du Pape furent obligés de lever le siège. Et avant la fin de cette même année, le Pape perdit Son allié le Roi Don Ferrandino II, qui mourut à l'âge de vingt-huit ans, « affaibli par la fatigue et par les plaisirs du mariage avec sa tante Joanna qu'il aimait trop passionnément » (Symonds, Renascence, I, 513). L'année 1497 commença par une défaite : les Orsini battirent les troupes papales à la bataille de Soviano, bien que ce revers fût contrebalancé par les succès de Don Gonsalvo de Cordova. Ce capitaine se trouvait à la tête d'une bande de mercenaires envoyés par l'Espagne pour aider la Papauté ; il arracha au Cardinal Giuliano della Rovere la forteresse d'Ostie. Le Pape punit le cardinal de ses cinq années de trahison et d'opposition en le privant de ses bénéfices (ce qui lui enleva le « nerf de la guerre ») et en éloignant son frère, Don Giovanni della Rovere, de la Préfecture de Rome. Quand les Orateurs français protestèrent contre cet acte de justice précautionneuse qui intervenait si tard, – inexplicablement si l'on ne suppose pas chez ce Pape une singulière patience, une capacité d'endurer les choses et un refus d'en venir à ces décisions extrêmes –, le Pontife Suprême fit dédaigneusement remarquer que ces protestations émanaient d'un Roi excommunié ; et qu'Il était heureux que le Cardinal Cesare (dit Borgia) ne les ait pas entendues. Ceci, soit dit en passant, est le premier exemple de l'étonnante influence que le jeune Porporato commençait à acquérir, influence qui s'accrut peu à peu pendant les années suivantes, jusqu'à ce que le nom de Cesare (dit Borgia) devienne l'un des plus importants d'Europe.

Pour montrer qu'Il méprisait la France et qu'Il appréciait l'attitude de l'Espagne, le Pontife concéda à son fils bâtard, Don Juan Francisco de Lançol y Borja, Duc de Gandia et Prince de Teano et de Tricarico, les titres de Comte de Chiaramonte, Lauria et Cerignuola, de Tyran de Benevento et de Tarracina, et de Grand Connétable de Naples.

En l'honneur de la bonne fortune de son fils, Madonna Giovanna de'Càtanei donna un dîner dans sa villa de San Pietro *ad Vincula*, où se rendirent le jeune Duc de Gandia, âgé de vingt-deux ans, et le Cardinal Cesare (dit Borgia) qui était son aîné d'un an. Leur sœur Lucrezia, qui ne se plaisait guère avec son époux, Don Giovanni Sforza, le Tyran de Pesaro, avait quitté celui-ci ; elle vivait dans le couvent de San Sisto à Rome, comme toutes les nobles dames souhaitant préserver leur réputation dans des circonstances délicates.

Quand le souper fut terminé, et l'heure déjà avancée, le Cardinal déclara à Don Juan qu'il était temps de retourner au Vatican, où ils étaient logés. Étant donné les illusions populaires qui entourent cet événement, il est bon de préciser que le coucher du soleil achevait alors une journée de vingt-quatre heures ; que donc « une heure du soir » – c'est-à-dire une heure après le coucher du soleil – était l'heure normale du dîner, ce qui donnerait pour cette époque de l'année (le 14 juin) environ neuf heures du soir. Un peu avant minuit – pour calculer large – le Cardinal et le Duc de Gandia montèrent sur leurs chevaux et traversèrent ensemble Rome jusqu'au palais du Vice-Chancelier, suivis d'une petite escorte. Il vaut la peine d'observer que le palais du Vice-Chancelier n'était point la Cancelleria, le palais de la

Chancellerie à San Lorenzo *in Damaso,* peut-être le plus beau palais qui soit au monde, que Messer Bramante Lazzari avait construit pour le Cardinal-au-blanc-visage, Rafaele Galeotto Sanzoni-Riario, mais le nouveau palais construit par le Cardinal Rodrigo de Lançol y Borja, qu'Il avait donné après Son élection au Pontificat Suprême au Vice-Chancelier-Cardinal Ascanio Maria Sforza-Visconti (il s'agit maintenant du Palazzo Sforza-Visconti sur le Banchi Vecchi).

Là, l'ardent Duc (il était déjà marié à une princesse espagnole, et père de deux enfants) déclara au Cardinal qu'avant de retourner chez lui, il voulait aller s'amuser quelque part ; et prenant congé de ladite Très Respectable Seigneurie, ainsi que de sa suite – à l'exception d'un homme de main – il prit en croupe un homme inconnu et masqué qui l'attendait là et qui était venu le voir tous les jours pendant un mois au Vatican, et qui s'était également trouvé ce soir-là pendant le dîner dans le jardin de sa mère. Puis il tourna son cheval dans la direction du Quartier juif (il n'y eut pas de Ghetto avant 1556) et disparut dans la demi-lumière de la nuit d'été. On ne le revit plus jamais vivant.

Quand la Ville s'éveilla le lendemain matin (les Romains ont toujours été très matinaux), on trouva l'homme de main du Duc de Gandia sur la Piazza Giudei, blessé par l'épée d'un assassin ; et tous les efforts pour obtenir de lui des informations se révélèrent vains. Il mourut sans avoir dit un mot.

Les nouvelles parvinrent au Vatican et furent transmises au Pape ; Lequel pensa que Don Juan se trouvait peut-être avec une courtisane et souhaitait, par considération pour son Père, ne point être vu sortant en plein jour de sa maison. Mais quand la nuit tomba, et que le Duc ne réapparut pas, Sa Sainteté le Pape commença à s'inquiéter. Elle ordonna que l'on procède à des recherches, et que l'on fasse, comme dans des cas semblables, draguer le Tibre. Les plaisantins de Rome déclarèrent instantanément que malgré tout ce que le Cardinal Giuliano della Rovere avait pu dire au sujet de l'élection simoniaque de Sa Seigneurie P.P. Alexandre VI, il était maintenant certain qu'Il était un authentique Successeur de saint Pierre, le Pêcheur d'hommes.

Parmi les diverses personnes qui apportèrent des informations aux enquêteurs, il y eut un certain Giorgio, du quartier Schiavoni, un batelier. Il affirma qu'alors qu'il gardait son bateau sur le Tibre pendant la nuit, il avait vu deux hommes venus voir sur la rive s'il y avait quelqu'un ; derrière eux, il y en avait deux autres qui se livraient au même manège. Lui, se trouvant à l'intérieur de son bateau échoué sur la rive, n'avait pas pu entendre leurs propos. Quand les quatre hommes se furent assurés que l'endroit était désert, un cinquième individu apparut sur un cheval blanc, traînant derrière lui un homme mort dont les pieds et les bras pendaient. Il était porté par deux hommes à pied. Une fois arrivés au bord du fleuve, ils tournèrent la croupe de la monture du côté de l'eau, firent glisser le cadavre et le jetèrent dans les flots. Le cavalier regarda : apercevant un objet sombre qui flottait – c'était le manteau du mort –, il ordonna aux autres de jeter des pierres jusqu'à ce qu'il coule.

Après avoir entendu cette histoire, le Pape soupira, et reprocha au batelier de ne pas avoir prévenu immédiatement les bargelli (la police) du crime auquel il avait assisté. L'homme répondit avec impudence qu'il avait déjà vu de pareilles scènes des milliers de fois, et qu'il n'avait jamais entendu personne s'y intéresser.

Le Vice-Chancelier Ascanio Maria Sforza-Visconti écrivit à son frère le Duc de Milan, lui rapportant la déposition du batelier Giorgio et l'inquiétude du Pape.

Plus tard, on retrouva le cadavre dans le Tibre, avec les somptueux habits du Duc de Gandia, la dague dans sa gaine, et la bourse intacte, ornée de joyaux de grande valeur. Onze blessures – certains disent quatorze –, dont une énorme à la gorge, avaient provoqué sa mort. L'infortuné jeune Duc fut enterré à Santa Maria del Popolo. C'est en vérité tout ce que l'on sait du meurtre du Duc de Gandia.

La seule personne, à l'exception du meurtrier (ou des meurtriers) qui aurait pu donner des informations précises était l'homme de main ; et il avait expiré sans dire un seul mot. Le mystère de l'homme inconnu et masqué n'a jamais été résolu (ni les archives d'une Maison patricienne romaine publiées) ; et pendant quelque temps, les choses en restèrent là.

L'effet du crime sur Sa Seigneurie P.P. Alexandre VI fut terrible. Il aimait énormément Don Juan Francisco. Bien que le Cardinal Cesare (dit Borgia) fut d'un an son aîné, le Pape avait toujours traité le Duc de Gandia comme Son héritier[1] ; et il avait toujours vu dans sa robuste virilité la possibilité de fonder une dynastie de Grands d'Espagne qui rendraient encore plus illustre la Maison de Borja. La fondation d'une famille a constamment été quelque chose de très cher au cœur des grands hommes.

1. Ceci fournit une information importante, quoique indirecte, sur la paternité du Cardinal Cesare.

Et maintenant, une mort hideuse et impitoyable transformait Sa Sainteté le Pape en simple être humain : il n'était plus un souverain spirituel et temporel, un despote, mais un homme. Dans de tels moments, quand l'homme est ramené de façon poignante au souvenir de l'Inévitable Événement Universel qui attend dans la pénombre, il sent toute son impuissance, toute sa nullité, et voudrait apaiser, satisfaire autrui. Le cœur brisé, Sa Seigneurie P.P. Alexandre VI parla d'abdiquer, et de changer sa vie ; comme d'autres hommes célèbres l'ont fait, que le trouble ou la crainte ont conduits à La Trappe. Il prit de bonnes résolutions. Il donna de magnifiques présents aux églises ; car Sa piété réveillée se manifestait sous des formes concrètes. Il nomma une commission de six cardinaux, avec les Cardinaux Carafa et Costa, pour corriger les abus ecclésiastiques. Il nomma le Cardinal Cesare (dit Borgia) Légat Apostolique pour pacifier l'Ombrie. Pour restaurer l'unité de l'Italie, Il tenta de persuader Florence d'annuler son alliance avec la France excommuniée ; dans cet admirable effort, Il ne fut freiné que par les indescriptibles manœuvres de Fra Girolamo Savonarola qui, pendant le Carême de cette même année, prêcha en faveur d'une inébranlable obédience au Roi Très Chrétien. Les Puissances d'Europe, et particulièrement l'Angleterre, le Saint Empire Romain, Venise, Naples et l'Espagne, qui formaient la Sainte Ligue avec la Papauté, envoyèrent des Orateurs avec des lettres de condoléances lorsqu'elles furent avisées officiellement de l'amer chagrin du Pape.

Pendant l'été et l'automne, qui auraient dû être occupés à la rédaction de la Bulle de Réforme (tâche ultérieurement réalisée par le Concile de Trente), la Commission de Réforme dut étudier et traiter, en en avisant le Pape, le cas plus urgent du religieux de Florence. Les querelles et les rixes entre les partisans et les adversaires de Fra Girolamo Savonarola accablaient la Ville-Lys de Toscane ; après quatre années de patience, toutes les mesures modérées avaient échoué, et le religieux fut soumis à une sentence d'excommunication.

Entre-temps, le Cardinal Cesare (dit Borgia) se rendit à Naples en qualité de Légat Apostolique pour le couronnement du Roi Don Federigo de Aragona (l'Épée de l'État portée devant le Très Vénérable à cette occasion est en possession du Duc Caietani de Sermoneta ; mais le fourreau de cuir repoussé se trouve au Musée Victoria et Albert).

En septembre 1497, Sa Seigneurie P.P. Alexandre VI annonça la nomination d'un cardinal, dont le nom avait été caché *in petto* pour des raisons politiques depuis le Second Consistoire de septembre 1493. Il s'agissait de Sa Seigneurie Don Luis de Aragona, fils du Roi Don Ferrando Premier, qui devint Cardinal-Presbytère du Titre de Santa Maria *in Cosmedin.* (On l'appela généralement « le Cardinal d'Aragon. »)

Avec l'hiver, l'occasion se présenta pour les ennemis de Sa Seigneurie P.P. Alexandre VI de commettre un blasphème.

Madonna Lucrezia Borgia vivait dans le couvent de San Sisto, séparée de son mari, Don Giovanni Sforza, le Tyran de Pesaro ; elle cherchait à obtenir un décret d'annulation de son mariage en alléguant un empêchement canonique. Ce jeune homme était le cousin du Duc de Milan ; il était beau et intelligent. Il avait déjà été marié à Madonna Maddalena Gonzaga, morte en 1490 *di cattivo parto* (Gregorovius). En 1493, à l'âge de vingt-six ans, il avait épousé Madonna Lucrezia, au Père de laquelle il devait sa Tyrannie de Pesaro, pour consolider l'alliance des Sforza et des Borgia. Il possédait la plupart des avantages de la vie : une naissance illustre, le rang, la jeunesse, la santé, une position magnifique, des relations intimes avec son suzerain, et une épouse reconnue par tous les contemporains comme la plus belle femme de l'époque ; mais au bout d'un peu plus de trois ans, il se voyait tourné en dérision par l'annulation de son mariage pour cause de non-consommation.

Rien n'est plus propre qu'une telle chose – à quelque époque que ce soit – pour mettre un homme en fureur ; et au XVe siècle, le Siècle de la Découverte de l'Homme, où la virilité était prisée et adorée, une accusation qui rendait ridicule aux yeux des autres hommes et s'attaquait aux racines mêmes de cette virilité ne pouvait qu'être gravement ressentie. Quand son épouse le quitta pour faire sa demande d'annulation, Don Giovanni Sforza gagna en hâte Milan pour chercher l'appui de son parent, le Vice-Chancelier-Cardinal Ascanio Maria Sforza-Visconti, ainsi que celui du Duc Ludovico Maria (dit Il Moro). Lorsqu'il apprit que des preuves avaient été présentées au tribunal légal de Rome, démontrant que le mariage n'avait pas été consommé et que Madonna Lucrezia restait vierge, il protesta violemment. Don Beltrando Costabili, l'Orateur de Ferrare, écrivit de Milan à son gouvernement, affirmant que Don Giovanni avait dit au Duc Ludovico Maria : « Anzi haverla conosciuta infinite volte, ma chel Papa non gliela tolta per altro se non per usare con lei. » Il est tout à fait improbable qu'un souverain régnant ait admis la présence d'un ambassadeur étranger lors d'une discussion d'affaires de famille ; et à moins que Costabili n'ait réellement entendu ces propos, ils peuvent seulement être considérés comme des paroles qu'on lui a rapportées, non comme des preuves juridiques. Don Ludovico Maria proposa ingénument à Don Giovanni une ordalie qui, à cette époque naïve, était habituelle en pareil cas : il s'agissait de se soumettre formellement et publiquement au jugement d'un jury d'hommes de bonne foi et du légat pontifical ; comme il s'y refusa, ses propres parents, le Vice-Chancelier-Cardinal au pâle visage et à l'esprit clair et le Duc obtinrent de lui une confession écrite, dans laquelle il déclarait que Madonna Lucrezia avait fait une juste demande ; puis ils lui conseillèrent de laisser la justice suivre son cours. Le cas d'un homme souffrant temporairement d'impuissance à l'âge de Don Giovanni n'est physiologiquement pas rare. On a beaucoup parlé des circonstances dans lesquelles mourut sa première femme, et du fait que sa troisième épouse, Madonna Ginevra de'Tiepoli, engendra un fils, Don Costanzo Sforza, huit ans plus tard (1505). En ce qui concerne l'infernale calomnie lancée contre Sa Sainteté le Pape, Don Giovanni Sforza était son inventeur, selon l'Orateur de Ferrare, et sa cause immédiate était le sentiment d'humiliation mortifiante éprouvé par un homme raillé par tous. Le vingt décembre 1497, le décret de nullité du mariage fut publié à Rome, et le Tyran de Pesaro remboursa la dot de sa femme (trente mille ducats) ; Madonna Lucrezia était libre.

Le Vice-Chancelier-Cardinal Ascanio Maria Sforza-Visconti se trouvait à Milan à cette époque parce qu'il avait très injustement été soupçonné d'avoir trempé dans le meurtre du Duc de Gandia. Il doit avoir été fort pénible pour Sa Sainteté le Pape de soupçonner son vieil ami ; mais sa récente collusion avec les Colonna rendait la brouille inévitable. Le Vice-Chancelier se retira à Gennazano, en passant par Praeneste (Palestrina), un fief des Colonna, apparemment pour aller adorer la Madone du Bon Conseil. Les recherches effectuées dans son palais de Rome pendant son absence s'avérèrent infructueuses ; irrité par les soupçons que l'on nourrissait à son encontre, il s'était retiré à Milan, où son action rapide et sans préjugés dans l'affaire de l'annulation du mariage – à une époque où il était tombé en disgrâce auprès des Borgia – joua longtemps en faveur de sa bonne foi et de celle de Sa Seigneurie P.P. Alexandre VI.

L'attitude de Savonarola vis-à-vis de la sentence d'excommunication qui avait été lancée contre lui était incorrigible. Son influence sur la Signoria poussa celle-ci à demander sans succès au Pape l'annulation de la Lettre ; le religieux accompagna cette demande d'une méfiance totale. Le jour de Noël, il chanta les trois grandes messes à San Marco, et annonça qu'il allait reprendre ses discours frénétiques. La physiognomonie de ce fou est le secret même de sa conduite égarée. Il avait été coulé dans le moule d'une bête-homme. Il avait une longue tête, très développée à l'arrière, un nez énorme et épais, une lèvre inférieure volumineuse, une bouche grossière, et les lourdes mâchoires d'un bélier. Et surtout, il avait – signe qui ne saurait tromper – les muscles latéraux des racines du nez trop développés. Mais, par ailleurs, ses tempes étroites, avec les sourcils suspendus au milieu du visage, donnaient une impression d'idéalité, et dominaient l'animalité générale de l'homme. C'était cette différence violente et cataclysmique, ce contraste tranché qui faisaient de lui ce qu'il était. Il y avait en lui deux caractères opposés, celui du saint, et celui du bélier. Celui du saint dominait le caractère du bélier ; mais le combat acharné avait fini par détruire l'équilibre mental du saint. L'endroit qui lui convenait n'était pas le Couvent de San Marco à Florence, mais l'Hôpital de Santo Spirito à Rome[1].

Ainsi s'acheva l'année 1497, dans le chagrin, la colère, et d'effrayantes incertitudes.

Après le couronnement de Don Federigo de Aragona à Naples, le Cardinal Cesare (dit Borgia) annonça une décision qu'il avait prise depuis la mort du Duc de Gandia. Qu'il fût ou non le fils bâtard du Pape, son propos était d'agrandir la Maison des Borgia ; de plus, c'était un jeune homme, âgé seulement de vingt-quatre ans, avec un corps et un esprit ardents et vigoureux. Don Gioffredo Borgia était occupé avec son épouse Madonna Sancia de Aragona et sa principauté de Squilace ; âgé de dix-sept ans, il n'était point capable de représenter son Illustre Maison. Le Cardinal Cesare estimait que la pourpre l'avait empêché de poursuivre les buts auxquels la Nature le destinait. Les ennemis des Borgia étaient partout très actifs : les territoires du Saint-Siège s'étaient pratiquement révoltés. Sforza boudait à Milan ; les Orsini, qui n'oubliaient jamais les offenses, étaient retranchés dans leurs places fortes ; leurs sauvages brigands ravageaient tout le pays ; et il n'y avait aucun Borgia pour les tenir en échec. Le Cardinal Cesare demanda donc de renoncer à son cardinalat, de rentrer dans le rang séculier, d'épouser une princesse royale, pour pouvoir entrer dans la carrière militaire et perpétuer la dynastie des Borgia. C'était un plan extraordinaire : mais bien qu'il comportait

1. La phrase romaine « aller à Santo Spirito » signifie « devenir fou ».

des avantages politiques inestimables, Sa Seigneurie P.P. Alexandre VI s'y opposa. Son comportement vis-à-vis du Cardinal Cesare n'avait jamais été celui d'un père, mais d'un patron et d'un bienfaiteur qui s'occupait de lui et le comblait. Et pourtant, bien que le Pape eût nourri toute sa vie une nette antipathie pour le Cardinal, Il accordait une immense valeur à son avancement, et encourut des périls, fit des sacrifices pour sa promotion. Quel motif de conduite pouvait expliquer de telles contradictions ? Est-il possible que le Cardinal Cesare ait été le fils de Madonna Giovanna de'Catanei et de l'éternel rival du Cardinal Rodrigo de Lançol y Borja, le Cardinal Giuliano della Rovere ? C'est extrêmement possible, et extrêmement probable. Le Cardinal Rodrigo avait certes ardemment aimé Madonna Giovanna depuis 1474. Elle était sans aucun doute possible la mère du Cardinal Cesare, né en 1474. Mais elle avait entretenu des relations avec le Cardinal Giuliano avant cette date. Et le Cardinal Rodrigo n'avait jamais reconnu la paternité du Cardinal Cesare, bien qu'il ne l'eût jamais non plus niée. Cette théorie, qui ne manque pas de vraisemblance, expliquerait l'invincible malveillance du Cardinal Giuliano della Rovere à l'égard de Sa Seigneurie P.P. Alexandre VI, Qui l'avait privé de sa maîtresse et du triregno, l'objet de sa plus grande ambition ; elle expliquerait pourquoi Sa Sainteté le Pape exécrait le bâtard de Son ennemi, tout en le gardant en même temps comme un otage pouvant être utilisé contre le Cardinal Giuliano en cas de nécessité ; elle expliquerait pourquoi Sa Sainteté le Pape craignait le bâtard mais, par ailleurs, le choyait et l'enrichissait à cause de l'amour qu'Il avait porté à sa mère. C'est la seule explication rationnelle de certains mystères qui, sans cela, demeurent inexplicables.

La proposition du Cardinal Cesare (dit Borgia) était tout à fait défendable. Le gouvernement faible et relâché du dernier Pape, Sa Seigneurie P.P. Innocent VIII, avait causé de grands ravages dans les vastes domaines de l'Ombrie, d'Ancône, de la Romagne, ce splendide royaume du nord-est de l'Italie ouvert sur la Mer Adriatique. Quelques hommes hardis, tyrans de fiefs minuscules, avaient rejeté la suzeraineté du Pape. Don Oliverotto da Fermo, un brigand de la pire espèce, était devenu Tyran de Fermo en assassinant lors d'un banquet son oncle, Don Giovanni Fogliani, et tous les citoyens importants de la ville. Don Vitellozzo Vitelli occupait Citta di Castello, Don Paolo Orsini s'était retranché à Sinigaglia, Madonna Sforza-Riario à Imola et les Forli, les Oddi et les Baglioni à Pérouges, les Manfredi à Faenza, les Varani à Camerino, les Bentivogli à Bologne. Enfermés dans leurs places fortes, ces Tyrans ne payaient aucun impôt, aucun tribut féodal à leur Suzerain. De temps en temps, ils quittaient leurs forteresses avec des condottieri armés pour piller les villes et les villages. La province était ravagée par leurs excès. Dans la Bibliothèque de San Marco, à Venise, on peut lire des lettres qui évoquent la condition de l'Ombrie lorsque Sa Seigneurie P.P. Alexandre VI commença Son règne : une situation d'une horreur indicible, qu'il était décidé à corriger.

À cette fin, il avait envoyé le Cardinal Cesare (dit Borgia) en qualité de Légat Apostolique en Ombrie pendant l'été 1497, juste un mois après la mort du Duc de Gandia. Le Légat s'y rendit désarmé, et protégé seulement par sa fonction sacrée, ainsi qu'une escorte trop petite pour inquiéter quiconque. L'idée était de vérifier l'autorité morale du Suzerain de l'Ombrie, le Pontife Romain, dans une région où le pouvoir civil était pratiquement désarmé, et où la vie d'un homme dépendait uniquement de la peur qu'il inspirait.

Le jour de son arrivée à Narni, le seize juillet 1497, le Cardinal Cesare s'était déjà formé une opinion, qu'il communiqua à Sa Sainteté le Pape en ces termes :

« Il est très nécessaire de me fournir une armée pour lutter contre ces démons ; ce n'est pas en leur jetant de l'eau bénite qu'ils s'en iront. »

Le brigand Don Bartolomeo d'Alviano s'empara d'une ville appartenant au Pape malgré le Légat, et la pilla devant lui. Le Cardinal Cesare le convoqua pour qu'il fasse la paix ; il refusa ; et les choses allèrent de mal en pis.

« Ils s'offensent immédiatement, et n'obéissent pas à mes commandements » écrivit-il au Pape onze jours plus tard.

Les habitants de Todi s'enfuirent de leur ville pour sauver leurs vies. Le brigandage était florissant. « Votre Sainteté peut très bien comprendre que le seul remède à tous ces maux réside dans la venue d'hommes armés, venue dont le retard a provoqué la destruction de Todi ; la ville, de mon départ jusqu'à maintenant, est totalement abandonnée et déserte. » À Pérouges, le Légat prit le taureau par les cornes d'une manière singulièrement hardie et avec un grand succès ; il procéda à l'expulsion des agitateurs les plus audacieux, « chose qui fut faite avec une telle obéissance et un tel calme que rien de mieux ne pouvait être désiré ».

Mais il fit mieux encore. Il prit un meurtrier en flagrant délit. « Je capturai deux voleurs et assassins, et sans tumulte, quoiqu'à la grande joie du peuple, ils furent mis dans une geôle – chose depuis longtemps inconnue dans cette ville – et ce matin j'en ai fait pendre un. »

C'était quelque chose de formidable. Il n'y avait pas eu d'échauffourées, et le peuple était content. Qu'un meurtrier dût payer pour son crime, c'était là pour Pérouges une nouveauté agréable et presque fantastique. Le bras puissant de la loi frappa de consternation la cité, et les actes de violence cessèrent comme par magie. De cette façon, le Cardinal Cesare (dit Borgia) montrait ses qualités; et se présentait au monde pour la première fois dans le rôle que la Nature voulait lui voir jouer, avec sa magnifique personnalité et sa maîtrise de l'action prompte, impitoyable et infaillible.

La poursuite de ce travail fut empêchée par la situation à Rome. Il était impossible pour Sa Sainteté le Pape de rassembler une armée tant que l'affaire du mariage de Madonna Lucrezia était devant le tribunal et tant que la frénésie de Fra Girolamo Savonarola absorbait la Commission de Réforme. Le Cardinal Cesare fut employé lui aussi à d'autres tâches.

Mais à présent, en ce début de 1498, après le couronnement du Roi Don Federigo, une fois achevée sa mission à Naples, le Cardinal Cesare pouvait revenir au travail commencé l'année antérieure; il voulait fermement quitter la pourpre ecclésiastique et se lancer dans une carrière séculière. La nouvelle s'ébruita à Rome le huit février. Quatre jours plus tard – le douze – l'Orateur de Ferrare à Venise entendit dire que le Cardinal Cesare était le meurtrier du Duc de Gandia, et que le Très Honorable et Madonna Lucrezia Borgia cherchaient des alliances matrimoniales avec la Maison Royale de Naples. On notera que quatre jours constituent un laps de temps excessivement court pour qu'une rumeur de ce genre aille de Rome à Venise, à une époque où les nouvelles étaient transmises par des courriers à cheval ou à pied, qui devaient traverser l'enfer de la Romagne; et il est également important d'observer que ce soupçon ne fut manifesté que huit mois après le meurtre; et encore, à Venise. Aucune preuve n'est jamais venue étayer cette accusation. Elle provenait des nombreux Orsini que Venise abritait, et qui disaient que le Cardinal Cesare avait tué le Duc pour prendre sa place auprès du Pape en qualité de fils-soldat. Une fois lancée, l'accusation fut répétée par Cappello le vingt-huit septembre 1500; et par Don Savelli en novembre 1501; soit trois et quatre ans après l'événement. Et les entremetteurs canailles et tapageurs n'ont pas manqué jusqu'à ce jour de la répéter à un public candide et affamé de sensations fortes. Tout ce qu'on sait du crime a déjà été exposé ici. Mais il reste à examiner une considération essentielle, un nouveau point de vue; cela est dû à la rumeur lancée par les Orsini.

Selon Monsignor Hans Burchard, le Caerimonarius, le Cardinal Cesare et le Duc de Gandia se rendirent, pendant la nuit du quatorze juin 1497, au palais du Vice-Chancelier (le Palazzo Sforza-Cesarini) sur le Banchi Vecchi; là, ce dernier, disant qu'il voulait aller se distraire, etc., prit la direction du Quartier des Juifs avec ses deux suivants, l'homme de main et l'inconnu masqué qui se trouvait évidemment là pour un rendez-vous.

La Rome de 1497 était divisée, pour des raisons administratives, en quatorze Régions (Rioni) gouvernées par des capitaines (caporioni) soumis à l'autorité d'un prieur. Le Palais du Vice-Chancelier, sur le Banchi Vecchi, se trouvait dans la Région appelée Ponte, qui s'étend de l'église de San Giovanni de Fiorentini à la Région appelée Santangelo, l'église consacrée à ce saint dans le marché aux poissons (Pescheria). Cette Région du Ponte était essentiellement habitée par la faction Orsini; tout comme celles de Trevi et de Ripa étaient occupées par les Colonna et les Savelli. Dans cette Région du Ponte vivaient aussi des Juifs: c'était le quartier des banquiers et des cambistes, ainsi que celui des prisons, des chambres de tortures publiques et privées (aucune preuve n'était arrachée aux roturiers sans torture), le tout sous la protection officielle de la Maison des Orsini. Il y avait là le Vicolo della Corda, où la question ordinaire (la torture de la Corde)[1] était appliquée. Il y avait la place du Vieux Pilori (Piazza della Berlèna Vecchia), la Sente des exécuteurs (Vicolo dello Mastro). Et il y avait là quatre forteresses des Orsini, Monte Giordano, Tor Mil-

1. C'était une torture tout à fait courante. Chaque patricien avait le droit de l'infliger à ses plébéiens; et chaque inventaire de palais commençait par les «cordes de torture». Dans beaucoup de palais et de châteaux, on peut encore voir les anneaux d'acier par lesquels on passait cette corde. Le témoin avait les mains liées, pendant lâchement derrière lui. Un bout de la longue corde était attaché à ses poignets, l'autre était passé pardessus une poutre ou par un anneau, puis tenu par le bourreau officiel. Le témoin était alors tiré en l'air aussi haut que possible. Il pendait par les poignets ce qui provoquait généralement la dislocation des épaules. Puis on le précipitait d'un seul coup à une braccia (trois pieds) du sol, complétant ainsi la dislocation par un choc. À ce moment, la Question était posée; la réponse du supplicié distinguée de ses cris, et consignée par écrit. Si l'homme se montrait obstiné, insolent ou réticent, on attachait des poids à ses pieds, et on le soumettait à de nouvelles élévations et de nouveaux chocs, jusqu'à ce que ses bras fussent tordus et ses tendons tirés à l'extrême. Autre variante: on le laissait suspendu jusqu'à ce que l'interrogateur eût obtenu la réponse désirée. Les preuves fournies par les roturiers sans la Question semblent avoir été considérées au XVe siècle comme dénuées de valeur, tout comme des affirmations non soutenues par un serment ou un affidavit et non vérifiées par un interrogatoire contradictoire aujourd'hui. L'équivalent le plus proche de cette torture de nos jours consisterait à faire sentir un testament graisseux, plus pratiquer un interrogatoire contradictoire. Il s'agissait en fait seulement d'une forme juridique.

lina, Tor Sanguigna et Torre di Nona. La Région de Santangelo était presque exclusivement habitée par des Juifs protégés par les Orsini, qui possédaient là un autre palais fortifié dans le Théâtre de Marcellus (autrefois la place-forte de la grande Maison juive médiévale de Pierleoni), près de l'endroit où le ghetto fut construit en 1556 sous le règne de Sa Seigneurie P.P. Paul IV, et supprimé en 1890 sous le règne de Sa Seigneurie PP. Léon XIII.

Tous ces faits topographiques semblent pointer dans une seule et même direction. Voici la conclusion à laquelle on peut parvenir

(a) Le Duc de Gandia reçut onze (ou quatorze) blessures.

(b) Sa bourse et ses joyaux n'avaient pas été volés.

(c) Il avait pris congé du Cardinal Cesare sur le Banchi Vecchi devant témoins.

(d) Il avait déclaré qu'il voulait se distraire.

(e) Il s'était dirigé vers le Quartier juif.

(f) Le Cardinal Cesare était retourné au Vatican.

(g) Le Banchi Vecchi se trouve dans le Ponte, Région des Juifs et des Orsini.

(h) Le Quartier juif, *stricte dicte,* se trouvait à Santangelo, Région également contrôlée par les Orsini.

(j) Les Orsini étaient mortellement brouillés avec Sa Seigneurie P.P. Alexandre VI, qui leur avait infligé une immense défaite, Qui allait leur infliger des pertes et des défaites encore plus grandes dans un proche avenir, et Dont le fils favori, l'héritier et *le bras droit militaire* était le Duc de Gandia.

(j) Ce furent les Orsini qui firent courir la rumeur, huit mois plus tard, que le Cardinal Cesare (dont les Orsini avaient une peur terrible à cause de ses exploits en Romagne) avait tué le Duc de Gandia.

La conclusion humaine et naturelle semblerait être que Don Juan Francisco de Lançol y Borja, Duc de Gandia, Prince de Teano et de Tricarico, Comte de Chiaramonte, de Lauria, de Cerignuola, Tyran de Benevento, de Tarracina, Grand Connétable de Naples, et *Capitaine-Général de l'armée pontificale contre les Orsini,* vivant séparé de sa femme Dona Maria de Aragona qui se trouvait avec ses deux enfants dans son duché d'Espagne, étant un beau jeune homme de vingt-deux ans épris de plaisirs, se rendit à un rendez-vous cette nuit du quatorze juin 1497 ; et qu'il succomba par suite de coups de dagues portés par l'un des Juifs des Orsini (rival, père, mari outragé, qui sait?) voire sous les poignards vengeurs de ses ennemis et de ceux de Son Père, les Orsini.

Ses nombreuses blessures, le fait que les objets de valeur qu'il avait n'aient pas été volés, tout cela semble le corroborer. L'inconnu masqué serait l'homme chargé de le conduire vers un rendez-vous galant. Le meurtre de l'homme de main suggère qu'il y avait plusieurs assassins.

Et ainsi, en assassinant Son fils aîné, les Orsini ne frappaient-ils pas le cœur du Pape ?

En tout cas, aucune accusation formelle n'a jamais été portée, dans ce crime crapuleux et traître, contre le Cardinal Cesare (dit Borgia). Il n'y a absolument aucune preuve contre lui, juste des rumeurs, des soupçons et des conjectures. Et les trois choses viennent d'une source trouble : la tanière des Ours, des Orsini.

Les plans pour la pacification de la Romagne durent être laissés de côté. L'affaire Fra Girolamo Savonarola monopolisait toute l'attention du moment.

Le religieux commença l'année 1498 en justifiant orgueilleusement sa désobéissance, son rejet de la sentence d'excommunication ; et par des attaques frénétiques contre le clergé romain, qu'il voulait séparer du clergé toscan. Les choses évoluèrent alors très vite. Défiant les ordres de son supérieur en titre, le Pape, ainsi que les injonctions de la Signoria, il tomba en discrédit. Son influence à Florence s'évanouit, ses prophéties se heurtèrent à l'incroyance générale ; la Signoria insista pour qu'il se soumette.

Il répondit en réclamant l'Ordalie du Feu, et proposa de marcher avec l'un de ses nombreux adversaires sur un bûcher ardent ; celui qui sortirait indemne de cette épreuve serait jugé innocent et placé sous la protection spéciale de Dieu.

Fra Francesco d'Apulie, Frère Mineur (Religion qui avait toujours été foncièrement opposée à celle de St Dominique) accepta le défi. Il déclara qu'il savait que les deux parties ne sortiraient pas vivantes de cette épreuve, mais que cela lui semblait préférable à ce qu'un hérésiarque puisse continuer à répandre ses calomnies sur l'Église et l'État du Christ.

Fra Girolamo Savonarola trouva de nouveau un subterfuge. Après avoir lancé lui-même ce défi, il refusa de se soumettre à l'Ordalie ; il proposa que l'un des frères de San Marco, un certain Fra Domenico, le remplace.

À Rome, Sa Sainteté le Pape, avec son bon sens pratique habituel, désapprouva toute l'affaire ; mais on prépara quand même l'Ordalie. Des fagots furent empilés et allumés sur la grande place de Florence. La peau des visages de la foule devint chaude, écarlate, craquelante. Le Frère Mineur arriva, prêt à mourir pour le bien du peuple. Fra Girolamo commença à faire traîner les choses ; déclara que Fra Domenico devait porter le Saint Sacrement, l'Hostie Sacrée, dans un ostensoir, au milieu des flammes rugissantes. Les âmes simples et pieuses de la Signoria savaient qu'il s'agissait là d'un sacrilège, d'un blasphème ; elles se retirèrent pour examiner l'affaire ; revinrent ; refusèrent d'accéder à la demande de Fra Girolamo. Celui-ci s'obstina, tandis que le feu commençait à se consumer. La longue et lente journée s'écoulait. Déjà toute son autorité – l'époque à laquelle il pouvait d'un seul mot gouverner Florence – s'était évanouie. Le feu à présent se mourait : et finalement Fra Girolamo ne se soumit pas à l'Ordalie qu'il avait exigée, fuie, retardée, refusée, puisqu'on ne cédait pas à ses folles conditions.

Toute foi en lui avait disparu. Injurié par mille gorges rauques, poursuivi par mille mains furieuses, l'idole déchue du peuple chercha refuge dans son Couvent de San Marco. Des émeutes éclatèrent à Florence ; du sang fut versé, Francesco Valori froidement assassiné. Le couvent de San Marco fut pris d'assaut, et les frères jetés en prison avec leur supérieur dément.

Afin de sauvegarder la justice et l'équité, Sa Sainteté le Pape s'efforça qu'ils soient jugés à Rome : mais les événements avaient poussé la Signoria à revendiquer pour Florence l'honneur « de satisfaire le peuple si longtemps dupé et entraîné dans le sacrilège et la rébellion ». On envoya donc de Rome des Commissaires pour juger Fra Girolamo Savonarola et ses complices. Soumis à la torture légale, il avoua être un charlatan et un criminel. Avec ses lieutenants Frati Domenico et Silvestro, il fut reconnu coupable d'hérésie, de schisme, de rébellion contre le Saint Siège, de fanatisme politique l'ayant poussé à trahir et à défier ses supérieurs juridiques. Mené devant des juges civils, il fut condamné avec les deux autres frères à être pendu ; les corps des trois hommes seraient brûlés après leur mort. Rendus au pouvoir ecclésiastique, ils furent déchus de leur prêtrise, de manière à pouvoir être soumis à la peine capitale (car c'est un sacrilège que d'exercer la violence contre des personnes ointes et tonsurées). Au tout dernier moment, par ordre exprès de Sa Seigneurie P.P. Alexandre VI, on offrit aux condamnés une Indulgence Plénière à l'article de la mort, avec suppression de toutes les Censures et Excommunications Canoniques. Cette Indulgence fut acceptée avec reconnaissance ; et les prisonniers payèrent le prix de leurs crimes.

S'il avait été un Anglais du XXe siècle, au lieu d'être un Florentin du XVe, Fra Girolamo Savonarola n'aurait été ni pendu, ni brûlé ; il aurait simplement été interdit de parole ; les autorités ecclésiastiques auraient suspendu l'exercice de ses fonctions ecclésiastiques, et les autorités médicales l'auraient fait interner à Broadmoor comme un fou dangereux, aussi longtemps que cela aurait été le bon plaisir du Roi.

En cette année 1498 naquit Don Giovanni Borgia, dit l'« Infans Romanus », bâtard du Cardinal Cesare (dit Borgia) et d'une « demoiselle romaine ».

Cette même année mourut le petit Roi Chrétien aux douze doigts de pieds et à la maigre barbiche, Charles VIII de France, que le Pape avait excommunié ; son cousin Louis XII lui succéda. Cet homme mince aux lèvres et au cou épais, au nez éthiopien, à la parure exquise, fit immédiatement deux demandes retentissantes : l'annulation de son mariage avec Madame Jeanne de Valois, et la confirmation de ses prétentions sur le Duché de Milan. Sa Seigneurie P.P. Alexandre VI avait toujours préféré les amis aux ennemis ; à présent que Charles VIII avait rejoint l'endroit qu'il méritait, Elle salua joyeusement l'occasion d'obtenir l'allégeance de la France. Une commission de juristes arriva de Rome et, sur la base de faits légaux, déclara le mariage du Roi et de Madame Jeanne nul et non avenu. Une dispense papale légalisa le mariage du Roi Chrétien Louis XII et de la Reine Anne, la veuve de son prédécesseur, grâce à quoi son duché de Bretagne resta aux mains du Royaume de France. Les prétentions au Duché de Milan, elles, exigeaient d'être considérées avec attention.

Lors du Sixième Consistoire du 12 septembre 1498, Sa Seigneurie P.P. Alexandre VI nomma un cardinal. Il s'agissait de Georges d'Amboise, Gentilhomme de la chambre à coucher des Rois chrétiens Charles VIII et Louis XII, qui devint Cardinal-Presbytère du Titre de San Sisto.

Sa Sainteté le Pape consentit enfin à ce que le Cardinal Cesare (dit Borgia) renonce au chapeau de pourpre et à l'anneau de saphir des cardinaux, et cherche un duché séculier, une épouse royale et une carrière militaire ; Elle affirma que sa présence dans le clergé était suffisante pour empêcher la réforme. On lui proposa de se marier avec Doña Carlotta d'Aragon, princesse de Naples ; mais le Roi Don Federigo s'y opposa, tout en favorisant en même temps le mariage de Madonna Lucrezia Borgia et de Don Alonso de Aragona, Prince de Bisceglia. Le plan du Cardinal Cesare fut aidé par les révoltes qui se produisaient au sein du baronage pontifical, et particulièrement par une nouvelle ligue des Colonna et des Orsini, fomentée par le

Cardinal Giuliano della Rovere. À présent, il n'y avait plus de temps à perdre. Don Cesare (dit Borgia) renonça à son cardinalat en plein consistoire et se rendit en France pour cultiver l'amitié du Roi Chrétien. De nouvelles alliances se préparaient. Le Roi Louis XII ne voyait aucune raison de rester dans l'isolement ridicule et paralysant auquel les forfanteries de son prédécesseur l'avaient conduit. Sa Sainteté le Pape n'était aucunement sûre de Naples : le Roi Don Féderigo, bien qu'il Lui dût tout, avait tendance à se montrer rebelle et méprisant, et ses domaines touchaient ceux de la Papauté. Une alliance avec celle-ci convenait à la France. Une alliance avec la France pouvait rendre d'éminents services à la Papauté, au moment où les Colonna et les Orsini étaient sur le pied de guerre, et où les Infidèles avançaient à l'Est. La mission de Don Cesare (dit Borgia) fut donc remplie de succès ; sa diplomatie permit une meilleure compréhension mutuelle, et le roi Chrétien lui donna le Duché français du Valentinois.

Il devint évident que Milan devait céder à la France, le nouvel allié de Sa Seigneurie P.P. Alexandre VI ; et cela signifiait la rupture définitive de l'alliance des Borgia et des Sforza. Au début, ceux-ci avaient été de fermes amis, de solides partisans de la Maison des Borgia ; ils s'étaient montrés ensuite neutres et indifférents, puis des traîtres déclarés ; voilà qu'ils devenaient des quantités négligeables. La conduite de la Maison des Sforza était influencée par une seule idée : la loyauté à son propre nom. Le responsable de tout cela était le chef de cette Maison, le Duc Ludovico Maria Sforza-Visconti. Ce lâche, ce pleutre, ce traître, ce meurtrier en puissance avait poussé les Français à envahir l'Italie pour soutenir son usurpation du trône de Milan. Le Vice-chancelier-cardinal Ascanio Maria Sforza-Visconti et tous les Sforza de Pesaro, Santafiora, Chotignuola, Immola et Forli, suivirent le chef de la Maison ; et il doit être blâmé pour les avoir tous induit en erreur. Sforza avait produit de nombreux cardinaux, mais jamais un Pape. Sforza n'avait jamais été plus près du pontificat que pendant ce règne. Ascanio devait en toute probabilité succéder à sa Seigneurie Alexandre ; il avait bien plus de chances, en fait, que le diabolique plébéien qui Lui succéda. Mais Sforza suivit le chef de sa Maison ; et commit un suicide politique. La loyauté a toujours été rare, à toutes les époques : en toute circonstance, elle est héroïque, admirable.

Le Roi et la Reine Très Catholiques d'Espagne, Don Hernando et Doña Isabella, envoyèrent à Rome Don Gonsalvo de Cordoba, autrefois Capitaine pontifical, pour critiquer la nouvelle alliance de Sa Sainteté le Pape avec la France. Une arme très ancienne fut de nouveau brandie : l'Espagne catholique, par peur ou par envie, menaça un Pontife espagnol, qui lui avait donné le Nouveau Monde, de ranimer le stupide Concile général du Cardinal Giuliano della Rovere. C'est ainsi que, dans la confusion des cartes, la misère faisait se rencontrer d'étranges compagnons de lit.

L'Orient à ce moment-là fut embrasé par un nouveau conflit, et les Infidèles déclarèrent la guerre à Venise. La Chrétienté avait perdu Lépante[1] ; les Turcs étaient enivrés par leurs succès ; et à Rome, Sa Seigneurie Alexandre songeait très sérieusement à une nouvelle croisade quand l'année 1498 s'acheva.

Naples regardait d'un œil blême les relations amicales de la Papauté et de la France. Le Roi Chrétien Louis XII maria le Duc Cesare de Valentinois à Madame Charlotte, fille du Sieur Alain d'Albret et sœur du roi Jean de Navarre; puis il conclut un traité avec le Sénat de Venise pour la partition du duché de Milan. Ces actes ne plaisaient guère au Regno, qui ne pouvait considérer le triomphe de son ennemi et la ruine de son allié que comme un présage de mauvaise fortune. Le Duc Cesare de Valentinois était évidemment l'ennemi de Naples depuis qu'on lui avait refusé la main de Doña Carlotta d'Aragon, bien que la fille de sa mère, Madonna Lucrezia Borgia, fût alliée par mariage au Prince napolitain Don Alonso de Bisceglia. Cette dernière union donna un fils, qui naquit en novembre 1499, fut baptisé à la Chapelle Sixtine et reçut le nom de Roderico, comme l'Auguste Père de Madonna Lucrezia.

La situation devenait grave pour les Sforza. Le Vice-chancelier-cardinal quitta Rome, et les Français envahirent le duché de son frère, contraignant le Duc Ludovico Maria Sforza-Visconti (dit Il Moro) à une fuite ignominieuse. Toujours prête à tirer quelque avantage de la faiblesse d'une autre Puissance, toujours prête également à jalouser le triomphe d'une autre Puissance, l'Europe considéra avec appréhension et malaise la victoire de la France. Et quand Sa seigneurie P.P. Alexandre VI se montra satisfaite de la chute de Milan, l'Espagne et le Portugal, mécontents, envoyèrent des Orateurs pour critiquer les mœurs de Sa Sainteté (comme Satan, parfois, dénonce le Péché) et mettre en doute la validité de Son élection, demandant d'impossibles réformes et un Concile général au Latran. Ces mesquins agissements eurent le sort qu'ils méritaient. Sa Seigneurie P.P. Alexandre VI reçut avec magnificence et magnanimité les envoyés en consistoire public,

1. Mais Elle remporta là une victoire décisive, avec l'aide de Notre Dame des Victoires (Niké, comme aurait dit Poliziano) en 1572.

et ne fit aucun effort pour les empêcher de réciter leurs leçons. Sa Sainteté traitait invariablement les personnalités politiques avec un mépris enjoué; Elle supportait les humeurs des Rois comme un simple inconvénient de Sa position, inconvénient qu'il fallait éliminer et oublier comme les petites gênes physiques d'un été romain.

L'année 1499, l'avant-dernière du xve siècle, fut occupée à Rome par la préparation du Jubilé: cette curieuse cérémonie par laquelle l'Église offre la possibilité aux fidèles de purifier leurs âmes des souillures du péché grâce à la pénitence et aux œuvres pieuses. La pénitence est une affaire entièrement personnelle, qui doit être traitée entre un pécheur et son Juge: mais l'Église qui, selon les Trente-Neuf Articles, « a pouvoir de fixer ses rites et ses cérémonies » prescrit quelles œuvres pieuses devront être accomplies. Il s'agit en résumé de certaines visites à certaines basiliques de Rome, dans lesquelles il faut entrer par certaines portes, et où il faut réciter certaines prières. L'Église, étant un système, est systématique. Elle promet pour ces œuvres, en supposant qu'elles soient accompagnées des pénitences appropriées, et en puisant dans le trésor infini des Mérites de notre Divin Rédempteur, la suppression du châtiment canonique réservé au pécheur à présent pénitent qui cherche à s'amender. Cette Complaisance de la part de l'Église est appelée techniquement une Indulgence; l'Indulgence du Jubilé est tenue en haute estime et ardemment désirée. Il ne s'agit en aucune façon d'une permission de pécher comme on a été amené à le croire par une erreur de conception erronée et malveillante: il s'agit absolument parlant de passer l'éponge, par un cérémonial permettant à l'âme de se rénover. Le Jubilé commence le jour de Noël avec l'ouverture, par le Souverain Pontife, d'une certaine porte de la Basilique vaticane, utilisée le jour de Noël jusqu'à la fin du siècle; et de grands pèlerinages arrivent à cette période de l'année dans la Ville. L'année 1499 vit s'ériger pour les visiteurs de nombreux bâtiments sur le Borgo Nuovo; de multiples améliorations furent apportées sur la rive du Tibre soumise à la juridiction du Vatican. Les églises furent restaurées et nettoyées, le Môle d'Hadrien renforcé; la nouvelle aile du Palais apostolique du Vatican appelée la Tour Borgia, construite par sa Seigneurie P.P. Alexandre VI, fut décorée in fresco par Messer Bernardino Betti (dit Il Pinturicchio).

Dans le livre sur la vie des artistes que Giovanni Vasari écrivit un demi-siècle plus tard, il est dit que Il Pinturicchio peignit sur un mur de la Tour Borgia une Vierge Marie devant laquelle Sa Sainteté est agenouillée dans une attitude d'adoration. Vasari dit également que le peintre utilisa comme modèle pour la Déipare Madonna Giulia Orsini (née Farnese), la maîtresse du Pape : et ce jugement a été répété par beaucoup de gens jusqu'à nos jours, y compris par l'historien allemand Herr Gregorovius (qui prétend s'être appuyé exclusivement sur des documents), comme preuve de la conduite impie et débauchée de Sa Seigneurie P.P. Alexandre VI.

Les peintres du XVe siècle, tout comme ceux du XXe, prenaient leurs modèles où ils les trouvaient. Si la pérennisation de la beauté du monde n'est pas un péché – et sur ce point, les avis des hommes sont partagés, même si la Loi est une –, la personne dotée d'une beauté naturelle est honorée, et non le contraire, lorsque celle-ci est perpétuée par la peinture ou la sculpture. La parfaite beauté ne recherche point la dissimulation ; elle permet simplement au monde de partager ses joies, sans émotion, honte ou vanité, sans considération de rang ou de dignité. Pauline Buonaparte, la princesse Borghese, fut le modèle de la Vénus de Canova. Bernini modela son David (dans la villa Borghese) d'après sa propre nudité, tandis que le Cardinal Barberini (qui devint plus tard Sa Seigneurie P.P. Urbain VIII) lui tenait un miroir. Cet aimable noceur qu'est Messer Rafael Sanzio da Urbino peignit en Madone la fille de son boulanger. Messer Jacopo Sansovino sculpta son Dionisos en prenant pour modèle un garçon appelé Lippo Fabri, lequel, à force de poser nu, prit froid et mourut des fièvres ; dans ses ultimes délires, il quittait sans cesse son lit pour servir de modèle au dieu auquel sa vie avait été sacrifiée. Messer Michelangelo Buonarroti, éperdu d'admiration pour son modèle, le fils de Messer Francesco Raibolini de Bologne (dit Il Francia), déclara au garçon, avec le mépris habituel et naïf qu'il manifestait vis-à-vis de ses collègues, que son père faisait des hommes plus accomplis la nuit que le jour. Messer Andrea Verrocchio fit son mince et svelte David à partir de l'un de ses jeunes apprentis. Messer Luca Signorelli peignit son propre fils mort. Messer Rafaele Sanzio lui-même, maintes et maintes fois, posa pour son maître Il Pinturicchio. La belle Simoneta de Florence devint la Vénus de Messer Alessandro Filipepi (dit Botticelli) et les fils de Lorenzo et Giuliano de'Medici (dont deux, plus tard, portèrent le Triregno) ne dédaignèrent pas de poser pour ce maître. Toutes les œuvres d'art de l'ère des Borgia, qu'elles représentent des saints ou des pécheurs, des dieux ou des demi-dieux, des démons bienfaisants ou malfaisants, toutes étaient des portraits ; l'époque de la découverte de l'Homme était trop ingénue et trop passionnée pour chercher à éviter les imperfections et respecter les conventions arbitraires ; des volumes entiers pourraient être écrits sur les modèles des grands maîtres comme Rafaele qui permirent à leur beauté ou à leur jeunesse d'être fixée une fois pour toutes, et d'obtenir ainsi la gloire. Pensons au superbe Saint Georges, ou au sculptural David de Messer Simone Fiorentini (dit Donatello), ou encore au pensif Saint Jean de Messer Andrea del Sarto.

On peut donc non seulement admettre, mais trouver justifié que Madonna Giulia Orsini (née Farnese), qui partageait avec Madonna Lucrezia Borgia le titre de la plus belle jeune mère de Rome, ait servi de modèle à Il Pinturicchio pour la teotokos de la Tour Borgia.

Mais pour montrer l'abominable ignorance ou la malice démoniaque de ceux qui ont cherché à introduire un élément de lubricité dans cette affaire, il est nécessaire de ne pas perdre de vue trois faits importants :

(a) La Tour Borgia contenait trois ou quatre grandes salles ;

(b) Le portrait de Madonna Giulia Orsini (née Farnese), dite La Bella, dans le tableau de la Sainte Vierge Marie avec son Enfant, est une peinture ronde accrochée au-dessus de la porte de la troisième salle ; elle est entourée d'anges, et il n'y a pas d'autres figures dans la composition ;

(c) Le portrait de Sa Seigneurie P.P. Alexandre VI est un tableau carré qui se trouve dans la seconde salle ; Sa Sainteté le Pape est représentée avec Ses habits pontificaux, mais tête nue, sans le triregno, agenouillée dévotement devant l'Apparition de Notre Divin Rédempteur surgissant de la tombe.

Voilà toute la base de la calomnie grâce à laquelle l'historien allemand, avec d'autres esprits de son acabit, résout le problème de la quadrature du cercle !

À présent que l'alliance avec la France était assurée, Sa Seigneurie P.P. Alexandre VI entreprit avec l'aide du Roi chrétien Louis XII de conquérir la Romagne et de réduire les vassaux rebelles du Saint-Siège. Le Duc Cesare de Valentinois fut nommé Generalissimo de l'armée pontificale ; et une Bulle papale déclara que les fiefs de Rimini, Pesaro, Imola, Camerino, Faenza, etc., perdaient tous leurs droits tant qu'ils n'auraient pas payé les arriérés de leur tribut annuel à la chancellerie de leur maître et suzerain. On avait tout à fait compris qu'il était inutile de pacifier ces « démons » avec de « l'eau bénite » ; qu'après sept ans de patience, il fallait employer la force contre les Sforza de Pesaro, les Sforza-Riario d'Imola et de Forli, les Manfredi de Faenza et tous les autres. La rayonnante splendeur de la personnalité du Duc Cesare de Valentinois, dépourvue de toute émotion et de tout remords, le rendait apte à une telle tâche. C'était un égoïste parfait, splendidement indifférent au monde. Pendant sa vie, ses immenses talents, ses rapides succès, ses actes prompts lui donnèrent la réputation d'un surhomme, aussi inévitable que le Destin. Le onze novembre 1499, il quitta Rome avec quatre mille condottieri et trois cents lanciers. Son lieutenant et porte-étendard était ce même noble et vigoureux chevalier, Don Pietro Gregorio Borgia, de la branche véliternienne, qui avait échangé ses vêtements avec lui en 1495 et lui avait ainsi permis de se jouer du Roi Chrétien. Le onze décembre, il attaqua et s'empara d'Imola, d'où Madonna Caterina Sforza, veuve du Comte Girolamo Riario, s'était enfuie, refusant toute obéissance ou tribut à son suzerain, pour se retrancher à Forli, son autre fief. Elle laissa à Imola un souvenir de sa domination si odieux que bien des années après, les citoyens rougissaient encore d'y penser, tandis qu'ils bénissaient le Duc Cesare de Valentinois qui y avait mis fin et le considéraient comme un envoyé de la Justice Divine.

La rencontre entre Madonna Caterina et le Duc Cesare donna lieu à d'extraordinaires démonstrations de force et d'agilité des deux côtés. Lorsqu'une femme désespérée et sans scrupule lutte avec un homme puissant et impitoyable, elle peut faire beaucoup de mal; mais finalement, elle doit succomber. Aussitôt après la chute d'Imola, le Duc Cesare reçut des lettres de Rome annonçant que sa Sainteté le Pape avait échappé de peu à une mort violente; car Madonna Caterina, pour sauver sa position et ses fiefs, et croyant que le Duc Cesare serait obligé de renoncer à son expédition si le Pape mourait, avait essayé de tuer le Saint-Père en l'empoisonnant. À cette fin, elle avait envoyé deux Orateurs chargés de proposer des conditions de paix; elle avait également envoyé une lettre (dans un bâton creux, disent certains) qui provoquerait la mort du Pontife Suprême dès qu'il l'ouvrirait. Quand le complot fut découvert, Tommaso da Forli, le chambellan du Pape qui avait apporté la missive, reconnut qu'il était coupable (sous la Question, la culpabilité était communément admise) ; il déclara qu'il avait espéré, grâce à la mort du Pape, faire lever le siège d'Imola et de Forli. Cette extraordinaire histoire est rapportée par plusieurs chroniqueurs, dont Monsignor Hans Burchard le Caerimonarius, le stupide et morne diffamateur de Sa Seigneurie P.P. Alexandre VI. Le nom du chambellan a donné lieu à de curieuses spéculations. Tommaso da Forli pourrait bien être un bâtard de la ville de Forli de naissance trop obscure pour avoir pu prendre les noms de son père et de sa mère; il pourrait bien aussi avoir pris le nom de sa ville natale avec la préposition « da » (et non « de », il faut le noter) comme surnom.

Les chambellans du Pape ne sont guère que des laquais pontificaux, et « Thomas de Forli », ayant accès à la Personne Pontificale, pourrait avoir été utilisé par Madonna Caterina pour exécuter le Pape. Cela n'est point invraisemblable ; mais l'histoire de la lettre empoisonnée est évidemment fausse ; son seul intérêt est de montrer l'état d'esprit des gens en 1499 ; elle prouve peut-être que si, comme on l'a affirmé en toute ignorance de cause, l'empoisonnement de ses ennemis était une coutume de la Maison des Borgia, il existait au moins une autre Cour italienne qui se permettait d'employer à l'occasion le même horrible procédé.

Le second acte de trahison de Madonna Caterina dont l'histoire a gardé la trace se produisit peu après qu'elle eut abandonné la ville de Forli au Duc Cesare. Elle avait gardé le contrôle du château, et refusait de le lui céder. Dès que l'artillerie pontificale commença à bombarder sa forteresse, le jour de Noël, elle s'enfuit de l'un des fortins avec une bannière portant le Lion de Saint-Marc, pour faire croire qu'elle était alliée avec Venise, république alors en paix avec le Saint-Siège. Ce fut un Vénitien qui se trouvait dans l'état-major du Duc Cesare qui découvrit la ruse, en affirmant que son Sénat n'avait conclu aucune alliance avec Madonna Caterina. Le jour suivant, elle commença à faiblir, et demanda à parlementer avec l'assiégeant. Quand le Duc Cesare s'approcha, le pont-levis du château se releva juste au moment où il allait mettre le pied dessus. Madonna Caterina affirma avec indignation qu'elle n'avait eu aucune mauvaise intention, et rejeta toute la faute sur le gouverneur, Don Giovanni Casale ; mais tous les témoins de la scène savaient bien qu'il s'était agi d'une tentative délibérée de capturer et de tuer honteusement le Generalissimo, qui n'avait échoué qu'à cause de sa précipitation. Il n'y eut aucuns pourparlers ; le siège continua ; et au bout de quelque temps, l'audacieuse guerrière fut obligée de capituler. Le Duc Cesare l'envoya à Rome prisonnière, avec toute la considération chevaleresque due à son sexe et au fait d'être la fille du grand Duc Francesco Sforza-Visconti de Milan : à son arrivée dans la Ville, elle fut installée dans l'Appartement du Belvédère du Vatican d'où, après une tentative de fuite, elle fut transférée au Môle d'Hadrien et connut une captivité honorable.

Pendant le siège de Forli survint un événement d'importance secondaire, mais qui montre bien le mystère qui entourait la naissance du Duc Cesare. Le Très Honorable Giovanni Borgia (dit Giuniore), Cardinal-Presbytère du Titre de Santa Maria *in Via Lata*, mourut à Urbino. C'était l'un des bâtards de ce splendide pleutre,

Don Pedro Luis de Lançol y Borgia, Duc de Spoleto, le jeune frère de Sa Seigneurie P.P. Alexandre VI, qui avait été nommé Préfet de Rome et Gouverneur du Santangelo par son Oncle, Sa Seigneurie P.P. Calixte III, et était mort lors de sa fuite de Rome en 1458. Le Cardinal Giovanni Giuniore avait été évêque de Melfi depuis 1492. En 1496, il était entré au Sacré Collège, et avait reçu le commandement des condottieri que Sa Seigneurie P.P. Alexandre VI voulait alors lancer contre la France ; quand le Duc Cesare renonça à la pourpre en 1499, il céda à ce cardinal son archevêché métropolitain de Valence. Le cardinal Giovanni Giumore avait dirigé des Légations en Ombrie, à Bologne, à Ravenne et en France ; il était Légat en Ombrie lorsqu'il mourut à Urbino. Le Duc Cesare lui-même annonça cette mort au Pape dans une lettre écrite de Forli, et datée du seize janvier 1500, en ces termes : « la mort du Cardinal Borgia, *mon frère,* qui est mort à Urbino ». Le Duc Cesare écrivait un latin peu classique et très personnel, tout comme son italien, et il n'existe aucun cas où « frater », « fratello » pourraient être employés au sens de « cousin ». Si le défunt Cardinal et le Duc étaient des frères utérins, alors Don Pedro Luis était leur père ; et le Duc Cesare n'était pas le fils, mais le neveu de Sa Seigneurie P.P. Alexandre VI. La mort du Cardinal, cependant, aurait été due selon certains chroniqueurs à un poison administré par le Duc Cesare. Cette accusation est totalement absurde. Le Duc Cesare n'avait aucune raison d'agir de la sorte : tous deux étaient des compagnons, des *frères d'armes* également employés à réduire la rebelle Romagne ; il ne pouvait pas y avoir de jalousie entre eux, car ils occupaient des rangs séparés et indépendants (et le Duc Cesare avait choisi le sien) : le Cardinal Giovanni Giuniore plus âgé (41 ans), était Légat, et le Duc Cesare, son cadet (26 ans), Generalissimo ; de plus, le Cardinal n'était pas assez riche pour que sa mort fût désirable. Mais dans tous les cas, il était impossible que le Duc Cesare l'ait empoisonné, pour la simple raison que les deux hommes se trouvaient très loin l'un de l'autre pendant les dix-sept jours qui précédèrent la mort du Cardinal, et qu'on ne connaissait aucun poison à action lente au xve siècle, pas plus qu'au xxe.

Lors du Septième Consistoire du 16 mars 1500 (ou du 20), Sa Seigneurie P.P. Alexandre VI nomma trois cardinaux :

(a) Don Didaco Hurtado de Mendoza, un Espagnol, qui devint Cardinal-Presbytère du Titre de Santa Sabina, et fut désormais appelé « le Cardinal espagnol » ;

(b) Le Seigneur Amaneus (Amanateus) d'Albret, un Navarrais, qui devint Cardinal-Diacre de San Niccolà *in Carcere Tulliano* ;

(c) Don Pedro Luis de Borja, Neveu Pontifical, frère du Cardinal de Monreale (Giovanni Seniore) succéda à son cousin le Cardinal Giovanni Giuniore en tant que Cardinal-Diacre de Santa Maria *in Via Lata.*

Le Roi Chrétien Louis XII, qui s'appelait maintenant le « Second César », ne resta pas inactif en 1500. Certes, le Duc Ludovico Maria Sforza-Visconti avait récupéré son duché de Milan ; mais après la réception triomphale donnée au Duc Cesare de Valentinois à Rome à son retour de Romagne avec Madonna Caterina Sforza-Riario prisonnière, le prestige de la Papauté augmenta tellement que les Français reprirent courage et remportèrent une importante victoire à Novara ; le Duc Ludovico Maria et son frère, le vice-chancelier, furent capturés et emprisonnés en France.

En juillet, Don Alonso d'Aragon, Prince de Bisceglia, Quadrata et Salerno, mari de Madonna Lucrezia Borgia, fut assassiné ; et l'on a impudemment et délibérément affirmé qu'il s'agissait d'un des crimes perpétrés par le Duc Cesare de Valentinois et Sa Seigneurie P.P. Alexandre VI.

Selon le récit de Don Paolo Cappello, l'Orateur de Venise, tel qu'il nous a été transmis par Herr Gregorovius, le Prince Don Alonso, qui se rendait au Vatican à onze heures du soir le 15 juillet, fut attaqué sur les marches de Saint-Pierre par des hommes masqués armés de poignards, et blessé à la tête, aux bras et aux cuisses. Ayant perdu beaucoup de sang, il se traîna jusqu'au Palais Apostolique, où sa femme Madonna Lucrezia s'évanouit en le voyant. On le transporta dans l'une des pièces du Palais ; un cardinal, le croyant à l'article de la mort, lui donna l'absolution habituelle. Mais sa robuste jeunesse lui permit de progresser sur le chemin de la guérison, grâce aux soins de son épouse et de sa belle-sœur, Madonna Sancia, qui préparaient de leurs propres mains sa nourriture (toutes deux étaient des princesses royales), tandis que Sa Sainteté le Pape lui fournissait une garde d'hommes armés. Personne ne savait qui avait blessé le prince : mais certaines rumeurs affirmaient qu'il s'agissait de la même main qui avait tué le Duc de Gandia. Le Duc Cesare avait promulgué un édit interdisant à quiconque portant des armes de circuler entre le Môle d'Hadrien et le Vatican. Don Pedro Cappello rapporte ensuite que le Duc Cesare déclara « Je n'ai pas blessé le Duc, mais si je l'avais fait, il l'aurait bien mérité. » Le Duc Cesare n'eut point honte de rendre visite au blessé ; mais en sortant du Palais, il dit : « Ce qui n'a pas été fait à midi peut être fait au coucher du soleil.» Un mois plus tard environ, à neuf heures du soir, le 18 août, le Duc Cesare rendit de nouveau visite au Prince Don Alonso; après avoir chassé de la pièce Madonna Sancia et Madonna Lucrezia, il fit entrer son capitaine, Don Michelotto, qui étrangla le blessé. Après quoi le Duc Cesare déclara publiquement qu'il avait tué le Prince de Bisceglia, parce que ce dernier avait essayé de l'assassiner en chargeant un archer de l'abattre dans les jardins du Vatican: voilà pour la version de Don Paolo Cappello.

Monsignor Hans Burchard, le Caerimonarius, dit pour sa part qu'à onze heures du soir, le 15 juillet, le Prince Don Alonso, mari de Madonna Lucrezia, fut trouvé sur les marches de Saint-Pierre, blessé par des assaillants à la tête, au genou et au bras droit. Après leur agression, les assassins furent escortés par quarante chevaliers jusqu'à la porte de la ville appelée la Porta Perusa. Le Prince Don Alonso vivait près du Vatican, dans le Palais du Cardinal de Santa Maria *in Portico*; mais étant donné la gravité de ses blessures, il fut transporté au palais pontifical, et logé dans une pièce de la Tour Borgia. Lorsque le Roi Don Federigo apprit la chose, il envoya Messer Galieno, son propre médecin, pour le soigner. Plus tard, le prince fut étranglé; les médecins furent soumis à la Question au Môle d'Hadrien, ainsi qu'un certain valet bossu, et ensuite relâchés.

Une chronique de Pavie, beaucoup plus tardive, affirme que le Duc Cesare tua le Prince Don Alonso à l'époque où il couchait avec son épouse, Madonna Lucrezia.

Avant d'examiner ces récits divergents, il faut d'abord dire que les dépêches originales de Don Paolo Cappello, l'Orateur de Venise, ne sont pas accessibles. Bien des années plus tard, un patricien cultivé de Venise, Don Marino Sanuto, écrivit l'Histoire de la République Vénitienne de 1496 à 1533, en cinquante-six volumes. Il cita les archives de l'État, les dépêches des Orateurs, etc. et son travail est merveilleusement bien fait: mais le fait est que les dépêches de Don Paolo Cappello, ainsi que beaucoup d'autres, ont été publiées par quelqu'un qui ne connaissait pas leur auteur et les circonstances dans lesquelles il écrivait. Monsignor Burchard occupait un poste important au Vatican. Il était Allemand, et hostile aux Borgia. Sur les matières relatives à son poste de Caerimonarius, c'est-à-dire la surintendance des fonctions publiques, il pouvait parler avec quelque autorité mais en dehors de ce domaine, ce n'était qu'un bavard et une mauvaise langue invétérée. Et dans son cas également, il est impossible de savoir ce qu'il a réellement écrit, parce que l'holographe original de son Diarium (comme celui d'Infessura et d'autres œuvres semblables) n'a pas encore été découvert par les spécialistes des archives anciennes.

Quelles accusations pèsent sur le Duc Cesare de Valentinois? C'est Cappello qui affirme qu'il chassa les femmes, et fit étrangler le Prince Don Alonso par Don Michelotto. Burchard semble ignorer ces détails. C'est Cappello qui affirme que le Duc Cesare admit et revendiqua le meurtre. De tout cela, Burchard ne dit rien : il rapporte que le prince fut étranglé ; d'après ce qu'il dit de l'interrogatoire des médecins et du bossu, il semblerait que d'autres personnes que le Duc furent soupçonnées.

Cappello dit que le prince fut poignardé à la tête, aux bras et aux cuisses ; Burchard, à la tête, au bras droit et au genou. Cappello parle d'une garde envoyée par le Pape pour surveiller le blessé. Burchard n'en parle pas. Il y a des divergences entre les deux récits, et certaines sont assez importantes : par exemple le fait que selon Burchard, quarante chevaliers escortèrent les assassins jusqu'aux portes de Rome ; que le Roi Don Federigo envoya son médecin sans concevoir aucun soupçon. Mais nulle part n'est prouvée l'accusation portée contre le Duc Cesare de Valentinois ou Sa Sainteté le Pape.

À partir de l'examen des divers témoignages (aussi discutables soient-ils) et des faits tels qu'ils sont connus, on peut reconstituer suffisamment l'affaire, et d'une manière qui innocente les Borgia.

Don Alonso d'Aragon, Prince de Bisceglia, Salerne, etc., était un neveu du Roi Don Federigo de Naples. À l'âge de dix-neuf ans, il épousa Madonna Lucrezia Borgia pour des raisons politiques : consolider les relations amicales qui existaient alors entre la Papauté et le Regno. Selon tous les témoignages, il s'agissait également d'un authentique mariage d'amour ; et le chroniqueur Talini dit du prince « que c'était le plus beau jeune homme que j'aie jamais vu à Rome ».

Un an après leur mariage, Madonna Lucrezia lui donna un héritier, Don Roderico ; lequel reçut immédiatement le duché de Sermoneta. Le jeune Prince et la Princesse de Bisceglia vivaient dans le palais du Cardinal de Santa Maria *in Portico* au Vatican, pour être près du Pape.

En 1500, les relations entre la Papauté et le Regno changèrent. Sa Seigneurie P.P. Alexandre VI était maintenant alliée avec la France, la vieille ennemie de Naples ; et le Roi Don Federigo s'était joint à la foule de ceux qui menaçaient Sa Sainteté le Pape d'un Concile général. Le Prince de Bisceglia, en tant que Napolitain, n'était donc pas persona gratissima pour les partisans des Borgia.

Quand ils désiraient récompenser et élever quelqu'un, les souverains de l'Ère des Borgia avaient la naïve habitude de déposséder l'un de leurs ennemis, et de donner le fief ainsi vacant à leur nouveau protégé. Pour donner au Prince Don Alonso la principauté de Salerne, Sa Majesté le Roi de Naples avait privé la noble Maison napolitaine des Sanseverini. Pour donner à son petit-fils, le bébé Don Roderico, le duché de Sermoneta, Sa Sainteté le Pape avait dépouillé la noble Maison romaine des Caïetani. Et on comprendra facilement que les Caïetani et les Sanseverini ne voyaient pas ces pertes d'un œil résigné.

En ce qui concerne l'édit du Duc Cesare de Valentinois, selon lequel personne ne devait déambuler avec des armes entre le Môle et le Vatican, on doit admettre qu'il ne s'agissait que d'une mesure de précaution tout à fait ordinaire. Le district en question se trouve à proximité des palais pontificaux de la paix et de la guerre, reliés entre eux par la galerie souterraine de Lo Andare, qui traverse la Région de Borgo. Porter des armes en présence des souverains a toujours été, dans toutes les cours, à toutes les époques, un crime capital. Le Duc Cesare, en sa qualité de Generalissimo, était chargé de maintenir l'ordre ; et il le faisait respecter sans hésitation. Si l'on accepte la thèse de l'assassinat sur les marches de Saint-Pierre et de la strangulation dans la Tour Borgia, il pourrait s'agir d'une exécution de la peine de mort prévue pour la violation de cette loi – loi que le jeune et fier Napolitain pourrait fort bien avoir foulée aux pieds. Les criminels de sang royal ou patricien étaient souvent exécutés en privé, par quasi-assassinat, pour leur éviter la dégradation d'un supplice public.

De même, si l'on accepte la version de l'assassinat et de la strangulation, et que l'on considère qu'il s'agissait d'une vengeance privée du Duc Cesare, il ne faut pas oublier que les gens avaient l'habitude de défendre leur vie en tuant ceux qui plaçaient des archers dans un jardin pour les abattre.

Mais sous le pontificat de Sa Seigneurie Jules II (Giuliano della Rovere), l'éternel ennemi de la Maison des Borgia (dont le portrait mesquin qu'en a fait Messer Rafaele Sanzio da Urbino peut être vu à la National Gallery), le capitaine Don Michelotto, supposé avoir étranglé le Prince de Bisceglia sur l'ordre du Duc Cesare, fut arrêté et soumis à la Question. On essaya ainsi de savoir la vérité sur les divers meurtres qu'il était censé avoir commis pour son maître ; et particulièrement celui du Prince Don Alonso. Mais bien qu'il fût entre les mains d'un despote impitoyable, qui pouvait en toute légalité le broyer vivant et briser avec des barres de fer tous les os de tous les membres de son corps sur la roue, sans que personne puisse l'en empêcher, Don Michelotto fut remis en liberté et déclaré innocent ; ni le Duc ni lui ne furent reconnus coupables dans cette affaire. Ce test assez convaincant montre qu'il y a de bonnes raisons de considérer comme une fiction l'histoire de la strangulation. Comme dernière contribution à cette théorie, on a suggéré que les contorsions provoquées par le *tetanus,* qui pourrait avoir été causé par les blessures de poignards, ont fait croire à quelque observateur ignorant qu'il s'agissait d'une strangulation. Le bacille du tétanos vient de la terre, et chacun sait quelle est la manière commune d'essuyer une dague. S'il en est ainsi, la théorie de la strangulation peut être écartée.

En ce qui concerne l'agression sur les marches de Saint-Pierre, aucun doute n'est permis. Les divergences entre Cappello (édité par Sanuto, s'entend) et Burchard (dont nous ne possédons qu'une copie faite de main inconnue) à propos de l'emplacement des blessures n'ont pas d'importance véritable. La tête, les bras et les cuisses, dit Cappello ; la tête, le bras droit et le genou, dit Burchard. Il est assez clair que l'infortuné jeune homme (il avait juste vingt et un ans) portait sous son pourpoint l'une de ces cottes de maille de l'époque assez solides pour détourner une lame et assez fines pour tenir dans le creux des mains ; voilà pourquoi il fut blessé partout, sauf au tronc.

Le nombre des blessures et leur distribution suggèrent qu'il fut frappé à plusieurs reprises. La terrible hémorragie (la blessure au genou), les illusions des chirurgiens du xve siècle, l'état élémentaire de la pharmacopée, l'époque de l'année (Sol in Leone), où Rome grouille de fièvres et de miasmes insalubres – tout cela exclut la possibilité d'une guérison, et il est raisonnable de penser que le Prince Alonso mourut, après un mois de fièvre et d'affaiblissement croissant, des suites de ses blessures et des soins de ses médecins, sans qu'il soit nécessaire d'invoquer un lacet problématique, ou une main se refermant sur sa gorge.

Mais qui étaient les hommes masqués armés de poignards, et qui les avait envoyés ?

Dans ce contexte, le Duc Cesare de Valentinois n'a pas été nommé. Le Pape ne changea pas d'attitude avec lui. Il l'avait toujours trouvé antipathique : certains disent qu'Il avait peur de lui[1]. Mais Il ne cessa pas d'avoir recours à ses services, Il continua à le voir, et à le décorer de toutes sortes de titres ; et Sa Seigneurie P.P. Alexandre VI était

1. « Il Papa ama ed e gran paura del figliulo duca. » – Alberi, Relationi III iii, 10.

bien trop magnifiquement invincible, bien trop consciente de Son pouvoir, pour ne pas avoir souffert du meurtre du mari bien-aimé de Sa charmante fille favorite. Un Pontife qui pouvait écraser à son gré des souverains régnants, et ne s'en privait pas, n'allait certainement pas craindre un simple duc. Le clergé continua à traiter comme toujours le Duc Cesare avec un profond respect. Et Madonna Lucrezia, jusqu'à la fin de la vie du Duc, garda avec lui des relations amicales; c'était pourtant elle que la mort du Prince de Bisceglia avait frappée le plus durement. Il est évident que les gens liés intimement au Duc Cesare ne le considéraient pas comme un assassin: en tout cas, la légende de sa culpabilité ne vient pas d'eux, mais de ses ennemis.

Le Duc Cesare n'avait aucun motif de commettre ce meurtre, à moins que l'on ne retienne la thèse de l'exécution privée, mais légale, c'est-à-dire celle de l'homicide autorisé. Mais par manque de toute preuve de strangulation, cette thèse peut être écartée avec tout le mépris qu'elle mérite.

Par contre, la Maison napolitaine des Sanseverini et la Maison romaine des Caïetani, qui avaient respectivement perdu la principauté de Salerno et le duché de Sermoneta donnés par le Pape et le Roi de Naples au prince Don Alonso de Bisceglia et de Salerne et à son fils le Duc Roderico de Sermoneta, avaient de bonnes raisons de le commettre. Est-il vraisemblable que les grands barons du XVe siècle (ou de tout autre siècle) se soient accommodés de la perte de leurs fiefs les plus chers, sans essayer de les récupérer d'une manière ou d'une autre? On peut donc en conclure que selon toute probabilité, le Prince Don Alonso fut victime d'une vendetta. Les assassins étaient des tueurs professionnels payés par les Sanseverini, les Caïetani, ou les deux à la fois; lorsque le forfait fut perpétré (et ici, le récit de Burchard est crédible), ils furent entourés par quarante chevaliers (des Sanseverini ou des Caïetani, bien sûr) et escortés hors de la ville par la Porta Pertusa, située derrière Saint-Pierre, soit par la porte la plus proche, afin d'éviter d'attirer l'attention des bargelli dans le Borgo ou le Trastevere; de là, ils obliquèrent vers le Sud, atteignirent la Via Portuense, et gagnèrent le Porto à vingt kilomètres de là, sur la rive droite du Tibre, en face de la forteresse d'Ostie qui appartenait au cardinal Giuliano della Rovere.

Lors du Huitième Consistoire du 28 septembre 1500, Sa Seigneurie P.P. Alexandre VI nomma dix cardinaux. Il s'agissait de:

(a) Don Jaime Serra, un Catalan, Vice-gérant de Rome, qui devint Cardinal-Presbytère du Titre de San Vitale;

(b)… Bacocz, un Hongrois, Chancelier de Hongrie, qui devint Cardinal-Presbytère du Titre de San Martino *ai Monti*;

(c) Don Pedro Isualles, un Sicilien, qui devint Cardinal-Presbytère du Titre de San Ciriaco *alle Terme Diocleziane*;

(d) Don Francisco de Borja, bâtard de Sa Seigneurie P.P. Calixte III qui avait vécu une vie retirée depuis sa naissance en 1441, et qui devint Cardinal-Presbytère du Titre de Santa Lucia *in Silice* alias *in Orfea*;

(e) Don Juan Vera, un Espagnol, archevêque de Saliterno, qui devint Cardinal-Presbytère du Titre de Santa Balbina;

(f) Alois Podachatarios, un noble de Chypre, Secrétaire Pontifical de Grèce, qui devint Cardinal-Presbytère du Titre de Sant'Agata *in Suburra*;

(g) Giovantonio Trivulzio, noble de Milan, élevé à la pourpre pour remercier le Roi Chrétien Louis XII, qui devint Cardinal-Presbytère du Titre de Santa Anastasia;

(h) Giambattista Ferrari, évêque de Modène, qui devint Cardinal-Presbytère du Titre de San Crisogono;

(i) Gianstefano Ferreri, abbé de San Stefano di Vercello, qui devint Cardinal-Presbytère du Titre de San Sergio e San Bacco;

(j) Marco Cornaro, frère de Madonna Caterina Cornaro, Reine de Chypre, qui devint Cardinal-Diacre de Santa Maria *in Portico*.

Étant donné les périls qui s'accumulaient à l'Est, Sa Sainteté P.P. Alexandre VI édicta une Bulle réclamant une nouvelle croisade; et adressa une lettre dans le même sens au Roi Chrétien Louis XII. Venise, menacée d'un péril immédiat, reçut Son aide sous forme d'argent et de troupes. Modon tomba aux mains des Infidèles; mais même ce désastre, qui justifiait l'exorde du Pape, ne suffit pas à réveiller les Princes chrétiens d'Europe de leur apathie, Sa Seigneurie P.P. Alexandre VI imposa alors une taxe progressive pour la croisade sur les revenus du Sacré Collège, chaque cardinal étant imposé sur le montant de ses bénéfices. Cette mesure, exemplaire, tout à fait justifiée, fut fort mal accueillie; car les cardinaux, comme les autres hommes, ont la bourse très sensible. Le Cardinal Raymond Perauld, auquel sa trahison avec Charles VIII avait été pardonnée, fut nommé Légat Apostolique en Allemagne, et chargé de corriger les abus entraînés par l'avarice et l'ambition des prélats allemands, à la grande honte de tous les gens sensés. Mais l'Empereur-Électeur Maximilien (lequel, dans un tableau d'Albrecht Durer qui se trouve au British Museum, est modestement intitulé Imperator

Caesar Divus Maximilianus Pius Felix Augustus[1] et, sur une gravure sur vélin qui se trouve dans le même musée, porte en plus des titres impériaux les titres de tous les souverains d'Europe, y compris *Rex Angliae,* bien qu'à cette époque le Roi Henri VII Tudor régnât sans problèmes sur ce pays) se souvint qu'en 1496, ses malencontreuses visées sur Venise n'avaient pas été saluées par une obséquieuse adulation ; il ne permit pas au Légat pontifical de pénétrer dans son Empire.

Cette année à Rome était l'Année Sainte, la dernière du XVe siècle, l'année du Jubilé. Le Saint Père étendit ce privilège à toute la Chrétienté ; et d'immenses pèlerinages de personnes de haut rang de tous les pays chrétiens (sauf l'Allemagne et la Suisse) arrivèrent toute l'année dans la Ville éternelle. Les aumônes des pèlerins accrurent considérablement le trésor papal ; sur l'ordre de Sa Seigneurie P.P. Alexandre VI, elles furent exclusivement consacrées à la pacification des États de l'Église en Romagne ; magnifique exemple de la prévoyance pontificale, qui assura les possessions du Saint Siège pendant trois cent soixante-dix ans, jusqu'en 1870. Avant la fin de l'année 1500, la gloire du Duc Cesare de Valentinois fut augmentée par le titre de Gonfalonière de la Sainte Église Romaine ; avec les amples fonds du Jubilé, il agrandit son armée en acquérant plusieurs escadrons de mercenaires français, pour une nouvelle expédition dans les provinces rebelles.

Pendant la première année du XVIe siècle, l'année 1501 après J.-C., le Légat apostolique, le Cardinal Raymond Perauld, parvint à un accord avec la Diète de Nüremberg ; le projet d'une croisade avança, avec la formation d'une nouvelle ligue de la Papauté avec Venise et

1. Titre irrémédiablement irrégulier. Le *Princeps* du Saint Empire Romain n'est proclamé par un héraut Caesar Romanorum Imperator Semper Augustus mundi totius universis dominis universis principibus et populis Semper Venerandus qu'après avoir été dénudé, oint, revêtu de la dalmatique consacrée, ordonné diacre, et couronné de la Couronne de Fer de Monza et du Diadème d'Or de l'Empire par le Souverain Pontife lui-même. Le titre est maintenant tombé en désuétude. Si le souverain appartient à la Maison de Souabe, l'usage veut qu'il aille à Monza ou à Sant'Ambrogio (Milan) pour la Couronne de Fer, et à San Giovanni Laterano (Rome) pour le Diadème d'Or. Mais les couronnements impériaux (s'il n'appartient pas à cette Maison) ont parfois lieu ailleurs, si le Pape y consent. Caesar Friedrich IV fut le dernier Empereur couronné à Rome. Caesar Francis II fut le dernier à porter la couronne impériale. Il y renonça en 1806, ayant pris le titre d'Empereur d'Autriche en 1804. Avant le couronnement par le Pape, on emploie le titre d'Empereur-Électeur ; et c'est tout ce à quoi Maximilien pouvait prétendre.

la Hongrie, les deux pays qui étaient à la merci des Infidèles ; il y eut également quelques victoires navales, avec la conquête de Santa Maura par l'évêque Giacopo de Pesaro.

Au printemps, le Duc Cesare marcha avec son armée renforcée sur Faenza. Les citoyens de cette ville avaient construit pendant l'hiver un bastion dans le couvent des Frères de l'étroite observance, en dehors des murs. Le douze avril, cette défense fut prise par le Duc, qui y installa un parc d'artillerie pour bombarder la citadelle. Les braves Faenzesi faisaient des sorties pour chercher du blé et du bétail : mais les effets de la famine commencèrent vite à se faire sentir (ce récit du siège est emprunté au Chanoine Sebastiano di Zaccaria). Les riches partagèrent leur pain et leur vin avec les pauvres. Quand l'argent pour payer les soldats fit défaut, les prêtres et les moines donnèrent leurs vaisselles sacrées. Les femmes prenaient part à la défense de la ville, jetant des pierres du haut des murs, ou renforçant les gabions avec des terrassements ; les plus audacieuses combattaient avec des casques, des piques et des arquebuses quand leurs maris dormaient. Les matrones priaient dans les églises. Garçons et filles couraient pieds nus dans les rues, implorant l'Aide Divine pour leurs pères embusqués sur les remparts. Le 18 avril, le sixième jour du siège, l'assaut fut donné. Le Duc Cesare avait prévenu les princes voisins ; et Don Alonso d'Este, l'héritier de Ferrare, accompagné de son frère héracléen, le juvenile et athlétique Cardinal Ippolito, était venu en hâte assister à l'attaque (il vaut la peine de signaler que lors de cette visite on parla d'un mariage entre la jeune veuve Madonna Lucrezia et Don Alfonso d'Este). L'assaut dura d'une heure à quatre heures de l'après-midi. Les assaillants souffrirent beaucoup des tirs d'arquebuses, des traits enflammés et des pierres que les assiégés leur lançaient, combattant intrépidement dans les débris fumants de leurs murs. Rien n'égalait la valeur de Faenza : mais les condottiere du Duc Cesare montrèrent également d'insignes preuves de vaillance. Don Taddeo della Volpe, d'Imola, atteint à l'œil par une flèche, l'arracha et retourna au combat, disant qu'il avait la chance de ne plus voir que la moitié du danger. Le Duc Cesare conçut une telle admiration pour le courage de ses ennemis qu'il déclara qu'avec une armée de Faenzesi, il entreprendrait joyeusement la conquête de toute l'Italie. Le 21 avril, pendant sept heures, l'artillerie bombarda la citadelle, qui n'était plus qu'un amas de ruines. Chaque nuit, un assiégé se glissait par-dessus les murs, et s'enfuyait dans le camp du Duc Cesare, terrassé par la famine et la fatigue du siège. La nuit du 22, un certain Bartolomeo

Grammante, teinturier de son état, s'enfuit d'un fortin où il était de garde, et alla voir le Duc, disant qu'il y avait des mutineries dans Faenza, que les munitions étaient épuisées, et proposant d'indiquer le moment favorable pour l'assaut. Le Duc Cesare fit pendre incontinent le traître près des murs de la ville, par respect pour les braves Faenzesi et leur admirable résistance. Trois jours plus tard, la ville céda. Le vainqueur proposa des conditions honorables : une complète liberté de mouvement pour le Tyran Don Astorgio Manfredi et ses proches ; l'intégrité de ses biens était garantie, ainsi que le paiement de ses dettes ; quant aux citoyens, tous leurs droits et leurs privilèges étaient confirmés.

Le 26 avril, les fonctionnaires municipaux se rendirent au couvent des Observantines, où logeait le Duc Cesare, et jurèrent le serment féodal de fidélité à leur suzerain, Sa Sainteté le Pape. À trois heures de l'après-midi arriva également Don Astorgio Manfredi, avec sa famille. Ce malheureux jeune homme n'avait que seize ans ; serviteur de ses propres sujets, c'était un orphelin dont le père, Don Galeotto Manfredi, avait été tué par sa mère, Madonna Francesca Bentivogli. Un chroniqueur vénitien dit de lui que c'était « un garçon maladif (*puto mal san*), mais beau au teint blond et rose » ; il était évidemment atteint de scrofule ; c'est ainsi qu'il apparaît dans son portrait du Palazzo Zauli-Naldi de Faenza, avec une expression de profonde mélancolie. Le jeune Tyran et son frère naturel, Don Gianevangelista Manfredi (qui avait quatorze ans, et qui avait eu un poste de commandement pendant le siège) furent reçus si courtoisement par le Duc Cesare qu'ils décidèrent de rester avec lui. Jusque-là, la conduite du Generalissimo paraît avoir été inspirée par une noble magnanimité.

Et ici, il y a un blanc, une lacune. L'histoire de Don Astorgio s'interrompt. Pendant des mois, malgré toutes les recherches, on n'entend plus parler de lui.

Quelque temps après leur capitulation, Don Astorgio et son frère furent emprisonnés dans le Môle d'Hadrien, dans l'appartement royal que Madonna Caterina Sforza-Riario avait laissé vide en partant en exil en France ; aucune explication n'a pu être fournie à ce sujet.

Il est permis de supposer qu'après que le Duc Cesare leur eut généreusement garanti leur totale liberté, quelque nécessité politique impérieuse apparut : Don Astorgio et Don Gianevangelista, gardés comme otages, pouvaient peut-être garantir la tranquillité de Faenza et empêcher une autre révolte. Le fait que le Duc Cesare ait manqué à sa parole n'est pas sans précédent dans l'histoire ancienne, moderne et contemporaine ; il s'agit d'un crime politique peut-être nécessaire, mais pour lequel il n'y a ni excuse, ni circonstance atténuante.

Mais plus tard, l'histoire finit en tragédie. On affirme que les deux garçons furent tués, et leurs corps jetés dans le Tibre. Les deux seules chroniques qui ont ici quelque valeur sont celles de Don Antonio Giustiniani, l'Orateur de Venise, qui se trouvait à Rome, et de Monsignor Hans Burchard, le Caerimonarius papal, qui se trouvait peut-être là ; bien que les originaux de ces chroniques, rappelons-le, n'aient pas encore été découverts.

Le premier écrivit à son gouvernement :

« *On dit* que cette nuit, les deux jeunes seigneurs de Faenza ont été tués avec leur valet et jetés dans le Tibre. »

Le second note dans son journal.

« Ils furent trouvés dans le Tibre, étouffés et morts ; le seigneur de Faenza, un jeune homme d'environ dix-huit ans, beau et bien fait, avec une pierre au cou, et deux jeunes gens attachés ensemble par les bras, l'un de quinze ans et l'autre de vingt-cinq ans ; près d'eux il y avait une femme, et plusieurs autres personnes. »

Il déclare aussi que les victimes flottaient sur le Tibre à la vue de tous.

Cette affaire a fourni la base d'une des calomnies lancées contre la Maison des Borgia. Les contemporains ne disent pas un mot impliquant celle-ci dans le crime ; mais les pseudo-historiens et les fabricateurs de fictions modernes qui n'accusent pas directement les Borgia considèrent le Duc comme coupable de manquement au devoir.

Les propos du Vénitien et de l'Allemand cités plus haut ne supportent pas un examen sérieux. Tout observateur rationnel et impartial aura noté que Giustiniani ne dit pas qu'il a vu tout cela de ses propres yeux. Il ne fournit pas d'information officielle : il rapporte un simple *on dit.* Mais le récit de Burchard, lui, est un miracle de précision teutonique à tout prix, et de manque de sens du ridicule. Il ne dit pas qu'il a vu les cadavres. Il ne base sur rien ses affirmations. Mais il ajoute à Don Astorgio et à Don Gianevangelista un jeune homme de vingt-cinq ans, une femme et plusieurs autres personnes ! Quelle confiance peut-on avoir en Burchard, en un témoignage à la fois impudent et non corroboré ? Il dit que le cadavre de Don Astorgio avait une pierre autour du cou, et que pourtant il flottait sur le Tibre à la vue de tous ! Comment un cadavre lesté d'une pierre peut-il flotter ? La densité du Tibre n'est pas celle de la Mer Morte ou des Bains de Droitwich Brine. Le Tibre est également un fleuve au courant notoirement rapide, beaucoup trop agité pour permettre à une foule de cadavres de flotter placidement à la vue de tous. De plus, il était exclusivement utilisé à des fins domestiques; tous les Romains, quel que fût leur rang social, s'y baignaient constamment: c'est là que nageait l'héracléen Cardinal Ippolito d'Este. En outre, selon leurs calomniateurs, les Borgia étaient intelligents, voire très rusés. Est-il vraisemblable que des hommes de bon sens offrent au Tibre une hécatombe d'assassinats, et cela à la vue de tous, avec pour tout contrepoids la seule pierre de Burchard? Et enfin, comment se fait-il que dans l'histoire de Faenza et de ces deux jeunes seigneurs, il n'y ait aucune allusion à la manière dont ils sont morts? Le très érudit Père Leonetti soutient à juste titre que l'histoire de ce meurtre n'est qu'une pure invention; que les scribes, avec Burchard et Giustiniani, n'ont vu aucun cadavre flotter; mais qu'ils se sont contentés, comme d'habitude, de jeter vilement l'anathème sur Sa Seigneurie P.P. Alexandre VI et sur le Duc Cesare de Valentinois.

Rappelons que Don Astorgio Manfredi était un «puto mal san», un garçon maladif ou scrofuleux. Rappelons combien il est facile de tuer des jeunes hommes robustes, entre leur quatorzième et leur dix-huitième année, en les privant de tout espoir et de toute joie. Considérons avec soin l'histoire pathétique de Don Astorgio Manfredi, dont nous n'avons donné qu'un bref extrait, et celle de son jeune frère, Don Gianevangelista; et l'on supposera tout naturellement que les deux garçons moururent d'une mort naturelle due à des défauts de constitution aggravés par leur emprisonnement à vie dans le Môle d'Hadrien.

Mais les ennemis des Borgia ont encore trouvé quelque chose de pire: l'abominable Messer Francesco Guicciardini de Florence, ce maquereau de la France, ce mignon des Gibelins de Colonna, ne manque pas de recourir à cette calomnie curieusement courante et invariablement inconséquente que la médiocrité, à toutes les époques, a jeté au visage du génie. Il écrit qu'«Astorgio ne fut pas tué avant d'avoir été utilisé, *dit-on,* pour satisfaire les passions d'une certaine personne». Sous la plume des historiens qui ont suivi Guicciardini, cette «certaine personne» est tout naturellement devenue Sa Seigneurie P.P. Alexandre VI. C'est en s'appuyant sur les dires de ce Guicciardini que des auteurs fort éloignés de la scène des événements, se sont permis bien longtemps après, d'agresser un vieil homme, un prêtre, la Tête de l'Église, et de l'accuser d'un acte aussi honteux qu'exécrable. Guicciardini a-t-il procédé au très difficile examen de ce cadavre problématique sur ordre médical? Il était inspiré, et fort vilement, par sa haine. Il n'a pas démontré les crimes du Pape. Il a seulement montré la fertilité d'une imagination monstrueusement malpropre et salace, le dévergondage d'un esprit gorgé des réminiscences de Tibère, de Néron et d'Héliogabale ! (*René, Comte de Maricourt*)

Sa Seigneurie P.P. Alexandre VI avait maintenant atteint l'apogée de Son magnifique pontificat. Une fois les États de l'Église lentement mais sûrement reconquis grâce aux splendides faits d'armes du Duc Cesare de Valentinois, une fois acquis le soutien du Roi Chrétien de France et du Roi Catholique d'Espagne (car ce dernier avait eu le bon sens d'arrêter de harceler le puissant pontife), une fois le Regno, avec son faible roi Don Federigo, devenu quantité négligeable, Elle pouvait tout faire pour enrichir la Papauté et agrandir la Maison des Borgia. Sa politique commençait à prendre forme. Le projet immense et magnifique qui semble avoir dicté Ses actions prenait une forme concrète. Le Pape avait dû affronter dès le début toutes sortes de difficultés ; et les difficultés, Il le savait sans doute, seraient toujours Son lot ; mais grâce à Sa patience, Sa souplesse d'esprit, Son talent diplomatique, la précision de Ses desseins et Son invincible et indomptable volonté, Il avait vaincu un par un Ses adversaires, ou s'en était fait des alliés qui Lui permettaient maintenant d'agir de manière indépendante, sur Sa propre initiative.

Il ne fit qu'une bouchée des barons rebelles de Rome. Il écrasa Don Pierfrancesco Colonna en l'excommuniant. Il confisqua les fiefs des Maisons de Colonna et de Savelli, qui appartenaient tous deux à la faction gibeline, et qui l'avaient défié en se rangeant aux côtés de Charles VIII et de l'infatigable Cardinal Della Rovere en 1494. Il distribua les titres et les biens ainsi acquis parmi les membres de la Maison des Borgia.

Le premier septembre 1501, Il édicta une Lettre légitimant le bâtard du Duc Cesare de Valentinois et d'une demoiselle romaine, né en 1498, et connu sous le nom d'Infans Romanus ; il l'appela Giovanni, comme son fils favori le Duc de Gandia, et lui donna le duché de Nepi. Mais par une seconde Lettre de la même date (Archives de Modène), Il déclare que ce Giovanni Borgia est le fils *non dudit Duc* (Cesare), *mais de NOUS et de ladite demoiselle.*

Il n'existe aucune explication de la contradiction entre ces deux Lettres. Il est toutefois certain qu'aucune tentation humaine ne pouvait induire un Pape à publier une déclaration comme celle de la seconde Lettre, à moins que la chose ne fût vraie ; et dans le cas d'un Pape aussi puissant que Sa Seigneurie P.P. Alexandre VI, aucun pouvoir supérieur ne pouvait le forcer à agir contre Sa volonté. En ce qui concerne le fait que l'une des Lettres est vraie, et l'autre fausse, rappelons qu'il existe une loi générale, une Proposition Nécessaire, selon laquelle « le plus contient le moins ». La chose était vraie. Sa Seigneurie P.P. Alexandre VI, à l'âge de soixante-sept ans, était le père de Don Giovanni Borgia, dont il fit le Duc de Nepi en 1501.

Sa Seigneurie P.P. Alexandre VI était une figure remarquable ; on ne saurait l'accuser d'avoir caché ses humaines faiblesses ; c'est pourquoi Elle terrifiera toujours les hypocrites, à toutes les époques. Rien au monde n'est aussi désagréable, aussi déconcertant, aussi amèrement détesté que la simple vérité nue.

Après la spoliation des Maisons de Colonna et de Savelli qui affaiblit à tel point les premiers barons du Saint Siège qu'ils n'apparaissaient plus dans l'histoire de ce pontificat, Sa Sainteté le Pape maria Madonna Lucrezia Borgia à Don Alfonso d'Este, l'héritier du Duc Ercole de Ferrare. Les noces eurent lieu après une année de veuvage. Madonna Lucrezia était maintenant l'épouse d'une altesse royale allant bientôt monter sur le trône ; adorée par les pauvres à cause de sa charité sans limites, par les gens cultivés à cause de son intelligence, par sa famille à cause de son aimante loyauté, par son mari parce qu'elle était une épouse et une mère parfaites, par tous à cause de sa transcendante beauté et de son nom sans tache. Pourquoi les historiens et les peintres modernes se sont-ils plu à représenter cette perle d'entre toutes les femmes comme une « ménade empoisonneuse », comme une « bacchante vénéneuse » plongée dans de révoltantes turpitudes anti-naturelles ? Voilà une énigme pour laquelle il n'existe aucune clef. Si la physionomie est un indice du caractère, l'examen le plus superficiel de l'effigie de Madonna Lucrezia Borgia devrait plonger ses calomniateurs dans une honte infinie. Dans ce profil simple, aux traits nettement dessinés, délicats et raffinés, dans ces contours chastes si bellement arrondis, si tendrement frais et féminins, dans le port de cette tête flavienne si bien balancée, si noblement franche, on ne trouve aucune trace de décadence ou de dégénérescence. Il y a à la Bibliothèque Ambrosienne de Milan une longue tresse de ses beaux cheveux blonds, brillants et pâles ; et avec elle des lettres érudites adressées à un poète cultivé, le Cardinal Pietro Bembo, qui lui avait dédié un dialogue génial sur le platonisme en Italie, et une élégie en latin louant son chant et sa récitation :

« quicquid agis, quicquid loqueris, delectat : et omnes
« praecedunt Charites, subsequiturque decor ;

avec une épigramme sur le bracelet d'or en forme de serpent qu'elle portait :

ARMILLA AUREA LUCRETIAE BORGIAE FERRARIAE
DUCIS IN SERPENTIS EFFIGIEM FORMATA

« Dypsas cram : sum facta, Tago dum perluor, aurum
« tortile nympharum manibus decus ; at memor dim
« Eridani, audita que tua Lucretia forma,
« Eliadum ne te caperent clectra tuarum,
« gestandum carae fluvius transmisit alumnae.

Un autre poète encore plus célèbre, le limpide Arioste, célébra Madonna Lucrezia comme « une seconde Lucrèce, plus brillante par ses vertus que l'étoile de la royale Rome ». Et même un écrivain moderne de la taille de John Addington Symons (qui, dans sa « Renaissance », accepte généralement les calomnies contre les Borgia tout en les réfutant de mauvaise grâce dans ses notes en bas de page) déclare :

« Étaient-elles [les calomnies] vraies, ou ne s'agissait-il que de mensonges malveillants ? Les spéculations physiologiques, ici, nous aideront peu. *Lucrezia montrait tous les signes d'une conscience nette* ». En effet. Il est donc juste et raisonnable de penser que cette dame très calomniée avait une conscience nette ; et il faut cesser d'ajouter aux vilenies qui ont été jetées, jusqu'à aujourd'hui, sur sa lumineuse mémoire. Prenons acte du fait que Herr Gregorovius, brillant écrivain, érudit laborieux, allemand protestant, ennemi acharné et peu scrupuleux de la papauté et de la Maison des Borgia, a réfuté toutes les accusations contre Madonna Lucrezia, fait taire tous les soupçons. Dans son œuvre géante[1], consacrée entièrement à son histoire, il a montré qu'elle avait été la victime d'inventions dues aux plumes mercenaires des ennemis de son Père.

Il serait contraire à la nature humaine que les Colonna et les Savelli aient accepté humblement la confiscation de leurs fiefs. Il était pour eux hors de question de résister par les armes. Les chefs de ces Maisons ne sauvèrent leurs vies qu'en partant en exil dans l'Allemagne mécontente ; mais il leur restait une arme, le dernier recours des hommes sans scrupules. Ils pouvaient utiliser les pamphlets, les libelles, les épigrammes.

1. Gregorovius F., *Lucrezia Borgia*.

Dans la Région de Monti (le plus grand district de Rome, qui comprend trois des sept collines, le Quirinal, l'Esquilin et le Coelius), habitée par la faction des Colonna, il y avait une statue antique représentant une divinité des eaux, que les Romains appelaient Marforio. Dans la Région de Parione, près de la Piazza Navona, au cœur de la ville médiévale, il y avait aux abords du Palazzo Braschi, une autre statue antique que les Romains appelaient Pasquino ; selon eux, le Livre de la Sagesse était enterré pour l'éternité sous cette statue. Et ils prétendaient que ces statues parlaient entre elles des affaires du moment, produisant des épigrammes dans l'obscurité de la nuit, épigrammes que l'on trouvait écrites sur leurs piédestals le matin. Toute personne voulant nuire à un ennemi pouvait utiliser cette convention ; et un volume entier ne contiendrait pas les pasquinades (ecce nomen) spirituelles, cyniques, caustiques, que l'on a trouvées du XVe au XXe siècle sur les deux statues. Cette manière de déverser ses humeurs ne fut pas négligée par les Colonna et les Savelli. Pasquino devint bavard, amer, rusé, oh combien rusé ! On citera ici une épigramme comme exemple des accusations portées contre sa Sainteté le Pape ; cette épigramme fait allusion à sa prétendue élection simoniacale, à une époque où il créait des impôts ou des prêts forcés pour la croisade, où il taxait les revenus des fiefs et des bénéfices :

ALEXANDRE VEND LES CLEFS, LES AUTELS, LE CHRIST.
Il LES A ACHETÉS ; ET IL A LE DROIT DE LES VENDRE.

Mais la plus virulente de toutes les attaques anonymes fut un pamphlet intitulé *Lettre à Silvio Savelli,* qui prétendait venir du camp espagnol de Tarente. Il dénonçait à l'Empereur-Électeur Maximilien et aux souverains d'Europe les crimes censés avoir été commis par Sa Seigneurie P.P. Alexandre VI, le Duc Cesare de Valentinois et Madonna Lucrezia Borgia d'Este : perfidie, carnage, rapine, adultère, inceste, hérésie de Bulgarie, simonie, assassinat. Les hommes qui ont observé la rageuse inconséquence, la grotesque impossibilité, la vilenie qui caractérisent le traitement réservé parfois aujourd'hui à l'Angleterre comprendront jusqu'à quels excès pouvait mener cette fureur envieuse. Les hommes du siècle qui lisent cette littérature dégénérée peuvent y attacher une importance aussi imméritée que celle que le XXe siècle attache à la *Lettre à Silvio Savelli* du XVe siècle. L'humanité, avec quelques légères différences extérieures, est la même à toutes les époques. Les Borgia n'étaient que des hommes, des femmes, des garçons, des filles ; et les accusations portées contre eux sont infiniment trop monstrueuses pour être vraies. La Nature se serait terriblement vengée de semblables violations de Sa loi.

Sa Seigneurie P.P. Alexandre VI lut la *Lettre à Silvio Savelli.* Il est rapporté que Sa Sainteté daigna rire de bon cœur avec Ses courtisans de l'absurdité exagérée de la satire. Quant à sa verdeur, les Romains ont toujours apprécié la *simplicitas* et *l'urbanitas* du discours, c'est-à-dire les viles grossièretés et les plaisanteries fortes. Quant à s'en offenser... eh bien, le Consul Caius Julius Caesar fut amusé par le petit couplet grincheux de Caius Valerius Catullus et l'invita à dîner; Sa Seigneurie P.P. Alexandre VI avait vécu de trop nombreuses années en Italie pour ne pas avoir pris la juste mesure des Milanais, des Florentins, des Vénitiens et des Napolitains; Elle était tout à fait capable d'apprécier à sa juste valeur l'extravagance des louanges ou celle des blâmes. Avec sa magnificente dignité de tempérament, Elle déclara que régnait à Rome la liberté de parole; et qu'Elle ne se souciait point des libelles dirigés contre Elle. (Costabili au Duc de Ferrare, premier février 1502). S'ils étaient spirituels, ils l'amusaient; si leur langage était distingué, ils lui plaisaient; voilà tout.

Le Duc de Valentinois n'était point d'humeur aussi libérale. Vers la fin du mois de novembre, après la publication de la *Lettre à Silvio Savelli,* un certain Messer Girolamo Manciano, Napolitain, fut arrêté dans la Région de Borgo et accusé d'avoir publié des épigrammes calomnieuses contre le Duc, épigrammes qui prouvaient qu'il était l'auteur de la fameuse *Lettre.* Sa main droite et sa langue furent promptement tranchées. Deux autres diffamateurs employés par la dynastie aragonaise (comme Pontano et Sannazar, le « Virgile chrétien ») pour se moquer des Borgia subirent le même sort; quand l'Orateur de Ferrare parla d'eux au Pape, celui-ci répondit: « Que pouvons-nous faire? Le Duc veut agir droitement. Mais il ne sait pas supporter les insultes. Nous lui avons souvent conseillé de suivre Notre exemple, et de laisser la populace dire ce qu'elle veut; mais il Nous a répondu avec colère qu'il avait l'intention de donner à ces écrivaillons une leçon de bonnes manières. » C'est le bon cœur du Pape qui parlait ici. Le Duc ne faisait qu'exécuter les lois avec sévérité; lois que le Législateur serait mal venu de négliger. De plus, comme l'offense était dirigée contre la personne du Législateur lui-même, il Lui était possible de recommander en privé la clémence; et c'est ce qu'il fit. Personne n'aurait pu faire davantage.

Ayant rejeté le joug despotique de la Maison des Médicis et adopté une constitution républicaine, Florence était en paix avec le Saint

Siège. Après la capitulation de Faenza, le Duc Cesare de Valentinois devint Duc de Romagne. Le Roi Don Federigo de Naples, craignant le danger que représentait une alliance entre la Papauté et la France, fit courir la rumeur que le Duc avait l'intention de conquérir Florence et l'annexer aux États pontificaux; pour s'attirer les faveurs du Pape, il proposa que la Toscane soit transformée en un royaume dont le souverain serait le Duc Cesare de Valentinois. Cette tentative de dévier vers le Nord les conquêtes du Saint Siège n'eut aucun succès. Si le Duc Cesare avait jamais pensé à envahir la Toscane, il ne fit aucun effort en ce sens. Au contraire, c'est le Regno qui était l'objet de ses attentions. On avait maintes fois donné toutes ses chances à ce royaume; on avait conclu avec lui des alliances diplomatiques et matrimoniales; mais il continuait à être une épine dans l'œil de la papauté; ses souverains étaient vicieux et traîtres, son peuple dangereux et dégénéré. Sa Seigneurie P.P. Alexandre VI signa un traité avec le Roi catholique d'Espagne et le Roi chrétien de France, pour diviser le royaume de Naples. Les trois signataires avaient chacun leurs propres prétentions: Sa Sainteté le Pape se considérait suzeraine de certains fiefs et tyrannies, comme Benevento et Tarracina; le Roi chrétien Louis XII se considérait comme le représentant de la dynastie angevine; le Roi catholique Don Hernando estimait qu'il était le chef légitime de la Maison d'Aragon. Peu de temps après, le Roi Don Federigo de Aragona s'enfuit en exil; son royaume fut divisé et donné à la France et à l'Espagne.

En 1502, les plans de Sa Seigneurie P.P. Alexandre VI pour la défense de la Chrétienté connurent à la fois des échecs et des succès. L'Empereur-Électeur Maximilien revint de mauvaise grâce sur son interdiction; et le Cardinal Raymond Perauld, en qualité de Légat du Pape, prêcha la croisade dans l'Empire. Mais la Hongrie trahit la ligue qu'elle avait constituée avec Venise et la Papauté un an auparavant; et Sa Majesté le Roi d'Angleterre, le Roi Henry VII Tudor, refusa d'apporter son aide. Cette dernière défection s'explique peut-être par la situation difficile du royaume; des révoltes avaient ravagé le pays, celle de Lambert Simnel en 1487 et celle du Duc Richard Plantagenet de York (vulgairement appelé Perkyn Werbecke) en 1494-1499. Dans les deux cas, c'était la Bourgogne qui les avait fomentées pour ébranler la Maison des Tudor.

Le mouvement en faveur d'une réforme ecclésiastique se développait lentement. Comme sous le règne de Sa Seigneurie P.P. Calixte III, l'Allemagne protestait toujours contre les pratiques de la Chancellerie papale; et elle avait quelques bonnes raisons de le faire. Comme autrefois, l'exigence d'une réforme avait des origines troubles. Elle n'était ni authentique, ni sincère ; il s'agissait seulement d'une sorte de chantage. Toutefois, Sa Seigneurie P.P. Alexandre VI y était assez disposée, et sur les conseils du Cardinal Francesco de'Piccolhuomini, Elle examina cette idée comme elle le méritait. Mais se souvenant que ce Très Illustre Seigneur était un neveu de Sa Seigneurie P.P. Pie II (Lequel, dans ses jeunes années, avait assisté au Concile de Bâle) et qu'Il avait la réputation d'être un « concilionista », c'est-à-dire quelqu'un pour lequel le grand remède aux maux de l'Église n'était pas un Pape, mais un Concile, le Suprême Pontife décida d'attendre jusqu'à ce qu'Il voie les choses plus clairement. En un sens, Sa Sainteté le Pape se leurrait Elle-même ; car le Cardinal Francesco de'Piccolhuomini (qui Lui succéda sous le nom de Pie III) était « au-dessus de tout soupçon », à la différence de la femme de César. Pour les affaires courantes, lorsqu'il n'est pas convenablement conseillé, un Pape fait bien d'hésiter. Certes, en matière doctrinale, Sa position est sûre ; mais comme on l'a déjà dit, un Pape bien conseillé dans le domaine des affaires séculières vaut mieux qu'un Pape mal conseillé. Ne voyant aucun moyen d'assurer une réforme permanente, Sa Seigneurie P.P. Alexandre VI décida d'attendre. Le fruit n'était pas mûr. Le moment psychologique n'était pas encore arrivé. Il valait mieux attendre, laisser les choses prendre forme d'elles-mêmes ; et de fait, quand l'heure de la réforme fut venue, il y eut le majestueux Concile de Trente. Le monde doit en tout cas aux Borgia les Décrets de Trente, décrets qui régissent encore à ce jour l'Église Catholique Romaine.

En cette année 1502, le Duc Cesare de Valentinois della Romagna escorta Sa Seigneurie P.P. Alexandre VI jusqu'à Piombino, et fit une traversée triomphale des États récemment conquis ; il montra à Sa Sainteté que depuis cette ville, Elle pouvait menacer les Républiques de Venise, Sienne, et Florence, ainsi que les tyrannies de Bologne et de Ravenne (cette dernière étant marquée par la guerre interminable qui opposait les Sforza et les Pasolini dell'Onda[1]). Les principaux États indépendants payaient un tribut au Duc Cesare. Par un acte de trahison assez laid, il s'empara des duchés d'Urbino et de Camerino, obligea le Duc à l'exil, proclama une amnistie, et l'observa avec ses

1. L'auteur de cet ouvrage a assisté à la réception offerte en toute amitié par les Sforza d'aujourd'hui à un Pasolini dell'Onda, venu pacifiquement obtenir quelques informations pour son livre consacré à Madonna Caterina Sforza-Riario. Exemple singulier de la manière dont l'ordre ancien change et laisse place à un ordre nouveau.

pires ennemis : mais il fit pendre tous ceux qui l'avaient trahi, car s'il aimait la trahison, il détestait les traîtres[1]. Le duché de Camerino fut donné au Duc Giovanni Borgia de Nepi et Camerino, âgé de quatre ans.

Le Roi chrétien Louis XII considérait cette année-là avec envie les triomphes impressionnants du Duc Cesare ; il laissa entendre, en réclamant un Concile général, qu'il voulait freiner la politique de Sa Seigneurie P.P. Alexandre VI. Un mannequin de ce Roi, portant son effigie avec les lys de France et la légende *Perdam Babylonis Nomen,* fit grande sensation à Rome[2]. Mais les motifs français ne sont jamais désintéressés. Au moment où une Puissance remportait des succès en versant son sang et son argent, la France, prétentieuse et incompétente, *cane che abbaia non morde,* réclama une part de ce qu'elle n'avait jamais cherché à obtenir de vive lutte, n'avait jamais espéré gagner ; elle réclama, avec quelle inconséquente impertinence, ce qu'elle appelait une « compensation » ! La Sainte Église Romaine, sous le règne de Sa Seigneurie P.P. Alexandre VI, était en meilleure position qu'elle ne l'avait jamais été ; mais l'élection de Sa Sainteté servait toujours à exercer un chantage. Toutefois, le Duc Cesare était le Generalissimo d'une énorme armée. Outre les quatre mille condottieri et les trois cents lanciers avec lesquels il avait commencé sa campagne, il avait enrôlé les milliers de mercenaires des Tyrans qu'il avait dépossédés, et recrutait des hommes dans toute l'Italie ; les meilleurs guerriers se mettaient joyeusement au service de ce général fortuné. À cela s'ajoutait encore un bataillon étranger de trois mille cinq cents fantassini (infanterie), piquiers et arbalétriers, tous des Français. Le Roi chrétien connaissait bien leur valeur. II fut donc assez sensé pour ne rien entreprendre qui puisse aggraver sa propre situation. De fait, il souhaitait tellement montrer son désir de paix qu'il proposa finalement – lui, le Roi chrétien de France, le représentant de la dynastie angevine – de renoncer à ses prétentions sur le royaume de Naples au bénéfice du Duc Cesare de Valentinois della Romagna. Il ne voulait pas obtenir un Concile général au prix de la conquête de la France, et préférait qu'un souverain Borgia (si un tel personnage devait exister) règne à Naples plutôt qu'à Paris.

La Romagne bénéficiait d'un gouvernement fort et honorable ; la loi – la loi martiale, certes, mais quand même la loi – y était enfin

1. « Per dar ad intender a tutti che I Signor over Signori hanno appiacer del tradimento, ma non del traditore. » Priuli, XXVI, juillet 1502.
2. Costabili au Duc de Ferrare. Rome, XI Aug. 1502.

observée. L'armée du Duc Cesare était la seule grande armée d'Italie. Représentant le Pape, il régnait souverainement dans l'Italie du Centre, là où aucun Pontife n'avait eu d'autorité directe pendant des siècles. Il était détesté par les grandes Maisons baroniales qu'il avait ruinées, dont il avait tué les héritiers ; mais il ne déplaisait pas aux peuples sur lesquels il régnait. La chose n'avait rien d'extraordinaire ; car la populace adore toujours l'homme puissant et impassible, le despote rigide et sans peur, l'autocrate conquérant qui apporte la paix et la sécurité. Le Duc Cesare ne prit pas contre ses vassaux rebelles des mesures différentes de celles prises par ses contemporains, Louis XII de France, Hernando d'Espagne, Henry VII Tudor d'Angleterre. Il fut seulement plus précis et plus systématique. Tous les souverains contemporains le félicitèrent. Le Duc était cruel ; presque autant que son splendide parallèle du XIXe siècle ; et autant décrié et ardemment haï ; mais il était juste, d'une justice qui dominait le fade système humanitaire du compromis (qu'il est aujourd'hui à la mode d'applaudir) comme le soleil les étoiles. Il parcourait sans cesse ses domaines pour contrôler la restauration de l'ordre, consolider ses victoires. Il écrasait impitoyablement la plus petite trace d'opposition. C'était en vérité une hydre aux cent têtes qu'il devait affronter. À chaque passage dans une ville, il laissait un gouverneur, un homme sanglant, un géant impitoyable, digne de la tâche qui l'attendait ; car cette tâche était dangereuse. Il fallait ici des hommes au cœur trois fois cadenassé dans un coffre de bronze, puisqu'en Romagne, la vie d'un homme n'était dans ses propres mains que tant qu'elle n'était pas dans celles d'un autre. Messer Lionardo da Vinci, ce « sceptique scientifique », devint son ingénieur en chef et le maître d'œuvre de ses fortifications. Messer Niccolo Machiavelli disait que parmi tous les Princes, il ne pouvait découvrir une Figure aussi rayonnante, aussi vigoureuse que le Duc Cesare. Les quartiers-généraux du Duc se trouvaient à Cesena ; et le même Messer Niccolo Machiavelli – le seul homme qui connut jamais le véritable Cesare (dit Borgia) face à face, âme à âme – avisa la Signoria de Florence qu'un Orateur à Cesena serait plus utile à la République qu'un Orateur à Rome. Lors qu'il était absent de son quartier général, le Duc Cesare laissait Messer Ramiro d'Orco comme gouverneur. Cesena était un nid de brigands. Messer Ramiro d'Orco était un gouverneur qui opposait à cette racaille l'acier de ses hommes et celui de sa propre volonté.

C'était l'hiver 1502. Une couche épaisse de neige recouvrait la campagne autour de Cesena. Dans la Citadelle, le gouverneur soupait près de la cheminée, où des bûches géantes se consumaient et crépitaient. Des hallebardiers montaient la garde ; sur les murs, des torches de cire brûlaient dans leurs socles, car le soleil était couché, et la première heure de la nuit était venue. Messer Ramiro d'Orco demanda du vin ; un page apporta du buffet un flacon tout frais. En arrivant, il se prit les pieds dans les joncs qui couvraient le sol, glissa sur le pied d'un garde, et le flacon, dans sa chute, éclaboussa de vin la cheville de Messer Ramiro d'Orco. Le monstre n'hésita point. Il prit le garçon par la ceinture, le précipita dans les flammes et, s'emparant de la hallebarde la plus proche, cloua aux bûches enflammées son corps contorsionné. Les cheveux du jeune homme s'embrasèrent instantanément. Ses jambes minces s'agitèrent violemment en l'air et retombèrent inertes. Chausses et justaucorps se recroquevillèrent dans les flammes, la chair blanche se mit à siffler et noircir. Puis seul un petit tas de cendres montra l'endroit où un jeune garçon venait de mourir ; l'odeur de la chair humaine brûlée se mélangea au fumet des viandes. Messer Ramiro d'Orco demanda de nouveau du vin, l'air impassible et ennuyé. Il était gouverneur de Cesena ; il n'avait fait que châtier un valet maladroit.

Tel est le genre d'homme qui pouvait dompter la Romagne ; on comprendra facilement qu'en agissant de cette manière, et par ailleurs doté des pleins pouvoirs, Messer Ramiro d'Orco réussit à imposer dans la région un état de relative tranquillité, ce qui lui donna l'occasion de développer ses ambitions d'une manière qui lui fut finalement fatale. Car même la grossière Cesena était horrifiée par ce monstre.

Le Duc Cesare agissait selon le principe qu'il vaut mieux être craint qu'aimé – *si l'on doit choisir* : mais il savait aussi qu'il y a des limites qu'aucun gouvernant avisé ne doit dépasser. Il connaissait l'art suprême de savoir s'arrêter à temps. Des rumeurs au sujet des atrocités de Messer Ramiro d'Orco atteinrent ses oreilles. Tôt ou tard, la haine provoquée par les crimes de son représentant allait se retourner contre lui. Il n'avait jamais reculé devant ses responsabilités. Endosser l'auréole de la sinistre gloire de Messer Ramiro d'Orco ne lui convenait pas. Et il y avait d'autres choses encore.

Le 22 décembre, alors que le soleil couchant jetait de longues traînées de lumière sanglante sur la neige, le Duc Cesare se rendit sans crier gare à Cesena avec une escorte de lanciers. Les Cesenesi (qu'il avait domptés au point qu'ils lui faisaient la révérence au seuil de leurs portes) purent tout juste voir des cottes de maille étincelantes passer et les bannières des Borgia franchir au galop le pont-levis de la citadelle. Messer Cipriano di Numai, le secrétaire du Duc, courut à la maison de Messer Domenico d'Ugolini chercher le gouverneur. Messer Ramiro d'Orco fut arrêté et conduit devant son chef.

Pareille nuit, pouvait-on conjecturer, était propice à l'accomplissement de certains actes. S'agissait-il d'une nouvelle vengeance ? De nouveaux impôts ? D'autres horreurs ? Personne ne le savait.

Le lendemain matin, des lettres-patentes furent envoyées à toutes les villes de Romagne, proclamant que le Duc Cesare avait fait arrêter le gouverneur Messer Ramiro d'Orco, accusé d'innombrables fraudes, d'actes barbares et autres crimes. Les plaintes des opprimés avaient touché le Duc, ennemi naturel des exactions, de l'avarice et de la cruauté. Ayant libéré les citoyens de la terreur qui régnait avant lui, il ne souhaitait point en imposer une autre. Les lettres de patente s'achevaient par cette phrase :

« Que pour rendre justice à Nous-Mêmes et à toutes les personnes maltraitées, et pour donner un exemple salutaire à tous Nos serviteurs présents et futurs, Messer Ramiro d'Orco sera jugé sur la base des dépositions rassemblées contre lui ».

Le jugement ne fut pas long. Soumis à la torture de la question, l'horrible ruffian admit la vérité de ces dépositions ; il s'accusa lui-même d'avoir vendu les dépôts de blé de la province à des prix qu'il avait lui-même fixés, à tel point que le Duc Cesare ne put éviter une famine qu'en important des vivres de l'étranger. Enfin, Messer Ramiro d'Orco reconnut qu'il conspirait avec les Orsini pour leur livrer la ville de Cesena ; avec Don Vitellozzo Vitelli, Tyran de Citta di Castello et Don Oliverotto da Fermo, pour faire assassiner le Duc Cesare par un arbalétrier. Les citoyens de Cesena qui passaient ce matin-là sur la petite place située devant la citadelle pour se rendre à la première messe de Noël purent voir un spectacle réjouissant : la justice du Duc. Ils virent au milieu de la neige une hache scintillante fichée dans un bloc de bois. Ils aperçurent d'un côté un corps décapité, vêtu de riches atours, gisant sur une natte couverte de sang. Et de l'autre côté, la tête de Messer Ramiro d'Orco au bout d'une pique.

Tous les chroniqueurs de l'époque félicitent le Duc Cesare d'avoir délivré ses sujets d'un subalterne tyrannique, cruel et rapace ; Machiavelli rapporte que Son Excellence se plut à montrer qu'il avait le pouvoir de faire et de défaire des hommes. Lorsqu'il voulait enseigner quelque chose à ses sujets, le Duc Cesare avait recours au sens de la vue. Il montra aux gens de la Romagne son pouvoir, sa justice, son énergie infatigable et omniprésente. Il n'est pas étonnant qu'on le considérait comme un surhomme. Désormais, un gouverneur plus clément régna dans la citadelle de Cesena.

Le Duc Cesare quitta Cesena à la fête de Saint-Étienne, et arriva à Pesaro le 28 décembre, où il apprit que les conspirateurs dénoncés par Messer Ramiro d'Orco (à l'exception des Baglioni de Pérouses, de Don Giulio et Don Giovanni Orsini, qui se trouvaient à Rome avec le Cardinal Giambattista Orsini et d'autres prélats de leur faction) étaient à Sinigaglia, forteresse qu'ils étaient censés assiéger pour le compte du Duc; ils lui avaient envoyé un messager pour annoncer qu'ils s'étaient emparés de la ville, mais que le gouverneur ne voulait livrer la citadelle qu'au Generalissimo. Le Duc Cesare envoya à son tour des courriers, annonçant son arrivée avec de l'artillerie.

À l'aube du jour de la Saint-Sylvestre, le trente et un décembre, il fit son apparition devant Sinigaglia... Son confident, le capitaine Don Michellotto, conduisait une avant-garde de deux cents lanciers. Le Duc Cesare suivait, avec trois mille cinq cents condottieri italiens et autant de soldats étrangers. À la porte de la ville, Don Michellotto arrêta sa cavalerie sur le pont; l'infanterie défila entre ses rangs et pénétra dans la cité où les forces de Don Oliverotto da Fermo paradaient. Don Paolo et Don Francesco Orsini (Duc de Gravina) étaient également présents, avec Don Vitellozzo Vitelli, qui portait un manteau d'hermine et montait une mule comme un cardinal. Le Duc Cesare parut content de les voir, et leur permit de lui baiser les mains à la manière française. Le caractère atroce de ces brigands a déjà été évoqué.

Le Duc Cesare engagea la conversation avec eux, et se mit aux côtés de Don Francesco Orsini et de Don Vitellozzo Vitelli. Quand ils arrivèrent au palais qu'il allait occuper, les quatre hommes se disposèrent à prendre congé; mais il leur pria de rester dîner et d'assister à certaines délibérations. Dès qu'ils eurent franchi le seuil du palais, les gentilshommes du Duc les firent prisonniers.

Messer Niccolo Machiavelli, le représentant officiel de la Signoria de Florence auprès du Duc Cesare (poste équivalent à celui d'attaché auprès d'une armée en campagne) arriva à Sinigaglia à la fin de la journée; il trouva la ville pleine de mercenaires ducaux qui désarmaient les troupes des conspirateurs et pillaient quelques boutiques vénitiennes. Il s'apprêtait à se rendre au palais pour obtenir des nouvelles, quand le Duc Cesare en sortit armé de pied en cap et lui dit: « la chance m'a souri, et j'ai su la saisir; et je viens de faire une chose qui devrait fort réjouir votre Signoria». Puis il s'éloigna au galop remettre un peu d'ordre parmi ses troupes turbulentes.

Pendant la nuit, le sort des conspirateurs fut décidé. Par déférence pour leur rang, les deux Orsini devaient être envoyés à Rome et jugés conformément à la loi ; entre-temps, ils seraient gardés au palais de Sinigaglia. Le procès des autres commença immédiatement. Soumis à la torture de la question, ils montrèrent bientôt de quelle pauvre étoffe ils étaient faits. Don Oliverotto da Fermo, l'assassin à la blanche livrée, se mit à pleurer et à reprocher à Don Vitellozzo Vitelli de l'avoir trompé – pauvre agneau innocent – en le poussant à intriguer contre le Duc Cesare. Le premier jour de la nouvelle année 1503, à quatre heures du matin, ils furent cérémonieusement étranglés dans la cour du palais. Tandis que Don Vitellozzo se débattait entre les mains de son bourreau et agonisait lentement, on pouvait voir son visage noircir et ses yeux sortir de leurs orbites ; dans le même temps, il demandait à grands cris au Duc Cesare de bien vouloir implorer Sa Seigneurie P.P. Alexandre VI de lui accorder l'absolution après sa mort et une indulgence plénière ; finalement, la corde rouge (privilège baronial) broya son gosier et réduisit au silence sa langue tuméfiée.

Un exemple de ce genre ne peut laisser aucun doute sur le fait que malgré tout ce qu'on a pu alléguer à propos de son élection simoniaque, le Pontifex Maximus de Rome était considéré implicitement et explicitement comme le Vice-Gérant de Dieu, comme le Vicaire Terrestre du Christ, par le plus infâme des hommes. Que penser alors de la majorité des hommes de bien ?

Les corps furent enterrés dans la chapelle de l'hospice de la Miséricorde, la Fraternité de la Pitié, dont l'une des obligations est de s'occuper des criminels condamnés à la peine capitale.

Ce récit du *colpo-di-stato* de Sinigaglia diffère de ceux auxquels le monde a été habitué. On a dit que lorsque Messer Niccolo Machiavelli retourna à Florence, on le persuada de fournir un témoignage différent de celui qu'il avait fourni précédemment en se basant sur ses propres observations. Selon cette seconde version, il n'y avait pas de conspiration ; les brigands Vitelli et da Fermo auraient simplement été tués sur l'ordre du Duc. C'est l'immonde Messer Francesco Guicciardini qui a prostitué sa plume d'or pour enregistrer cette prétendue version de Machiavelli, qui a fini par être considérée comme l'histoire véritable.

« Le Duc Cesare de Valentinois, souverain reconnu de la Romagne, faisait juger ses sujets coupables de haute trahison : en tant que chef de l'État, il condamnait les assassins qui cherchaient à le tuer ; en tant que generalissimo, il punissait les inférieurs rebelles et coupables de trahison. On sait par d'autres sources que ces deux barons n'étaient que des brigands aux mains souillées de sang, et que leur mort fut une véritable délivrance pour l'Italie. Sans insister sur ce point, et si l'on affirme que la procédure du Duc Cesare a été détestable – la capture par ruse et l'exécution sommaire –, on doit souligner que partout, à toutes les époques, les criminels ont été capturés par tous les moyens possibles et que les tribunaux militaires n'ont jamais perdu leur temps avec de longues formalités. Il y eut accusation, jugement et exécution, de manière rapide, mais légale. Nous pouvons bien appeler l'action du Duc Cesare un coup d'État. Il n'est pas plus blâmable que l'Empereur Napoléon III, qui fut bruyamment applaudi en 1852. Il n'est pas non plus nécessaire, pour le justifier, d'alléguer les coutumes barbares de l'époque ; car nous serions forcés de rappeler qu'au XIXe siècle, notre héros national fit enlever en temps de paix et en territoire étranger, emmener à Vincennes et, après un simulacre de procès, exécuter comme un chien dans les fossés du château un innocent qui était un prince français de sang royal (le Duc d'Enghien). Et pourtant, personne n'a jamais osé comparer l'Empereur Napoléon Premier à un Borgia ! » (*René, Comte de Maricourt*)

Les nouvelles arrivèrent à Rome dans la nuit du 2 janvier. Le coup avait été frappé avec une telle célérité qu'il était matériellement impossible au Pape Alexandre VI d'en être le complice.

Dans la ville Éternelle, l'année avait commencé avec la cérémonie appelée l'Ubbedienza, dans laquelle les cardinaux renouvellent leur vœu de fidélité au Pape, comme autrefois les sénateurs romains juraient fidélité au Princeps à chaque premier jour de l'Année nouvelle. Un cardinal qui se déroberait à cette obligation – sauf pour quelque raison valable – provoquerait un scandale aussi grand que celui que P. Thrasea Paetus provoqua aux yeux de Tacite en négligeant de jurer fidélité à Néron. Malgré le renouvellement du serment d'allégeance le premier janvier, Sa Seigneurie P.P. Alexandre VI jugea bon, trois jours plus tard, de faire arrêter le Cardinal Giambattista Orsini, l'Archevêque Alviano de Florence et Don Giacomo Poplicola di Santacroce, partisans des Orsini. Le Souverain Pontife était décidé à écraser une fois pour toutes cette Maison incorrigible et rebelle. Don Giacomo Poplicola di Santacroce n'avait qu'à s'en prendre à lui-même. Sa Maison, la plus illustre des soixante maisons conscrites de Rome, avait été mise hors la loi en 1482 par Sa Seigneurie P.P. Sixte IV, parce que la furieuse rivalité qui l'opposait à la Maison des Dellavalle avait transformé la Cité Éternelle en charnier pendant des mois. Il aurait certes pu éviter de se mettre ainsi dans la gueule du loup. Giustiniani, l'Orateur de Venise, fut informé de vive voix par le Pape de ce qui s'était passé ; il transmit les événements à son gouvernement le 4 janvier 1503. Il semble parfaitement logique que le Pape, dans la perspective du jugement des Orsini que le Duc Cesare ramenait à Rome, ait cherché de nouvelles preuves de la conspiration parmi les membres de leur faction.

La conduite des Orsini était au plus haut point imprudente et suspecte. Ils étaient considérés avec méfiance. Deux de leurs prétendus complices avaient été exécutés à Sinigaglia. Le Cardinal était prisonnier au Môle d'Hadrien. Don Paolo Orsini et le Duc Francesco Orsini de Gravina étaient détenus par le Duc Cesare. Ces circonstances exigeaient une patiente politique d'inaction avant le procès, dont ils ne devaient pas craindre les résultats, si du moins ils étaient innocents. Mais ils montrèrent au contraire qu'ils étaient coupables, en déclenchant désespérément une révolte armée sur le territoire pontifical, en ravageant la région de Viterbo et en continuant à se liguer avec d'autres rebelles, qu'il s'agît de barons romains ou de chefs de banditti indépendants.

L'Orateur de Venise écrivit à son gouvernement le dix-sept janvier « Le Pontife est très inquiet, et plus que jamais sur ses gardes... On dit que les Colonna et les Savelli se sont joints aux Orsini avec tous les barons mécontents. Cette nuit, il y a eu une panique au Vatican : personne n'en sait la cause. Le capitaine de la garde a fait sortir ses troupes, et ils ont veillé en armes toute la nuit. »

Le Prince Gioffredo Borgia de Squillace, âgé maintenant de vingt-deux ans et père de quatre enfants, leva un escadron de condottieri et attaqua les ennemis de son Auguste Père ; mais la nuit du vingt janvier, la cavalerie des Orsini s'empara du pont de Nomentano, où se trouvait une forteresse ; et tout le Borgo se souleva. Messer Francesco Remolino, Évêque de Sorrente et Orateur de Sienne, quitta la ville pour le camp du Duc Cesare, pour lui donner l'ordre de marcher sur Rome, menacée par un péril imminent. Mais avant même que les envoyés l'eussent atteint, le Duc avait brusquement fait décapiter le dix-sept janvier Don Paolo Orsini et le Duc Francesco Orsini de Gravina, les deux prisonniers auxquels il avait promis un procès légal à Rome. L'attitude des Orsini justifiait parfaitement le Duc Cesare, qui exerçait ses droits en tant que justicier souverain. Son camp était entouré par les châteaux des Orsini, et les deux barons furent sans nul doute surpris en train de conspirer ; leur décapitation sommaire devint soudainement une nécessité pour intimider les Orsini qui conspiraient à Rome et hors de Rome. Ce n'était point la coutume du XVIe siècle que de prendre des gants, pour quelque sot motif humanitaire, et de sacrifier des milliers de vies prolétaires quand le meurtre sauvage d'une poignée de notables pouvait obtenir le même résultat. L'accusation moderne selon laquelle Sa Seigneurie P.P. Alexandre VI serait à l'origine de l'exécution des deux Orsini n'a aucun fondement ; il suffit de comparer les dates de Ses dépêches au Duc Cesare avec celles de leur mort.

Le Cardinal Giambattista Orsini resta dans le Môle d'Hadrien en qualité de prisonnier d'État ; à l'intérieur des murs de la forteresse, il jouissait d'une entière liberté. Sur sa propre demande, la Maison des Orsini lui envoyait chaque jour sa nourriture ; et il recevait aussi des visites de ses proches. C'est là qu'il vécut, entouré de ses propres médecins, jusqu'au 22 février, date à laquelle il mourut, et fut enterré dans l'église de San Salvatore *in Lauro.* On affirma bientôt que Sa Sainteté le Pape l'avait fait empoisonner ; et c'est là une accusation qu'il est extrêmement difficile de prouver.

Giustiniani, l'Orateur de Venise, qui était un ami de la Maison des Orsini, et donc un ennemi des Borgia, déclare sans explication ou remarque quelconque dans une dépêche à son gouvernement datée du quinze février que « Sa Seigneurie le Cardinal Orsini a donné des signes de folie ».

Dans une dépêche datée du vingt-deux février, il dit : « Sa Seigneurie le Cardinal Orsini en est réduite à sa dernière extrémité, et les médecins disent qu'il n'y a aucun espoir de la sauver ».

Dans sa dépêche du vingt-trois février, il déclare :

« J'ai l'honneur de vous apprendre qu'hier, après le départ de mon courrier, Sa Seigneurie le Cardinal Orsini est morte ; et ce soir, accompagnée d'une escorte honorable, elle a été emmenée à l'église de San Salvatore, et y a été enterrée ».

Brancatalini, dans son Diarium, écrivait quant à lui : « Ce 21 février 1503, le Cardinal Orsini a quitté mort le Château de Sant'Angelo, à une demi-heure de la nuit (5h - 5 h 30 de l'après-midi) ; Mariano di Stefano l'accompagnait avec de nombreux Romains ; et il a été enterré à San Salvatore *in Lauro* ».

Soderini, l'Orateur de la Signoria de Florence, écrivit dans une dépêche à son gouvernement datée du 23 février 1503 :

« Le Cardinal Orsini est mort hier ; et il a été enterré à la vingt-quatrième heure (5 h-5 h 30 de l'après-midi) à San Salvatore, l'église de la Maison des Orsini ; sur ordre du Pape, le corps a été escorté par ses proches et par les cardinaux de la Curie ; il était découvert et reposait sur une bière enveloppée d'un drap d'or, habillé d'une chasuble rouge brochée de fleurs dorées, avec sur la tête une mitre blanche ; il y avait à ses pieds deux chapeaux pour signaler son rang de cardinal.

Les moines ont fait le service funéraire ; il y avait environ soixante ou soixante-dix torches allumées. Puisse-t-il reposer en paix. »

Il est évident que les Orateurs des Puissances ne pensaient aucunement à un empoisonnement. Giustiniani aurait rapporté avec joie cette rumeur s'il avait été en position de le faire, et si cela avait été compatible avec sa dignité et ses obligations vis-à-vis du Sénat vénitien. Lorsqu'il sut ce que ses ennemis disaient, sa Seigneurie P.P. Alexandre VI agit promptement. Le lendemain des obsèques, Elle convoqua les médecins qui s'étaient occupés du défunt cardinal pendant sa maladie et son agonie ; et Elle leur demanda de certifier que le décès était dû à des causes naturelles, sans aucune violence due à un empoisonnement ou à d'autres moyens ; Elle les fit jurer sur le Saint Sacrement la vérité de leurs dépositions, qui furent enregistrées de la manière habituelle avec tous les faits.

Il était courant de considérer que certains signes indiquaient un empoisonnement : des taches sur le corps, la couleur, l'odeur du cadavre. Il n'en est pas fait mention dans les dépositions. Sa Sainteté le Pape ordonna des funérailles publiques ; le corps resta à découvert et fut transporté dans Rome à la vue de tous. Chacun put donc le voir ; si la faction Orsini avait découvert des signes indiquant une mort non-naturelle, elle aurait certainement exprimé des soupçons. L'enterrement un jour seulement après la mort était – et est restée – une saine coutume romaine. L'heure qui suit le coucher du soleil était, et est restée, celle des funérailles.

Certains idéalistes modernes ont dit que Sa Seigneurie P.P. Alexandre VI a fait empoisonner le Cardinal Orsini pour hériter de ses biens. L'idée est absurde et ridicule ; car les Orsini étaient les héritiers naturels du mort. Et ils héritèrent effectivement de ses biens. Cette accusation est réfutée par la grossière ignorance sur laquelle elle se base. On a affirmé que le Pape était l'héritier légal des cardinaux. Il l'est. Mais Il ne l'était pas sous le règne de Sa Seigneurie P.P. Alexandre VI ; Ce fut Sa Seigneurie P.P. Jules II (1503-1513) qui proclama avec sa cupidité coutumière la Bulle nommant le Pontife romain l'héritier légal de tous les cardinaux, et de tout membre du clergé mourant à Rome ; et ce Pape (le Cardinal Giuliano della Rovere) n'était pas un ami des Borgia. Ce seul fait suffit à écarter toutes les accusations basées sur la cupidité.

Sa Seigneurie P.P. Alexandre VI tenait les Orsini à Sa merci. Le Duc Cesare avait exécuté deux chefs de cette Maison. Le Cardinal était en sûreté dans l'inexpugnable Môle d'Hadrien. Si le Pape avait voulu Se débarrasser de ce dernier, Il était assez puissant pour le faire sans recourir au poison, en ordonnant une exécution publique ou privée, sans provoquer la haine qu'éveille inévitablement tout empoisonnement. Mais le fait qu'Il n'avait pas l'intention de faire mourir Ses prisonniers, et qu'il comptait seulement sur l'incarcération pour les mettre hors d'état de nuire, est attesté par le fait que quelques mois plus tard (en août 1503), l'archevêque Alviano de Florence sortit sain et sauf du Môle d'Hadrien.

Tout comme il ne semble y avoir ni motif ni nécessité pour ce prétendu crime, il semble qu'il n'existait aucune possibilité concrète de le commettre. Le Cardinal Giambattista Orsini recevait chaque jour les visites de ses gens, qui lui apportaient sa nourriture. Ses propres médecins jurèrent sur la foi du serment que sa mort n'était pas due à un empoisonnement.

Il est donc raisonnable de penser qu'il s'agissait d'un très vieil homme, *conscius criminis sui* (la conspiration), qui, épouvanté par l'exécution de ses complices, terrifié par le danger qu'il courait, succomba à une mort entièrement naturelle. La dysenterie qui l'emporta dans la tombe semble corroborer cette théorie.

Les Français ne réussissaient guère dans le Regno; et la faveur de la papauté semblait pencher pour l'Espagne. La croisade languissait, non à cause du manque de fonds (car Sa Sainteté le Pape avait envoyé de l'argent à la Hongrie), mais à cause du manque d'esprit guerrier des Puissances chrétiennes et des lamentables dissensions qui les opposaient. Venise et la Hongrie s'avouèrent vaincues, et négocièrent avec les Infidèles. La conquête de l'Europe de l'Est par les Turcs était devenue une réalité, un fait accompli.

Le Duc Cesare de Valentinois conquit Pesaro. C'était le fief de ce jeune Tyran, Don Giovanni Sforza, dont le mariage avec Madonna Lucrezia Borgia avait été annulé par suite d'un empêchement canonique. Cette spoliation fut considérée comme une offense grossière. La rupture entre les Maisons de Borgia et de Sforza devenait irrémédiable. Les gens parlaient maintenant du Duc Cesare comme du Caesar Augustus d'un nouvel Empire romain indépendant, gouverné par le sceptre d'un Princeps de la Maison des Borgia. Après l'exécution des conspirateurs à Sinigaglia, le chroniqueur vénitien Priuli, qui exécrait le nom même des Borgia, écrivit le onze janvier 1503 : « Certains souhaitent le faire couronner Roi d'Italie; d'autres souhaitent qu'il devienne Empereur : car il réussit si bien dans ses entreprises que nul n'ose s'opposer à lui en quoi que ce soit. »

L'instauration d'une Dynastie des Borgia n'aurait en rien trahi les droits de la Papauté. Les tyrans rebelles que le Duc Cesare avait renversés étaient pour elle stériles, et même dangereux. Le Duc, en les remplaçant, ramena l'ordre, la loi et la prospérité. Naturellement, il tira des bénéfices de ses victoires. Toute peine mérite salaire, et même les généraux anglais victorieux ne refusent pas la pairie. Le duché de Romagne du Duc Cesare, sa position de generalissimo, sa capacité de s'enrichir en imposant ses sujets, étaient la juste récompense des immenses services qu'il avait rendus. Au lieu d'un territoire infesté par la lie de la canaille européenne, refusant de reconnaître son autorité ou la loi naturelle, la Papauté avait maintenant une vaste province habitée par des vassaux prospères, satisfaits, obéissant à la loi, heureux de payer le tribut traditionnel à leur suzerain pourvu qu'il garantisse enfin leur sécurité et leurs biens. Le Duc Cesare était dans la position d'un vice-roi. S'il conservait sa charge, c'était à cause du bon plaisir du Souverain Pontife. Il était persona ingrata auprès des chefs des autres États italiens, qui enviaient sa splendide beauté, son caractère impérieux, ses extraordinaires succès, ses immenses capacités. Et ils craignaient ce prince basané et fort comme un tigre qui pouvait les écraser un par un ou tous à la fois. Soutenu par l'influence et la richesse spirituelle et temporelle du Pontife, il pouvait garder en permanence sur le pied de guerre son irrésistible armée de vétérans, et rester generalissimo ; ainsi la Papauté acquit-elle, par lui et en lui, pour la première fois, une base matérielle d'indépendance ; mais si le Duc s'opposait au Pape, il ne pouvait pas exister.

Telle était la politique de Sa Seigneurie P.P. Alexandre VI.

Elle l'avait conçue délibérément. Elle n'épargna aucun effort pour la réaliser. Elle ne voulait pas ruiner l'Église, parce que celle-ci était la fondation sur laquelle le Pape voulait construire Sa dynastie. Cela était d'une nécessité impérieuse et absolue. Les Fausses Décrétales et la Donation de Constantin (mentionnée dans une Lettre de Sa Seigneurie P.P. Hadrien Premier à l'Empereur Charlemagne), ces « piliers magiques de la monarchie temporelle et spirituelle des Papes », avaient été sévèrement critiqués dès le XIIe siècle. Ce fut Messer Lorenzo della Valla qui les dénonça impitoyablement en 1440 comme des faux, ainsi qu'on l'a déjà indiqué ici. Lorsque Sa Seigneurie P.P. Alexandre VI monta sur le trône pontifical cinquante-deux ans plus tard, Décrétales et Donation avaient été jetées par-dessus la Barque de Saint-Pierre pour alléger l'embarcation et le Pape n'avait aucun titre de propriété à montrer – faux ou non – pour le Patrimoine de Saint-Pierre. De l'avis de tous les diplomates, il lui fallait un droit plus solide qu'une Prescription. Le Pontife Alexandre VI choisit la conquête, et la fondation d'une Dynastie Borgia. Il magnifia la charge de l'Église, pour qu'Elle puisse mieux aider l'État. Il voulut que Ses descendants, les membres de la Maison des Borgia, tout en étant nominalement des vassaux, soient en fait les suzerains de Ses successeurs ; Il voulut que les Borgia portent la double couronne de Princeps et que, par l'entremise de la triple couronne du Pontifex Maximus, une dynastie Borgia occupe à la fois les trônes pontificaux et impériaux.

Il y avait quelque chose de négatif dans ce plan ; mais pas ce qu'on pourrait communément supposer.

C'était une politique assez intelligente – d'un genre séculier. Mais elle n'était ni inspirée par la religion ni limitée par des considérations de moralité. Quand elle s'effondra, Sa Seigneurie P. P. Jules II put construire avec ses fragments les États Pontificaux, qui durèrent plus de trois siècles et demi, jusqu'en 1870.

La puissance de la Maison des Borgia était si solidement assurée que la simple mort de Sa Seigneurie P.P. Alexandre VI n'aurait pu l'affecter. Il y avait un fort parti de cardinaux espagnols au Sacré Collège, et trois d'entre eux appartenaient à la Maison des Borgia. Le Vice-Gérant de Rome, Sa Seigneurie Jaime Serra, Cardinal-Prêtre du Titre de San Vitale, était lui aussi un Espagnol. Les barons romains, les Colonna, les Orsini, les Savelli, les Dellavalle avaient été brisés ; les Poplicola di Santacroce avaient été mis hors la loi ; les Sforza-Visconti de Milan, les Sforza de Santafiora, les Sforza de Chotignuola, les Sforza de Pesaro, les Sforza-Riario d'Imola et de Forli étaient tous exilés. Les Cesarini romains étaient fidèles aux Borgia, et avaient leur Cardinal (Giuliano) à la Curie. L'Espagne était amicale, et occupée par le Nouveau Monde. La France était amicale et faible. L'Allemagne était faible, et préoccupée par ses problèmes. L'Angleterre n'était qu'une puissance de cinquième rang. Et l'invincible armée du Duc Cesare de Valentinois était prête à réaliser la volonté de son chef. Mais la chance, les molécules, la Providence – le lecteur choisira – égarèrent le Duc Cesare, le rendirent incapable ou non désireux d'agir – le lecteur choisira ici encore –, au moment même où son action était impérativement nécessaire. Si à la mort de Sa Seigneurie P.P. Alexandre VI, il s'était trouvé en bonne santé, il aurait pu facilement faire ce qu'il voulait, a dit Machiavelli.

Lors du Neuvième Consistoire du trente (ou du trente et un) mai (ou juin) 1503, Sa Seigneurie P.P. Alexandre VI nomma neuf cardinaux ; cinq étaient Espagnols, trois Italiens, et un Allemand. Il s'agissait de :

(a) Sa Seigneurie Don Juan de Castellar, évêque d'Oléron, qui devint Cardinal-Presbytère du Titre de Santa Maria *in Trastevere tit. Calixtus* ;

(b) Sa Seigneurie Don Francisco Remolino, évêque de Sorrente, et ami du Duc Cesare, qui devint Cardinal-Presbytère du Titre de San Giovanni e San Paolo ;

(c) Sa Seigneurie Don Francisco de Sprata, Évêque de Léon, qui devint Cardinal-Presbytère du Titre de San Sergio e San Bacco ;

(d) Sa Seigneurie Francesco Soderini da Volterra, Chanoine de la Basilique Vaticane, qui devint Cardinal-Presbytère du Titre de Santa Susanna *inter Duas Domos* ;

(e) Sa Seigneurie Niccolo da Flisco, Évêque de Forli, Orateur de la République de Gênes auprès du Roi Chrétien, qui devint Cardinal-Presbytère du Titre de Santa Prisca ;

(f) Sa Seigneurie Adriano Castellense di Corneto, Orateur de Sa Seigneurie P.P. Innocent VIII auprès de la Britannia Barbara (Écosse), qui devint Cardinal-Presbytère du Titre de San Crisogono ;

(g) Sa Seigneurie Melchior Copis, Évêque de Brixen, qui devint Cardinal-Presbytère du Titre de San Niccolo *inter Imagines* ;

(h) Sa Seigneurie Don Jaime Casanova, Protonotaire apostolique, qui devint Cardinal-Presbytère du Titre de San Stefano *in Monte Celio* ;

(i) Sa Seigneurie Don Francisco Iloris, Trésorier apostolique, qui devint Cardinal-Diacre du Titre de Santa Maria Nuova.

Lorsqu'un historien catholique fort cultivé manque à son devoir d'objectivité au point de parler ici d'une création simoniaque[1], et que son éditeur anglais répète cette calomnie, on se demande quels motifs les poussent à agir de la sorte. C'est une bien mauvaise politique que de décrier sa propre marchandise ; ce l'est encore plus quand la marchandise se trouve être de première qualité. La Bulle *De Simoniaca Electione* dirigée contre la simonie ne fut pas promulguée avant 1505, sous le règne de Sa Seigneurie P.P. Jules II ; et elle n'était pas rétrospective. En 1503, Sa Seigneurie P.P. Alexandre VI était réellement un souverain séculier, « un despote italien avec quelques parures ecclésiastiques ». Les cardinaux constituaient le rang le plus élevé de ses pairs. Il est certain qu'ils payaient leur promotion de la manière habituelle :

1. L. Pastor, *History of the Popes,* publié par F. Frederick Antrobus, de l'Oratoire.

des taxes aux fonctionnaires, un impôt pour la croisade sur les revenus de leurs Titres, et peut-être même une importante contribution au Trésor pontifical. Mais pourquoi appeler cela simonie, puisque ces pratiques ne devinrent de la simonie *stricte dicte* que deux ans plus tard? Un Chapeau rouge ne peut pas plus être acheté qu'une couronne ducale. Un homme peut certes employer son argent pour essayer d'obtenir de pareils couvre-chefs. Il peut offrir 25 000 livres à la meilleure Fondation princière, ou 250 000 livres à la cause du prolétariat; il peut verser «quelques sous» à des fonctionnaires pour obtenir l'état de chevalier, voire même davantage pour celui de baron; mais il serait à bon droit furieux si l'on disait qu'il a acheté purement et simplement ces titres. Le terme de «simonie» doit être considéré comme appartenant au genre *Bienheureux* (comme la Mésopotamie), ou comme l'aboiement d'un chien qui n'ose pas mordre. Sinon, ce n'est qu'une pure incantation, ou un cri de guerre «plein de bruit et de fureur, dépourvu de toute signification». En toute logique et en toute honnêteté, il est inapplicable ici.

Au plus fort des chaleurs de l'été, Sa Seigneurie P.P. Alexandre VI, âgée à présent de soixante-douze ans, avait coutume d'aller s'asseoir dans les jardins ombragés du Vatican, et de Se distraire en contemplant jouer deux jeunes garçons. Il s'agissait de Son fils naturel et de Son petit-fils: le Duc Giovanni Borgia de Nepi et Camerino, âgé de cinq ans, et le Duc Roderico de Sermonetta, le fils de Madonna Lucrezia, âgé de quatre ans.

Lorsque le soleil entra dans la constellation du Lion – Sol in Leone, les jours de grande canicule –, la chaleur devint anormale; peste et fièvres firent leur apparition à Rome[1]. Les Orateurs des Puissances s'arrangèrent rapidement pour quitter la Ville et chercher des villégiatures plus fraîches et plus saines.

Don Antonio Giustiniani, l'Orateur de Venise, envoya à son Sénat une dépêche le onze juillet 1503, dans laquelle il écrivait: «Je me suis

1. Les Annales Bononiensis (Muratori XXIII. 890) jettent une lumière comique sur cette époque naïve. Lorsque la peste faisait son apparition, on recourait à la pénitence, au jeûne et aux flagellations. Les bouchers fermaient boutique huit jours. On peut déduire également que la crainte du péché ne se limitait pas aux gens honorables du fait que «meretrices ad concubita nullum admittebant. Ex eis quàdam quae cupiditate lucri adolescentem admiserat, depreheusâ, aliae meretrices ita illius nates nudas corrigiis percusserunt ut sanguinem emitteres».

rendu au Palais; et en pénétrant dans Ses appartements, j'ai trouvé Notre Seigneur le Pape allongé sur une couche avec Ses Habits. Il m'a reçu d'assez bonne humeur, disant qu'il avait souffert depuis trois jours d'une légère dysenterie, mais qu'il espérait que cela ne serait pas grave.»

Le lendemain, Giustiniani écrivait:

«Sa Sainteté le Pape a assisté d'un balcon au défilé de ses troupes.»

Le quatorze juillet, il écrivait de nouveau:

«Je suis allé au Palais; et en entrant, j'ai trouvé Sa Sainteté assise sur Son trône dans la Salle des Pontifes. Elle était un peu fatiguée, mais paraissait bien.»

Messer Francesco Fortucci, l'Orateur de Florence, envoya à la Signoria une dépêche le vingt juillet, dans laquelle il écrivait:

«Il y a beaucoup de gens malades des fièvres, et de nombreuses personnes sont mortes.»

Le vingt-deux juillet, il écrivait:

«Je remercie la Signoria de m'autoriser à partir, parce que je ne me sens pas très bien moi-même, et que la peur me fait presque perdre les esprits; car beaucoup de gens meurent des fièvres, et il y a aussi quelque chose comme la Peste.»

Le soir du cinq août, Sa Seigneurie P.P. Alexandre VI se rendit avec le Duc Cesare et plusieurs prélats à un souper *al fresco* chez le Cardinal de San Crisogono, dont la villa était située hors des murs. Rome et ses environs sont particulièrement malsains, malgré la fraîcheur ambiante, dans l'heure qui suit le coucher du soleil. On a dit que Sa Sainteté avait été très échauffée par cette cavalcade; et que dans cet état, Elle aurait bu une coupe de vin pour se rafraîchir. Il est impossible d'imaginer action plus imprudente; sauf de la part de quelqu'un souhaitant attraper la malaria.

Deux jours plus tard, le sept août, l'Orateur Giustiniani écrivit à son gouvernement

«J'ai trouvé le Pape plus terne et moins joyeux que d'habitude. Il m'a dit: *Monsieur l'Orateur, tous ces gens malades dans Rome et toutes ces morts quotidiennes Nous font peur, et Nous persuadent de prendre davantage soin de Notre personne.* »

Monsignor Hans Burchard, le Caerimonarius, écrivit dans son Diarium:

«Le douze août, après les vêpres, entre la vingt et unième et la vingt-deuxième heure (5-6 heures de l'après-midi) Il (Sa Sainteté le Pape) a montré les signes d'une fièvre persistante.»

Il faut noter que cela se passait sept jours après le souper hors les murs.

Le treize août, Giustiniani écrivit à son souverain, le Doge de Venise, que le Pape avait vomi après manger, et avait été fiévreux toute la nuit ; que le Duc Cesare était lui aussi malade ; et que personne n'était admis au Vatican. Il lui parla du souper dans les jardins du Cardinal de San Crisogono, et ajouta :

« Je vais essayer d'avoir demain matin des informations précises à envoyer à Votre Sublimité.

Ces dépêches donnent une excellente idée de certaines des obligations d'un ambassadeur du XVIe siècle : traîner aux portes des palais, glaner des propos sur les fonctions organiques des Grands de ce monde, soudoyer les laquais des rois et transmettre leurs bavardages dans des dépêches officielles.

Le quatorze août, le même Orateur écrivit que le Pape avait subi une saignée

« Certains parlent de quatorze, d'autres de seize onces ; il serait peut-être plus vrai de dire dix ; et c'est une énorme quantité de sang pour un homme de soixante-treize ans, comme Sa Sainteté. »

(Sa Seigneurie P.P. Alexandre VI était née en 1431 ; et Elle avait soixante-douze ans en 1503.)

« La fièvre ne diminue toujours pas. Le Pape en a encore ; quoique moins qu'hier. Aujourd'hui, l'état du Duc a empiré. »

Le même jour, le quatorze août, Don Beltrando Costabili, l'Orateur du Duc Ercole de Ferrare, écrivit une longue dépêche, sans doute parce que Madonna Lucrezia Borgia, l'épouse de l'héritier de Ferrare, attendait des informations détaillées sur la santé de Son Père auguste et affectionné. Il disait :

« Hier matin, j'ai été informé que Sa Sainteté a demandé à voir l'Évêque de Venosa, qui était malade chez lui, et un autre médecin de la Ville ; ils n'ont pas été autorisés à le quitter. J'ai été informé que le Pape a eu hier des vomissements et de la fièvre ; et qu'on lui a enlevé neuf onces de sang. Pendant la journée, Sa Sainteté a demandé à certains cardinaux de jouer aux cartes devant Elle, tandis qu'Elle se reposait. J'ai également été informé que la nuit dernière, Elle a dormi assez bien. Mais aujourd'hui, entre le dix-huitième et la dix-neuvième heures (2-3 heures de l'après-midi), Elle a eu une crise comme celle de samedi, qui a mis fort mal à l'aise Ses courtisans ; et personne ne veut parler de Son état. J'ai cherché par tous les moyens à obtenir des informations : mais plus j'en cherche, moins j'en obtiens ; car les médecins, les chirurgiens et les apothicaires n'ont pas le droit de La quitter ; j'en conclus que la maladie est grave. Le Duc de Romagne est également très malade, avec de la fièvre, des vomissements et des troubles d'estomac. *Il n'est point surprenant que Sa Sainteté et Son excellence soient malades ; car tous les courtisans, et surtout ceux qui se trouvent dans ce palais, sont dans le même état, à cause de l'air malsain qu'ils y respirent.* »

La dernière phrase en italique est d'une immense importance. La phlébotomie ne produisit aucune lyse, comme il apparaît d'après les dépêches de Giustiniani. Le quinze août, il écrivit au Sénat vénitien qu'il était difficile d'obtenir des informations positives, mais que l'affaire était grave ; et qu'il y aurait probablement des désordres dans la Ville si le Pape mourait.

Le seize août, il écrivit que le Pape et le Duc continuaient à avoir de la fièvre, et que celle du Duc était la plus violente. Il ajoutait que l'état du Pape devait être aggravé par Ses craintes et Ses soucis, ainsi que par la maladie du Duc.

Le dix-sept août, Giustiniani écrivit de nouveau :

« J'ai écrit hier à Votre Sublimité par l'entremise de Girolamo Passamonte, le courrier, qui est arrivé ici. Aujourd'hui, je vous informe que Notre Seigneur le Pape a pris des médecines. La fièvre le tourmente continuellement, non sans danger. J'ai été informé de bonne source que l'Évêque de Venosa, médecin-chef de Sa Sainteté et familier du Cardinal Giovantonio di Sangiorgio (ou peut-être le Cardinal de San Giorgio *in Velum Aureum,* Rafaele Galeotto Sansoni-Riario), a dit à son valet que la maladie du Pape est très dangereuse, et qu'il devrait dire à ce Cardinal de se hâter de venir ; ce qui a été fait. »

Il ajoutait que les partisans du Duc Cesare, s'attendant à une émeute à la mort du Pape, avaient mis leurs biens en sûreté et pris des précautions pour empêcher les nouvelles de la maladie d'être ébruitées hors du Vatican. C'était une mesure de prudence tout à fait normale.

Le dix-huit août, le même Orateur écrivait :

« Ce matin à l'aube, Notre Seigneur le Pape, sachant combien son mal est dangereux, a reçu les Saints Sacrements ; et certains cardinaux ont été admis en présence de Sa Sainteté. On lui a donné en secret le Viatique ; car ses proches essayent de cacher le plus possible son état. Ils disent que l'Évêque de Venosa est sorti ce matin de la chambre du Pape avant la Communion en pleurant, en disant à l'un de ses gens que le danger était très grave, et se plaignant tristement de l'inefficacité de certaines potions qu'il Lui avait administrées hier... Le Duc est également très malade. On a déclaré à mon secrétaire *: « Monsieur le Secrétaire, ce n'est pas le moment de faire des cérémonies ou de dire des belles paroles. Dites à l'Orateur de se hâter d'informer le Sénat de Venise* *que le Pape* GRAVITER LABORAT. Le même informateur a également dit que le Pape ne pouvait plus vivre très longtemps, à moins d'un miracle. »

Le dix-huit août, Giustiniani écrivit également une seconde dépêche au Doge de Venise, dans laquelle il disait :

« J'ai envoyé aujourd'hui les dernières nouvelles à Votre Sublimité par l'intermédiaire de Lorenzo da Camerino. Après son départ, Messer Scipione, un médecin du palais, est venu me dire qu'hier, à la seizième heure (midi) le Pape, voulant se lever à cause d'un certain besoin, avait été pris d'étouffements et que son état est grave, qu'il va de mal en pis ; à son avis, Sa Sainteté mourra cette nuit ; et d'après ce qu'il dit, je pense que la maladie est une apoplexie. Telle est aussi l'opinion de ce médecin si excellent dans son art. »

L'Orateur ajoute que maintenant, le Duc Cesare, négligé par les médecins, se prépare secrètement à se réfugier dans le Môle d'Hadrien.

Monsignor Burchard note la chose dans son journal, œuvre dont on ne possède pas l'original, et dont les copies ne sont accessibles qu'aux érudits. Il était parfaitement qualifié pour parler en toute connaissance de cause de ce sujet : car la mort d'un Pape était une cérémonie qu'il devait préparer et superviser. Voici ses paroles :

« Le mercredi dix-huit août entre la douzième et la treizième heure (8-9 heures du matin), Il (Sa Seigneurie P.P. Alexandre VI) s'est confessé à Sa Seigneurie l'Évêque Pietro de Culen, qui a dit la messe en Sa présence ; après cette Communion, l'Évêque a administré le Sacrement de l'Eucharistie au Pape, Qui était assis sur Son lit ; la messe s'est alors achevée. Cinq cardinaux étaient présents : d'Oristano, di Cosenza, di Monreale[1], Casanueva et di Constantinople, auxquels le Pape a dit qu'Il se sentait malade. À l'heure des Vêpres, ledit Évêque de Culen Lui a administré le Sacrement de l'Extrême Onction ; et Il est mort en présence du dataire et de l'évêque. »

Cela se passait dans la troisième pièce de la Tour Borgia en partant de la Bibliothèque.

Le dix-neuf août, Giustiniani annonça la nouvelle au Sénat, et ajouta :

1. Voici un exemple de la grossière inexactitude de Monseigneur Burchard, ou de son copiste. Il était officiellement responsable de la conduite de cette cérémonie. Il aurait dû intimement connaître – et diriger – chaque mouvement et chaque geste de chaque assistant. Et il cite, parmi les cardinaux présents, le Seigneur Giovanni Borgia (dit Seniore) Archevêque de Monreale, Cardinal-Presbytère de Santa Susanna, qui *était mort juste dix-huit jours avant.*

Il a été aujourd'hui emporté *de moro*[1] et montré au peuple; mais Son cadavre était plus horrible et plus monstrueux que les mots ne peuvent dire, et sans forme humaine. Pour des raisons de décence, il a été gardé quelque temps recouvert; et avant le coucher du soleil, on l'a enterré en présence de deux des cardinaux-diacres attachés au palais.

En lisant cette dépêche, il ne faut pas oublier que Giustiniani haïssait les Borgia; et que Sa Seigneurie P.P. Alexandre VI était un vieil homme au corps obèse, mort d'une fièvre dans la chaleur de l'été, dans un quartier très malsain de la Ville, à une époque où tout traitement antiseptique était inconnu.

Le Notaire d'Orvieto, à son retour de Rome quatre jours plus tard, décrivit publiquement à sa municipalité tout ce qu'il avait vu des *novendiali*; il ajouta qu'il avait baisé les pieds de Sa Sainteté à Saint-Pierre[2]; mais il ne dit rien à propos d'un aspect monstrueux ou horrible du cadavre.

Peu après sa mort, une rumeur affirma que Sa Seigneurie P.P. Alexandre VI et le Duc Cesare de Valentinois della Romagna avaient été empoisonnés.

Pendant trois mois, ce ne fut qu'une rumeur. Un nouveau Pape fut élu – le Cardinal Francesco de'Piccoihuomini de Sienne, qui prit le nom de Sa Seigneurie P.P. Pie III par respect pour Son oncle, Sa Seigneurie P.P. Pie II[3] et mourut au bout de deux mois de règne.

Puis le Cardinal Giuliano della Rovere, l'ennemi juré des Borgia, put réaliser sa vieille ambition; il fut élu Pape sous le nom de Sa Seigneurie P.P. Jules II. Et la rumeur prit alors une forme concrète.

Le dix novembre, on affirma très précisément que lors du souper en plein air du cinq août, Sa Seigneurie P.P. Alexandre VI avait fait mettre du poison dans du vin; mais que par une bévue d'un maître d'hôtel, ce vin empoisonné avait été servi au Pape et au Duc Cesare; le premier, plus âgé, en était mort; le second, encore jeune, avait supporté les héroïques traitements qu'on lui avait infligés pour guérir. Certains disaient qu'il avait été plongé dans les entrailles d'une mule

1. C'est-à-dire à la manière habituelle, avec toutes les cérémonies requises pour les obsèques du cadavre pontifical: non de façon subreptice ou avec des rites tronqués, comme certains l'ont affirmé.

2. Un Pape mort est exposé dans la Chapelle de la Trinité, à Saint-Pierre, entouré de cierges de cire écrue, avec les pieds dépassant du linceul pour que les fidèles puissent le baiser.

3. Enea Silvio Bartolomeo de'Piccolhuomini, 1458-1464.

vivante, ou dans celles d'un taureau, de façon à ce que ces entrailles fumantes et palpitantes expulsent le poison de son corps ; d'autres prétendaient qu'il avait été plongé dans de l'eau glacée, et qu'il avait ainsi été guéri.

Écrivant plusieurs années plus tard, Messer Francesco Guicciardini et Messer Paolo Giovio ajoutèrent de nouveaux détails. C'est Guicciardini qui donna à la falsification sa forme définitive. Il fournit une liste de cardinaux et de prélats qui devaient être empoisonnés par Sa Seigneurie P.P. Alexandre VI pour qu'Elle puisse hériter de leurs biens. Giovio, quant à lui, nomme et décrit le poison que les Borgia auraient communément utilisé. Il l'appelle la *Cantarella* et dit qu'il s'agit d'une poudre sucrée, ou d'une poudre ayant l'aspect du sucre, au goût plutôt agréable. Ce poison, dit-il, n'attaque pas les forces vitales à la manière des poisons ordinaires, et son action n'est ni soudaine, ni énergique ; mais en pénétrant insensiblement dans les veines, il a peu à peu un effet mortel (Paolo Giovio, Hist. II. 47. VIII. 205). Existe-t-il un spécialiste en toxicologie qui puisse, à partir de cette description, nous donner la formule de cet extraordinaire poison ?

Le témoignage de ces deux hommes est trouble. Messer Francesco Guicciardini, qui écrivit bien longtemps après les événements, et seulement par ouï-dire, était un Florentin. Tout ce qui est (ou était) florentin porte la marque de la sophistication, de la pédanterie et de l'artificialité au plus haut degré ; tout ce qui est romain, aujourd'hui comme hier, porte la marque du naturel sans fard, de l'originalité, de la liberté et de l'entièreté au plus haut degré. Les Florentins avaient (et ont conservé) l'habitude de décrier Rome et tout ce qui concerne les Romains. Politiquement parlant, Messer Francesco Guicciardini était un partisan de la Maison des Medici ; et ceux-ci étaient naturellement les ennemis mortels des Borgia, puisque ces derniers avaient consenti à ce qu'ils soient chassés de Florence, et en avaient bénéficié. De plus, il était à la solde des Colonna de Rome, Gibelins par tradition, c'est-à-dire partisans de l'Empire, non du Pape. Il était né en 1482, et avait donc vingt et un ans à la mort de Sa Seigneurie P.P. Alexandre VI. En 1530, après avoir poussé Sa Seigneurie P.P. Clément VII à punir Florence à cause des insultes qu'il avait essuyées dans cette ville en 1527, il trahit les Medici et se répandit en invectives contre eux jusqu'à sa mort en 1540. Il écrivait divinement un toscan sonore et élégant qui fait croire au lecteur que l'homme qui peut écrire avec une telle délicatesse doit nécessairement dire la vérité. Et pourtant, il n'a pas hésité à affirmer qu'il avait une plume d'or pour ses amis, et une plume de fer pour ses ennemis. On doit malheureusement déclarer que Messer Francesco Guicciardini n'est pas digne de foi, sauf quand ses affirmations peuvent être vérifiées.

En ce qui concerne le problème du poison des Borgia, et particulièrement de l'empoisonnement de Sa Seigneurie P.P. Alexandre VI et du Duc Cesare, ses dires sont confirmés par Messer Paolo Giovio.

Messer Paolo Giovio était né en 1483, et avait vingt ans à la mort de Sa Seigneurie P.P. Alexandre VI. Il ne publia de livres que vingt et un ans plus tard. Son premier ouvrage était un traité pseudo-scientifique sur les poissons romains *(De Piscibus Romanis)*, publié en 1524. Giovio était un *dilettante.* Il pratiquait l'amniomancie, ou l'art de la divination par l'examen de la membrane, amnios, dans laquelle le fœtus est enveloppé: fantastique effort de recherche de la Vérité. C'était un de ces historiens à double visage, qui écrivait ses mémoires pour les plus offrants (des Papes que l'on méprisait, des Ducs que l'on insultait en secret) et d'autres mémoires pour leurs ennemis. Sa Vie de Sa Seigneurie P.P. Léon X (Giovanni de'Medici) est un excellent spécimen du genre. Même de son vivant, il fut considéré comme un menteur invétéré. Il avait coutume de dire, avec une connaissance quasiment canine de ses maîtres – des gens qui « désirent être trompés » – que les siècles donneraient à ses écrits la force de la vérité. Il employait un style moins pur qu'affecté et flamboyant ; et écrivait moins bien que Guicciardini. Sa Seigneurie P.P. Clément VII (Giulio de'Medici), pour se débarrasser de cet importun, lui donna l'évêché de Nocera ; et il mourut en 1552.

Celui qui, par conséquent, pense que Messer Francesco Guicciardini est corroboré (ou ne l'est pas) par Messer Paolo Giovio, le fait sous son entière responsabilité.

Il faut observer que Giovio et Guicciardini étaient tous deux des catholiques romains. Les calomnies qu'ils ont lancées contre Sa Seigneurie P.P. Alexandre VI leur sont propres ; elles n'ont pas été inventées par des individus qui repoussaient le credo de l'Église. Ces calomnies, naturellement, ont été adoptées par les non-catholiques comme des articles de foi, et répétées usque ad nauseam ; elles ont été parfois critiquées, avec une mollesse peu convaincante, par la majorité des catholiques romains modernes et soi-disant « éclairés » craignant (ils montrent en effet tous les signes de la crainte) de faire crédit à leur propre clergé et à des figures comme Leonettji, Velron, Cerri, Ollivier (pour ne pas parler des laïcs, comme le Comte René de Maricourt), qui se sont efforcés de rendre justice aux Borgia. Ces gens si curieusement inconsistants préféreront-ils croire l'opinion d'un athée, qui était en même temps un homme de bon sens ? C'est Voltaire qui, à propos des affirmations de Guicciardini (selon lesquelles Sa Seigneurie P.P. Alexandre VI avait été victime du poison qu'Elle avait préparé pour Ses cardinaux pour hériter de leurs biens) a dit :

« Tous les ennemis du Saint Siège ont accueilli avec joie cette horrible anecdote. Je n'y crois personnellement pas du tout ; la raison principale en est son extrême improbabilité. Il est évident que l'empoisonnement d'une douzaine de cardinaux lors d'un souper aurait rendu le Père et le fils[1] si exécrables que rien n'aurait pu les sauver de la fureur du peuple romain, et de toute l'Italie. Un tel crime n'aurait jamais pu être caché. Même en supposant qu'il n'aurait pas été vengé par toute l'Italie, il était directement contraire aux intérêts de Cesare (dit Borgia). Le Pape était au bord de la tombe. La faction Borgia était assez puissante pour faire élire l'une de ses propres créatures : allait-elle gagner les votes des cardinaux en empoisonnant une douzaine d'entre eux. J'ose dire à Guicciardini : « Vous avez trompé l'Europe, et vous avez été trompé par vos propres sentiments. Vous étiez l'ennemi du Pape ; vous avez suivi les conseils de votre haine. Il est vrai qu'Il a exercé sa vengeance de manière cruelle et perfide contre des ennemis aussi perfides et cruels que Lui. Vous en concluez qu'un Pape âgé de soixante-douze ans ne pouvait pas mourir d'une mort naturelle. Vous affirmez, sur la base d'une vague rumeur, qu'un souverain âgé, dont les coffres contenaient à cette époque plus d'un million de ducats d'or, voulait empoisonner plusieurs cardinaux pour S'emparer de leurs trésors. Mais ces trésors étaient-ils si importants ? Les trésors des cardinaux étaient presque toujours enlevés par leurs gentilshommes avant que les Papes ne puissent s'en emparer. Pourquoi pensez-vous qu'un Pape si prudent ait osé courir le risque de commettre un acte aussi infâme pour un gain aussi maigre ? Un acte qui ne pouvait être perpétré sans complices ? Et qui devait tôt ou tard être découvert ? Ne dois-je pas croire le récit officiel de la maladie du Pape, plutôt que les rumeurs de la populace ? Ce récit officiel déclare que le Pape est mort d'une fièvre tierce. Il n'y a pas la moindre trace de preuve en faveur de l'accusation que vous avez lancée contre Sa mémoire. Son fils Borgia[2] se trouvait être malade au moment où Son père est mort. C'est la seule base de cette histoire de poison. »

1. M. de Voltaire parle du Duc Cesare (dit Borgia) comme du « Fils ».
2. M. de Voltaire parle du Duc Cesare (dit Borgia) comme du fils du Pape ; et du Pape comme du Père du Duc Cesare.

On va voir que la mort par le poison de Sa Seigneurie P.P. Alexandre VI est improbable. Et même, pour des raisons plus loin alléguées, qu'elle était impossible.

LA LÉGENDE DU POISON DES BORGIA

L'une des phrases-clichés employées le plus par les biographes et les historiens du XVᵉ et du XVIᵉ siècles était : « Il (ou elle) est mort en odeur de sainteté. » Il y en avait une autre, qui disait « il (ou elle) est peut-être mort empoisonné ». Les deux phrases ne font qu'exprimer des opinions privées, dont l'importance dépend de l'intégrité et des connaissances de celui qui les emploie ; mais en aucun cas elles n'équivalent à un énoncé dogmatique, définitif, infaillible, ou ayant force de loi.

Lorsqu'une personne est dite avoir quitté cette vie en odeur de sainteté, un procès ecclésiastique est tôt ou tard entrepris pour que le défunt obtienne ces titres successifs : *Vénérable Serviteur de Dieu, Bienheureux* et *Saint.* Ces titres, qui ne sont conférés qu'après un très sévère examen pouvant durer des années, ou même des siècles[1] sont octroyés pour montrer que l'expression « mort en odeur de sainteté » était fondée en vérité.

Mais lorsqu'on dit qu'une personne est morte « peut-être empoisonnée », il est très rare que des démarches soient entreprises juridiquement pour examiner si cette opinion est fondée ou non dans les faits. Le monde préfère délibérément croire la canaille ; préfère délibérément le soupçon. Cette expression, au XVᵉ et au XVIᵉ siècle, était employée de manière aussi inconséquente et chaotique que la demande d'un « Concile Général », par tous ceux qui voulaient « s'élever contre les autorités » ; et le fait qu'elle ait été répétée absurdement à tant d'occasions ne la rend pas plus respectable. Les ennemis des Borgia avaient pour habitude de les accuser d'empoisonner des

1. Le Vénérable Serviteur de Dieu, le Roi Aelfred le Grand d'Angleterre, n'a pas encore acquis le titre de « Bienheureux ». Sir Thomas More, le Chancelier d'Angleterre sous Henry VIII Tudor, n'a reçu le titre de « Bienheureux » qu'en 1886, sous le règne de Sa Seigneurie P.P. Léon XIII. Il peut être maintenant publiquement invoqué par son nom, et ses portraits sont ornés d'une auréole.

gens. Il n'y a aucun doute que les Borgia et leurs ennemis se seraient mutuellement empoisonnés, s'ils avaient pu le faire en toute certitude et sécurité. Car c'est une habitude des races latines que de ne pas voir de différence entre le fer et le poison quand il s'agit de se débarrasser d'un ennemi. Les froides nations du Nord, et l'Angleterre en particulier, ont toujours eu horreur du poison; elles lui préfèrent les poings, les balles, ou l'acier; et de fait, l'un des châtiments les plus horribles ordonnés par la Loi anglaise de la Post-Réforme était réservé aux criminels qui avaient empoisonné leurs suzerains et maîtres. Ils étaient ébouillantés vivants. «Cette année, le XVII mars, a été jetée dans l'eau bouillante à Smithfield une certaine Margaret Davis, jeune fille qui avait empoisonné trois personnes chez qui elle habitait» (Chronique de Wriothesley, 1542).

C'est peut-être le fait de considérer l'usage du poison comme un crime aussi horrible qui provoque une telle fascination chez les Anglais pour ceux supposés être passés maîtres dans cette pratique. Sa Seigneurie P.P. Alexandre VI et le Duc Cesare de Valentinois della Romagna sont assurément considérés comme des artistes en la matière, possédant des connaissances dépassant de loin celles des alchimistes modernes. On croit qu'ils ont empoisonné leurs ennemis (connus ou inconnus) par douzaines; et qu'à la fin, ils sont tombés dans la fosse qu'ils avaient creusée pour les autres.

De tous les cas cités, ceux du Cardinal Giovanni Borgia (dit Giuniore), du Sultan Djim et du Cardinal Orsini sont les plus importants. L'improbabilité d'un empoisonnement dans le cas du premier a déjà été démontrée: il était un ami du Duc Cesare, leurs intérêts étaient asymptotiques; et ils étaient très éloignés l'un de l'autre pendant les dix-sept jours qui précédèrent la mort du Cardinal. Dans le cas du Sultan Djim, l'improbabilité d'un empoisonnement est duc au fait qu'avec sa mort, le Pape perdit 40 000 ducats annuels, et le seul moyen de tenir les Turcs à distance; le décès doit être attribué à des causes naturelles, et eut d'ailleurs lieu alors que le Sultan se trouvait entre les mains du Roi Chrétien à Naples, quelques semaines après qu'il eût quitté Rome. Dans le cas du Cardinal Orsini, l'improbabilité de l'empoisonnement est démontrée par le caractère peu digne de foi de la source dont cette accusation émane; par le caractère public de toutes les procédures ayant précédé et suivi sa mort; par le témoignage sous serment de ses médecins. Les cas de ce genre doivent être considérés tous ensemble; rejetés ou acceptés tous ensemble; car les rumeurs, d'être répétées avec forces vociférations, n'en deviennent pas plus crédibles. Il n'est pas non plus permis de dire que parce qu'une personne tire des avantages de la mort d'une autre, elle l'a probablement empoisonnée. La mort est toujours avantageuse à quelque être vivant : mais ni Sa Seigneurie P.P. Alexandre VI, ni le Duc Cesare ne gagnaient quoi que ce soit dans ce cas : bien au contraire. Quant à l'affirmation selon laquelle le venin des Borgia était un poison lent, un poison à action lente, que l'on pouvait diriger à distance, on peut dire sans crainte qu'aucun poison de ce genre n'a jamais existé, ni à l'époque, ni aujourd'hui.

Ce poison lent est une invention de pourvoyeurs d'un certain type de fiction, qui fait certes honneur à leur pouvoir imaginatif, mais n'a aucune existence tangible. Ces auteurs de fiction sont de simples commerçants, qui doivent fournir à leur clientèle les produits qu'elle demande. La Légende du Poison des Borgia est l'un de leurs articles de vente. Le public l'a lue, et en a demandé toujours davantage. Le public s'amuse avec ces histoires. Parfois, il a assez d'humour pour s'informer lui-même ; et il s'attache alors à des pasteurs ou à des maîtres spirituels, versés dans toutes sortes de connaissances et de vérités passées ou présentes. Dans ce cas, il exige la vérité pour obtenir un bénéfice intellectuel ; dans l'autre, de l'invention et de l'imagination pour se distraire l'esprit. Le public paie, et a le droit de choisir ce qu'il achètera. Un commis qui se permettrait de vendre de la saumure au lieu de poivre s'attirerait les foudres de son patron. Un professeur qui se permettrait de transmettre des fictions au lieu de faits s'attirerait, peut-on croire, des ennuis analogues. Mais la Légende du Poison des Borgia a été si habilement répandue que les auteurs modernes l'ont adoptée comme l'un des articles qu'ils peuvent en toute tranquillité introduire dans leurs écrits les plus sérieux ; et le public, lorsqu'il la trouve dans ces ouvrages (où il s'attend à trouver la vérité) prend le faux pour le vrai, parce qu'il se présente avec l'imprimatur de l'autorité.

Herr Eugène Burckhardt, dans son livre si érudit, *La Civilisation de la Renaissance* en Italie en est un bon exemple. Cet ouvrage prétend être sérieusement écrit, et constitue une mine d'informations exactes. Mais parmi toutes ces perles scientifiques, on est surpris de trouver parfois de la verroterie de si basse qualité qu'on se demande comment elle a pu échapper à l'attention de l'auteur. Herr Burckhardt écrit :

« Rigoureusement parlant, étant donné que nous examinons maintenant les diverses époques de la civilisation italienne, ce pontificat (1492-1503), pourrait être laissé de côté, puisque les Borgia ne sont pas plus italiens que la Maison de Naples. Alexandre parlait espagnol en public avec Caesar ; Lucrezia, à son arrivée à Ferrare, portait un habit espagnol, et fut célébrée par des bouffons espagnols; les serviteurs de ces deux personnes étaient espagnols, comme la plupart des soldats mal famés de Caesar pendant la guerre de 1500; et même son bourreau, Don Michellotto, et son empoisonneur, Sebastian Pinzon, paraissent avoir eu la même nationalité.»

Voilà un cas typique, dans lequel un auteur sérieux se montre infidèle à la vérité; un cas typique des semi-vérités qu'il forge pour dire la vérité sur les Borgia. Il est absolument nécessaire de souligner l'origine espagnole des Borgia, car sinon une haine imméritée risquerait de retomber sur leur pays d'adoption, l'Italie. C'étaient de remarquables exemples de leur race; mais il ne faut jamais oublier que leurs vices (étant des hommes, ils avaient aussi leurs vices) étaient espagnols, non italiens. Herr Burckhardt a raison de souligner ce fait, et de l'illustrer par d'abondants exemples. Mais lorsqu'il affirme que Don Michelotto était le bourreau du Duc Cesare, et Sebastian Pinzon son empoisonneur, lorsqu'il affirme cela avec la liberté frivole et facile dont on use pour parler des «choses qui vont de soi», on est obligé d'intervenir et de combattre cette image horrible et fantastique du Generalissimo de l'Armée Pontificale foulant l'Europe aux pieds en compagnie d'un bourreau et d'un empoisonneur officiels. Don Michelotto était un capitaine des condottieri du Duc Cesare; un serviteur fidèle, estimé, qui servit parfois, comme à Sinigaglia, d'*exécuteur des hautes œuvres*: il ne fut jamais un bourreau professionnel. Et Sebastian Pinzon? Peut-on croire que le Duc Cesare – car c'est vraiment ce qu'implique l'étonnante affirmation d'Herr Burckhardt – s'occupait tellement d'empoisonnements qu'il lui fallait un Grand Empoisonneur attaché à sa personne comme un premier gentilhomme de la chambre ou un valet du hanap[1]? C'est là une chose absurde, digne d'un opéra-comique, non d'un travail d'historien sérieux. Mais l'origine de l'erreur de Herr Burckhardt doit être retracée.

Giustiniani, l'Orateur de Venise, qui détestait cordialement les Borgia, et qui ne perdait aucune occasion de transmettre des rumeurs qui leur étaient défavorables, envoya à son gouvernement une dépêche datée du 20 juillet 1502, déclarant que le Très Illustre Seigneur Giambattista Ferrari, Cardinal-Presbytère du Titre de San Crisogono, appelé vulgairement le Cardinal de Modène, était mort; que selon ses testaments, ses biens et bénéfices avaient été distribués; que son archevêché de Capoue avait été donné au jeune et robuste Cardinal Prince Ippolito d'Este (âgé alors de vingt-quatre ans, et fort

1. Le valet du hanap est le domestique chargé de la grande coupe appelée «hanap».

connu dans le monde) ; que son évêché de Modène avait été donné à son frère ; que la majeure partie de ses biens avait été donnée à son secrétaire, Messer Sebastiano Pinzoni ; que ce dernier legs était surnommé le « prix du sang », car le secrétaire avait empoisonné son maître pour hériter de sa fortune ; que le Pape avait accordé audit secrétaire un canonicat à Padoue, la préfecture de Sant'Agata de Crémone, un bénéfice à Rome et un autre à Mantoue évalué à cinq cents ducats, et qu'il le recevait *inter familiares.*

Il n'y a pas un mot, dans cette dépêche, qui concerne le Duc Cesare. Nous apprenons que Messer Sebastiano Pinzoni, secrétaire du Cardinal de Modène, est accusé par la rumeur publique d'avoir empoisonné son maître pour obtenir ses biens ; et que ce secrétaire a été patronné par Sa Seigneurie P.P. Alexandre VI. Voilà tout. Il serait déplaisant de penser que Sa Sainteté le Pape était le patron d'un meurtrier ; et pourtant, cette conclusion serait inévitable, si l'affaire en restait là. Mais elle n'en reste pas là. Nous apprenons dans un autre rapport que le Pape ignora d'abord le crime de Messer Sebastiano Pinzoni ; mais que lorsqu'il le découvrit, le meurtrier dut prendre la fuite. C'est Monsignor Burchard qui note dans son Diarium, à la date du mercredi vingt novembre 1504, que la Ruota (le tribunal séculier suprême de la Sainte Église Romaine) condamna par contumace Sebastiano Pinzoni, Scribe Apostolique, le privant de tous ses bénéfices et de toutes ses charges, pour avoir empoisonné Sa Seigneurie le Cardinal de Modène, son patron, qui l'avait tiré littéralement du ruisseau[1]. Ciaccono affirme que le Cardinal de Modène fut empoisonné par Sebastiano Pinzoni, son premier gentilhomme de chambre ; qu'emprisonné pour un autre crime sous le règne de Sa Seigneurie P.P. Léon X, il fut soumis à la Question, et avoua le forfait qu'il avait commis, et qu'il avait nié jusqu'alors.

Admettons donc que Sebastiano Pinzoni ait empoisonné son maître. Mais Herr Burckhardt ne démontre nullement qu'il était lié avec le Duc Cesare ; il n'est nullement établi par ailleurs que Son Excellence l'avait employé de manière officielle ou privée. Mais tous les crimes, pendant l'Ère des Borgia, sont attribués naturellement aux Borgia ; et Herr Burckhardt, historien sérieux, introduit dans son ouvrage de la fiction, et fait passer Sebastiano Pinzoni pour l'Empoisonneur du Duc Cesare !

1. (Il est intéressant de noter que sous le règne de Sa Seigneurie P.P. Jules II, l'éternel ennemi des Borgia, un homme accusé d'avoir commis un meurtre était simplement dépouillé de tous ses biens, et non condamné à mort.)

Nous nous tournerons maintenant vers un écrivain, pour nous amuser un peu dans notre recherche du Poison des Borgia. Cette diversion ne sera pas inutile : car le romancier est un personnage très important, en ce qu'il possède une audience infiniment plus grande que l'historien, et influence, forme, moule une partie infiniment plus grande de l'opinion publique. M. Alexandre Dumas, dans ses *Crimes Célèbres*, a beaucoup de choses à dire à propos des Borgia. Il sait fort bien, de son expérience, que la meilleure fiction est celle qui repose sur des faits et possède un petit air de vérité. Il cite donc le précieux Messer Paolo Giovio et sa *Cantarella,* dont nous nous sommes déjà occupés ici. Plus loin, avec une richesse de « détails corroboratifs destinés à donner quelque vraisemblance à une narration par ailleurs trop nue et trop peu convaincante », il décrit la préparation du poison liquide que, selon lui, les Borgia utilisaient. On capturait un ours, et on lui faisait ingurgiter une forte dose d'arsenic. Quand celui-ci commençait à produire ses effets, l'ours était suspendu la tête en bas par ses pattes de derrière ; il était aussitôt pris de convulsions, et de sa gorge s'écoulait une abondante écume empoisonnée, que l'on recueillait dans une assiette d'argent, et que l'on mettait ensuite dans des bouteilles hermétiquement fermées ; tel était le poison des Borgia.

Il y avait sans doute beaucoup d'ours dans les Apennins, et peut-être même dans les Monts Albains, à quelque vingt-cinq kilomètres de Rome ; l'histoire de l'ours est donc assez probable. Une fois la bête capturée, le Duc Cesare l'emmenait au Vatican – qui était certes un vaste palais, mais un peu trop peuplé pour convenir à une fabrique privée de poison. Par une nuit très noire, dans une cour solitaire, Sa Sainteté le Pape et le Duc Cesare administrait l'arsenic à l'animal. La manière dont le poison était administrée n'est pas décrite, ni la pendaison de la bête, ni la façon dont le vieux Pontife s'efforçait de recueillir dans l'assiette d'argent les moindres gouttes du fluide, ni la solennelle mise en bouteille du poison, ni leur fermeture hermétique. Comment les fioles étaient-elles fermées ? Avec quoi ? Avec l'Anneau du Pêcheur ? M. Dumas omet soigneusement de nous dire que le vil breuvage si secrètement et si péniblement obtenu aurait été bien moins nocif que la dose originaire d'arsenic ; celle-ci, administrée directement, sans l'intervention d'un pauvre ours, aurait certainement été mortelle ; mais elle aurait été privée de presque toute sa force destructrice (sinon de toute celle-ci) après avoir été soumise à la digestion de l'ours improbable et impossible de M. Dumas !

Sans nul doute, il existait sur cette terre et dans cette terre les mêmes substances empoisonnées au XVe et au XVIe siècle qu'actuellement; peu d'entre elles étaient connues; beaucoup – les plus sûres et les plus mortelles – n'étaient même pas imaginées, comme la strychnine, l'acide prussique, ou ces horribles bacilles que n'importe quel médecin du XXe siècle peut obtenir, à la seule condition qu'il ne soit pas poussé par des motifs criminels, et qui peuvent en toute sécurité empoisonner et semer la mort dans une rue, un quartier ou une ville entière. En 1164, Abd-el-Mumin ben Ali, le Roi maure d'Espagne, chassa de ses domaines tous les Juifs et tous les Chrétiens qui refusaient la foi de l'Islam. Parmi ces derniers, le célèbre Moïse ben-Maimon se rendit en Égypte. Il connaissait tout ce qu'on pouvait alors connaître; et il connaissait seize poisons: la litharge, le vert-de-gris, l'opium, l'arsenic, l'euphorbe ou l'herbe-au-lait, la noix d'acajou, la ciguë, la jusquiame, la stramoine ou l'herbe-aux-sorciers, le chanvre, la mandragore, les champignons vénéneux, le plantain, le crève-chien, la belladone et les cantharides. À quoi s'ajoutèrent pendant l'Ère des Borgia, quatre siècles plus tard, le trisulphite d'arsenic, l'orpiment, l'antimoine, le sublime corrosif, l'aconit ou tue-loups, le capuchon de moine, et peut-être l'ellébore blanc, l'ellébore noir ou Rose-de-Noël; il y avait donc maintenant vingt-deux substances connues pour être des poisons.

Nul doute qu'avec un tel arsenal, on pouvait causer bien des ravages; à condition cependant de vouloir l'utiliser, et de savoir le faire.

La volonté d'utiliser cet arsenal existait, sans aucun doute. Le fait que Madonna Caterina Sforza Riario (auteur d'une merveilleuse collection de recettes domestiques et médicinales, et par ailleurs aussi bonne maîtresse de maison que sorcière et guerrière) ait été accusée d'avoir tenté d'empoisonner Sa. Sainteté le Pape (comme nous l'avons vu dans notre Livre II) montre bien que le poison était redouté, et donc probablement employé. Les gouvernements faisaient des expériences avec des poisons: dans quel but, qui pourrait le dire? M. Lamanshy publia en 1432 un document intéressant qu'il avait trouvé dans les Archives secrètes de Venise. « On a essayé sur trois porcs certains poisons trouvés à la chancellerie et venus il y a très longtemps de Vicenza. Ces poisons ne se sont pas avérés bons. » La volonté d'utiliser cet arsenal existait, sans nul doute. Mais il est non moins certain que la capacité de l'employer, elle, n'existait pas.

Aussi étrange et paradoxal que cela puisse paraître, la connaissance et l'art alchimiques étaient beaucoup moins avancés pendant les années qui suivirent la Renaissance du Savoir que pendant le Moyen Âge, cette prétendue Époque des Ténèbres. Car l'Époque des Ténèbres avait été celle des Simples. L'Age de la Renaissance au contraire fut celui des Composés. Et dans ces composés, les vertus internes étaient modifiées par la sublimation et la distillation, ou encore annulées par des mélanges hétérogènes. L'exposé qui suit le montrera en toute clarté.

À l'Époque des Ténèbres, les médicaments étaient constitués par des herbes simples, présentées sous forme de potions, de cataplasmes, de lotions ou d'onguents. Les vieux herbiers de Dioskorides ou d'Appulejus étaient utilisés comme livres de textes ; quelques extraits de ceux-ci éveilleront la curiosité, et contribueront en tout cas à nous aider à mieux comprendre de quoi il s'agissait.

(a) La Bétoine, ou Barbiche *(Betonica officinalis)* doit être cueillie en août sans recourir à aucun instrument en fer ; les moisissures doivent être ôtées des racines, et la plante être séchée à l'ombre. Une fois triturée, deux drachmes de bétoine, mélangées à de la bière, du vin ou du miel réchauffés, constituent un antidote contre le poison, un digestif, un médicament pour la constipation, l'hydrophobie, le mal de dents ; elles protègent également des visites des monstres nocturnes, ou des visions et des rêves effrayants. Une lotion de bétoine, obtenue à partir de l'herbe bouillie dans de l'eau fraîche jusqu'à évaporation des deux tiers de celle-ci, guérit du mal de tête, de l'épistaxie, de la fatigue et de l'hernie ; les feuilles, elles, peuvent être utilisées pour les cataplasmes (de fait, la bétoine est capiteuse, émétique et purgative).

(b) La Verveine *(Verbena officinalis)* doit être broyée pour former un cataplasme qui guérit les blessures et les furoncles. Elle constitue un antidote contre tous les venins, et les chiens n'aboieront pas contre celui qui l'utilise.

(c) La Girofle *(Ranunculus acris)* enroulée dans du fil rouge autour du cou en avril ou en octobre, la fin de la pleine lune, guérit de la folie.

(d) L'Armoise commune *(Artemisia dracunculus)*, transformée en onguent avec de l'huile d'olive bien bouillie, détend les articulations et les tendons (cela est en effet excellent).

(e) Le poireau des corneilles (Orchis, *Satirion)* guérira le mal des yeux si on les enduit avec son suc.

(f) Le Cresson de fontaine *(Nasturtium officinale)* donne un suc qui empêche les cheveux de tomber.

(g) La Garance *(Rubia tinctoria)*, employée sous forme de cataplasme, guérit la sciatique.

(h) Le Trèfle *(Trifolium pratense)* protège celui qui le porte du mal des mâchoires.

(i) Le Romarin *(Rosmarinus officinalis)* est bon pour les dents.

(j) La Rue *(Ruta graveolens)* mangée toute verte est un obésifuge ; une seule de ses brindilles arrête les saignements de nez ; macérée dans du vinaigre et marinée, elle produit des pertes de mémoire si on l'applique sur les sourcils. Elle est recommandée pour les prêtres désirant observer leur vœu d'abstinence.

(k) Le Pouliot *(Mentha pulegium),* employé comme onguent, guérit le mal de mer ; employé comme un baume, ou brûlé comme encens, il guérit la fièvre et le mal de ventre.

(l) La Sauge *(Salvia),* employée comme lotion, guérit la gale.

(m) La Marjolaine *(Origanum vulgare),* plongée dans du vinaigre, guérit le mal de tête. On peut aussi la mâcher quand on est enrhumé.

(n) La Digitale *(Digitalis purpurea),* employée sous forme de cataplasme, guérit les pustules, (son principe vénéneux semble inconnu).

(o) Le Serpolet *(Thymus campestris)* éliminera toutes les fétidités internes si l'on boit de son jus.

(p) La Violette *(Viola odorata),* transformée en onguent avec de la graisse ou du miel, guérit les blessures.

(q) La Courge *(Cucumis colocynthus, Kolokintos),* mélangée à des baies sans les grains, est un remontant.

Il s'agit de Simples, c'est-à-dire de médicaments obtenus à partir d'herbes simples, faciles à obtenir ; convenant à une race d'hommes simples, mais sans méchanceté, heureux de vivre avec des choses simples, sensibles et pleins de foi, ne se souciant aucunement de creuser sous la surface et d'explorer les arcanes sacro-saints de la nature (ou de faire des expériences avec celle-ci).

La Renaissance du Savoir, une fois que les œuvres des écrivains de l'Antiquité eurent été redécouvertes, dévorées et mises en pratique, emplit l'esprit des hommes d'idées nouvelles, et changea complètement leur vision des choses.

Les *Préceptes les Plus Salubres de la Médecine,* écrits par Quintus Serenus Sermonicus au IIIe siècle, les Trente-Sept Livres de l'*Histoire Naturelle* de C. Plinius Secundus (Pline l'Ancien) qui virent le jour en 77 après J.-C., les quatre-vingt-trois chapitres des *Médicaments animaux* que Sextus Placitus écrivit au IVe siècle après l'Incarnation ; les huit livres d'Alexandros de Tralles en Lydie, *De la Médecine,* révélés au monde seulement au VIe siècle : telles furent les clefs qui ouvrirent les portes de la spéculation aux hommes alertes et passionnés du xve siècle, déjà intoxiqués par la glorieuse Découverte de l'Homme.

D'étranges et admirables effets furent produits par ce déluge de connaissances. Étranges et admirables furent les nouvelles significations données aux choses de la nature, les combinaisons des objets naturels ainsi échaffaudées, les doctrines bâties à partir de l'observation des phénomènes naturels. L'étude de la nature devint une chose sacrée, réservée aux hommes sages et respectueux. Ses partisans furent appelés *magi,* ou magiciens ; leur quête était magique. L'art de la magie était blanc ou noir, pour le bien ou le mal des hommes. De grandes et saintes figures pratiquèrent la magie blanche ; la magie noire fut condamnée par l'Église, et il suffisait d'être soupçonné de s'y adonner pour être conduit au bûcher. Sa Seigneurie PP. Alexandre VI Se distingua par Sa sévérité à l'égard des *magi* noirs. La magie blanche comprenait l'art de guérir, la divination par chiromancie, amniomancie, lithomancie et astrologie ; elle s'efforçait aussi de découvrir les propriétés cachées et les vertus de toutes les choses, étranges ou communes. C'était là un vaste domaine de recherches ; et les hommes qui s'y aventuraient étaient comme de jeunes garçons, ardents, sensibles, passionnés, inexpérimentés, prêts à accepter tout ce qui se présentait à leurs yeux.

Messer Enrico Cornelio Agrippa était un mage très éminent. Sous le pontificat de Sa Seigneurie P.P. Alexandre VI, il consigna ses connaissances dans un livre qu'il intitula *Le Livre de la Philosophie Occulte.* En 1510, il montra son livre à un ami, le célèbre Abbé Trithemius, qui l'estima beaucoup, y ajouta des textes, et conseilla à Messer Enrico de ne le donner qu'aux élus. Ce conseil fut apparemment suivi ; car le livre ne fut pas publié avant 1531. Le mage étudiait longuement, l'écriture cabalistique, et recommandait pour les recettes magiques divers alphabets mystérieux. Il examinait les sceaux et les signes des planètes de certains archanges patrons des jours de la semaine, Michael, Gabriel, Samael, Raphael, Sachael, Anaél, Cassiel, avec leurs propres parfums, le froment rouge, l'aloès, le poivre, le mastic, le safran, la passerage et le soufre. Il donnait une grande importance aux charmes et périaptes (ou amulettes).

« Saint Thomas d'Aquin, écrivait-il, le Saint Docteur, a dit dans son Livre *De Fato* que même les ornements, les bâtiments et autres Œuvres artificielles reçoivent une certaine Qualification des Étoiles et les Magiciens affirment que non seulement par le Mélange et l'Application des choses naturelles, mais aussi par des Images, Sceaux, Anneaux, Verres et quelques autres Instruments opportunément placés sous une certaine Constellation, certaines illuminations célestes et certaines choses merveilleuses peuvent être obtenues. »

Si telle est son idée, il n'est pas surprenant de voir qu'il prescrit pour guérir la fièvre intermittente le charme suivant de Quintus Serenus Sermonicus, charme qui doit être écrit sur un parchemin et porté autour du cou :

a b r a c a d a b r a
a b r a c a d a b r
a b r a c a d a b
a b r a c a d a
a b r a c a d
a b r a c a
a b r a c
a b r a
a b r
a b
a

ou, comme protection contre les esprits mauvais et les dangers d'un voyage, l'eau, les ennemis ou les armes, le début et la fin des premiers cinq vers de la Genèse :

צמובה —— בוודי

écrits sur un parchemin vierge, ou sur de l'or très pur, recto verso, avec une encre faite de fumée d'encens, ou de cire consacrée mélangée avec de l'eau bénite. Ce charme doit lui aussi être porté autour du cou, et son efficacité dépend de la force de la croyance en Dieu, Créateur du Tout.

Les hommes de l'Ère des Borgia savaient que la queue d'un ibex, séchée avec sa chair et sa peau, et portée sur soi, protégeait de la magie, à moins que celui qui la portait n'y consente. Ils avaient appris cela dans le traité de Saint-Hildegarde, *De Animalibus*. Ils savaient que l'héliotrope, ou tournesol *(Heliotropon Europaeum)*, placé sous l'oreiller d'un homme qui venait d'être volé, lui donnait la vision du voleur et de son butin ; et que, lorsqu'on la mettait dans une église, les épouses infidèles ne pouvaient en sortir tant qu'on ne l'enlevait pas. Leur foi dans la vertu des gemmes était très précieuse ; elle venait essentiellement du médecin Alexandros de Tralles. Un basilic gravé sur un jaspe vert préservait du Mauvais Œil. Une croix de métal attachée au bras gauche guérissait de l'épilepsie. Une araignée vivante attachée à un chiffon et placée autour du même bras guérissait de la fièvre. Un anneau de métal sur lequel était gravé la lettre sacrée T (la *« marque sur le front »*) guérissait aussi l'épilepsie. Un anneau avec un sabot guérissait l'*adunamia,* l'impuissance. Un anneau sur lequel était gravé un conseil de corbeaux pour Apollon garantissait le bonheur conjugal et donnait le don de prophétie. Une jacynthe jaune et brune donnait le sommeil. Une agathe sur laquelle était gravée l'effigie du saint Jean le Divin protégeait du venin. Le jaspe oriental ou héliotrope (la sanguine) sur lequel était gravée une jeune fille portant un collier d'herbes rendait invisible lorsqu'on l'enduisait de jus de souci. Un anneau de cuivre sur lequel figurait un lion, un croissant et une étoile, et que l'on portait au quatrième doigt, guérissait des calculs. L'améthyste rendait sobre celui qui la portait, et une bulle papale la recommandait pour les bagues épiscopales. Le corail délivrait des incubes et des succubes. Une sardoine couleur de miel sur laquelle était gravé Hérakiès étranglant le lion de Némée guérissait de la colique. Une cornaline sur laquelle était gravé un Hermès Psychopompe donnait courage et gaieté. Un homme pouvait vivre aussi longtemps qu'il le voulait s'il regardait chaque jour l'image de saint Christophe (l'Héraklès chrétien). La crapaudine (la dent palatale de la raie *Pycnodus)* placée dans un anneau constituait un périapte extrêmement efficace contre la magie noire. Dans la Galerie de l'Université d'Oxford (n° 691), il y a un splendide spécimen l'anneau fait d'une double crapaudine ; les pierres sont placées de chaque côté de l'anneau, si bien que l'une touche toujours la main fermée, tandis que l'autre reste libre pour épouvanter l'ennemi magique éventuel.

La chiromancie fut présentée par Msser Andrea Corvo da Carpi, dont le petit traité, profondément religieux et orné de croquis, fut publié à Venise en 1500.

Mais le principal homme de science de l'Ère des Borgia était sans nul doute Messer Giambattista della Porta de Naples. Né en 1445, mort en 1515, il fut l'exact contemporain des Borgia. Ce qu'il pouvait ignorer en matière de science naturelle, aucun autre homme de son époque ne le connaissait. Sa maison, à Naples, était un lieu de rendez-vous pour toutes les personnalités scientifiques et littéraires de toutes les nations. Il installa partout des académies publiques et privées, dont les principales étaient Gli Ozioni de Naples, et Il Secreti, qui se trouvait dans sa propre demeure, et dans laquelle aucun mage n'était admis s'il n'avait pas fait quelque découverte nouvelle et importante dans le domaine des phénomènes naturels. Le nom et l'air de mystère de cette académie provoquèrent d'intenses soupçons à Rome, qui, sous prétexte de magie noire, fit interdire les réunions des mages.

Messer Giambattista della Porta écrivit énormément. Il donna au monde un traité sur la physiognomonie, dans lequel il juge le caractère des hommes en comparant leurs visages avec la face de certaines bêtes ; il écrivit un ouvrage diffus et érudit sur les chiffres-marques, *De Occultis Litterarum Notis.* Sa grande œuvre, cependant, fut *le Livre de la Magie Naturelle.* Il affirme qu'il le commença en 1460, quand il avait juste quinze ans : c'était bien l'époque précoce où Messer Giovanni de Medici était cardinal à treize ans, et où le Prince Gioffredo Borgia de Squillace était marié et capitaine de condottieri à quatorze ; trente-cinq ans plus tard, en 1495, grâce à l'aide de ce joyeux et jeune mécène qu'était le Cardinal Ippolito d'Este, il publia l'œuvre de sa maturité, d'où sont extraites les recettes suivantes.

Fort peu d'Anglais comprennent la doctrine de la Sympathie ou de l'Antipathie ; ou admettant que l'Attraction et la Répulsion sont des Forces Primaires. « Je ne t'aime pas, Docteur Fell, pour une raison que je ne puis dire », déclare l'Anglais, et il regrette de trouver cette raison au lieu de reconnaître la loi. « Elle est simpatica et il est antipaticissimo » dit un Italien, constatant et admettant une loi naturelle. Messer Giambattista della Porta est très clair au sujet de l'Antipathie, qu'il illustre en disant que le Vin et le Choux-nain sont des ennemis naturels, parce que ce dernier guérit de l'ivresse ; que la Rue et la Ciguë sont des ennemis naturels, parce que la Ciguë guérit les cloques provoquées par la Rue ; il est également clair pour ce qui est de la Sympathie, lorsqu'il montre qu'un taureau sauvage attaché à un figuier deviendra domestiqué et doux, et qu'un chien qu'on amène à la partie malade d'un homme absorbera son mal.

Il affirme que les bêtes ont un type propre de connaissance : que les corneilles emploient le lierre, les aigles les cheveux de Vénus, les hérons les carottes sur leurs nids pour se préserver naturellement des enchantements ; que les chats mangent de l'herbe, et les pigeons de la pariétaire, pour guérir leurs douleurs ; que les lions ayant la fièvre quarte mangent des singes, que les faucons ayant mal aux yeux mangent du lait d'âne, que les serpents rajeunissent en mangeant du fenouil, et que les perdrix mangent des poireaux pour s'éclaircir le gosier.

Pour montrer qu'il n'a pas parcouru le monde les yeux fermés, il fait observer que les souris sont engendrées à partir de la putréfaction, que les grenouilles viennent de la poussière pourrie et de la pluie, les crapauds de la crasse et de la *Kataminia,* les serpents de la crinière des chevaux ou de la moelle épinière d'un homme mort.

Il préconise la création de nouveaux animaux par croisement d'un chien de chasse en croisant un mâtin et une lionne (ou une tigresse) ; d'un chien d'appartement, en croisant une chienne et un singe ; d'oiseaux ayant une chair délicieuse pour les gourmets en croisant un coq et une paonne, ou un coq faisan et une simple poule. La méthode qu'il propose pour rendre un oiseau sociable et amical est étrange et unique. Il dit qu'avant que la créature ait des plumes, il faut lui briser la partie inférieure de son bec jusqu'à la mâchoire. Ne pouvant plus se nourrir tout seul, l'oiseau devra s'adresser à son maître pour être nourri.

Il préconise aussi la création de nouveaux fruits très délicats, en greffant une mûre sur un châtaignier, une pêche sur un noyer, un coing sur un poirier, un citron sur un pommier, une cerise sur un laurier. Il conseille de faire du pain avec des dattes et des noix ; et du vin avec des coings.

Il veut créer des pierres précieuses : de la jacinthe en mettant du plomb dans un pot de terre, et en le plaçant dans le fourneau d'un vitrier jusqu'à ce que le plomb soit vitrifié ; ou une émeraude en dissolvant de l'argent dans de l'aquafortis, en versant la dissolution dans des plats d'argent auxquels la composition adhérera. On sèche alors les plats au soleil, on les met dans un pot en terre quelques jours et le tout est placé dans le fourneau d'un vitrier.

Il dit qu'on peut avoir des rêves verts et joyeux en mangeant de la citronnelle, du buglosse, ou des écorces de peuplier ; et des rêves noirs et mélancoliques en mangeant des haricots, des lentilles, des oignons, de l'ail et des poireaux.

Il veut guérir le mal de dents avec des racines de pariétaire broyées. Pour entretenir les dents, il recommande d'employer des feuilles de mastic, de sauge, de romarin et de ronces, macérées dans du vin grec (c'est-à-dire un vin riche et fort issu d'un sol volcanique sec) ou une poudre faite de mie d'orge salée. Mais sa recette pour avoir des dents blanches et perlées est un chef-d'œuvre du genre :

« Prenez trois poignées de fleurs et de feuilles de sauge, d'ortie, de romarin, de mâche, d'olive, de plantain et d'écorce de racines de noyer ; deux poignées de ciste, de marrube, de fanes de ronces ; une livre de fleur et une demi-livre de semence de myrthe ; deux poignées de boutons de roses ; deux drachmes de bois de santal, de coriandre et de pépins de citron ; trois drachmes de cinnamome ; dix drachmes de noix de cyprès ; cinq pommes de pin vertes ; deux drachmes de mastic et d'argile arménienne. Réduisez le tout en poudre. Infusez cette poudre dans du vin rouge acide. Faites macérer trois jours. Pressez doucement le vin. Mettez-le dans un alambic et distillez-le sur un feu doux. Faites bouillir la distillation jusqu'à ce que deux onces d'alun y soient dissoutes. Gardez le tout dans une fiole hermétiquement fermée et, pour l'employer, emplissez la bouche de la lotion, puis frottez les dents avec un doigt enveloppé dans un chiffon de lin très fin. »

Voilà un excellent exemple de Composé, tel qu'il se distingue d'un Simple ; un excellent exemple de la sophistication et de la propreté méticuleuse des gens de l'époque des Borgia.

Pour guérir un homme de l'envie, dit ce mage, maintenez-le à l'air frais, accrochez des jacinthes, des saphirs et des escarboucles autour de son cou, faites-lui porter un anneau fait de sabot et respirer de l'hysope et des lys.

Le Neuvième Livre de Messer Giambattista Porta enseigne comment rendre belles les femmes. Il y avait une mode qui voulait que le front se prolonge jusqu'au milieu du crâne ; le mage recommande un dépilatoire fait de chaux vive (quatre onces), d'orpiment (deux onces) que l'on fait bouillir jusqu'à ce que la plume d'une poule se dénude quand on la plonge dedans. Ce terrible composé ne doit pas rester longtemps sur la peau ; les brûlures doivent être traitées avec de la gomme d'écorce de tremble *(Populus Tremula),* de l'huile de rose ou de violette. Les cheveux peuvent également être enlevés avec des pinces, avec de l'eau chaude, en les ôtant un par un, et en enduisant les trous avec une solution saturée de salpêtre, ou d'huile de soufre ou du vitriol, l'opération devant être répétée tous les ans. Quand les cheveux sont minces et duveteux, des racines d'hyacinthe sauvage frottées dessus les feront repousser plus drus.

Pour teindre les cheveux en blond (et imiter Madonna Lucrezia Borgia, dont la chevelure blonde était fort admirée), il faut ajouter suffisamment de miel pour adoucir la lie du vin blanc et garder les cheveux humides de cette solution toute la nuit. Puis il faut broyer des racines de chélidoine et de garance, et les mélanger avec de l'huile de graine de cumin et du safran ; on garde le tout sur la tête pendant vingt-quatre heures, puis on rince avec une lessive de trognons de choux et de cendres de seigle.

Pour faire pousser les cheveux, il faut d'abord les laver dans le liquide obtenu lorsqu'on fait brûler du miel ; ou il faut les enduire avec un onguent fait de guimauve broyée dans de la graisse de chien, bouillie longuement dans le vin, en ajoutant des graines de cumin broyées, du mastic, du jaune d'œuf, le tout enveloppé dans du lin.

Pour rendre les cheveux épais et bouclés, il faut bouillir des capillaires avec de la semence d'ache dans du vin et de l'huile ; ou des racines de narcisses et de sureau-nain bouillies dans du vin et de l'huile.

L'eau dans laquelle ont été bouillies les bulbes des lys rend la peau claire ; le sublimé corrosif et la céruse (blanc de plomb) rendent le visage pâle et brillant.

Pour les coups de soleil, il est prescrit du blanc d'œuf et du sucre candi appliqués sur le visage le soir ; le matin, on se lave avec de la tisane d'orge ; on aura une peau très claire si on la frotte avec la pelure ou les pépins broyés des melons. Il est évident qu'il y avait pendant l'Ère des Borgia des femmes « simples » et des femmes « de couleur », c'est-à-dire des femmes qui remplissaient leur devoir (cultiver leurs charmes) en recourant à des méthodes saines, ou à des méthodes violentes et mauvaises.

Messer Giambattista della Porta semble avoir employé sa science et son art magique pour inventer « quelques tours joués aux Femmes » ; ce qui démontrera que l'Ère des Borgia considérait comme autorisées certaines plaisanteries. Il dit que si l'on veut révéler qu'un visage est fardé, il faut mâcher du safran avant de souffler sur lui : le visage jaunira incontinent. On peut aussi brûler à côté du soufre, qui fera noircir le sublimé de mercure et la céruse blanc de plomb ; on peut enfin mâcher du cumin ou de l'ail et souffler sur le visage de la femme : céruse ou vif-argent s'en iront. Mais si vous souhaitez teindre une femme en vert, mettez une décoction de caméléon dans son bain.

Ses dix livres traitent d'interminables processus sophistiqués de distillation et de sublimation ; prouvant ainsi que ce qui a été affirmé plus haut à propos des Lettres et des Arts (l'habitude de l'époque consistait à penser à la dextérité de l'artisan, et nullement au matériel employé) vaut également pour la pharmacologie du XVe siècle. Ces mages faisaient chauffer leurs alambics et leurs creusets ; ils distillaient à n'en plus finir, sublimaient à n'en plus finir, jusqu'à ce que la nature des matériaux qu'ils employaient fût dissipée, ou totalement transformée, au lieu d'être raffinée et concentrée, comme ils l'espéraient vainement. Ils n'étaient que des gamins, des gamins passionnés, sensibles, ardents, sans expérience. Ils commettaient les inévitables erreurs des aventuriers. Les extravagances propres à la nature humaine confrontée à des circonstances imprévues ; et la sagesse du XXe siècle est le fruit des errances et des égarements du XVe.

Messer Giambattista della Porta consacre son onzième livre aux Parfums ; son douzième au Feu Grégeois (fait de camphre, d'alcools et de soufre), à la fabrication de la poudre, des mines et des fusées ; le treizième est consacré à la Trempe de l'acier.

Le quatorzième livre contient des recettes monstrueuses et caractéristiques liées aux mets et aux boissons. Si vous voulez enivrer vos hôtes, mettez dans leur vin les saletés contenues dans l'oreille d'un chien. Si vous voulez qu'ils soient carrément ivres morts, donnez-leur de l'écume de chameau mélangée à de l'eau. Si vous voulez rester sobre et résister au vin, mangez des poireaux et du safran, portez des guirlandes de roses, de violettes, de lierre, et une améthyste. Pour que votre fils reste sobre, donnez-lui à manger les œufs bouillis d'une chouette avant qu'il ait goûté le vin, afin de tempérer sa chaleur naturelle. Si vous voulez expulser délicatement des hôtes importuns, vous pouvez les dégoûter des viandes de cinq manières : en premier lieu, une aiguille qui a servi à coudre le linceul d'un mort, clouée sur la table, leur fera trouver toute nourriture exécrable ; en second lieu, de la viande secrètement saupoudrée de racine de pied de veau réduite en poudre *(Arum maculatum)* arrachera la peau de leur bouche ; en troisième lieu, la nourriture saupoudrée avant d'être servie de feuilles d'arun *(gen. Arum)* réduites en poudre produira chez eux une abondante salivation ; en quatrième lieu, les couteaux et les serviettes enduits de jus de courge *(Cucunis colocynthus, colocuntos)* donneront à tout ce qu'ils touchent une horrible saveur ; enfin, les cordes de harpes coupées en petits morceaux et mélangées à de la viande chaude se trémousseront comme des vers : ainsi pourrez-vous débarrasser votre table de tous les hôtes indésirables.

Si vous voulez désosser un pigeon, videz-le, et plongez-le dans le vinaigre pendant vingt-quatre heures ; puis enlevez les os, lavez bien l'animal, remplissez-le d'herbes et d'épices, rôtissez-le ou faites-le bouillir. Pour rendre tendre un chapon un peu dur, faites-le bouillir avant de le rôtir. Mais si vous souhaitez vraiment réjouir vos amis, amusez-les en faisant cuire une oie vivante. Dans votre cour, déplumez l'animal, sauf à la tête et au cou, et enduisez-le de lard et de gras. Amassez des fagots en rond tout autour de l'oie ; de manière pas trop étroite, sinon elle ne sera pas rôtie, et pas trop large, sinon la fumée l'étouffera, ou le feu la brûlera. À l'intérieur de ce cercle de fagots, à l'endroit occupé par votre bête lardée et plumée, placez plusieurs pots d'eau mélangés avec du sel et de l'herbe à ours. Allumez lentement le bois. Quand l'oie commencera à rôtir, elle se mettra à marcher de long en large ; mais elle ne pourra s'échapper : vous avez attaché ses ailes. Quand elle commencera à chauffer et à se fatiguer, elle étanchera sa soif avec l'eau des pots, et rafraîchira ainsi son cœur et toutes ses parties internes. Vous devez continuellement humidifier sa tête et son poitrail avec une éponge tendue au bout d'une canne. À la fin, vous la verrez sauter brusquement en l'air et retomber. C'est qu'elle sera devenue vide, et qu'il n'y aura plus aucune humidité dans son cœur. Vous pouvez alors l'emporter, et la mettre sur la table d'hôtes : elle criera quand vous la découperez, et vous pourrez presque la manger avant qu'elle ne soit morte.

Le quinzième et dernier livre de la Magie Naturelle traite des différentes façons d'entretenir des correspondances secrètes en utilisant des encres invisibles, en écrivant sur des œufs ou sur le postérieur nu de courriers drogués ; il examine les sceaux et écrits apocryphes, les messages envoyés par des pigeons ou des flèches.

Telles sont les choses dont a pu parler très sérieusement un médecin sobre, érudit et éminent du XVe siècle et qu'il a appelé Magie Naturelle. Il témoigne de l'esprit ingénieux et innocent d'un enfant se traînant au milieu de ses jouets.

Après avoir montré une partie des connaissances de ce mage, nous constaterons maintenant qu'un peu partout, dans ce Livre de la Magie Naturelle, on trouve des allusions accidentelles et rapides à certains poisons. Messer Giambattista déclare :

I. Que l'examblosis peut être obtenue avec le vin que Pline appelle Phthorium (Pline, 4, 16,19, 3110) fait avec les grappes d'un raisin sur lequel on a greffé de l'ellébore, de la courge et de la scammonée ;

II. Que la Mandragorc *(Mandragora Atropa Officinalis)* poussant sur une vigne lui donnera des vertus hypnotiques.

III. Qu'une drachme de Belladone *(gen. Atropa)* ou de stramoine *(Datura stramonium)* dans de l'eau (qu'ils contamineront sans lui donner ni odeur ni saveur particulières) « rendront les hommes fous sans leur faire de mal, si bien que c'est un plaisant spectacle que de provoquer de telles folles visions. Il est très agréable de les faire. Faites-en l'essai », dit-il légèrement. Mais il ajoute qu'une once de ce breuvage peut faire dormir un homme pendant quatre jours.

IV. Qu'une drachme de Morelle noire *(Solanum nigrum)* administrée sous forme d'écorce dans du vin provoque le sommeil ; un peu plus, la folie ; et une forte dose, la mort.

V. Que la Ciguë *(Conium maculatum)* versée dans du vin provoque la mort.

VI. Qu'une drachme de Belladone mêlée à du vin suffit à éliminer tout hôte importun.

On observera que trois de ces six prescriptions envisagent la mort.

Messer Giambattista della Porta souligne qu'aucun poison, à lui seul, ne peut tuer toutes les créatures vivantes : « car ce qui est vénéneux pour l'un peut servir à la préservation d'un autre, ce qui ne vient pas de sa qualité, mais du fait que la nature est distincte». Il fournit une longue liste des substances qui sont mortelles pour certains animaux: par exemple, l'aconit tue les loups, la jusquiame les poules, le lys les souris, l'ellébore noir les bœufs, l'ellébore blanc les pigeons, le lierre les chauve-souris, la consoude les aigles, l'épi d'eau les hérissons, la graine de moutarde les alouettes, le jus de raisin les grues, le saule les mésanges bleues, les grenades, les faucons, les vautours, les mouettes et les merles; la *flux vomica*, elle, tue les chiens. En ce qui concerne ce dernier point, il faut comprendre que le XVe siècle appelait digitale *(Digitalis purpurea)* la *nux vomica*; et n'était pas parvenu à extraire l'alcaloïde végétal appelé «strychnine», sous sa forme moderne, de la nux vomica javanaise, *Strukno,* dont il est le principe actif.

Pour compléter l'exposé de cet homme de science si typique du XVe siècle, voici l'antidote principal qu'il recommande pour les poisons:

«Prenez trois livres d'huile vieille, et deux poignées d'herbe de Saint-Jean (le Baume de la Blessure du Guerrier, *hypericum).* Faites-les macérer deux mois au soleil. Enlevez les fleurs trop vieilles, et ajoutez deux onces de fleurs fraîches. Faites bouillir in Balneo Mariae [bain-marie] pendant six heures. Mettez le tout dans une bouteille hermétiquement fermée et laissez celle-ci au soleil pendant quinze jours. En juillet ajoutez trois onces d'herbe de Saint-Jean qui a macéré dans deux verres de vin blanc pendant trois jours. Ajoutez aussi deux drachmes de gentiane, de tormentille, de dictame, de zédoare et de carline (à cueillir en août), du bois de santal et des aristoloches. Faites bouillir à feu doux six heures in Balneo Mariae. Pressez le tout. Ajoutez une once de safran, une once de myrrhe, une once d'aloès, une once de spicanard, une once de rhubarbe, le tout bien broyé. Faites bouillir toute une journée in Balneo Mariae. Ajoutez deux onces de thériaque et de mithridate. Faites bouillir six heures in Balneo Mariae. Et laissez au soleil pendant quarante jours.

En cas de peste, ou de présomption d'empoisonnement, enduisez l'estomac, les poignets et la poitrine; buvez trois gouttes du breuvage dans du vin. Le résultat sera merveilleux», déclare Messer Giambattista della Porta.

La pharmacopée de la Renaissance, pour citer les confessions de ce charlatan de Cagliostro, était faite *d'herbes et de mots*, «in verbis et herbis».

Sous l'Ère des Borgia, la pratique de la médecine semble avoir été totalement empirique. Les médecins faisaient des expérimentations sur le pauvre corps de leurs patients, croyant que la chance, ou la foi, pouvaient amener la guérison. Dans les contrats, il était expressément stipulé que les médecins doivent avoir la réputation d'être *fortunés* (felix). Les chirurgiens ignoraient totalement la circulation du sang. Nous soulignons ici à dessein l'art, les talents et les mystères de la médecine de cette époque, parce que c'est des médecins, et d'eux seuls, que pouvaient venir la connaissance et l'usage des poisons ; et si l'aveugle peut guider l'aveugle sans tomber dans le même fossé, la légende du Poison des Borgia pourrait bien avoir quelque fondement. Mais si les médecins, les chirurgiens et les apothicaires achetaient solennellement trois petits garçons un ducat chacun, les vidaient de leur sang et sublimaient celui-ci dans une potion destinée à sauver un pontife sénile ; s'ils se livraient à des singeries, comme fit Messer Juan de Vigo avec Sa Seigneurie P.P. Jules II quelques années plus tard, tout cela avec un sérieux et une bonne foi assez convaincants, on doit en conclure que ces mages agissaient conformément au meilleur de leurs connaissances et de leurs croyances, mais que du point de vue de la qualité comme du point de vue de la quantité, leurs croyances étaient immensément supérieures à leurs connaissances. Nardaeus déclare :

« Le fameux chirurgien Juan de Vigo, s'apercevant que l'ulcère de Sa Seigneurie P.P. Jules II devenait chaque jour plus résistant, et que le Pape persistait à refuser tous les remèdes, inventa une cure nouvelle : il fit bouillir pendant trois heures dans un chaudron d'étain de vieux chiffons coupés en petits morceaux, des miettes de pain, du plantain et une fomentation d'arsenic sublimée dans de l'eau de rose ; après quoi il fit sécher le tout et l'appliqua sous forme de poudre à la blessure à laquelle il avait juré de ne plus appliquer d'onguents ; le Pape guérit très vite, à la grande admiration de toutes les parties concernées. »

Si l'état de la science médicale était infantile en ce qui concerne la vie, il ne l'était pas moins en ce qui concerne la mort. Les cas de décès suspects de deux cardinaux, survenus non pas sous le règne de Sa Seigneurie P.P. Alexandre VI, mais un peu plus tard, l'illustreront clairement.

En 1508, sous le règne de l'éternel ennemi des Borgia, Sa Seigneurie P.P. Jules II, mourut un neveu de Sa Sainteté, le Seigneur Galeotto Franciotto della Rovere, Cardinal-Presbytère du Titre de San Pietro *ad Vincula.* Selon Monseigneur Paris de Grassis[1] (le Caerimonarius

1. Mgr de Grassis est l'auteur d'un excellent livre, *Sur Mgr Hans Burchard.*

qui avait succédé à Burchard, et ne l'aimait guère) : « je vis sur son visage et sur son corps des taches semblant avoir été provoquées par du poison ; tout le monde partagea mon opinion ».

Après l'autopsie, les chirurgiens affirmèrent qu'ils n'avaient pas trouvé trace de poison, mais qu'il y avait des taches de sang ; ils en conclurent « qu'il était mort d'une trop grande quantité de sang, et que si on l'avait saigné à temps, il ne serait pas mort ».

Le second cas est celui de Christopher Bainbridge, Cardinal-Presbytère du Titre de Santa Prassede, et Orateur du Roi Henry VII Tudor à la Cour de Sa Seigneurie P.P. Léon X. Il mourut à Rome en 1514 ; selon Monseigneur Paris de Grassis, le Caerimonarius, « lorsque sa mort fut attribuée au poison [ce qui tendrait à prouver que ce soupçon était habituel, et ne concernait pas plus *les Borgia* que les autres familles de l'époque], le Pape ordonna qu'il soit éviscéré ; on s'aperçut alors que son cœur était atteint du côté droit ».

Or, ce Cardinal Bainbridge, dont la mort était évidemment due à une maladie organique, passe pour la postérité pour une victime du poison ; tandis que le Cardinal Della Rovere, dont la *salma* est beaucoup plus suspecte, et présente en fait des symptômes précis, est censé être mort de mort naturelle !

De toutes les recettes de poisons subtiles et merveilleuses que les potentats européens auraient possédé à l'époque, une seule est maintenant accessible : mais elle date de 1540, soit trente-sept ans après que Sa Seigneurie P.P. Alexandre VI fût morte de sa fièvre tierce. Il s'agit d'une recette vénitienne, qui vient des Archives Secrètes du Concile des Dix[1]. L'arsenic, l'antimoine, l'orpiment et l'aconit sont soumis à un long processus de préparation, semblable à ces étonnants breuvages que s'amusait à préparer Messer Giambattista della Porta en compagnie d'autres mages non moins respectables ; une fois l'opération terminée, l'inventeur ignorant de cet horrible poison déclare qu'il ne peut garantir son succès. Pourquoi ? La dose d'un seul de ces quatre ingrédients aurait à elle seule été fatale. Pourquoi leur combinaison introduit-elle un élément d'incertitude ? Pour la simple raison qu'en faisant cuire au soleil, sublimer et distiller la préparation, on provoque des modifications chimiques, des réactions, des processus de décomposition qui détruisent les vertus ou la nature des ingrédients, altèrent ou annulent les propriétés mortelles possédées à l'origine par les divers produits. En tant que simples, ceux-ci auraient certainement été dangereux. En tant que composés, ils pouvaient

1. Lamansky, *Secrets de l'État de Venise*. Pétersbourg, 1884.

certainement provoquer de graves ennuis, rendre malade pendant des semaines et des mois. Mais mélangés à des matières étrangères, bouillis pendant des semaines et des mois, ils ne pouvaient donner que des effets imprévisibles. Ils pouvaient être dangereux, ou ne pas l'être : on ne le savait pas.

Il n'y a aucune accusation définie contre la Maison des Borgia, à propos du fait qu'elle aurait essayé de provoquer la mort de ses ennemis en utilisant des bagues empoisonnées. La conception vulgaire d'une bague empoisonnée n'est pas sans rapport avec une pointe d'aiguille projetée à partir du chaton et le long de laquelle s'écoule une minuscule goutte de poison mortel ; cette aiguille transperce la main qui saisit la bague, provoquant l'évanouissement, puis la mort. Un autre type de bague contient une petite boîte dans le chaton ; cette boîte renferme une minuscule capsule de verre dans laquelle brille innocemment le poison, jusqu'à ce que cette capsule se brise entre les lèvres.

Au Musée Victoria et Albert de South Kensington, et à la Galerie de l'Université d'Oxford, il y a de magnifiques collections de bagues. Aucune de ces collections ne contient une bague possédant la légendaire tête d'épingle, mais toutes possèdent une bague qui pourrait avoir donné naissance à cette croyance vulgaire.

Le n° 916 de South Kensington est une bague d'étain, massive, de 1 pouce 7/16 de diamètre ; cette bague a un chaton octogonal muni dans sa partie extérieure de pointes disposées en quinconce. Elle date du XVIIIe siècle, et ressemble à celles que les jeunes paysans bavarois portent aujourd'hui au doigt de la main droite.

Le n° 385 d'Oxford est une bague italienne du XIVe siècle, en *niello*, doré, très belle. Le chaton déborde légèrement, et s'achève avec le cautère pivotant d'un ergot.

Ces deux bagues sont conçues pour lacérer et déchirer le visage d'un adversaire. Il n'y a aucune partie creuse en elles qui pourrait contenir du poison ; et il ne s'agit en aucune façon de bagues empoisonnées correspondant à l'imagerie populaire ; mais ce sont de toute façon des bagues – des armes d'une certaine sorte – et (les hommes étant ce qu'ils sont) elles peuvent avoir été à l'origine de cette tradition.

Toutefois, à Oxford et à South Kensington, il y avait des bagues intitulées *bagues empoisonnées* à la fin du XIXe siècle.

Le n° 479 de la Collection Fortnum, à Oxford, est une bague italienne du XVIe siècle, en or, qui a un petit Kerous gravé dans le camée dépassant du chaton en or. Ce chaton est creux, et percé de deux trous d'aiguilles. Il contient moins d'un huitième de pouce carré. Le chaton creux peut avoir été utilisé pour contenir du parfum, que l'on introduisait par les trous d'épingles : mais il est plus raisonnable de conjecturer que ce creux est dû au désir d'économiser le précieux métal.

Le n° 533 de la même collection est une bague allemande du XVIIe siècle, en or, avec une grande perle assez grossière placée *dans* le chaton, et non sur celui-ci. Un examen minutieux au microscope montre qu'il n'y a absolument aucune place dans cette bague pour du poison ; et que ni cette bague, ni la précédente ne méritent l'appellation de *bague empoisonnée,* laquelle est cependant donnée discrètement sur les étiquettes officielles. Apparemment, ces étiquettes ne représentent qu'une concession à ces gens déraisonnables qui estiment avoir le droit de regarder un spécimen de bague empoisonnée dans tout musée qui se respecte.

À South Kensington, il y a une bague en fer, massive, recouverte d'argent et damasquinée avec de l'or. Elle est italienne, du XVIIe siècle, d'un demi-pouce de diamètre. Son chaton octogonal est une petite boîte avec un couvercle à charnière. Il pourrait s'agir d'une relique. Mais il n'y a aucune raison de supposer qu'elle ait jamais contenu du poison.

De ces trois prétendues bagues empoisonnées, le spécimen de South Kensington et le n° 533 d'Oxford appartiennent à une période au moins d'un siècle postérieure à la mort de Sa Seigneurie P.P. Alexandre VI et du Duc Cesare (dit Borgia). Seul le n° 479, de la Collection Fortnum, peut – en faisant un certain effort d'imagination – être situé à l'Époque des Borgia. Il est étiqueté « XVIe siècle » ; et Sa Seigneurie P.P. Alexandre VI régna à Rome, en qualité de Vice-Régent de Dieu, pendant les deux premières années de ce siècle, plus sept mois et dix-sept jours. Il n'existe aucune raison de lier Sa Sainteté à cette bague ; mais, pour les besoins de l'argumentation, supposons que le n° 479, avec son camée Kerous, appartenait au Pontife Borgia, que le chaton creux était employé pour contenir du poison, et non du parfum. Et alors ?

Si le poison était une poudre, Sa Sainteté le Pape aurait dû l'introduire avec une épingle, et fermer les deux petits trous avec de la cire. Puis, au moment d'empoisonner son cardinal habituel, Elle aurait enlevé la cire et, en secouant violemment la bague, aurait fait sortir du chaton le poison pour l'appliquer à la victime. Au cas où le poison aurait été un liquide (le jus d'ours de M. Dumas, par exemple), le même processus aurait été nécessaire.

Mais il n'existait aucun poison connu des Borgia, non plus que d'aucun autre homme ou femme de l'époque, qui aurait pu tuer avec la minuscule dose qu'admettait cette bague. Les poisons du XVe siècle étaient administrés (quand ils l'étaient) à la drachme, à l'once, non au goutte à goutte. Nous avons montré les recettes existantes. Pour contenir une dose fatale des poisons connus de l'époque, tels que les décrit Messer Giambattista della Porta, il aurait fallu une bague énorme, monstrueuse, plus gigantesque que ces *anuli* de bronze qui servaient de lettres de créance aux courriers pontificaux de Sa Seigneurie P.P. Pie II (1458/1464), les n°s 665 et 666 de la Collection de South Kensington, ayant deux, trois huitièmes et deux pouces respectivement de diamètre. Le brassage et la cuisson si chers aux mages répondaient assurément à une disposition directe de la Providence en faveur de la sécurité de la vie humaine; car ils enlevaient effectivement tout son mordant aux substances vénéneuses, et rendaient parfaitement impossible aux meurtriers en puissance (et il y en avait beaucoup) de tuer, sauf accidentellement, ou avec d'énormes doses et les inconvénients que cela entraînait.

Il est évident que le XXe siècle a encore quelques petites choses à apprendre. Il est évident qu'il serait sage d'attendre que des recherches soient effectuées parmi les montagnes de documents entassées dans les archives des patriciens et des barons italiens, celles des Colonna (et non des Orsini, dont les documents ont été détruits par le feu en 1702), des Savelli, des Poplicola di Santacroce, des Sforza-Cesarini, des Carafa, des Caïetani, des Piccolhuomini, des Borgia de Milan et de Velletri, etc. Il est évident qu'il reste à récolter dans les Archives Secrètes du Vatican une foule d'informations (Sa Seigneurie P.P. Alexandre VI a laissé cent trente volumes en grand folio de Ses actes). Rien n'empêche la moisson, sinon le manque de moissonneurs. Aucune porte n'est close. Aucun secret n'est gardé. « Les Papes n'ont besoin que d'une chose : la vérité. »

Entre-temps, voilà tout ce qu'on peut affirmer :

Les méthodes empiriques de l'Ère des Borgia empêchent toute espèce d'empoisonnement artistique.

Aucune des accusations portées contre les Borgia n'a été prouvée. Au contraire, il s'est avéré qu'elles manquent toutes de bases solides.

Il n'existe aucune preuve authentique concernant le Poison que les Borgia auraient soi-disant employé.

En fait, le Poison des Borgia n'a jamais existé.

PONTIFEX MAXIMUS ALEXANDRE VI ET PRINCEPS

Lorsqu'on embrasse du regard le Pontificat de Sa Seigneurie P.P. Alexandre VI, on doit prendre garde à l'imagerie qui le représente pris d'une peur constante d'être déposé, à cause de la simonie dont elle se serait rendue coupable pour accéder au pouvoir papal. On a déjà montré qu'aucune loi n'existait qui faisait de la simonie une annulation de l'accession à des bénéfices ecclésiastiques, jusqu'au règne de Sa Seigneurie P.P. Jules II. Reste à considérer si la distribution des charges à laquelle procéda Sa Seigneurie P.P. Alexandre VI lors de Son élection peut alimenter de quelque façon l'accusation de simonie.

Le Conclave qui se réunit pour élire un Pape commence avec la Messe du Saint Esprit, chantée dans la Chapelle de Saint Grégoire. Les cardinaux se rendent ensuite en procession, en chantant Veni Creator Spiritus, vers les cellules qu'ils devront occuper. Ces cellules sont installées dans une salle du Vatican, qui communique avec la Chapelle Sixtine. Il s'agit de simples encadrements de bois auxquels on a suspendu des rideaux de serge frangés, verts dans le cas des cardinaux qui sont les créatures des pontifes précédents, violets dans celui des cardinaux qui sont les créatures du pontife qui vient de décéder. À l'entrée de chaque cellule, il y a une porte constituée par un rideau, sur laquelle sont placées les armoiries de l'occupant, surmontée d'une petite fenêtré oscillante. Chaque cardinal a un lit, une table et une chaise. Il supporte comme il peut l'inconfort de la situation. Trois heures après l'Ave Maria, toutes les portes et fenêtres communiquant avec le monde extérieur sont closes. Au dehors, les gardes surveillent chaque entrée, commandés par le Maréchal Héréditaire de l'Église, qui est maintenant le Prince Chigi, et était alors le Prince Savelli. Chaque cardinal est autorisé à avoir avec lui deux conclavistes – un chapelain et un écuyer. Un prince-cardinal, ou un cardinal âgé et infirme peut avoir un troisième conclaviste. Outre les cardinaux et les conclavistes, il y a également un sacristain avec son sous-sacristain, un confesseur, deux médecins, un chirurgien, deux barbiers, un apothicaire, avec leurs aides respectifs, un maçon, un charpentier et des valets pour les tâches domestiques. On prend grand soin qu'aucun de ces laïques ne soit un agent des orateurs des puissances séculières ; et ils doivent prêter serment de jurer le secret. De fait, on ne leur permet pas de savoir quoi que ce soit sur ce qui se passe dans la Chapelle Sixtine. Les repas sont servis à certaines heures déterminées par une armoire pivotante (ruota) placée dans le mur extérieur, et surveillée par des inspecteurs-cardinaux. Les flacons sont en verre, les morceaux de viande ou de pain sont déjà coupés, afin qu'aucun message du monde extérieur ne puisse entrer par leur intermédiaire. De même, rien ne peut sortir du Conclave. Les lettres privées urgentes écrites pendant le Conclave sont soumises à des censeurs-cardinaux. Les cardinaux qui en éprouvent le besoin peuvent parler à des visiteurs, mais en présence de témoins ; toute communication doit être ouverte, et dans un langage que tous puissent comprendre. Ces entrevues ont lieu à une fenêtre, le cardinal se trouvant à l'intérieur, le visiteur à l'extérieur ; mais les conclavistes et les autres personnes n'ont le droit de s'approcher de la fenêtre sous aucun prétexte.

Dans la Chapelle Sixtine, au moment de l'élection, seuls les cardinaux sont des témoins oculaires et auriculaires de ce qui se passe. Certes, toutes les procédures sont enregistrées dans les Actes du Conclave. Mais les actes originaux du Conclave qui a élu Sa Seigneurie P.P. Alexandre VI n'existent plus : ils ont très probablement été perdus lors du sac de Rome en 1527, quand les Catholiques Catalans et les Goths luthériens de l'Empereur-Électeur Don Carlos V traînaient dans les rues de la ville à la recherche de nonnes, ou des épouses et des filles des citoyens romains. Telle est donc la situation. Tous les compte-rendus du Conclave de 1492, y compris les dépêches des Orateurs à leurs gouvernements respectifs, se basent sur des on-dit, ou sur la rumeur populaire. Les historiens ne disposent pas d'autres matériaux ; et il n'y en a pas.

L'accusation de simonie est toujours portée, à chaque élection d'un Pape. Il y a seulement là un exemple de la loi qui veut que l'attraction et la répulsion soient des forces primordiales. Que Sa Seigneurie P.P. Alexandre VI, au moment de Son élection, se défit Elle-même de Son nouveau palais et de Ses multiples bénéfices, qui pourrait le nier ? Pourquoi faudrait-il le nier. Cela se fait toujours ; car un cardinal qui est élu Pape n'a plus besoin de ces choses ; il les laisse avec sa cappamagna de velours et d'hermine dès qu'Il a endossé le simple froc blanc du Vicaire du Christ. Le fait de céder ses biens et ses bénéfices ne peut être confondu avec un acte de simonie, à moins qu'il n'existe une stipulation particulière, d'après laquelle ils ont été donnés et pris comme la récompense d'un vote. Et aucune stipulation de ce genre n'existe. Il est difficile de comprendre pourquoi les cardinaux devraient être jugés coupables d'une telle dégénérescence. En tant que classe d'homme, leur position était élevée : ils avaient généralement un nom et une naissance illustres, ainsi que d'énormes richesses qui les plaçaient au-dessus des tentations pécuniaires ; dans tous les cas, c'étaient des hommes de mérite, la fine fleur de leur profession. En ce qui concerne les honneurs mondains, ils avaient connu toute la gloire que le monde peut vous offrir – sauf une. Aucun laïque ne peut s'agenouiller sur le même banc qu'un cardinal, à moins qu'il ne soit un souverain régnant. Aucun laïque ne peut être le quatrième dans un carrosse contenant trois cardinaux, même pas un souverain régnant. Les rangs des cardinaux les placent bien au-dessus des pairs ou des princes. Ils ne peuvent être élus à l'Athenaeum Club, mais rien de ce que le monde peut offrir n'est de nature à améliorer leur position, sauf la Papauté ; et pourtant on les soupçonne (en tant que classe) d'intrigues et de cabales de la plus vile espèce, de simples opérations financières ; et rarement, très rarement, ce soupçon est fondé, le prix pour lequel ils sont dit lutter étant en général en dessous de leur rang, le mince avantage qu'ils sont censés désirer étant indigne de leur mépris lui-même ; car les cardinaux sont des hommes las, las de la splendeur, las des choses terrestres ; et ils ne sont pas invariablement vils.

Lorsque les absurdes individus qui voudraient prouver le caractère simoniaque de l'élection de Sa Seigneurie P.P. Alexandre VI, lorsque les catholiques imbéciles et lâches qui croient dans leur infatuation pouvoir se concilier tout le monde en se joignant rageusement à la meute et en hurlant contre un Pape pourront nous montrer une déclaration précise de l'un (ou plus) des cardinaux qui ont assisté au Conclave de 1492, rédigé dans les termes suivants : « Je reconnais et avoue que, séduit par les dignités et l'argent qu'il m'a offert (ou : intimidé par les menaces du Cardinal Rodrigo de Lançol y Borja), j'ai accepté d'être corrompu ; et contre ma volonté j'ai vendu mon vote à cet indigne cardinal ; ou : Je déclare que j'ai résisté à toutes ses promesses, menaces et flatteries, et ai fermement refusé de vendre mon vote au Cardinal Rodrigo de Lançol y Borja : alors, et alors seulement, cette calomnie mauvaise ou malveillante pourra être considérée comme ayant un fondement réel.

Une chose est parfaitement certaine. Sa Seigneurie P.P. Alexandre VI, qui était vraiment la dernière personne du monde à *S'encanailler*[1], ne S'est jamais comportée comme si Elle avait obtenu le Triregno par des moyens illégitimes. Même quand l'Europe entière glapissait autour du tabouret papal, Elle n'a ni pâli, ni fléchi, ni montré le moindre signe de peur. Les païens faisaient rage ; et les gens imaginaient une vaine chose. Les rois de la terre se mettaient en avant ; et les maîtres du monde prenaient conseil les uns des autres. Les Monarques de Naples grondaient ; le Roi et la Reine Très Catholiques le dénonçaient ; le Roi Chrétien minaudait, grimaçait et bégayait ; Le Caesar Semper Augustus protestait ; le Cardinal Giuliano della Rovere alimentait la sédition et semait la désolation ; les barons de Rome se révoltaient ; les ducs et les tyrans et les républiques italiennes prenaient les armes ; les domaines de Sa Sainteté le Pape étaient envahis ; la Cité Éternelle subissait des violences ; le caractère sacro-saint de la personne pontificale courait un danger imminent mais Sa Seigneurie P.P. Alexandre VI, invincible et magnificente, se retira dans le Môle d'Hadrien, le seul endroit de toute la Chrétienté où Son autorité restât intacte ; et Elle maintint ses droits propres avec une dignité inflexible et implacable, d'une manière qui aurait été impossible pour un simple usurpateur, un simoniaque vénal. Voilà qui ne laisse aucun doute. La conduite de Sa Seigneurie P.P. Alexandre VI, au sein de cette immense détresse, est celle d'un homme qui ne doute absolument pas de sa propre intégrité.

Les prétendus scandales de Sa vie privée apparaissent comme fondés sur la malveillance ou sur de vains bavardages de Ses ennemis. Il était assis « dans la fière lumière qui frappe un trône ». Il était le père d'une famille. Il n'était ni le premier, ni le dernier Pape à être le père d'une famille. Son prédécesseur immédiat, Sa Seigneurie P.P. Innocent VIII, avait reconnu la paternité de sept enfants. L'un de ses successeurs, Sa Seigneurie P.P. Paul III, fit de même ; et ce ne sont pas les seuls. Si cela est vicieux, ce n'était vicieux chez Sa Seigneurie P.P. Alexandre VI que parce qu'Il était Sa Seigneurie P.P. Alexandre VI ; car pour d'autres hommes, la même chose était – est toujours – tolérée, acceptée et applaudie. Un patricien ou un plébéien peuvent voler un cheval mais un Pape ne peut regarder par-dessus le mur. *Ille crucem sceleris pretium tulit, hic diadema*[2]. Toutefois, en qualité de père, Il montra un illustre exemple

1. En français dans le texte (n.d.t.).
2. Decii Junii Juvenalis, Satura XIII.

de vertu paternelle. Il fut bon, aimant, affectueux avec Ses enfants; Il se soucia de leur bien-être et de leur promotion, et Se sacrifia Lui-même à cet effet. Qu'il ait employé Son pouvoir spirituel pour édifier les temporalités de Sa famille, c'est là une tentation naturelle; pour l'éviter, il aurait dû être surhumain. C'était la coutume de l'époque. C'était une nécessité impérieuse de la situation.

Les meurtres et les empoisonnements dont Il a été accusé avec le Duc Cesare ne sont pas prouvés; de fait, Son innocence, en tant qu'instigateur, acteur principal ou complice, apparaît hors de question dans tous le cas.

Le meurtrier de Don Juan Francisco de Lançol y Borja, Duc de Gandia, n'a jamais été découvert; mais tout semble montrer qu'il s'agissait d'une vendetta des Orsini, dirigée contre le Pape, que l'on frappait en assassinant son Capitaine-Général.

Le meurtre du Prince de Bisceglia est plutôt le fait d'une vendetta des Sanseverini et des Caletani que celui du Pape ou du Duc Cesare.

Les morts de Don Astorgio et Don Gianevangelista Manfredi peuvent relever de l'explication de l'Orateur vénitien: puto *mal san;* rien ne vient prouver que le Pape et le Duc aient quoi que ce soit à voir avec elles.

La mort du Sultan Djim est due à des causes naturelles, alors qu'il était entre les mains du Roi Chrétien; dans cette affaire, le Pape fut pécuniairement perdant (près de 80 000 livres par an).

La mort du Cardinal Orsini est due à des causes naturelles, selon le témoignage sous serment des médecins fournis par la Maison des Orsini.

Fra Girolamo Savonarola O.P. fut exécuté parce qu'il avait été légalement condamné à la peine capitale; le Pape fut un agent involontaire de l'application de cette loi.

Le Cardinal Giovanni Borgia (dit Giuniore) mourut d'une mort naturelle.

Messer Ramiro d'Orco, Don Vitellozzo Vitelli et Don Oliverotto da Fermo furent jugés par une cour martiale, et expièrent légalement leurs crimes.

Don Paolo et le Duc Francesco Orsini de Gravina eurent une mort méritée, due aux exigences de la guerre civile dans laquelle, avec leur Maison, ils étaient les agresseurs.

Il reste deux autres morts violentes à évoquer, dont l'importance n'était pas assez grande pour être traitée dans l'histoire de ce pontificat: celle de Calderon Perotto, et celle de Messer Francesco Trocces.

Don Paolo Capello, l'Orateur de Venise, affirme dans son Diarium (ou plutôt dans l'édition de ce Diarium faite quarante ans plus tard par Don Marino Sanuto) que Calderon Perotto était un garçon espagnol de dix-huit ans, et l'un des pages pontificaux ; et qu'il fut tué par le Duc Cesare (dit Borgia) devant le Pape lui-même. Le fait est rapporté sans commentaire ou explication. Il n'est pas prudent d'attacher beaucoup d'importance à cette affirmation, parce que le texte original de Don Paolo Capello n'est pas accessible, et qu'il n'en existe que la version fournie par Don Marino Sanuto. Mais le meurtre du page Perotto n'est pas, comme d'autres calomnies, une invention posthume ; car il est mentionné dans l'horrible *Lettre à Silvio Savelli* qui a été décrite plus haut. Le Pape n'est pas blâmé de ce crime, et ne l'a pas été. Le meurtre, s'il s'agit bien d'un meurtre, est attribué au Duc Cesare (dit Borgia) ; et il était assez courant, sous l'ère des Borgia, qu'un seigneur tue un de ses serviteurs. Oui, cela était courant ; mais le faire en présence de Sa Sainteté le Pape était évidemment un sacrilège ; et cette dernière circonstance laisse penser que toute cette histoire n'est qu'une pure invention ; car un tel sacrilège n'aurait pas été facilement commis à l'époque, même par le plus sanglant et le plus violent des hommes ; et le Duc Cesare n'était pas un être de ce genre.

L'autre mort, celle de Messer Francesco Trocces, est plus probable, et mentionnée dans plusieurs dépêches d'Orateurs. Il s'agissait d'un chambellan du pape (d'un valet de roman de cape et d'épée – situation mineure chère maintenant aux *petits maîtres* de la bourgeoisie anglaise et celte), employé comme courrier gouvernemental. La République de Venise jouait double jeu avec Sa Seigneurie P.P. Alexandre VI, mécontente des succès foudroyants du Duc Cesare en Romagne ; et son Orateur, Don Antonio Giustiniani, entretenait des relations douteuses avec Messer Francesco Trocces, à la manière habituelle des ambassadeurs qui pensent pouvoir obtenir des secrets d'État d'une « crapule ». Soudain, Messer Francesco Trocces s'enfuit à Civita Vecchia. Il s'était plaint aux Vénitiens du Duc Cesare ; et toute sa trahison s'était révélée au grand jour. Mais le Duc avait le bras long. Le traître fut capturé, ramené à Rome, étranglé, et son corps fut pendu à Tor Savelli pour servir d'exemple aux autres individus de son espèce. Du point de vue légal, il fut exécuté pour haute trahison ; et le fait que son corps ait été exposé montre que l'accusation d'assassinat clandestin n'est qu'un mensonge. La pratique des jugements secrets et des exécutions sommaires est odieuse au vingtième siècle ; mais au quinzième, tous les gouvernements civilisés, et même les barons qui avaient pouvoir de vie et de mort sur leurs sujets trouvaient ces procédures normales ; et cela seul suffit à laver de tout blâme les Borgia.

On a affirmé que Sa Seigneurie P.P. Alexandre VI a fait empoisonner Ses cardinaux pour S'emparer de leurs biens. L'histoire suivante est empruntée à Mr. F. Marion Crawford, qui l'évoque dans un tout autre contexte, et nous le citons à cause de son importance. Au coin de la Via Lata, dans le Corso de Rome, se trouve le Palazzo Doria Pamphili, palais romain typique de l'Ère des Borgia, dont la taille atteint les deux-tiers de celle du Vatican, et qui peut héberger environ mille personnes. Il fut construit par le Cardinal Santorio (?) qui acheta le terrain au Chapitre de *Santa Maria Maggiore* et dépensa des milliers de ducats en or pour son érection. Sous les règnes de Sa Seigneurie P.P. Alexandre VI et Pie III, sa possession resta indiscutée ; mais sous le pontificat de Sa Seigneurie P.P. Jules II (Giuliano della Rovere), Sa Sainteté le Pape déclara que « ce palais convenait plus à un duc séculier qu'à un prince de l'Église » ; et Elle força le Cardinal à en faire don à Son propre neveu, Don Francesco della Rovere, qu'Elle avait fait Duc d'Urbino. Le malheureux Cardinal Santorio mourut peu après, le cœur brisé. Ce n'était pas les Borgia qui avaient provoqué sa mort pour prendre son palais ; mais bien l'éternel ennemi des Borgia.

En tant que souverain séculier, aucun contemporain de Sa Seigneurie P.P. Alexandre VI ne mérite de Lui être comparé. Son règne brisa les baronnages turbulents et égoïstes qui avaient ravagé les États pontificaux pendant des siècles. Il fut un Pape indépendant ; disposé à conclure des alliances, c'est vrai, aussi longtemps que celles-ci servaient Ses desseins ; mais disposé également à l'occasion à laisser Ses alliés et rester tout seul. Si Ses intérêts penchaient plus dans un sens que dans un autre, c'est parce qu'Il était un Pape Sforza Cesarini, plutôt qu'une créature des Colonna ou des Orsini, comme ç'avait toujours été le cas. Sa politique était entièrement vouée à l'instauration de la paix, de l'ordre, de la sécurité des biens et des personnes, et à la lutte contre l'anarchie et le désordre qu'il avait constaté lors de Son élection. Il mérita pleinement Son titre officiel de MAÎTRE DU MONDE ; et les souverains d'Europe Le trouvèrent toujours juste et rigoureux, insensible à la crainte ou à la flatterie. Il fut un admirable PÈRE DES PRINCES ET DES ROIS ; malgré tout ce qu'on a pu alléguer, la Sainte Église Romaine et la Chrétienté Lui doivent énormément. À Son arrivée au pouvoir, il trouva partout faiblesse, guerre et tumulte ; à Sa mort, les différends avaient été résolus, les rébellions matées, les traditions restaurées. Il fut le Grand Défenseur de la justice et de la Paix. Il fut un grand et sage Princeps.

En tant que Pontifex Maximus, VICAIRE TERRESTRE DE JÉSUS-CHRIST NOTRE SAUVEUR, Il mérite notre totale admiration. Ses habitudes et ses goûts étaient marqués par une grande simplicité, à un âge où le luxe était fort prisé. Il était tempéré dans sa diète journalière ; et les Orateurs des Puissances disaient avec dépit qu'il n'avait jamais plus d'un plat sur sa table. Il dormait peu. Ses distractions n'occupaient qu'une faible partie de son temps ; mais lorsqu'il se délassait, il laissait de côté toute sa gravité, et s'amusait avec le franc abandon d'un petit garçon. Il fut le patron des peintres ; mais les hommes de lettres dirigèrent dès le début leurs plumes contre lui ; car Sa Seigneurie P.P. Alexandre VI dut affronter le problème posé par un nouvel ennemi de la civilisation et de la communauté chrétiennes : il dut réglementer l'imprimerie dans l'intérêt de la morale et, considérant qu'il s'agissait d'un devoir de sa charge, ordonna la censure des livres imprimés. Il inaugura l'« Imprimatur », Il « dompta le diable des imprimeurs ».

Et pourtant, il fut un Berger aimable et affectionné. En 1492, les Juifs furent expulsés d'Espagne. Il leur permit d'habiter Rome. En 1494, horrifié par les atrocités diaboliques commises par le Grand Inquisiteur d'Espagne, et bien qu'Il fût lui-même Espagnol, il nomma quatre assesseurs, dotés de pouvoirs égaux, pour freiner les excès de Torquemada. L'Inquisition espagnole ne fut jamais appuyée et soutenue par Rome, bien au contraire. La cruauté gratuite et ingénue de cet infâme Tribunal était en fait due à ce sang africain noir et satanique qui souille le pur sang espagnol ; et elle exerça ses atrocités en défiant les ordres les plus explicites du Vice-Gérant de Dieu. Il est vrai que Sa Seigneurie P.P. Alexandre VI a donné l'Amérique à l'Espagne, et l'Afrique au Portugal[1]. Les Bulles de Donation montrent qu'il considérait que c'était le devoir d'un Pape que d'enseigner l'Évangile à toutes les nations, et de faire respecter les lois naturelles. Il estimait qu'avant de suivre les Évangiles ou d'observer ces lois, les païens devaient devenir les sujets d'une Puissance chrétienne. Il savait que la conquête fait plus de convertis en un jour que prêcher pendant trois cents ans. Il avait une vision des choses aussi pratique et réaliste

1. Ces Bulles ont-elles été annulées ? Si elles ne l'ont pas été, il est possible qu'elles constituent la raison de l'animosité amère et profonde que l'Espagne et le Portugal éprouvent de nos jours contre le monde anglo-saxon. Selon ces Bulles, l'Angleterre et l'Amérique sont des usurpateurs qui doivent être excommuniés !

que s'Il avait eu la fortune d'être né en Angleterre. Et Il agissait selon le principe extrêmement scripturaire que les droits civils et les autorités civiles ne peuvent légalement faire obstacle à la propagation de la foi. Nul ne savait mieux que lui que le Trésor se trouvait dans un plat d'argent[1] ; mais, en qualité d'évêque suprême de l'Église, situé bien au-dessus des principautés, des puissances et des biens[2], Il parlait, exhortait et blâmait avec toute son autorité. Que personne ne Le méprise[3]. Il n'y avait pas d'autre représentant de la Chrétienté ; il n'y en avait aucun dans le monde qui revendiquât cela. Sa Seigneurie P.P. Alexandre VI, magnificente et invincible, était le seul représentant de la chrétienté. Que personne ne Le méprise.

En tant que Pasteur, Il fut plein de pitié ; en tant que juge, sévère et juste. Ses lois contre la sorcellerie et la magie noire furent d'une extrême rigueur. Il employa les moyens que tous les autres souverains d'Europe employaient à l'époque. « À l'est de Suez, disent certains, tout contrôle direct de la Providence disparaît, les hommes étant soumis au pouvoir des Dieux et des Démons d'Asie » : voilà ce qu'affirme le plus observateur des écrivains anglais modernes. Les hommes qui vivent en Extrême-Orient, où l'influence chrétienne est très faible, reconnaîtront la singulière justesse de la théorie de Mr Rudyard Kipling. Les hommes qui ont étudié la recrudescence moderne de l'adoration du démon, le flirt moderne avec les puissances démoniaques, le Lucifèrianisme de la France moderne, ne s'amuseront pas à défendre la supériorité des superstitions et des contes de vieilles femmes ; ils savent parfaitement que c'est à ces hideuses anormalités que Sa Sainteté le Pape avait à faire. Seuls les ignorants volontaires peuvent nier la réalité des manifestations diaboliques appelées vulgairement sorcellerie et magie noire. Ils ressemblent à l'huître qui enfouit sa tête dans le sable. Dans les sphères de la haute civilisation passe toujours le souffle de la sauvagerie, de la décadence profonde qui chemine sur d'obscurs sentiers. L'Hellade et Rome s'adonnaient aux mystères d'Isis ; la Chrétienté entretient des Turlupins, des Rose-Croix, des gymnosophistes hindous et des Mahatmas ; l'Ère des Borgia jouait avec le Lion Rugissant ; l'Ère victorienne avec les Sathanas et leurs peines. « Peut-être », « après tout », « audi alteram partem » – hésitation, compromis, manque de principes définis, manque de courage d'esprit, confinant à l'emasculation – voilà le bilan mental

1. Ep. II aux Cor. II, 7.
2. Ep. aux Eph. I, 21.
3. Ep. à Titus, II, 15.

du xxe siècle. Le xve siècle ne possédait pas le dixième des connaissances que nous avons ; mais il était totalement convaincu, vigoureux et décidé dans ses limitations. L'homme de mauvaise foi n'avait alors aucune place – sinon contre le mur des condamnés.

D'autres brigands connurent le fléau que, tel Osiris, Il maniait aussi bien que la crosse. Les notaires des Brefs pontificaux, débauchés par le règne indiscipliné des Papes antérieurs, s'étaient corrompus. En l'absence de toute loi, ils fabriquaient souvent des Brefs accordant des bénéfices, non seulement en Italie, mais dans tous les pays chrétiens. L'ambition du clergé allemand créait la demande. Les notaires corrompus fournissaient l'offre. Ils vendaient leurs brefs en privé au plus offrant, et empochaient les bénéfices de cet ignoble trafic. En 1497, Sa Seigneurie P.P. Alexandre VI les démasqua. Certains d'entre eux furent promptement brûlés sur le Campo di Fiori le dix-neuf octobre ; l'un d'eux, l'Archevêque de Cosenza, et trois de ses secrétaires, furent privés de leurs bénéfices, chassés de l'Église, et emmurés vivants dans le Môle d'Hadrien. Ces misérables criminels vécurent quelques années dans leurs cellules solitaires, comme c'était alors la coutume, se nourrissant littéralement du pain de leurs larmes et de l'eau de leur affliction, jusqu'à ce que la mort les surprenne *(Burchard, Diarium).* On a parfois parlé de nonnes emmurées. Ici, il s'agit d'un cas authentique d'archevêque emmuré. L'emmurement est le même châtiment que celui proposé au xxe siècle dans les pays où la peine capitale a été abolie : réclusion solitaire, rien de plus. L'archevêché de Cosenza fut donné au Cardinal Francisco de Borja, bâtard de Sa Seigneurie P.P. Calixte III.

L'attention assidue aux devoirs de Sa charge qu'a montré Sa Seigneurie P.P. Alexandre VI est parfaitement stupéfiante ; et revêt une signification indubitable.

Il réforma les monastères d'Autriche, et le clergé séculier du Portugal. Il confirma la Règle de la Religion des Frères Minimes, fondée par San Francesco de Paola. Il approuva la Règle du Troisième Ordre des Frères Mineurs, fondée par San Francesco d'Assisi. Il permit à Madame Jean de Valois de fonder sa Religion. En 1499, Il confirma la Règle des Jesnats de San Girolamo, congrégation de laïques menant une vie communautaire religieuse en suivant la Règle de St Aurelius Augustin, aidant les malades et distillant de l'eau de vie (comme les Carthusiens distillent aujourd'hui de la Chartreuse jaune et verte). Il fonda et confirma à Rome l'Ordre des Chevaliers Militaires de Saint Georges, destiné à défendre la Chrétienté contre les Musulmans. Il accorda des privilèges au Collège de Windsor (Chapitre de St Georges, ou Fondation du Roi Henry VI Plantagenet à Eton ?).

Il approuva l'Ordre des Chevaliers en Prière de St Michel en France. Il réforma l'Ordre des Chevaliers Militaires du Christ au Portugal. Il ne canonisa aucun saint. Sa piété personnelle était simple, diligente et réelle. Il révérait énormément la Déipare, la Sainte Vierge Marie. En son honneur, Il ordonna que les cloches sonnent au lever du soleil, au coucher du soleil et à midi, pour l'*Angelus Domini,* en mémoire de l'Incarnation. Sur son lit de mort, il dit : « Nous avons toujours, et continuons à avoir, une grande affection pour la Très Sainte Vierge. »

Dans les Archives Secrètes du Vatican (expression purement technique, car elles sont ouvertes à tout le monde), se trouvent Ses actes originaux ; les Bulles et les Brefs véritables qu'il a rédigés pendant Son règne. L'ensemble forme cent treize volumes en grand folio, chaque tome contenant près de dix mille documents séparés. Pour comprendre ce qu'est une Bulle papale, ou un Bref pontifical, il suffit de mentionner les Épîtres de Saint Pierre, qui en constituent les meilleurs exemples existants : il s'agit d'exposés très sérieux, simples ou érudits, traitant avec autorité de sujets d'importance vitale. Sa Seigneurie P.P. Alexandre VI a rédigé près d'un million de textes de ce genre ; et Elle n'a régné que onze ans !

Les jours et les nuits n'étaient guère plus longs qu'aujourd'hui. QUAND DONC SA SEIGNEURIE P.P. ALEXANDRE VI A-T-ELLE TROUVÉ LE TEMPS D'ACCOMPLIR LES MULTIPLES TRUPITUDES DONT ELLE A ÉTÉ ACCUSÉE ?

Il fut père de bâtards. Il ne fut ni le premier, ni le dernier, plébéien, patricien, potentat ou pontife.

Il fut inflexible avec ses ennemis. La paix a-t-elle jamais été assurée autrement que par un martinet ?

Sa Seigneurie P.P. Alexandre VI fut un très grand Prince, un très fidèle Pasteur, un Homme très humain.

Par les membres de cette Église qu'Il a si bien dirigée, Il devrait être considéré comme au-dessus de tout soupçon, de toute critique, ne relevant d'aucun juge, ecclésiastique ou séculier[1]. Quant aux autres – les habitants des maisons de verre…

---

1. Lorsqu'il est question de critiquer un prêtre ou un Pape, le principe de la proportion exige qu'on soit équitable avec le dernier. Deux catholiques romains modernes se sont prévalus d'une « onctueuse rectitude » pour réprimander comme suit sa Sainteté le Pape : « d'un point de vue catholique, il est impossible de blâmer trop sévèrement le Pape » (Histoire des Papes, Pastor + Antrobus, VI, 139). Cette déclaration inhumaine est sauvée par le « un ». Tout commentaire est inutile ; mais il y a un autre « point de vue catholique ».

LES ÉTINCELLES QUI MEURENT

À la mort de Sa Seigneurie P.P. Alexandre VI, le Duc Cesare de Valentinois della Romagna était le personnage le plus puissant d'Italie. Plusieurs de ses légions de vétérans, dirigées par Don Michelotto, occupaient la Ville Éternelle. En général, pendant les Novendiati suivant le décès d'un Pape, les bandes armées des Colonna et des Orsini envahissaient les rues pour intimider le Conclave avec leurs cris de guerre: Colonne, *Colonne, Ours, Ours.* En août et en septembre 1503, les partisans des barons restèrent muets; et tout Rome criait*: Duca, Duca, Duca,* pour le Duc Cesare. Il aurait pu faire tout ce qu'il voulait.

Maintenant, si le Duc Cesare était le despote impie, ambitieux et sans scrupules qu'une certaine mode s'est complue à peindre, il était aussi un imbécile: car il ne força pas le Sacré Collège à élever un autre Borgia au trône de Saint Pierre. Il y avait trois cardinaux Borgia qui pouvaient être élus Pape, tous trois malléables, inoffensifs et tranquilles, dont deux étaient des hommes âgés:

(a) Luis Juan de Mila y Borja, Cardinal-prieur-Presbytère du Titre de Santi Quattro Coronati et Évêque de Lerida, premier cousin de Sa Seigneurie P.P. Alexandre VI;

(b) Francisco de Borja, Cardinal-Presbytère du Titre de San Nereo e Sant'Achilleo, Archevêque de Cosenza, bâtard de Sa Seigneurie P.P. Calixte III;

(c) Pedro Luis de Borja y Lançol, Cardinal-Diacre de Santa Maria in Via Lata, fils de la sœur du Pape décédé, Doña Juana de Borja, par son mariage avec son cousin Don Guillelmo de Lançol.

Ce dernier était un jeune homme de l'âge du Duc Cesare, qui semble avoir été un homme modeste et retiré. Sa jeunesse se seraitelle enflammée en recevant le Triregno? La question reste ouverte. Il ne fut pas élu, et fait partie des étincelles qui meurent. Le Cardinal de Mila avait vécu près d'un demi-siècle dans son archevêché espagnol; il n'avait aucune relation avec ses collègues italiens, non plus qu'avec le Sacré Collège.

Mais le Cardinal Francisco de Borja, lui, semblait être le candidat idéal pour le Duc Cesare. Il devait son rang à Sa Seigneurie P.P. Alexandre VI. Il était âgé de soixante-deux ans, et c'était un aimable vieux gentilhomme placide, aux habitudes agréables et tranquilles, très malléable. S'il avait été élu Pape grâce à l'influence du Duc Cesare, la consolidation de la dynastie des Borgia serait devenue un fait accompli. Théoriquement, peu importe qui est Pape, Caius ou Balbus, Pierre ou Paul. S'il existe une base pour les prétentions de la Sainte Église Romaine, Sa mission se poursuit jusqu'à la fin du monde, que ce soient des Borgia ou des Pecci qui règnent ; que ce soient des garçons de douze ou de dix-huit ans comme Sa Seigneurie P.P. Bénédicte IX et Sa Seigneurie P.P. Jean XII, ou des Saints, comme Sa Seigneurie P.P. St Silvestre et Sa Seigneurie P.P. St Fabien ; il peut s'agir d'un Juif, comme Sa Seigneurie P.P. Saint Pierre, ou d'un Anglais, comme Sa Seigneurie P.P. Hadrien IV. La Personnalité du Vice-Gérant de Dieu n'importe guère pour la pureté de la Foi, ou pour le triomphe de la Sainte Église Romaine. Les choses étant ce qu'elles sont, il est difficile de comprendre pourquoi le Duc Cesare ne menaça pas avec son invincible armée le Sacré Collège, ou ne fit pas assassiner les cardinaux qui refusaient de voter pour sa créature ; de la sorte, par intimidation, il aurait assuré l'élection de son candidat. S'il avait été la canaille sans scrupules que ses ennemis fustigeaient, il aurait commis un *colpo di stato* de ce genre.

Mais dans le *rôle* d'une canaille sans scrupules, le Duc Cesare était un raté – un irrémédiable raté. Bien au contraire, il se comporta exemplairement, comme n'importe quel bon catholique pieux. Il est probable que sa fièvre, ou les remèdes meurtriers de ses médecins, expliquent cette attitude. Il ne fait aucun doute que le plan d'une dynastie des Borgia avait été ébauché ; et c'était le moment psychologique de lui donner une expression concrète ; mais la mort de Sa Seigneurie P.P. Alexandre VI et la propre maladie du Duc Cesare eurent un effet paralysant sur lui ; le cours de son action peut être résumé ainsi : il décida de ne pas usurper les prérogatives du Dispensateur suprême des événements. Pour une canaille, une telle décision était plutôt entachée de faiblesse ; mais c'était ce qu'on pouvait attendre d'un homme sensible et magnificent.

Le Duc Cesare savait qu'il devait ses biens, sa suprématie, ses titres de Duc de Romagne, de Gonfalonier de la Sainte Église Romaine et de Gouverneur du Santangelo au bon plaisir du Pape ; et pourtant, il ne fit aucun effort pour assurer l'élection d'un Pape qui aurait confirmé ces possessions. Il existe encore une bague du Duc (on dit que c'est une « bague empoisonnée », mais nous avons déjà fait justice de ce genre de légende) qui porte la superbe inscription :

FAYS CEQUE DOYS AVIEN QUE POURRA

Tel était le principe qui régissait son comportement. Le Duc Cesare fit son devoir.

Il renouvela son serment féodal d'allégeance en présence du Sacré Collège. Il reconnut formellement la suprématie, pendant l'interrègne, du Cardinal-Doyen et du Cardinal-Chambellan. Il abandonna toute apparence et toute réalité de pouvoir en quittant le Môle d'Hadrien (dont il commandait l'imprenable forteresse en qualité de Gouverneur du Santangelo, et d'où il aurait pu intimider à la fois Rome et le Vatican). Puis, estimant que la présence de son armée dans la Ville pouvait être considérée comme un manque de respect pour le Conclave, il se retira dans sa province de Romagne ; il se rendit ensuite en France, dans son duché de Valentinois.

Ainsi le Conclave de 1503 put-il se réunir en toute liberté ; et élut-il, comme Successeur de Saint Pierre, Maître du Monde, Père des Princes et des Rois, et Vicaire Terrestre de Jésus-Christ Notre Sauveur, Sa Seigneurie Francesco de Piccolhuomini, Cardinal-Archidiacre de Sant'Eustachio, archevêque de Sienne, qui daigna s'appeler Sa Seigneurie P.P. Pie III, en mémoire de Son auguste oncle, Sa Seigneurie P.P. Pie II, qui avait régné de 1458 à 1464[1].

Les événements se déroulèrent alors très rapidement. Le nouveau Pape, lors de Son couronnement à Saint-Pierre, permit gracieusement au Duc Cesare de revenir à Rome. Un vassal aussi splendide et aussi puissant inspirait naturellement de la peur et de la méfiance au clergé. L'arme qu'il possédait – son indomptable armée de vétérans – était accusée de menacer la papauté. Il est toujours très difficile de faire comprendre au clergé qu'un laïc peut être aussi sentimental, consciencieux et porté au sacrifice qu'un religieux. On affirma qu'une fois la Romagne pacifiée, l'armée du Duc Cesare n'avait plus de raison d'être. Naturellement, on ne pouvait pas s'attendre à ce que le clergé comprenne la nécessité d'une « armée d'occupation ». La rumeur courut donc que l'armée, du Duc Cesare allait être démantelée.

Les Colonna et les Orsini, dans leur ignoble exil, dans leurs forteresses vaincues, eurent vent de la nouvelle. Tels ces loups enchaînés qui savent quand la rouille vient à bout de leurs liens, ils relevèrent

1. Enea Silvio Bartolomeo de' Piccolhuomini.

leurs têtes scélérates, et attendirent que les dernières chaînes tombent en morceaux. Si l'armée du Duc était démantelée, des milliers de condottieri seraient congédiés, redeviendraient des brigands prêts à suivre un nouveau chef, à s'enrôler sous n'importe quelle bannière. Pourquoi pas sous celles des Colonna et des Orsini? Les Colonna et les Orsini alliés et renforcés par ces mêmes mercenaires invincibles pourraient reconquérir leurs antiques positions, et redevenir une fois de plus le bras droit et le bras gauche d'un Pape sans volonté qu'ils auraient choisi; les jours des Borgia tant détestés seraient alors comptés. Les Colonna et les Orsini (comme leurs antipodes, la droiture et la paix) oublièrent leurs anciennes querelles et s'étreignirent. Le Duc Cesare, en vérité, était dans une mauvaise situation.

Et brusquement, après un pontificat de vingt-six jours, Sa Seigneurie P.P. Pie III mourut.

L'éternel ennemi des Borgia, l'épileptique juré, le Cardinal-évêque Giuliano della Rovere, sut saisir l'occasion. Il était revenu de l'exil que ses innombrables trahisons et malfaisances lui avaient valu, à temps pour l'élection de Sa Seigneurie P.P. Pie III, et avait employé le court règne de celui-ci pour renforcer sa position. Il n'avait pas d'amis. Il s'attirait la haine de tous ceux avec lesquels il traitait. Tout le Sacré Collège le détestait. Il n'était pas riche. Il était plébéien dans l'âme, n'avait aucune érudition, aucun talent diplomatique, aucun charme. De l'autre côté, il y avait le splendide Duc Cesare, craint de tous, certes, mais également admiré, avec son invincible armée. Pour la seconde fois, l'élection paraissait dépendre de lui.

Le Cardinal Giuliano della Rovere était un homme désespéré. Le seul avantage qu'il avait était le suivant au moment où les autres cardinaux étaient nerveusement perturbés par la mort inhabituelle de deux Papes en trois mois, il fut le seul à garder son équanimité. Il était le seul à savoir ce qu'il voulait. Ses collègues, au Conclave, étaient mentalement effondrés: ils étaient prêts à subir l'influence ou à suivre les conseils de celui qui saurait leur dire ce qu'ils voulaient; et surtout de celui qui était le seul homme fort d'Italie, l'homme à la tête d'une armée de vétérans, le Duc Cesare de Valentinois della Romagna (dit Borgia). Or, le laïc le plus fort n'est pas de taille à se mesurer avec un religieux sans scrupules qui s'efforce de le persuader. Le Cardinal Giuliano della Rovere comprit qu'il pouvait gagner le Sacré Collège en obtenant la faveur du Duc Cesare. Il concentra toute sa volonté rude, grossière et désespérée sur ce seul point.

L'historien Varillas, qui défend violemment la Papauté, raconte une histoire extraordinaire; histoire qui, si elle est vraie, résoud bien des mystères ; qui est si étrange qu'elle n'est probablement pas une fiction (historique ou autre), mais la Vérité nue et aveugle sortant de son puits, inébranlable, luciférienne et, bien sûr, fort mal venue.

Il affirme que le Duc Cesare proposa au Second Conclave de 1503 d'élire un cardinal qu'il pourrait nommer ; que le Cardinal Giuliano della Rovere, au courant de la chose, s'efforça d'utiliser pour lui l'influence du Duc Cesare ; qu'à cette fin, ledit Cardinal annonça en privé au Duc qu'il était charnellement son père, en affirmant que cela avait été la cause de son inimitié avec Sa Seigneurie P.P. Alexandre VI, maintenant décédée ; il affirme que ledit Cardinal demanda au Duc de le soutenir, lui son père, à obtenir le trône pontifical, en lui promettant en retour, une fois couronné du Triregno, de reconnaître publiquement ledit Duc comme son fils, de confirmer la possession de ses duchés et de ses conquêtes et de le maintenir à toutes les charges qu'il détenait alors ; que ledit Duc crut le Cardinal et, renonçant à son opposition et exerçant toute son influence d'une manière filiale, obtint l'élection dudit Cardinal Giuliano della Rovere ; que celui-ci, après son élection, trahit toutes ses promesses, priva ledit Duc de l'Ombrie et de la Romagne, ainsi que de toutes les charges dont il jouissait, de tous les fiefs qu'il avait gagnés, et finalement harcela, dépouilla et persécuta tous ceux qui portaient le nom des Borgia ou étaient liés à ceux-ci.

C'est là une version des faits extrêmement probable. Une partie de cette histoire est certainement vraie, sinon le tout.

L'identité du père du Duc Cesare (dit Borgia) est entourée de mystère.

Le Bref de Sa Seigneurie P.P. Sixte IV, daté du premier octobre 1480, qui dispense Messer Cesare de démontrer sa légitimité[1], l'appelle « un fils d'un cardinal évêque et d'une femme mariée », *de episcopo cardinali genitus et coniugata.*

Le Bref du même Pape, daté du seize août 1482, qui fait du Cardinal Rodrigo de Lançol y Borja l'administrateur des biens de Messer Cesare, dit du garçon qu'il est « le fils d'un cardinal évêque et d'une femme mariée », *de episcopo cardinali genitus et coniugata.*

Le nom de ce cardinal évêque n'est pas cité dans ces deux Brefs.

La plupart des scribes, des auteurs de journaux, des chroniqueurs et des orateurs parlent de Don Cesare, du Cardinal Cesare, du Duc Cesare comme du fils du Cardinal Rodrigo de Lançol y Borja (Sa Seigneurie P.P. Alexandre VI). Certains, comme Peter Martyr

1. Archives secrètes des duchés d'Ossuna et d'Infantado.

et Fioramondo Brugnolo, disent qu'il est « un neveu d'un frère de Nôtre Seigneur le Pape ». Dans sa lettre autographe au Pape, datée du 16 janvier 1500, il parle lui-même du Cardinal Giovanni Borgia (dit Giuniore) (qui était le fils de Don Pedro Luis de Lançol y Borja, le propre frère de Sa Seigneurie P.P. Alexandre VI) comme de « mon frère ».

Dans aucun document officiel il n'est dit qu'il est le fils du Cardinal Rodrigo de Lançol y Borja (Sa Seigneurie P.P. Alexandre VI) : mais le Sénat vénitien, en lui conférant en 1500 le patriciat de cette république, l'appelle le « neveu du Pape Alexandre ».

Sa Seigneurie PP. Alexandre VI ne l'a jamais appelé son « fils ». Mais, dans une lettre autographe de recommandation adressée au Roi Chrétien Louis XII, il parle du Duc Cesare comme de « son cœur ».

La signature que le Duc Cesare a apposée à une lettre écrite au Pape le 28 janvier 1503, au moment de la révolte des Orsini, est extrêmement curieuse. Il signe lui-même « Votre très humble serviteur et la très fidèle création de votre Sainteté », *Vestrae Sanctitatis humillimus servus et devotissima factura.* En tant que cardinal, il pouvait s'appeler lui-même (et ne s'en privait pas) créature du Pape, *creatura* : c'est l'usage. Un fils, cependant, n'est pas une « création » en aucun sens de ce terme : mais un duc l'est, puisqu'il est créé tel par la signature du souverain au bas de ses lettres patentes.

Les autorités qui appellent le Duc Cesare « neveu » peuvent être négligées. Les Papes, comme les autres êtres humains, ont en général des neveux *stricte dicte vel late.*

Sa propre appellation du Cardinal Giovanni Giuniore est susceptible de signifier « camarade ».

Et « factura » se réfère à ses charges de duc, de gonfalonier, de gouverneur, etc.

Qui était donc le père du Duc Cesare ?

Madonna Giovanna de'Catanei (l'épouse de Don Giorgio della Croce et, après la mort de celui-ci, de Don Carlo Canale) était certainement sa mère. Deux inscriptions officielles en témoignent. La première, publiée par le Signor Gnoli dans la *Nuova Antologia* du premier février 1881, se réfère à une maison sur le Campo di Fiori qu'elle a laissée comme dotation pour les messes d'anniversaire destinées au repos de son âme et de ses deux maris mentionnés plus haut. Cet acte est l'œuvre de Messer Andrea Caroso, Notaire public, et est datée du 15 février 1517. Elle y est appelée « Vanoza Catanea, *madre del Duca Borge.* » La seconde inscription est l'épitaphe placée sur sa tombe, à Santa Maria del Popolo (Forcella. Iscrizioni delle chiese di

Roma I. 335), qui montre sa fierté naturelle d'être la mère de deux ducs, d'un prince duc, et d'une duchesse souveraine.

En l'absence d'éléments plus décisifs, l'histoire de Varillas reste la solution la plus probable du mystère. Sa Seigneurie P.P. Alexandre VI n'a jamais appelé « Fils » le Duc Cesare et ne l'a jamais traité comme tel ; jamais Elle n'a montré pour lui l'amour paternel et l'affection qu'Elle portait à Ses bâtards, Don Pedro Luis, Madonna Girolama, le Duc Juan Francesco, la Duchesse Lucrezia, le Prince Gioffredo, Madonna Laura et le Duc Giovanni. Et pourtant, le Duc Cesare était une splendide et superbe figure ; ses capacités étaient immenses, et éminemment utiles au Pape. Et le Pape recourait à lui à toutes occasions comme à son sujet le plus dévoué, le récompensant avec une générosité prodigue des services qu'il Lui rendait. Entre le Duc et son Souverain Patron existait une confiance familière et privilégiée ; mais jamais une relation intime, un amour filial ou paternel.

Le statut du Cardinal Giuliano della Rovere ; sa haine furieuse, aveugle, instinctive et éternelle de Sa Seigneurie P.P. Alexandre VI et de toutes les personnes liées à celle-ci, sont susceptibles d'une explication tout à fait humaine. Cette haine ressemble en tous points à cette passion singulière et bien reconnaissable, à cette rage vindicative et jalouse qui s'empare de l'homme du commun vis-à-vis d'un être supérieur (supérieur par le rang, l'éducation ou le physique) qui l'a supplanté dans les faveurs d'une dame.

Le Cardinal Rodrigo et le Cardinal Giuliano étaient tous deux cardinaux et évêques à l'époque de la naissance du Duc Cesare. Le Cardinal Rodrigo avait pour lui la richesse, une illustre lignée, un charme incomparable et une allure somptueuse. Il était magnifique et invincible. Le Cardinal Giuliano, enfant, avait vendu des oignons sur un bateau entre Arbisola et Gênes ; il n'avait pas d'argent, à l'exception des revenus de quelques bénéfices ; il avait une nature sombre et repoussante pour ses collègues. Les portraits que nous avons de lui (cardinal sur la médaille qu'en a fait Sperandio, Pape sur celle d'Il Caradosso (Ambrogio Foppa)) montrent un homme affreusement laid, avec des sourcils de satyre, des yeux troubles et noyés, une mine fière, mais égarée ; ses appétits animaux se manifestent clairement sur ses lèvres, sur l'arrière de sa tête, et sur les curieux petits muscles qui s'étirent obliquement vers la droite et la gauche dans la région de la racine du nez. À l'âge de la Découverte de l'Homme, le physique du Cardinal Giuliano della Rovere ne le qualifiait pas pour obtenir, ou retenir, la fidélité d'aucune femme qu'il ambitionnait inévitablement de posséder.

On ne sait rien du caractère de Madonna Giovanna de'Catanei, sinon qu'elle fut la maîtresse du Cardinal Giuliano della Rovere, puis du Cardinal Rodrigo de Lançol y Borja. Une femme qui s'adonne à un adultère systématique *et au sacrilège* est sans doute aussi fausse que ses amants, tout comme elle l'est vis-à-vis de son mari et de Dieu, du moins jusqu'à ce qu'elle se soit repentie de ses crimes et de ses péchés, donnant des preuves de son repentir en cessant de pécher et en menant une vie sobre et droite, comme le fit Madonna Giovanna pendant tout le règne de Sa Seigneurie P.P. Alexandre VI, et surtout quand, après 1508, elle se lia avec Madonna Fiametta, une amante du Duc Cesare, après avoir entendu Fra'Egidio da Viterbo prêcher le carême à Rome. Mais l'histoire et les rumeurs s'accordent à dire qu'à l'exception de ces deux intrigues séparées, qui durèrent de 1473 à 1481, Madonna Giovanna de'Catanei fut « alioquin proba mulier », comme le dit même cet effronté de Paulo Giovio (Vita Gonsalvi 212), en d'autres termes une honnête femme.

Il est humainement probable que le Duc Cesare était le fils du Cardinal Giuliano della Rovere et de Madonna Giovanna de'Catanei. Il était né en 1474, « fils d'un cardinal évêque et d'une femme mariée ». L'année suivante, en 1475, cette dame donna au Cardinal Rodrigo de Lançol y Borja Don Juan Francisco ; en 1478, Madonna Lucrezia ; en 1481, Don Gioffredo. Il est humainement naturel qu'après la naissance du Duc Cesare, le Cardinal Rodrigo évinça le Cardinal Giuliano auprès de la mère ; tout comme en 1492, il lui arracha en plein conclave le Triregno. Les deux prélats se détestaient cordialement. Ils devaient obligatoirement être des rivaux. La perte du trône papal en 1492 provoqua certes de l'amertume chez le Cardinal Giuliano della Rovere ; mais en elle-même, elle n'aurait pu alimenter chez lui ce désir vicieux et virulent de revanche qui le poussa pendant vingt ans à déposséder et réduire en poudre la Maison des Borgia. L'introduction d'un élément féminin fournit la clef de l'énigme de cette mesquinerie.

La narration de Varillas, donc, mérite considération dans la mesure où elle contribue à résoudre les mystères de la haine inexpiable de della Rovere pour Borgia, et des rapports du Duc Cesare avec Sa Seigneurie P.P. Alexandre VI.

Quelle que soit la vérité, il est en tout cas évident que l'attitude du Duc Cesare de Valentinois della Romagna – partisane ou neutre – et l'influence qu'il exerça en s'abstenant de toute opposition, permirent au Cardinal Giuliano della Rovere d'être élu lors du Conclave de novembre 1503. Il décida de s'appeler Sa Seigneurie P.P. Jules II ; et entreprit séance tenante de ruiner la Maison des Borgia.

Les trois Borgia qui étaient cardinaux ne votèrent naturellement pas pour le Cardinal Giuliano della Rovere. Le Cardinal Luis Juan de Mila y Borja ne daigna pas se présenter au Conclave ; il resta dans son évêché de Lérida, en Espagne. Le Cardinal Pedro Luis de Lançol y Borja, immédiatement après l'élection, s'exila volontairement dans le Regno, sans parler au Pape. Le Cardinal Francisco de Borja suivit la coutume de sa Maison quant au vote ; mais il resta à Rome, espérant sans nul doute que sa nature charmeuse, innocente et bonne apaiserait Sa Seigneurie P.P. Jules II, maintenant que le monde n'avait plus rien à Lui donner. Le Cardinal fut amèrement déçu.

Sa sainteté arracha au petit garçon de Madonna Lucrezia, le Duc Roderico, le duché de Sermoneta, et le rendit aux Caïetani auxquels il avait originairement appartenu, et qui le possèdent encore (1901). (L'actuel duc de Sermoneta possède aussi la superbe épée d'apparat que le Maestro Ercole, le plus grand fabricant d'épées de l'époque, avait faite pour le Duc Cesare (dit Borgia) quand il était Cardinal Légat lors du couronnement du Roi de Naples en 1497. C'est un véritable miracle de damasquinage et de conception, une vraie leçon pour ces fabricants d'épées du XXe siècle, qui accumulent des décorations sur la poignée et le fourreau, et laissent la lame nue. Or la lame est l'âme de l'épée du Duc Cesare. Son fourreau de simple cuir bosselé se trouve au Musée Victoria et Albert.)

Puis Sa Seigneurie P.P. Jules II demanda au Duc Cesare de renoncer à son duché de Romagne. Cette province était un fief du Saint Siège. Et Sa Sainteté pouvait en user selon Son bon plaisir ; mais étant donné que la Papauté devait en fait aux magnifiques services du Duc Cesare la paix et la prospérité de la Romagne, auparavant infestée de bandits, de brigands et d'assassins qui refusaient à leur Suzerain tout paiement des impôts, la demande de Sa Seigneurie P.P. Jules II avait quelque chose de décourageant.

Le Duc Cesare, disposé à prêter serment d'allégeance au Prince, refusa néanmoins de laisser les forteresses de Romagne qu'il avait conquises, et s'y enferma avec son armée de vétérans, maintenant en grande partie démantelée grâce aux ruses de Judas du Cardinal Giuliano della Rovere, et engagée sous d'autres bannières.

Que Sa Seigneurie P.P. Jules II eût fait ou non des promesses avant Son élection, Elle était maintenant *de iure* et *de facto* Le Maître du Monde, et absolument despotique. Elle fit arrêter à Rome le Duc

Cesare, et l'emprisonna comme un rebelle dans la Tour Borgia. La situation sans défense du Duc contrastait amèrement avec l'énergie splendide de sa vie antérieure. Certains chocs mentaux énormes peuvent produire semblable dégénérescence ; la hideuse trahison du Cardinal Giuliano della Rovere telle que la raconte Varillas, par exemple. Le Duc Cesare se comportait, dans son infortune, comme un fils que la révélation de l'iniquité de son père laisse estomaqué, sans parole et sans souffle. Une Bulle de Privation lui enleva tous les fiefs et toutes les charges qu'il tenait du Saint Siège ; toutes ses propriétés personnelles furent confisquées. On le laissa littéralement tout nu. En 1504, il s'enfuit à Ostie déguisé, puis à Naples. Là, il aurait pu trouver un *pied à terre*[1] et, avec la splendeur de ses actions passées, gagner la possibilité de récupérer par la guerre ses domaines perdus ; mais Sa Seigneurie P.P. Jules II, consciente du danger pour Sa paix que représentait une personnalité aussi importante et lésée, avait intrigué avec le Roi catholique ; quand le Duc Cesare arriva dans le Regno, il fut de nouveau arrêté, et expédié dans une autre prison, au château de Medina del Campo, en Espagne.

Le mariage de Madonna Lucrezia Borgia avec Don Alfonso d'Este était des plus heureux. La tendre jeune épouse s'était fait aimer de tout Ferrare, depuis le père de son mari, le Duc Ercole, jusqu'au plus humble de ses sujets, à cause de sa beauté, de sa bonté, de sa souplesse merveilleuse, trois qualités indispensables pour la femme d'un héritier de la couronne. Vêtue « d'une robe de satin couleur mûre brodée d'arêtes d'argent de deux doigts de large chacune », avec un volant de dentelle valant trente mille ducats selon Giovanni Lucido, qu'elle avait reçue en cadeau de mariage, elle s'amusait dans le palais ducal en assistant à des représentations du *Casina ou* du *Miles Gloriosus,* des comédies de Plaute. Parfois (comme Sanuto, l'Orateur vénitien à Ferrare, en avisait son gouvernement), elle restait toute la journée dans ses appartements, écrivant des lettres, et faisant laver ses cheveux ; ou encore, elle restait des heures à écouter son jeune mari jouer de la viole. Le Jeudi Saint de la première année de son mariage, elle lava en public les pieds de cent soixante pauvres. Son observance des devoirs religieux était aussi notable que l'esprit d'authentique piété qui émane des nombreuses lettres d'elle qui nous ont été conservées.

Apprenant la *disgrazia* du Duc Cesare, Madonna Lucrezia écrivit très gravement à la Marquise de Mantoue et à son amie, confidente et

1. En Français dans le texte (n.d.t.).

belle-sœur, la Marquise Isabella, en les suppliant d'user de l'influence de la Maison de Gonzaga sur Sa Seigneurie P.P. Jules II pour obtenir sa libération. Este ne put agir personnellement : Madonna Lucrezia fut atteinte par une *amblosis,* et le vieux Duc Ercole rendit le dernier soupir.

Le dix-neuf janvier 1505, Sa Seigneurie P.P. Jules II édicta sa fameuse Bulle contre la Simonie, frappant un nouveau coup à la Maison des Borgia en souillant la mémoire de Sa Seigneurie PP. Alexandre VI.

Le Duc Alfonso d'Este et la duchesse Lucrezia montèrent sur le trône de leur duché ; et des négociations avec sa Sainteté le Pape pour la libération du Duc Cesare devaient alors normalement s'engager ; mais au début du printemps, Ferrare fut menacée par la famine, et le jeune Duc entièrement occupé. Si le Duc Cesare avait été le propre frère de la Duchesse Lucrezia, des mesures plus urgentes auraient peut-être été prises ; mais elle semble ne jamais l'avoir considéré autrement que comme un demi-frère, le plus utile serviteur de Son père et la honte de Sa mère. Le Duc Alfonso se rendit à Venise pour acheter des vivres à cause de la famine, conformément au statut patriarcal qu'il avait obtenu à Ferrare ; il laissa la Duchesse Lucrezia comme Régente de l'État. Son adorable caractère féminin peut être perçu par un édit qu'elle promulgua pour la protection des Juifs, attaqués et pillés par les Chrétiens que la famine poussait à l'émeute ; et par l'aimable lettre indignée, remplie de fautes d'orthographe (comme toutes les lettres de femmes bonnes et distinguées), enjoignant le Podesta (le maire) d'agir énergiquement pour assurer la protection des vies et des biens des Juifs, à l'égal des Chrétiens.

Lorsque le Duc Alfonso fut de retour, après quelques mois d'absence pendant lesquels la Duchesse lui envoyait des comptes rendus fréquents et périodiques de sa régence, adressés « au Très Illustre et Très Excellent Seigneur, à Mon Très Honorable Seigneur et Époux... », l'été amena la peste sur les talons de la famine. La situation était très grave. Le Duc et la Duchesse se dévouèrent avec noblesse, inlassablement. La santé de la Duchesse Lucrezia en souffrit ; et avant la fin de l'année, elle accoucha d'un enfant mort-né.

En 1506, le Duc Cesare de Valentinois s'enfuit de sa prison espagnole, et se rendit dans le royaume voisin de Navarre, dont le Roi, Jean d'Albret, était le frère de son épouse, Madame Charlotte d'Albret, la Duchesse de Valentinois. Les événements des trois dernières années n'avaient point brisé son magnifique esprit. Tous ses triomphes, tous les résultats de son talent et de son énergie opiniâtre avaient été annulés, réduits à néant. À l'âge de trente-trois ans, il était dépouillé de toute l'œuvre de sa vie, ruiné. Il avait perdu la Romagne à jamais. Son duché français semble avoir peu compté pour lui. Mais il n'était pas encore détruit, et il eut le courage de recommencer une carrière dans un nouveau pays; et à cette fin, il s'engagea dans l'armée de son beau-frère, le Roi Jean de Navarre.

Sa Seigneurie P.P. Jules II ayant décrété qu'Elle-même et Ses Successeurs seraient les légataires et les héritiers de tous les cardinaux et hommes d'église mourant dans les murs de Rome, une ère de sépulcres et de cénotaphes somptueux commença parmi les *Illustrissimi Colendissimi ed Osservantissimi Porporati,* ainsi que parmi les dignitaires ecclésiastiques mineurs; afin que, de cette manière, le moins de biens possibles aille après leur mort au trésor pontifical.

Il existe un codicille au testament du marin genevois, Messer Cristoforo Colombi, daté du quatre mai 1506, par lequel l'inventeur de l'Amérique lègue à sa République natale de Gênes « le livre de prières que le Pape Alexandre lui a donné; et qui, en prison, dans les conflits et épreuves de toutes sortes, a toujours constitué pour lui le plus grand des réconforts ». Combien ce simple incident jette une lumière sur les relations d'un homme grand et bon avec Sa Seigneurie P.P. Alexandre VI !

Sa Seigneurie P.P. Jules II était fort capable de se passer du Duc Cesare pour la Romagne. Sa Sainteté était elle-même un homme de guerre, Qui pouvait aussi bien porter le casque et la cuirasse sur les champs de bataille que la chape et le triregno à la Basilique Vaticane. Les gens l'appelaient *Il Pontifice Terribile.* « Ne dépose dans Nos mains aucun livre stupide, mais une épée nue », grondait-il impatiemment au peintre de Son portrait, qui se trouve maintenant à la National Gallery. Mais Messer Rafaele Sanzio, malgré toutes ses macaroniques conventionnelles, fut pour une fois dans sa vie assez artiste pour laisser de côté à la fois le livre et l'épée, et se concentrer sur la peinture du caractère de ces mains vides, fières, vulgaires et insatiables qui agrippaient les bras du siège. Et la Romagne s'aperçut que le fouet du Duc Cesare était bien préférable aux piqûres de scorpion de Jules II. Pérouse était le siège des Baglioni. Vingt ans auparavant, en 1487, les hostilités avaient éclaté entre les Baglioni et les Oddi; pendant des mois, ç'avait été des émeutes continuelles, des flots de sang, et la ville ressemblait à un véritable charnier; finalement, les Oddi furent chassés; les Baglioni transformèrent la ville en forteresse, et les églises en casernes. En 1491, lors d'un nouvel accès de violence, les Baglioni firent pendre cent trente conspirateurs aux fenêtres du Palazzo Communal en un seul jour ; et (avec ce passage rapide du carnage à la piété qui caractérise cette époque), firent élever séance tenante trente-cinq autels sur la place publique ; on célébra des messes, on fit des processions pour purifier la ville et assurer le repos de l'âme de ceux qui avaient été tués. Le Duc Cesare fit grande impression sur ces brigands, qui apprirent à le laisser en paix ; mais lorsqu'il fut dépossédé et que sa longue épée reposa dans son fourreau, les Baglioni prirent le mors entre les dents, et refusèrent de payer leur tribut à leur Suzerain ; comme d'habitude, ils se rebellèrent. Sa Seigneurie P.P. Jules II leva promptement une armée, qu'Elle conduisit en personne, pour mater Pérouse. Sans chercher aucune protection, sûr que l'effet moral de Sa présence assurerait l'inviolabilité de sa sacrosainte personne, Il s'aventura au cœur de la ville rebelle, fit mettre à genoux Don Giampaolo Baglioni et le fouetta. Chez un homme sensible, cette hardiesse indiquerait une témérité extrême ; dans le cas du Pontife Suprême, il faut distinguer entre le courage et la simple dureté du plébéien. Messer Niccolo Machiavelli s'est moqué de ce pauvre Don Giampaolo Baglioni, parce qu'il n'eut pas l'audace d'étrangler ce visiteur indésirable, Sa Seigneurie P.P. Jules II, et couronner sa vie de crimes avec un suprême acte de « Magnanimità » ! Certes, il faut quelque audace pour étrangler le Pape, le Maître du Monde, le Père des Princes et des Rois, le Vicaire terrestre de Jésus Christ notre Sauveur ! Certes, un homme qui peut étrangler de sang-froid le Souverain Pontife venu chez lui comme un hôte, désarmé, avec un signal de trêve, gagnerait la gloire, ou l'infamie, jusqu'à la fin des temps. Mais qu'un tel acte mérite l'épithète de « magnanime », qu'il soit considéré comme révélateur d'une certaine grandeur d'âme, voilà qui peut se discuter. Évidemment, le XXe siècle a réduit et tronqué la signification et l'application que le mot de « magnanimité » avait au XVe siècle. Nous appelons maintenant magnanime un homme qui, en se sacrifiant lui-même, réalise des actions nobles. Mais Messer Niccolo Machiavelli, lui, pensait que des actions frappantes – bonnes ou mauvaises – attestent la grandeur d'âme de leur agent !

Sa Seigneurie P.P. Jules II avait aussi ses flatteurs. Aucun homme n'en manque quand il peut payer. Les petits maîtres littéraires comme Messer Baltassare Castiglioni trouvaient bon de s'adresser au Terrible Pontife en ces termes :

> « O Pater, O Pastor populorum, O Maxime mundi
> Arbiter, humanum qui genus omne regis ;

Iustitiae pacisque Dator placidaeque quietis,
Credita Cui soli est vita salusque hominum;
Quem Deus Ipse Erebi fecit caelique potentem,
Ut nutu pateant utraque regno Tuo. »

« Quand l'autorité spirituelle des Papes en vint à être exprimée en vers latins, il fut impossible de ne pas les traiter comme des déités. La tentation de leur appliquer le langage de la religion romaine était trop grande ; la double possibilité de flatter leur vanité de pontifes et leurs oreilles d'érudits était trop séduisante pour être manquée[1] ».

Le Terrible Pontife, cependant, n'était nullement un érudit : c'était un incorrigible plébéien. Il est vrai que quand il était Cardinal-évêque d'Ostie, Il avait acheté cette pièce très surestimée connue sous le nom d'Apollon du Belvédère, lorsqu'on la découvrit à Porto d'Anzio (Antium). Il est vrai qu'Il avait acheté en 1506 pour six cents couronnes d'or (?) le Laocoon (que Messer Michelangelo Buonarroti vit exhumer dans les Bains de Titus), au grand mécontentement de son « conseiller artistique », qui déclara que les deux fils du prêtre thymbraien n'étaient pas des jeunes garçons, mais de petits hommes. Il est vrai qu'Il acheta l'Ariane (qu'Il appelait Cléopâtre), le Torse d'Héraclès et le Commodus découverts sur le Campo di Fiori, et qui se trouvent maintenant au Vatican. Il fit cela parce que c'était à la mode de faire de semblables choses en 1506. On gagnait plus de *kudos* en posant comme un Mécène du XVIe siècle que comme Successeur du Pêcheur de Galilée. Le pontife plébéien du XVIe siècle avait honte de son prédécesseur plébéien. Les temps avaient changé, disait-il, tout comme le croyant se répand aujourd'hui en vaines arguties pour excuser les faiblesses des prélats modernes. Il préférait rivaliser avec les « hommes du monde » que prendre soin des âmes. Il était quasiment incapable d'apprécier l'intellect. Il était congénitalement incapable d'apprécier la délicatesse ou la valeur des Lettres. Le plébéien est essentiellement touché par l'intermédiaire du sens de la vue. Et Sa Seigneurie P.P. Jules II comprenait les statues nues, qu'il pouvait voir : c'est pourquoi Elle acheta l'Appolon, le Laocoon et les autres pièces antiques. Il ne faut pas lui faire le moindre crédit d'une quelconque discrimination dans Ses acquisitions, ou d'un choix délibéré de ce qui était beau. Il se trouvait que les hommes déterraient juste maintenant ces marbres sur le territoire romain. Chacun pouvait se rendre compte qu'ils sortaient de l'ordinaire. Acheter des antiques était devenu une mode ;

1. Symonds, J. A., Renascence, II. 493. S.

Et le Terrible Pontife achetait – achetait comme le font des épiciers retraités, qui achètent leur bibliothèque au poids. Il avait également à ses côtés Messer Michelangelo Buonarroti, avec les conseils duquel il était difficile à un sardonique comme lui de commettre une bévue artistique. Ils formaient une vraie paire, ces deux-là, l'artiste et le pontife, *uomini terribili,* des hommes terribles tous les deux. Messer Michelangelo avait été élevé aux frais de Lorenzo de'Medici dans le Palazzo Medici de Florence et dans la Villa Medici de Fiesole. Là, sur les conseils du Chanoine Angelo Ambrogini (dit Poliziano), il avait sculpté sa bataille d'Héraclès avec les centaures, tout en écoutant Fra Girolamo Savonarola et Messer Giovanni Pico della Mirandola, surnommé le Phénix du Génie *(Fenice degli iugegni).* Quel autre homme que Poliziano pourrait avoir conseillé un sujet plus admirable pour Michelangelo que ce colossal amas d'énergie musculaire ? En 1500, sous le règne de Sa Seigneurie P.P. Alexandre VI, il avait sculpté sa Pietà de la Basilique Vaticane pure comme le lys, la représentation la plus divinement pure de la Vierge Mère de Dieu, de la *Métroparthenos,* depuis la disparition de l'art byzantin à l'exception des représentations d'Alessandro Filipepi (dit Botticelli). À présent, il se trouvait à Rome, « conseiller artistique » du Terrible Pontife, dévorant son propre cœur dans l'inactivité, brûlant et ardant de travailler de ses propres mains, avec toute la torture passionnée et crucifiante que connaît un artiste qui ne peut mettre son talent « au service des changeurs ». C'était la joie même de la création chez Michelangelo qui le rendait si terrible pour ses propres collègues. Les incivilités qu'il a commises envers ses collègues sont proverbiales. « Goffo nell'arte », disait-il avec une colère méprisante de Messer Pietro di Cristoforo Vanucci de città della Pieve (dit Perugino), qui avait un atelier de peinture à Florence, et achetait des domaines avec les bénéfices des saints et des séraphins lisses et pierreux peints par ses élèves sur des canevas, et qui l'engagea dans son atelier (ou fabrique de peinture) de Pérouse, au moment même où les Oddi et les Baglioni s'entr'exterminaient à sa porte. En 1508, Sa Seigneurie P.P. Jules II ordonna à Messer Michelangelo de peindre le plafond de la Chapelle Sixtine. Les dieux du haut Olympe ne permettent jamais à un homme de faire ce qu'il veut faire : ils craignent trop qu'un homme alors ne crée un dieu. Messer Michelangelo voulait sculpter ; et on lui demandait de peindre un plafond. « Je ne suis pas peintre ! » (Nè io pittore !) grogna-t-il au Terrible Pontife, lequel tonna et fulmina en réponse. Oui, c'étaient tous deux des hommes terribles ; et ils se parlaient avec une parfaite franchise, d'homme à homme, sans observer aucune espèce de forme.

Le Terrible Pontife, comme tous les patrons cléricaux, constituait une gêne infernale pour le Terrible Peintre, qui faillit presque se tuer à force de peindre année après année couché sur le dos en haut d'un échafaudage, dans l'air malpropre qui stagne près des plafonds. Il ne voulait avoir aucune aide, sauf un ou deux garçons. Il vivait, mangeait, dormait sur la scène de son labeur. Maintes fois, le Terrible Pontife venait voir ce qu'il faisait ; et à chaque fois, le Peintre Terrible l'instruisait dans l'art et les mystères de l'anathème, et le jetait dehors. Finalement, Sa Seigneurie P.P. Jules II menaça de jeter bas Messer Michelangelo, et de fixer les planches de l'échafaudage autour de ses oreilles ; mais cela se produisit quand l'œuvre était déjà achevée. Le Peintre Terrible fit enlever l'échafaudage, et invita son patron à venir contempler le somptueux plafond. Le Terrible Pontife vint ; regarda ; et conseilla de refaire l'échafaudage pour que l'œuvre puisse être retouchée avec de l'outremer et de l'or battu !

À Ferrare, l'année 1506 fut marquée par l'une de ces explosions tragiques de passion humaine qui affligent l'humanité à toutes les époques. Madonna Angela de Borja y Lançol, cousine de la Duchesse Lucrezia – fille de la sœur de Sa Seigneurie P.P. Alexandre VI, Doña Juana, par son mariage avec Don Guillelmo de Lançol, et sœur du Cardinal Juan de Borja y Lançol (dit Giovanni Seniore), Archevêque de Monreale, et du Cardinal Pedro Luis de Borja y Lançol – était une demoiselle d'honneur attachée à la suite de la Duchesse de Ferrare. Elle était très belle, et est appelée dans la chronique « une demoiselle très élégante », *damigella elegantissima.* Deux jeunes frères du Duc Alonso, l'athlétique Cardinal Ippolito d'Este, et Don Giulio d'Este (bâtard du Duc Ercole) tombèrent amoureux d'elle. Madonna Angela pencha pour le bâtard Giulio, dont elle admirait sans réserve les yeux adorables, en conséquence de quoi – comme c'était la coutume – son rival le Cardinal engagea quatre bandits professionnels pour lui arracher ces yeux. Naïve franchise du seizième Siècle ! Mais l'opération échoua, car le bâtard Giulio, prévenu, put s'enfuir avec les yeux intacts. Mais une telle conduite ne contribue guère à la paix d'un État : quand les princes s'entre-tuent, la populace n'est guère édifiée. Les lois de Ferrare, paternalistes, proposaient une gamme de pénalités adaptée au rang des coupables : par exemple, un ouvrier qui jurait obscènement devait payer une amende ; un bourgeois qui jurait payait le double, et un noble qui jurait le triple. Le Duc Alonso expulsa donc son frère, le Cardinal Ippolito, qui se réfugia à Rome pour nourrir son mécontentement et préparer une autre action contre le bâtard Giulio. Madonna Angela, qui n'était pas plus à blâmer qu'une fille dont les charmes ont enflammé jusqu'au désespoir deux rivaux, épousa un troisième prétendant, Don Alessandro Pio Estense di Savoja, comte de Sassuolo. Le Cardinal bandit[1] n'eut pas à attendre longtemps en exil. S'il avait été le Maître du Destin, il n'aurait pu concevoir une vengeance plus complète que celle qui se présenta à lui. C'est une chose d'essayer d'aveugler un frère bâtard qui est un prince royal. C'en est une autre de préparer la mort d'un frère qui est un souverain régnant. Le robuste jeune Cardinal était prêt à accomplir la première chose ; non la seconde.

Les frères du Duc Alonso, Don Fernandino d'Este et le bâtard Giulio, se mirent à conspirer pour l'assassiner. Les nouvelles du complot atteignirent le Cardinal Ippolito à Rome. Il avertit promptement le Duc Alfonso du danger. Se voyant découverts, les conspirateurs voulurent fuir. Don Fernandino fut capturé ; mais le bâtard Giulio, expert en fuite, se réfugia dans un sanctuaire avec sa belle-sœur la Marquise de Mantoue, qui répondit à la demande d'extradition du Duc Alfonso en disant que si on lui prouvait la culpabilité du bâtard, elle le remettrait entre les mains de la justice. Ces preuves furent fournies, sous la forme d'une confession complète de Don Fernandino ; et le bâtard Giulio fut remis entre les mains de son frère et souverain. Amenés sur la place publique de Ferrare, les deux traîtres durent subir toutes les affres de l'approche de la mort ; mais au dernier moment, le Duc Alfonso leur accorda une grâce, et commua leur peine en emprisonnement à vie.

Au début de l'année 1507 mourut le Duc Cesare de Valentinois (dit Borgia) d'une mort commune et peu glorieuse pour celui qui avait été autrefois un homme aussi puissant. Alors qu'il commandait une petite escadre du Roi de Navarre, il fut tué dans une escarmouche près du château de Viana. Son corps fut enterré dans la cathédrale de Pampelune qui, par une curieuse coïncidence, avait été le premier bénéfice ecclésiastique que lui avait donné Sa Seigneurie P.P. Alexandre VI. Ainsi mourut une personnalité phénoménale, chez laquelle la superbe beauté du physique, la prodigieuse force de caractère, l'énergie vaillante et conquérante, l'agilité d'action rapide et presque féline dans sa sûreté, la transcendante splendeur des actions avaient été balayées et réduites à néant, humainement parlant, par un seul geste de sacrifice respectueux et consciencieux, par la confiance

1. *Bandito* : Frappé par une sentence (ban) d'exil.

suprême en l'honneur clérical. La très belle élégie que lui a consacrée Ercole Strozzi :

> *« Ille diu, qui dum caelestibus auris*
> *Visitur, implet onus laudis, caelum que meretur »*

est trop connue pour être citée en entier. Il laissait trois enfants :

(a) Madame Eloise de Valentinois, qui épousa d'abord le Sieur Louis de la Tremouille, puis le Sieur Philippe de Bourbon, Comte de Busset, dont les descendants directs vivent encore actuellement en France ;

(b) Don Girolamo de Valentinois, qui, par son mariage avec Madonna Isabella Carpi, patricienne de Ferrare, donna naissance à Madonna Lucrezia de Valentinois, laquelle se maria à son tour en 1562 avec Don Bartolomeo Oroboni, patricien de Ferrare, qui mourut en 1565.

(c) une bâtarde, Madonna Camilla Lucrezia – évidemment le produit d'une intrigue menée quand le Duc Cesare se trouvait à Ferrare en 1500-1501 pour arranger le mariage de Madonna Lucrezia Borgia avec l'héritier du Duc Ercole d'Este ; née du Duc Cesare et d'une femme mariée de Ferrare, selon l'acte de légitimation[1] daté de 1509, où Madonna Camila Lucrezia est dite avoir « plus de sept ans » ; elle devint abbesse de San Bernardino à Ferrare en 1545, et mourut en 1573.

La Duchesse Lucrezia Borgia d'Este fut gravement affectée par la mort du Duc Cesare, son demi-frère. Il existe une lettre très touchante écrite par son amie et belle-sœur, la Marquise Isabella Gonzaga de Mantoue, au Duc Alfonso, qui se trouvait à ce moment-là à Rome. Elle est datée du dix-huit avril 1507, et décrit comment la Duchesse de Ferrare, en recevant ces tristes nouvelles, se rendit immédiatement au monastère de Corpus Domini et y resta deux jours et deux nuits, priant pour le repos de l'âme du Duc Cesare de Valentinois. Un acte

---

1. Observez l'amabilité chevaleresque de l'Ère des Borgia vis-à-vis des femmes, comparée avec le caractère impitoyable et nu des modernes registres paroissiaux et civils. Dans ces actes de légitimation, la femme n'est jamais nommée, et pas toujours l'homme. La partie la plus faible n'est jamais punie par un éternel pilori, par le rappel éternel de sa honte (le nom). Elle peut toujours se cacher sous le voile de la coniugata ou de la soluta, de la « femme mariée » ou de la « jeune fille ». Le XXe siècle, lui, est humain pour le frère du loup et le cousin de la hyène ; il entretient une Société pour la Prévention des Cruautés commises sur les animaux, et cela compense peut-être l'humanité et la chevalerie dont le XVe et le XVIe siècles faisaient preuve vis-à-vis du beau sexe.

très simple; et précisément ce que n'importe quelle femme chrétienne généreuse ferait dans des circonstances analogues.

Un an plus tard, le quatre avril 1508, au château de Ferrare, à l'immense joie de tous, (*Formosus puer est formoso natus Aprili*, dit Benedetto Lampridii dans sa Carmina Inedita), la Duchesse Lucrezia donna au Duc Alfonso un fils et un héritier, qui fut baptisé du nom d'Ercole.

Pendant cette même année, une Ligue des Puissances fut constituée, à l'instigation de l'Empereur-Électeur Maximilien, et dirigée directement contre Venise; et le Duc Alfonso, dont les domaines jouxtaient ceux de cette République, attacha son sort à ses ennemis. Tandis qu'il attaquait les Vénitiens sur la frontière de la Romagne, la Duchesse Lucrezia était régente à Ferrare. Elle administrait le gouvernement de 1'État avec la même douce perfection féminine qu'elle montrait dans l'administration du gouvernement de ses affaires domestiques. L'histoire est riche en récits qui se rapportent à cette adorable dame. Elle supervisait les affaires domestiques de ses palais avec une minutieuse attention aux détails qui paraîtrait aux classes moyennes modernes étonnante chez une Duchesse Souveraine. Pour faire montre d'une grande libéralité d'esprit, elle chargea la juive Mazzolino de s'occuper de sa vaste garde-robe, et nomma Messer Ludovico son médecin. Son régime était celui du vieux Duc d'Ercole, fort patriarcal, qui, lors d'une peste en 1500, avait promulgué un Édit disant que « le duc Ercole d'Este, pour de bonnes raisons de lui connues, *et parce qu'il vaut toujours mieux être en bons termes avec Dieu* », ordonnait des processions religieuses tous les jours dans Ferrare. Un autre Édit curieux du même potentat (qui atteste par ailleurs que l'Ère des Borgia avait des habitudes de propreté personnelle méticuleuses, comme nous l'avons affirmé plus haut dans cet ouvrage) proclame que « dans la mesure où les boulangers sont connus pour pétrir leur pâte avec des pieds fréquemment sales, de telles pratiques ne doivent pas se perpétrer, sous peine d'amende ou d'emprisonnement; la pâte doit être pétrie avec des mains et des ongles propres ».

Les auteurs de délits, cependant, étaient sévèrement châtiés. Mario Equicola nous parle avec force détails d'une certaine Madonna Laura (son nom de famille a été supprimé) qui, prise en flagrant délit d'adultère, fut emmurée vivante; ce qui veut dire qu'elle fut publiquement enfermée dans une toute petite cellule ne possédant qu'une minuscule fenêtre, hors du palais épiscopal, près de l'entrée, à la droite du grand autel de la cathédrale de Ferrare. Les parjures retrouvaient leurs convictions quand leurs langues avaient été clouées à de petites planches de bois. Les comptes des clous et des planches existent encore. Les lois somptuaires de la Duchesse Lucrezia n'eurent pas de succès. Le sexe du législateur l'empêcha de faire des lois pour réglementer la mode, qui auraient pu être appliquées. Cela était parfaitement naturel ; et cet échec ne met nullement en cause l'excellence des intentions de la duchesse. Elle ordonna qu'aucune femme ne porte de robe dont la valeur excéderait la valeur de quinze ducats, ou de bijoux dont la valeur dépasserait cinquante ducats. Elle fournit une liste de pierres précieuses qui pouvaient être portées, et des tissus avec lesquels pouvaient être faites les robes. Elle précisa également la quantité de matériel à utiliser, ainsi que la coupe et la mode à observer. De plus, pour assurer l'observance de ces lois, elle ordonna qu'une boîte possédant une fente sur son couvercle (comme une boîte aux lettres moderne) soit placée dans la cathédrale, près du bénitier ; de façon à ce que les pères, les maris ou les amants outragés par la longueur ou la rotondité des robes, la taille des manches, ou l'exubérance de l'accoutrement de leurs femmes, filles ou amantes (ainsi que par son prix) puissent secrètement les dénoncer tout en prenant de l'eau bénite ; ces dénonciations seraient ensuite examinées par la justice. Effort délicieux, futile et solennel d'une charmante femme ! Oui, il échoua ; non pas à cause des paonnes de Ferrare, mais à cause des arlequins bariolés dont elle voulait favoriser la bourse et les biens. Combien de dénonciations furent secrètement jetées dans la précieuse boîte de la Duchesse Lucrezia, combien de pères, de maris et d'amants scandalisés dénoncèrent leurs filles, leurs épouses et leurs amantes, nous ne le savons pas. Nous ne savons qu'une chose : il n'y eut pas un seul juge, dans tout le duché de Ferrare, marié ou non, pour oser faire allusion à ces dénonciations, et encore moins entreprendre une action pour faire respecter la loi.

Le vingt-cinq août 1509, la Duchesse Lucrezia donna naissance à un second fils, Don Ippolito d'Este, ainsi appelé en l'honneur de son oncle, le Cardinal herculéen ; il devint plus tard Archevêque et Cardinal de Milan.

La guerre se poursuivit en 1508 et en 1509. En décembre de cette dernière année, une puissante flotte vénitienne s'avança jusqu'à l'embouchure du Po, dévastant le pays sur les deux rives, et commettant dans le Duché de Ferrare d'horribles atrocités. Le Duc Alfonso se précipita aux devants de l'ennemi, et remporta une glorieuse victoire à Policella ; mais la guerre traîna jusqu'en 1512, le maintenant loin de sa capitale, presque exclusivement gouvernée par la Duchesse Lucrezia (qui mit au monde Don Alessandro d'Este en 1511). Elle était assistée par le Cardinal Ippolito d'Este, qui n'était plus un bandit, mais avait maintenant entièrement regagné la confiance et les faveurs de son frère souverain.

Le cinq février 1510 mourut le noble et actif chevalier Don Pietro Gregorio Borgia, de la branche cadette. Il avait partagé les honneurs de la vie du Duc Cesare de Valentinois della Romagna depuis qu'il l'avait tiré des griffes du Roi Chrétien Charles VIII en 1495 ; il avait servi dans son armée comme arbalétrier monté revêtu d'une cuirasse à écailles, comme lieutenant et porte-étendard. À la chute du Duc, il s'était mis au service du Regno, maintenant gouverné par le Roi Catholique Don Fernando. À sa mort, il était Vice-Roi de la province des Abruzzes, et fut enterré dans l'Église de San Clemente à Velletri, sa ville natale. Voici son épitaphe :

HIC REQUIESCIT NOB. ET STRENUUS EQUES
DOM. PETRUS BORGIA CATAPHRACTOR. LOCUM-TENENS,
AC SIGNIFER CESARIS BORGIAE ISPANI VALENTINI DUCIS,
QUI OBJIT AN. DNI. MDX. D. QV. MEN. FEB.

L'année 1511 fut marquée par une révolte sauvage et frénétique de l'aimable et vieux Cardinal Francisco de Borja, qui coûta à ce Très Honorable Seigneur son rang et sa vie. Il y a une limite à l'endurance humaine. Chez certains hommes, elle est très large ; chez d'autres, plus étroite : mais la nature humaine soumise à des restrictions et des frustrations antinaturelles tôt ou tard s'efforce de briser désespérément ses liens. Ce principe n'a jamais été compris par le clergé. C'est même l'une des carences dans ses rapports avec les hommes. L'histoire montre de nombreux exemples de caractères aimables et disposés à l'obéissance, qui ont été poussés à bout par une injustice oppressive, ignorante et inconsidérée des hommes d'église, et conduits à des actes suicidaires sauvages et effroyablement destructeurs. Il n'en est pas de meilleur exemple que celui du Cardinal Francisco de Borja.

Il avait soixante-dix ans. Bien que son illustre Maison eût occupé une position éminente dans la Chrétienté pendant plus de cinquante ans de sa vie, il n'avait jamais cherché à bénéficier du fait que son père était Sa Seigneurie P.P. Calixte III, ni à s'imposer aux puissants qu'étaient ceux de son sang. Il ne devint un personnage important qu'à l'âge de soixante ans ; c'est à ce moment que son auguste cousin, Sa Seigneurie P.P. Alexandre VI, admirant ses dispositions, lui conféra le chapeau de pourpre et le rang de Cardinal-Presbytère du Titre de Santa Lucia *in Silice (Atti Consistoriali). Plus* tard, il obtint le Titre de Santa Cecilia *(Ciacconi* et *Moroni),* puis le Titre de San Nereo e Sant'Achilleo *(Atti Consistoriali);* et enfin celui de San Clemente. Il était également Trésorier du Saint Siège, Évêque de Teano, et Archevêque de Cosenza.

Voyant les mesures provocatrices que le Pontife Terrible, Sa Seigneurie P.P. Jules II, employait contre la Maison des Borgia, et particulièrement la spoliation des deux petits garçons, le Duc Roderico et le Duc Giovanni, ce sympathique vieux Cardinal eut l'indiscrétion d'exprimer son opinion à ce sujet dans certaines lettres qu'il écrivit à l'Orateur de Ferrare à la Cour de Rome : opinion qui ne pouvait manquer d'être défavorable et rien moins qu'approbatrice. Sans nul doute, l'Orateur entretenait des communications directes avec son souverain, le Duc Alfonso, qu'il tint au courant de l'évolution des opinions et des événements à Rome. Ces lettres parvinrent, par des moyens qu'il serait inopportun de décrire, dans les mains ointes du Vice-Gérant de Dieu. Sa Sainteté les lut ; et entra véhémentement en fureur contre le Duc Alfonso de Ferrare et le Cardinal Francisco de Borja, qu'il jeta séance tenante en prison en le traitant indignement. Le Sacré Collège, craignant pour sa propre sécurité si un pareil traitement d'un cardinal n'était pas censuré, exerça son influence sur le Pape, et obtint la libération du Cardinal Francisco de Borja.

Mais le mal était fait. Le lait de la gentillesse humaine avait été souillé ; et le placide vieux gentilhomme s'était transformé en individu mécontent et violent, proférant des menaces et des anathèmes ; son fier sang espagnol s'était enfin réveillé. Deux autres cardinaux se joignirent à cette sauvage révolte, Bernardino Lopez de Caravajal, le Cardinal-Évêque de Sabina, et Guillaume de Briçonnet, le Cardinal-Évêque de Praeneste (Palestrina). Tous trois s'enfuirent à Pise, où un quatrième cardinal, René de Prie, Cardinal-Presbytère du Titre de Santa Sabina, se joignit à eux pour former un Concile général ; et ils osèrent citer devant ce Concile Sa Seigneurie P.P. Jules II, l'accusant d'être un pseudo-pontife qui devait être déposé du Trône de Saint-Pierre, en raison des irrégularités de son élection (simonie et autres crimes). Un bon exemple de la sauce destinée à l'oie, et servie au jars.

Melpomène est la propre sœur de Thalia ; jamais tragédie aussi affreuse n'a été aussi comiquement jouée. Ce Concile de Pise avait l'énorme désavantage d'être radicalement shismatique. Seul le Pontife romain peut entériner ou confirmer les décrets d'un Concile général. Les actes du Concile schismatique de Pise, par conséquent, étaient d'une irrégularité désespérée et irrémédiable. L'impossibilité même de toute cette procédure montre bien que ces quatre vieillards bien intentionnés et pathétiques avaient été simplement poussés à bout et rendus fous par les insultes et les injustices du Pape. Leur conduite était tout simplement insensée.

Sa Seigneurie P.P. Jules II répondit au Cardinal Francisco de Borja par une action brève et incisive. Usant de son autorité suprême, il promulgua une Bulle de Déposition du cardinalat, et le dénonça à toute la Chrétienté comme hérésiarque et schismatique, comme un être avec lequel personne ne pouvait traiter. Une Bulle (Bulla Monitorii Apostolici) fut promulguée le 28 juillet 1511. Elle fut suivie par une seconde dirigée, avec la scrupuleuse politesse d'un homme de clergé prêt à broyer sa proie, contre *« dilectum filium nostrum Franciscum Tituli Sancti Clementis pbyterum Cardinalem » ; qui « in seipsis armis assumptis et pro sacerdotalibus vestis Thorace*[1] *indutis et gladiis armati Papā se contulerāt. »*

Les versions imprimées de l'époque de ces deux Bulles se trouvent au British Museum ; on y trouve également, mais non inscrite dans le catalogue (fait curieux, à cause de la perfection de tout ce que fait le British Museum), l'importante lettre annonçant l'envoi de la Bulle de Déposition. Son titre est « Breve Julii Secùdi Pont. Max. ad reges, duces, et principes christianos ». etc. « Julius Papa II » s'adresse Lui-même à :

« Notre fils bien aimé dans le Christ Louis (XII) des Français, le Roi Très Chrétien ;

« Notre fils bien aimé dans le Chris Hernando d'Aragon et des Deux Siciles, le Roi Catholique ;

« Notre fils bien aimé dans le Christ Emmanuele de Portugal, l'Illustre Roi ;

« Notre fils bien aimé dans le Christ Henry (VII) d'Angleterre, l'Illustre Roi[2] ;

---

1. Il semble quelque peu inconsistant de la part d'un Pape qui souhaitait que Rafaele Sanzio le peigne avec une épée et non un livre dans sa main de répondre à un cardinal avec un plastron *car l'épée est l'arme de l'offense, mais le plastron, l'arme de la défense seulement.* Mais beaucoup de termes de cette Bulle ne sont que « des détails corroboratifs calculés pour donner un air de vraisemblance à un récit par ailleurs maigre et peu convaincant », en d'autres termes, « plein de bruit et de fureur, et dépourvu de signification ».

2. Le XXe siècle sera peut-être choqué d'observer qu'au XVIe siècle, l'Angleterre était la cinquième puissance seulement en Europe, *après le Portugal.*

« Notre fils bien aimé dans le Christ James (V) des Écossais, l'Illustre Roi ;

« Notre fils bien aimé dans le Christ Wladislaf de Hongrie et de Bohême, l'Illustre Roi ;

« Notre fils bien aimé dans le Christ Jean, Roi, et Catherine, Reine de Navarre ;

« Notre fils bien aimé dans le Christ Sigismund, Roi de Pologne ;

« Notre fils bien aimé dans le Christ Jean, Roi de Danemark ;

« Notre fils bien aimé dans le Christ Carlo, Duc de Savoie ;

« Notre fils bien aimé dans le Christ Lionardo Lauredano, Doge de Venise » ;

et proclame qu'« en ce jour, et en Consistoire Public, Nous avons privé » de tous les attributs ecclésiastiques et du chapeau de Cardinal *(galero cardinalatus)* Bernardino, Cardinal-Évêque de Sabina, Guillaume, Cardinal-Évêque de Praeneste (Palestrina), Francisco Cardinal-Presbytère du Titre de San Nereo e Sant'Achilleo (erreur technique, car le Titre de celui-ci était, nous l'avons vu plus haut, celui de San Clemente) et René de Prie, Cardinal-Presbytère du Titre de Santa Sabina ; ils ne sont plus considérés comme Cardinaux, ni appelés tels, soit en paroles, soit par écrit. La lettre est datée de Rome, Saint Pierre, et donnée Sous l'Anneau du Pêcheur, le vingt-quatre octobre 1511, et la huitième année de *Notre Pontificat.* Cc résumé est donné ici comme un exemple de ce type de lettre.

La mort avait jeté son dard avant le Terrible Pontife. Le Cardinal Francisco de Borja mourut d'apoplexie à Pise avant que la sentence de sa disgrâce et l'annonce de sa déposition lui fussent parvenues.

L'historien qui cherche un domaine que peu de gens ont étudié sera bien avisé d'étudier la vie de cet aimable et paisible cardinal qui fut pris d'un tragique accès de folie et de révolte.

En 1512, la mort délivra Sa Seigneurie P.P. Jules II de deux autres de ces Borgia qu'Il exécrait : le Très Honorable Pedro Luis de Lançol y Borja mourut dans son exil napolitain ; il était Cardinal-Diacre de Santa Maria *in Via Lata,* Archi-presbytère de la Basilique Libérienne (Santa Maria Maggiore), Abbé de San Simpliciano à Milan, archevêque de Valence en Espagne. Ayant entendu une rumeur disant que le Pontife Suprême était mort, il se préparait à retourner à Rome pour le Conclave ; mais il se tua en tombant de sa mule à Naples, où il fut enterré dans l'église de San Piercelestino, sans aucun mémorial.

Cette même année mourut également Don Roderico de Aragona e Borgia, à l'âge de treize ans : c'était le fils de Madonna Lucrezia lors de son premier mariage légitime avec Don Alonso de Aragona, Prince de Bisceglia. Il avait été dépossédé de son duché de Sermoneta en faveur des Caïetani par Sa Seigneurie P.P. Jules II, et son existence était un poids pour tous à Ferrare, sauf pour sa mère, qui le pleura très sincèrement.

La Duchesse Lucrezia allait beaucoup souffrir cette année-là. Sa Seigneurie P.P. Jules II prononça la Grande Excommunication contre son mari bien-aimé, le Duc Alfonso. En tant que conjoint d'une Borgia – d'une Borgia universellement adorée, d'une Borgia souveraine, d'une Borgia au caractère immaculé –, le Duc de Ferrare était naturellement intensément antipathique à Sa Sainteté le Pape. De plus, pour aggraver les choses, le Duc Alfonso était l'ami de la France (comme l'avait été le prédécesseur du Pontife Suprême) ; et il savait le peu d'estime du Cardinal Francisco pour Sa Seigneurie P.P. Jules II. Bien évidemment, Sa Sainteté le Pape trouvait fort gênante son Excellence le Duc. La terrible portée de l'Excommunication peut difficilement être comprise de nos jours. Les gens se demandent pourquoi les excommuniés prennent la chose si gravement – pourquoi ils ne vont pas chercher des amusements ou des satisfactions ailleurs –, pourquoi ils persistent à rester prostrés à l'endroit même où l'excommunication les a frappés. Et de fait, à l'époque moderne, la sentence formelle est rarement promulguée, et seulement contre des personnes de distinction, comme l'Allemand Döllinger ou le Sabaudo Roi Vittoremanuele II di Savoja ; dans ces cas, les circonstances mêmes ont permis à ces gens d'atténuer la vigueur du coup qui leur a été porté. Il y a des excommunications *« gerendae sentenciae »* et *« latae sentenciae »*. Dans le cas de la première, on menace d'excommunication pour un acte : mais l'offenseur doit attendre l'exécution de la sentence. Dans le second cas, l'offenseur est excommunié au moment même où il exécute l'acte interdit (« ipso facto »). Cela cependant ne fonctionne qu'*« in foro interno »*, et aux Yeux de Dieu. Pour rendre la sentence effective *« in foro externo »*, il est nécessaire que la culpabilité soit prouvée et déclarée telle par quelque « juge compétent ». L'excommunication *latae sentenciae* semble avoir été assez fréquente sous l'Ère victorienne. Un cas d'espèce s'est produit en décembre 1882, quand elle a été lancée contre un prêtre écossais sur la base de la lettre suivante :

Rome, *Le 6 décembre 1882*

« Mon cher archevêque (de Saint-Andrews et Édimbourg), je viens juste de recevoir un message du Cardinal-préfet (de la propagande, le Cardinal Simeoni) pour dire à votre Grâce :

« che il noto sacerdote il quale voleva citare i Vescovi incorrerebbe senza dubbio la censura al primo atto efficace che ponesse, ossia all'atto della citazione, come *Cogens Ecclesiasticum ad tribunal laicum.* Se fosse ancora in tempo sarebbe bene che l'Arcivescovo ne avvertisse il Sacerdote per distoglierlo da tale atto. »

Très respectueusement Vôtre,
F. A. Campbell
(alors Recteur du Collège écossais de Rome)

Cette censure était Excommunicatio latae sentenciae speciali modo reservatae Romano Pontifici. Bulla *Apostolicae Sedis. VII.* Il est rare qu'un cas d'excommunication s'achève par un échec confinant au ridicule, comme celui-ci, quand le Cardinal-préfet nia avoir envoyé le message cité. Il est assez rare, en général, que l'excommunication *latae sentenciae* soit rendue effective par une démonstration de culpabilité et par une déclaration de culpabilité faite par un juge compétent. Le même effet peut être obtenu d'une autre manière, bien plus efficace. De simples instructions secrètes, ou même des suggestions, peuvent être données par les évêques au clergé ; des opinions adverses peuvent être exprimées par un prêtre à un autre, suggérant qu'il serait bon (c'est-à-dire que cela tendrait ad majorem Dei Gloriam, disent certains), de faire obstacle au bien-être terrestre de telle ou telle personne, de lui refuser les rites et les sacrements, ou du moins de les lui proposer à des conditions telles que l'orgueil propre à la nature humaine conduirait cette personne à les refuser. Cette procédure est réellement diabolique. Des religieux indignes peuvent en user à des fins personnelles. Elle ne permet ni défense, ni appel, ni redressement, par le simple fait de son intangibilité. Elle enferme un homme dans les plis d'un fantôme. Elle l'enveloppe d'une haleine empoisonnée. Le monde, toujours prêt à prendre en pitié quelque chien obscène qui manifeste sa souffrance, ne voit ici qu'un être broyé, brisé ; luttant désespérément avec quelque ennemi invisible (et par conséquent non crédible). Le monde civilisé a la terreur de l'invisible ; il va de « l'autre côté ». Toute excommunication est une chose terrible pour celui qui considère que la Foi donnée aux saints est pour lui la seule chose qui vaille. Pour l'homme qui, privé de conseil spirituel, est convaincu de sa propre intégrité, et pour qui les sacrements représentent une

« odorifera panacea », pour qui les sacrements sont l'unique manière de le préserver du Désespoir, le fait d'en être privé, soit par la vengeance d'un ennemi personnel, soit par l'effet d'une vanité séculière poussant les pouvoirs spirituels à satisfaire une ambition séculière, signifie que pour lui, la vie perd toute sa lumière, l'amour est extirpé du cœur, la confiance en l'homme est tuée, l'espoir est banni de la mort. Il peut recevoir des marques de sympathie d'inconnus, s'il s'humilie lui-même et expose ses blessures ; mais il ne peut le faire qu'à un prix qu'en tout honneur il ne peut payer – le prix de l'insincérité vis-à-vis de ses propres convictions – le prix de l'apostasie. La terrible sentence d'excommunication – formelle ou informelle – rend un homme fou ; tourne ses mains contre tous les autres hommes, et celles des autres hommes contre lui ; il devient un sauvage ; un bandit littéralement et très réellement. Parfois même un criminel. La pratique de l'ostracisme est une bonne école pour les coquins. Il serait plus charitable – divinement charitable, non humainement – de tuer directement le corps, que de plonger une âme dans une telle vie de torture, la torture de la pure désespérance. Voilà pourquoi l'excommunication est si terrible. Voilà pourquoi elle a toujours été une arme si tranchante à toutes les époques de la foi. Celui qui est sincèrement croyant ne pouvait pas (ne peut pas) s'y opposer. Assez souvent, un souverain excommunié essayait de résister ; car les souverains sont plus puissants que les simples plébéiens, et ont plus de ressources. Alors, une fois passé quelque temps de considération, le second coup du Fléau intervenait : l'Interdit. Sa victime se voyait privée de la grâce et des sacrements. Ses sujets généralement se soulevaient, pleins de révolte et de ressentiment. Il n'y avait pour eux aucune raison de rester plongés dans l'affliction, alors que la simple soumission au Vice-Gérant de Dieu suffisait à les libérer. Mais parfois, l'Interdit lui-même échouait. Intervenait alors un troisième coup. Les sujets étaient relevés de leur serment d'allégeance à l'excommunié ; son trône était déclaré vacant ; les princes et les rois de la Chrétienté invités à envahir son royaume, à prendre sa couronne et son sceptre, à faire de lui un paria sans feu ni lieu dans un monde qui le fuyait comme un pestiféré, comme l'horrible lépreux couvert de gale que ce corps humain repoussé ne manquerait pas de devenir. Alors, suppliant, soumis, il rampait jusqu'à son Canossa ; tout comme le défunt Duc de Lauenberg rampa il y a peu vers Sa Seigneurie P.P. Léon XIII ; tout comme Caesar Fridericus Ahenobarbus Semper Augustus rampa abjectement et attendit aux portes du grand Anglais, Nicholas Breakspeare, Sa Seigneurie P.P. Hadrien IV, qui gouvernait le monde il y a huit cents ans. « Ce n'est pas pour Toi, mais pour Pierre», murmura l'Empereur indigné, obligé de servir de portier au Successeur de Saint Pierre et de tenir les rênes du palefroi pontifical. «Pour Nous, *et* pour Pierre», rétorqua le superbe Pape anglais en pliant Caesar à Son invincible volonté. Arrogance? Oui, l'arrogance chez tout misérable mortel qui n'a pas été officiellement couronné et consacré, et auquel les empereurs, les rois et les princes de la Chrétienté d'Europe n'ont pas juré allégeance comme au «Père du Monde, des Princes et des Rois, Vicaire Terrestre de Jésus Christ notre Sauveur».

Quand l'action de l'esprit humain est inspirée par les principes exposés ici, le côté invincible de l'excommunication (magnifié par le fait que l'excommunié reconnaît sa validité) peut être compris. Le Duc Alfonso d'Este ne pouvait espérer résister là où le Caesar Semper Augustus avait succombé. Il fut naturellement envahi par une peur horrible et désespérée. Il savait qu'il ne méritait pas d'être traité comme un bandit à la face du monde; mais il savait aussi que face à Sa Sainteté le Pape, lui, un souverain-régnant, pouvait être broyé comme un vers. Il s'efforça aussitôt d'obtenir la suppression de la terrible sentence.

Au début de l'année 1513, il choisit le poète Ludovico Ariosto, avec son beau profil grec et son noble intellect, qui était le secrétaire et le lauréat du Cardinal Ippolito, comme Orateur pour entamer des négociations avec le Pape.

Sa Seigneurie P.P. Jules II était parfaitement implacable. Elle n'avait point pardonné les critiques indiscrètes du Cardinal Francisco de Borja, qui avait échappé à Ses griffes. Seule la ruine complète des Borgia pouvait apaiser Sa soif passionnée de vengeance; et une Borgia était Duchesse de Ferrare. Il n'essaya pas d'être conciliant avec l'époux de celle-ci; et décida d'agir – très cléricalement – par intimidation. Certes, il reçut en audience Messer Ludovico Ariosto, mais lui ordonna de quitter immédiatement le Vatican par la porte avant qu'on ne l'en expulse par la fenêtre. Après avoir reçu le rameau d'olivier, Sa Sainteté le Pape attendit froidement la manœuvre suivante de Duc Alfonso.

Don Fabrizio Colonna jouissait des faveurs de Sa Seigneurie P.P. Jules II; mais par ailleurs, il devait beaucoup au Duc de Ferrare. Il essaya à son tour de jouer le rôle de pacificateur entre le pontife et le souverain; et il parvint à ce que le Saint Père permette au Duc de venir à Rome et de plaider sa cause; il serait assuré d'une réception favorable, et essaierait d'arranger avec Sa Sainteté les termes de sa soumission.

Il vint à Rome. Il vit le Maître du Monde. Il fut conquis. Le Terrible Pontife énuméra les conditions auxquelles il consentirait à lever la sentence d'excommunication. Rien ne pouvait être plus radical. Ces conditions étaient les suivantes : abdication de sa souveraineté sur la ville et tout le duché de Ferrare, avec renonciation absolue à tous droits pour lui et ses héritiers en faveur du Saint Siège ; il devait aussi se retirer toute sa vie dans la petite ville d'Asti, en Lombardie. La mort et la suppression des Borgia, non au moyen d'assassinats vulgaires, mais en leur ôtant tous les moyens constitutionnels de vivre : tel était le but du Terrible Pontife. Il voulait laisser nu le Duc Alfonso, tout comme il avait laissé nu le Duc Cesare.

Le Duc Alfonso d'Este refusa d'obtenir la levée de la sentence d'excommunication sur une base aussi humiliante. Sa Seigneurie P.P. Jules II lui laissa entendre que lesdits termes pouvaient être atténués. Et par divers subterfuges, il le retint à Rome.

L'armée du Terrible Pontife s'avançait entre-temps secrètement vers Ferrare.

Et là-bas, il n'y avait qu'une femme.

Le Duc Alfonso eut la chance d'apprendre le stratagème pontifical. Il se prépara aussitôt à quitter Rome. Mais il s'aperçut alors qu'il n'était pas libre de ses mouvements, qu'il était en prison. Le Terrible Pontife le retenait, et n'était pas prêt à le lâcher. Sa Seigneurie P.P. Alexandre VI n'était certes pas un Saint ; mais Elle n'avait jamais souillé Son honneur de la sorte.

La trahison de Sa Sainteté le Pape déplut à ce gibelin qu'était Don Fabrizio Colonna. Ce n'était pas ce qu'il avait envisagé quand il avait persuadé le Duc Alfonso de se jeter dans la gueule du Loup de Rome. Considérant que sa responsabilité et son honneur étaient engagés, il joua un contre-stratagème à Sa Seigneurie P.P. Jules II. Avec son aide, le Duc s'échappa de prison ; et, sous sa protection, on lui fournit dans sa forteresse de Marino, à vingt kilomètres de Rome, un asile sûr. Le Duc Alfonso désirait aller vite, à présent, pour défendre son duché menacé par le Pape ; et tous les Colonna applaudissaient à cette résolution. Don Prospero Colonna l'amena où il voulait être. Voyageant de nuit à travers un territoire hostile, entouré partout de dangers, déguisé en cuisinier de Don Prospero, le bandit royal et ducal atteignit enfin Ferrare.

Dans la ville régnait l'allégresse. Dans le duché, la confiance était retrouvée. Dans le cœur de la Duchesse Lucrezia, il y avait de la gratitude, parce que son seigneur bien-aimé était maintenant en sûreté. Ferrare venait de vivre quatre ans de guerres victorieuses : c'était un ennemi fort dangereux à attaquer, maintenant que son chef était là. L'armée pontificale exécuta un second mouvement stratégique, mais cette fois en faisant machine arrière au pas de course.

Et sur ces entrefaites – les trois premiers mois de l'année 1513 ne s'étaient pas encore écoulés – Sa Seigneurie P.P. Jules II (Qui, selon Monsignor Paris de Grassis, le Caerimonius qui avait succédé à Burchard, souffrait du Mal français), mourut à Rome, hurlant dans son ultime délire : « Français, hors d'Italie ! Hors d'Italie, Alfonso d'Este ! »

Terrible fin d'un plébéien furieux, assoiffé de vengeance et déçu, qui était le Maître du Monde ! Le monstrueux Moïse de Michelangelo, à San Pietro ad Vincula, montre son tombeau ambitieux et inachevé.

Le Très Illustre Seigneur Giovanni de'Medici, Cardinal-Diacre de Santa Maria in Domnica, était le fils de Lorenzo de'Medici de Florence, né le onze décembre 1475. Sa mère était Madonna Clarice Orsini, l'une des mères les meilleures et les plus tendres qui soient. Son mari disait que sa propre mère l'avait choisie pour lui,

« Tolsi donna... ovvero mi Fu data ».

Quand Don Giovanni atteignit l'âge de sept ans (techniquement parlant, l'âge de raison), le Roi Chrétien le nomma Abbé de Fonte Dolce le dix-neuf mai 1483, promotion que Sa Seigneurie P.P. Sixte IV confirma douze jours plus tard par un Bref daté du trente et un mai 1483. Le premier juin, il reçut la tonsure ecclésiastique, quand des mains épiscopales brandirent des ciseaux pour couper les cheveux de l'enfant à cinq endroits – sur le front, dans le cou, à droite, à gauche et sur la couronne de la tête –, tandis que l'évêque et le garçon récitaient les vers de ce psaume :

Le Seigneur est part
de mon héritage
et de mon calice
Tu es celui qui restitue
À moi-même mon héritage

Enfin, l'évêque le revêtit du surplis de lin blanc (super pellicem), l'habit officiel de l'état religieux. Le symbolisme de ce mystère semble être que le clerc s'enrôle lui-même dans l'armée régulière de l'Église militante, sacrifiant une partie concrète de sa personne en gage de fidélité, et recevant comme étrenne, si l'on peut dire, son uniforme.

À partir de ce moment-là, l'enfant fut appelé dans sa famille Messer Giovanni. Le premier mars 1484, il fut nommé Abbé de Passignano. Il devint un garçon viril et bon, épris de belles choses, grave, paisiblement joyeux, et un parfait gentilhomme. Le trois mars 1489, l'ami de son père, Sa Seigneurie P.P. Innocent VIII, le nomma Cardinal-Diacre de Santa Maria in Domnica ; mais comme il n'avait que treize ans, la création fut suspendue in petto, tandis qu'il poursuivait ses études sous la direction du Chanoine Angelo Ambrogini (dit Poliziano) ; lequel, en 1492, écrivait au Pape à propos de son élève :

« Ce jeune homme est ainsi formé par la nature et l'éducation que, ne le cédant à personne quant au génie, il n'a pas son pareil quant au caractère industrieux ; il est l'égal de ses maîtres pour l'étude, et l'égal des hommes âgés pour la gravité des manières. Il est naturellement honnête et sincère, et il a été si strictement élevé que jamais ne sort de ses lèvres une expression grossière ou même légère. Bien qu'il soit très jeune, son jugement est si sûr que même les vieux le respectent comme un père. Il a tété la piété et la religion avec le lait de sa mère, se préparant à son office sacré dès le berceau » (Ep. v. Lib. VIII).

Lors du Consistoire public du vingt-deux mars 1492, il fut admis au Sacré Collège, reçut le chapeau et l'anneau de saphir des cardinaux (qui valait six cents zecchini d'or) ; il avait alors seize ans, trois mois et onze jours.

Pendant son cardinalat, le trait le plus exquis de sa nature fut la tendresse aimante qu'il témoigna vis-à-vis de son jeune cousin Giulio (le modèle le plus apprécié de Botticelli), bâtard de Don Giuliano de Medici et de Madonna Antonia Gorini de Florence, qui devint à la fin de sa vie Sa Seigneurie P.P. Clément VII. Le Cardinal Giovanni le fit ennoblir et devenir Chevalier de Saint-Jean de Jérusalem et de Malte, et Prieur de Capoue ; il lui donna une position honorable dans sa maisonnée comme conseiller confidentiel ; et de fait, ce fut à Don Giulio qui le servait en qualité d'écuyer pendant le Conclave de mars 1513, que le Cardinal Giovanni déclara, quand le résultat du squittino (scrutin) fut connu : « Viens, Giulio, jouissons de la Papauté, puisque Dieu nous l'a donnée ! » Et il éleva immédiatement Son cousin à la pourpre, lui donnant son propre titre vacant de Cardinal-Diacre de Santa Maria *in Domnica*[1].

---

1. Ces deux charmants personnages avaient une écriture très belle, nette, claire, élégante et précise ; comme on peut le voir dans la Lettre privée de Sa Seigneurie P.P. Léon X, *placet et ita motu proprio mandamus ;* et dans la lettre du Cardinal Giulio de'Medici datée d'avril 1516 ; les deux se trouvent au British Museum, 23.721.

Le Cardinal Giovanni, comme tous les Medici, était congénitalement myope. Dans tous les tableaux qui le représentent, il est légèrement penché en avant et avance le cou, comme tous les hommes myopes. Messer Paolo Giovio dit qu'il regardait le monde à travers un verre concave, et que cela l'affectait dans les exercices physiques. Le portrait que Messer Rafaele Sanzio a fait de lui et de son cousin le montre tenant une longue-vue concave dans sa main. Il est certain que ce défaut physique l'aida à développer son goût et sa personnalité enchanteresse, car il est bien connu que le meilleur artiste est celui qui ne voit pas du tout[1].

La foule qui attendait aux portes du Conclave de 1513 l'annonciation de la nomination du nouveau Pape se trouvait devant un couloir construit avec les fragments d'autres édifices. Certaines des pierres gardaient encore des morceaux d'inscriptions mutilées ; et la foule s'amusa à les réunir. Mais il y avait une grande pierre au-dessus du linteau, dont l'inscription défiait toute explication. Elle portait les lettres :

M.C.C.C.C.X.L.

et venait vraisemblablement d'un édifice datant de 1440. La porte s'ouvrit ; et le Cardinal-Archidiacre proclama : « Je vous annonce une grande joie. Nous avons pour Pape Le Seigneur Giovanni de Medici, Cardinal-Diacre de Santa Maria *in Domnica*, qui sera appelé Léon X. » Et au portail se tenait la blanche figure du nouveau Successeur de Saint Pierre, âgé de trente-huit ans, la tête légèrement penchée en avant, regardant à travers Ses yeux mi-clos et brillants, et levant la main en signe de bénédiction apostolique. Instantanément, un plaisantin, dans la foule agenouillée, trouva l'explication de l'inscription cryptique *: Multi Caeci Cardinales Creaverunt Caecum X (decimum) Leonem* : « de nombreux cardinaux myopes ont créé un Léon X myope ». Voilà un exemple de trait d'esprit de l'année 1513, brillant, incisif, direct, aigu et accompli.

L'élection de Sa Seigneurie P.P. Léon X fut un immense soulagement pour le Duc et la Duchesse de Ferrare. Elle signifiait qu'ils étaient délivrés d'une persécution éhontée ; car Sa Sainteté le Pape était d'origine patricienne, était un gentilhomme, sans être ennemie de la Maison des Borgia. Ainsi Les Borgia et Ferrare connurent-ils enfin la paix. Le duché avait été en guerre pendant près de six ans, presque sans interruption ; ses ressources étaient quasiment épuisées ;

1. Whistler considère sa myopie comme son principal talent.

le trésor, vide. Telle était la détresse que, pour ne pas accabler son peuple par de nouveaux impôts, le Duc Alfonso mit en gage ses plats d'argent, et la Duchesse Lucrezia ses bijoux, qui avaient une immense valeur. Ceux-ci furent récupérés trois ans plus tard ; et c'est grâce à l'inventaire qui en fut fait à ce moment-là que nous savons qu'ils étaient d'une extraordinaire rareté.

Le treize septembre 1513 naquit à Rome, de Don Tarquinio Poplicola et de Madonna Ersilia, son épouse, le Noble Don Prospero Poplicola di Santacroce, qui devint plus tard Cardinal-Presbytère du Titre de San Girolamo degli Schiavoni et Nonce, et introduisit le tabac en Italic, en lui donnant le nom d'*Erba Santacroce,* d'Herbe de la Sainte Croix.

Pendant les quelques années qui suivirent, la Duchesse Lucrezia vécut une période de calme après la tempête, *post tot naufragias tuta.* Elle devint célèbre pour sa bonté envers les jeunes filles, auxquelles elle donnait des dots pour les inciter à rester chastes en faisant de bons mariages. Époque délicieusement réaliste, qui allait droit au but, sans se perdre dans des demi-mesures larmoyantes « si doucement fades et si tendrement insipides » ! L'idéal du philanthrope professionnel était alors de rendre la vertu facile, et le vice difficile. L'idéal du philanthrope professionnel moderne est plutôt de rendre la vertu affreusement vulgaire, et le vice impérieusement nécessaire. La Duchesse Lucrezia avait remarqué que le manque d'argent est la racine de tous les maux ; et c'est à cette racine qu'elle s'attaquait.

Nous possédons d'exquises descriptions des soirées que cette insigne dame passait en compagnie des poètes et des savants, écoutant de la musique, et travaillant aux broderies délicates qui l'ont rendue si célèbre. Le trois juillet 1515, elle donna une fille à son seigneur et maître. Pendant la même année, elle eut la douleur de perdre un ami, le grand peintre Messer Aldo Manuzio. Ce Vénitien froid, sagace et cultivé, ennemi de Ferrare, a laissé des célébrations de la Duchesse Lucrezia qui sont sincères et insurpassables. Il n'y a rien d'étonnant à ce que ce soient les plus grands et les meilleurs des contemporains qui l'aient louée ; et que ses détracteurs soient des scribes professionnels, notoirement vils et vénaux. L'année suivante, le onze juillet 1516, elle perdit son petit garçon, âgé de cinq ans. La lettre bouleversante par laquelle elle apprit la nouvelle à sa belle-sœur et confidente, la Marquise Isabella de Gonzaga de Mantoue, est-elle la lettre d'une méchante femme, ou d'une femme pleine de bonté ? Elle dit :

« … Le Très Illustre Don Alessandro, mon plus jeune fils, après une longue et cruelle maladie, contre laquelle aucun remède n'a pu servir, a été atteint par une terrible dysenterie. Hier, à la quatrième heure de la nuit [c'est-à-dire minuit] le pauvre petit homme *(poverino)* a remis son âme entre les mains de notre Seigneur Dieu, me laissant toute affligée et pleine de chagrin ; comme Votre Excellence, étant une femme et une tendre mère, peut facilement le comprendre. »

À la Toussaint, elle donna un autre fils au Duc Alfonso, qui fut baptisé du nom de Francesco.

Le vingt-six novembre 1517, mourut à Rome Madonna Giovanna de'Catanei, la mère de la Duchesse Lucrezia ; elle fut enterrée à Santa Maria *del Popolo,* à la Porte Flaminienne. Neuf de ses lettres à sa fille – des lettres plutôt chagrines – ont été conservées dans les archives de Modène. Elles sont signées *: « La felice ed infelice madre » ;* ce qui paraît décrire très précisément sa condition. Elle fut une mère heureuse ; heureuse de la luxuriante bonté de ses enfants, heureuse de leur bonne fortune, heureuse d'être la mère de deux ducs, d'un prince-duc et d'une duchesse souveraine ; mais malheureuse, parce que la loi humaine interdisait que leur père fût aussi son mari. Une autre lettre d'elle, datée du quinze décembre 1515, à Rome, et signée « Perpetua Oratrice Vanozza », a même provoqué une certaine incertitude sur son nom véritable. Voici ce qu'on peut avancer comme explication :

« Vanozza », bien sûr, est une abréviation familière de « Giovanozza », qui équivaut à « Jeannette ». Les Italiens s'amusent de manière irrespectueuse et inoffensive à inventer des sobriquets personnels ou universels ; ces sobriquets sont donnés et reçus sans le moindre problème de susceptibilité. « Perpetua Oratrice[1] » n'est pas un nom du tout : mais une expression quasi officielle.

En Angleterre, actuellement, on est souvent frappé de recevoir une lettre de quelque membre fervent de ce dévoué sexe femelle (pour lequel la Sainte Église, sachant ses besoins, prie chaque jour) portant en guise de signature le nom de celle qui a écrit le mot, avec la mention « E de M ».

Si l'on a encore jamais vu les lions (comme le XVe siècle disait des novices), on se demande quel est le niveau universitaire, le

1. Oratrice (oratrix) est un mot rare, mais parfaitement classique ; son usage montre que la Renaissance du Savoir avait fait quelque chose pour améliorer le latin ecclésiastique et, par voie de conséquence, l'italien aussi.

rang municipal, paroissial ou social de la signataire. Mais lorsqu'on apprend qu'« E de M » veut dire « Enfant de Marie », on se souvient qu'une pieuse sodalité, d'origine française, et justement appelée les « Enfants de Marie », est très à la mode chez ces dames ; et tout doute se trouve dissipé.

Il est probable qu'il existait une association pieuse de ce genre pour les femmes de l'Ère des Borgia. Madonna Giovanna fut toujours une femme qui aima la bonne vie ; mais nous savons qu'elle trouva le salut, se convertit, devint dévote, en 1508, après avoir écouté Frat'Egidio de Viterbo prêcher un sermon de carême à Rome.

Nous suggérons donc qu'elle commença à « se recueillir », à se préparer à rencontrer Dieu, car elle était d'âge assez avancé ; et qu'elle devint membre de quelque Confraternité de Prière Perpétuelle, ressemblant à celles de l'époque actuelle, dont les membres se partagent entre eux la tâche de prier toute la journée, si bien qu'un flot ininterrompu de supplications s'élève jusqu'au Trône de la Grâce. Nous suggérons qu'étant une femme très humaine, ne voyant aucune objection à faire montre – de façon parfaitement légitime – de sa vertu (comme les dames qui signent « E de M »), Madonna Giovanna de'Catanei prit l'habitude de signer ses lettres privées « La Suppliante perpétuelle, Jeannette ».

Nous avons donné son épitaphe plus haut.

Il existe deux documents de l'année 1517 qui tendent à prouver qu'à cette époque, on ne songeait nullement cacher la parenté de Don Giovanni Borgia, celui qui avait été Duc de Nepi et Camerino. Ce garçon semble avoir vécu avec sa sœur, la Duchesse Lucrezia ; car les deux documents ont été délivrés sous sa protection et autorité. Elle avait dix-neuf ans de plus que son frère, qui en avait maintenant vingt et un ; et sa bonne nature, ainsi que sa position royale, rendaient tout naturel qu'elle soit plus une mère qu'une sœur pour le plus jeune fils de son auguste Père.

La première lettre (toutes deux sont citées dans Cittedella) est datée « sub die I° Nov. 1517 », et nomme l'Évêque d'Adria agent de Don Giovanni dans quelque transaction financière, puisqu'il a moins de vingt-cinq ans, et plus de dix-huit. Elle commence ainsi :

« Ferrariae in palatio habitationis Ill^{mi}... Ill^{mus} Dominus Joannes Borgia, *frater* Ill^{mae} Dominae Lucretiae Borgiae Ducissae Ferrariae, minor annis vigintiquinque, major tamen decem octo. »

La seconde lettre est adressée à Messer Filippo Strozzi et réclame aux consuls de Pesaro les bagages que le jeune noble a perdu lors de son naufrage devant cette ville ! Elle est datée du deux décembre 1517 et commence ainsi

« Mandatum Ill^{mae} Dominae Ducissae Ferrariae in palatio Ducali Illma Domina Lucretia Borgia Estensis… suo nomine, et nomine ac Tanquam coniuncta persona Ill^{mi} Domini Joannis Borgiae *eius frater.*

On ne sait presque rien d'autre de la vie de ce jeune homme. Son histoire, comme celle de son frère le Prince Gioffredo Borgia de Squilace, s'éclairera peut-être avec les recherches entreprises dans les archives de Naples, Nepi, Camerino et Ferrare. Il faut donc les laisser à regret parmi les étincelles qui meurent.

La lettre suivante clôt la seconde époque de la Maison des Borgia. Elle est datée du vingt et un juin 1519 ; et a été envoyée par coursier rapide au Marquis Federigo Gonzaga de Mantoue : « Il a plu à Notre Seigneur Dieu de rappeler à Lui l'âme de l'Illustre Duchesse, mon Épouse Bien-Aimée. (Signé : Alfonsus Dux Feraria).

L'« Illustre Duchesse » Lucrezia Borgia fut enterrée dans son église favorite du monastère de Corpus Domini, auprès de la mère de son mari, la Duchesse Léonore d'Aragon ; elle fut profondément et sincèrement pleurée par ses enfants, son mari, le Duc Alfonso d'Este et, en fait, tout Ferrare, qui se réunit autour de son cercueil. Elle n'avait alors que quarante-deux ans.

Puisse-t-elle reposer dans l'odorante paix de ses bonnes actions !

LIVRE TROIS

LA LUMIÈRE BRILLANTE

Les Borgia que nous venons de dépeindre ne présentent aucune difficulté pour le xxe siècle. Une fois leur caractère connu, il apparaît que ce sont des hommes dont les passions sont semblables aux nôtres. Ils sont nés – ils ont lutté dans la vie avec beaucoup de dignité et de succès – et ils sont morts. Pour une raison qui n'a pas encore été expliquée, la race humaine en a fait des mythes infernaux, des prodiges de turpitude, des symboles servant à exprimer des crimes suprêmes et abismaux.

« L'esclave de ses propres appétits, lié aux lois conventionnelles, l'esprit émasculé par les indulgences, ou usé par les soucis de la vie, osant à peine agir, penser, ou parler en son nom propre ; l'homme grégaire adore le monde dans lequel il vit, adopte ses maximes, et foule ses sentiers battus. Pour le sortir de sa léthargie, et donner un nouveau courant à ses pensées, le héros apparaît de temps à autre à son horizon ; et l'adoration du héros – païen ou chrétien – l'arrache un temps à une idolâtrie encore plus vile. Examiner les motifs et la carrière de tels hommes peut nous apprendre beaucoup de choses qui méritent d'être connues ; mais rien plus clairement que ceci : nul ne peut avoir d'autels érigés à sa mémoire dans les cours des hommes des différentes générations, si son cœur lui-même n'a pas été un autel sur lequel les sacrifices quotidiens (dévotion fervente et refus de soi magnanime) ont été offerts au seul véritable Objet de l'adoration humaine[1].

La roue des temps accomplit une révolution parfaite ; et voici..., voici un Borgia Saint !

Écrire sur Saint Francisco de Borja de manière à le faire connaître des hommes est plus que difficile. Chacun ne connaît autrui que par ses faiblesses, non par sa force ; chacun ne connaît autrui qu'en tant qu'il est inférieur, et non supérieur, à l'Idéal ; c'est la faiblesse

1. Sir James Stephen. Essays in Ecclesiastic Biography. i.29.

qui rapproche les hommes les uns des autres. Et Saint Francisco de Borja n'a donné aucun signe de faiblesse humaine, aucun signe (ou fort peu) de nature humaine, une fois atteint l'âge de la maturité. On a dit de lui que c'était « un homme non-naturel magnifié » ; et c'est le seul point de vue d'où on puisse l'observer. Il a entièrement vécu sur le plan surnaturel : le monde, pour lui, n'était qu'un ennemi avec lequel il ne voulait absolument pas avoir à faire ; il était *en lui,* non pas *de lui* ; ses voies n'étaient point celles des hommes, ses pensées n'étaient point celles des hommes : il ne peut être réellement ni aimé, ni repoussé, ni haï, ni adoré, ni admiré, ni même jugé. Il faut le prendre comme il était, incomparable, aux antipodes de ses magnifiques, opiniâtres, augustes et magnificents ancêtres, car il y a chez eux « une diversité de dons » ; chez lui, en opposition à tous les idéaux humains, on ne trouve qu'un « homme non-naturel magnifié ». Il était brillamment personnel. Il était totalement et absolument et égoïstement préoccupé de son seul salut. Il fit de ce salut l'unique objet de sa vie ; et à cette fin, il choisit délibérément la renonciation, la dureté, l'ignominie extrême. Sa singulière dévotion à la tâche de vivre dans cette lumière raréfiée est un phénomène dont l'intensité dépasse le domaine du naturel, et qui l'environne d'une sorte d'aura distante, celle d'un homme étranger parmi les hommes et, donc, presque antipathique à ceux-ci.

Il était l'arrière-petit-fils de Sa Seigneurie P.P. Alexandre VI, Dont le bâtard Don Juan Francisco de Borja, Duc de Gandia en Espagne, Prince de Teano et de Tricarico, Comte de Chiaramonte, Lauria et Cerignola, Connétable de Naples et Général de l'Armée pontificale, avait épousé Doña Maria de Aragona, une princesse de la Maison royale d'Aragon. Après le meurtre mystérieux de son mari à Rome en 1497, la Duchesse Doña Maria épousa Don Enriquez de Luna, oncle et Maître de Maisonnée du Vice-Roi Don Hernando de Castille, et Grand Commandant du Léon, qui laissa bientôt seule son épouse. Elle vécut à Baeza, à Grenade, et se consacra à ses deux enfants, Doña Isabella, et Don Juan II de Borja, qui succéda à son père assassiné comme Duc de Gandia, etc. Quand son fils se maria, elle se retira au monastère des Pauvres Clarisses (le second ordre de la Religion de San Francisco d'Assisi), à Gandia, où elle prit le voile et devint Suor Maria Gabriella jusqu'à sa mort en 1537. Sa fille, Doña Isabella, qui s'était fiancée au Duc de Segorbe, obtint les dispenses nécessaires, rompit avant le mariage ses fiançailles et suivit au couvent la Duchesse de Gandia, sa mère bien aimée ; elle prononça ses vœux et devint Suor Francisca de Jésus.

Don Juan II épousa d'abord Doña Francisca de Castro y Pinos ; puis Doña Juana de Aragona, bâtarde de l'Archevêque Don Alonso de Aragona de Saragossa, le neveu du Roi Catholique Don Hernando d'Espagne[1]. Ces deux mariages donnèrent quatorze enfants :

Don Francisco, le Saint ;

Don Alonso, Abbé de Valdigna ;

Don Enrico, Cardinal-Diacre de San Nereo e Sant'Achilleo. ;

Doña Luisa, épousa Don Martino de Aragona y Gurrea, Duc de Villahermosa ;

Don Rodrigo, Cardinal-Diacre de San Niccolo *in Carcere Tulliano* : « encore jeune » (Ciacconi) ;

Don Pedro Luis, Vice-Roi de Catalogne ;

Don Tommaso, Archevêque de Saragossa, (succédant à l'Archevêque Don Juan de Aragona, bâtard de l'Archevêque Don Alonso), et Vice-Roi d'Aragon ;

Don Felipe, chevalier de Montesa et Gouverneur d'Oran ;

Don Diego, mourut jeune ;

Doña Juana, Première Abbesse du Monastère royal des Carmélites déchaussées de Madrid. Mourut en Odeur de Sainteté ;

Doña Leonor, épousa Don Juan de Gurrea ;

Doña Magdalene, épousa Don Hernando de Proxita, Comte d'Almenara ;

Doña Margarita, épouse Don Fadrique de Portugal y Cordo ;

Doña Isabelle suivit sa grand-mère Doña Maria (Suor Maria Gabriella) et sa tante Doña Isabelle (Suor Francisca de Jesus) aux Pauvres Clarisses de Gandia, et devint Abbesse de ce Monastère.

Voilà une famille typique de Grands et d'Hijo de algo (fils de quelque chose) espagnole. Laissant de côté l'héritier, les huit fils se divisent entre eux deux cardinalats, un archevêché, une abbaye, deux vice-royautés et un gouvernement ; tandis que des six filles, deux entrent en religion et deviennent abbesses, et quatre épousent des grands et des princes d'Espagne. Il vaut également la peine de noter qu'aucune honte à propos de leurs ancêtres ou de leur prétendue mauvaise conduite ne se fait encore jour ici. Alonso était le nom de nombreux bâtards royaux de la Maison d'Aragon, ainsi que celui de Sa Seigneurie P.P. Calixte III. Rodrigo était le nom de Sa Seigneurie P.P. Alexandre VI, qui commença aussi sa carrière publique au

1. Une seconde bâtarde de l'Archevêque Don Alonso de Aragona, appelée aussi Doña Juana, épousa Don Felipe de Austria, et devint la mère de l'Empereur Carlos.

Cardinalat et au Diaconat de San Niccolo *in Carcere Tulliano,* et dont le bâtard le plus âgé (bb. 1481) s'appelait Pedro Luis. Tous ces noms se répétèrent ici à la troisième et à la quatrième génération ; et le fils aîné de Don Juan II porta le second nom de son grand-père assassiné, Francisco.

Le Terrible Pontife, Sa Seigneurie P.P. Jules II, régnait à Rome quand Don Francisco de Borja naquit en 1510 au palais ducal de Gandia, en Espagne.

Dix ans plus tard, le Terrible Pontife n'était plus qu'un terrible souvenir, et Sa Seigneurie P.P. Léon X s'efforçait de « jouir de la Papauté » à Rome quand des émeutes eurent lieu à Gandia ; le palais ducal fut pillé, et Don Juan II dut fuir avec sa famille. Don Francisco, alors un gracieux garçon de dix ans, fut envoyé chez son oncle l'Archevêque Don Juan de Aragona à Saragosse[1], qui lui fournit une maison et une suite conformes à sa condition, et des maîtres qui lui enseignèrent la musique, l'escrime et la grammaire latine ; car il devait être élevé pour devenir l'héritier du duché de Gandia, et la future tête de la Branche espagnole de la Maison des Borja.

Sa Seigneurie P.P. Léon X mourut en janvier 1522 ; et Sa Seigneurie P.P. Hadrien VI, fils de charpentier né à Utrecht, dans les Flandres, fut élu Pape ; il déclara que le Laocoon était une idole païenne et mura la galerie de statues du Belvédère au Vatican ; puis il mourut. Lui succéda en 1523 le Cardinal Giulio de'Medici, cousin et ami de Sa Seigneurie P.P. Léon X, qui monta sur le Trône de Saint-Pierre sous le titre de Sa Seigneurie P.P. Clément VII. De grands changements avaient lieu en Europe. Par mariage, conquête, héritage, vacance, le Saint Empire Romain était passé entre les mains de l'Espagne. L'Empereur-Électeur Carlos V, bien qu'il n'eût pas été cérémoniellement couronné de la Couronne de Fer ou du Double Diadème d'Or, régnait sur l'Espagne, Naples et l'Italie du Sud, l'Allemagne, l'Autriche et une partie de la France. Le Roi Henry VIII Tudor, le Défenseur de la Foi, devenait de plus en plus puissant en Angleterre. Le Roi Chrétien de France était son rival ; mais l'essentiel du Continent appartenait à l'Empereur-Électeur et, peut-être entièrement, au Pontife Romain.

À l'âge de quatorze ans, Don Francisco de Borja se rendit à Tor de Silas comme page d'honneur de l'Infante Doña Catalina, la sœur de l'Empereur-Électeur, qui allait se marier avec le Roi Don Juan III de Portugal.

---

1. Anciennement Salduba, colonisée par Caius Julius Caesar Octavianus Augustus en 27 avant J.-C., qui l'appela Caesaraugusta ; nom qui devint ensuite Saragossa.

Quand le mariage fut célébré, en 1525, Don Francisco n'accompagna pas sa maîtresse royale dans son nouveau royaume; car son père, qui avait pour lui de plus hautes ambitions, avait ordonné qu'il retourne à Saragosse pour étudier la rhétorique et la philosophie sous la direction de son oncle, l'Archevêque Don Juan. Il resta là jusqu'à l'âge de dix-sept ans; et en 1528, il entra à la Cour de l'Empereur-Électeur Carlos V, où sa beauté robuste, ses manières courtoises et sa brillante agilité d'esprit lui valurent une remarquable réception.

Humainement parlant, le fait de servir un tel potentat est très surprenant chez un jeune homme aussi pieux que Don Francisco. L'Empereur-Électeur avait encore les mains souillées par ce qui semble avoir été un crime parfaitement horrible: l'ignoble sac de Rome en 1527, le siège imposé au Vice-Gérant de Dieu, Sa Seigneurie P.P. Clément VII dans le Môle d'Hadrien, le carnage, le pillage, les viols, les rapines, la violation des monastères, des vierges, des nonnes, des épouses et des jeunes filles des citoyens romains assaillies dans les rues mêmes par l'armée de l'Empereur-Électeur, par la masse de Goths luthériens et de Catalans qu'il n'avait pas payés. C'était à la cour de ce monarque que Don Francisco de Borja apporta la gracieuse fleur de sa jeunesse virginale.

Dans cet environnement voluptueux, il estima qu'il valait mieux se marier que brûler du feu des passions; et en 1529, âgé alors de dix-neuf ans, il épousa la Noble Doña Leonor de Portugal. L'Empereur-Électeur, pour marquer son approbation, et peut-être aussi là bienveillance généreuse d'un homme qui est sur le point de rentrer dans l'Église (il s'était entendu avec Sa Seigneurie P.P. Clément VII, et attendait le Double Couronnement), nomma Don Francisco Marquis de Lombay.

Les rapports entre le Pape et l'Empereur-Électeur s'amélioraient. Tous deux étaient épuisés; tous deux souhaitaient la paix. La paix fut donc signée, et une alliance perpétuelle conclue: le 20 juin 1527. L'Empereur-Électeur avait arraché des territoires à Venise, et détaché Gênes de la France; Sa Sainteté le Pape avait promis de lui donner la couronne de Naples (que son prédécesseur, le Roi Catholique Don Hernando d'Espagne, avait volé à la dynastie bâtarde d'Aragon en 1501) et de le couronner formellement Saint Empereur Romain. Sa Seigneurie P.P. Clément VII avait gagné un allié puissant, qui promettait de ramener une Florence rebelle au neveu pontifical, le Duc Alessandro de'Medici, de consolider l'alliance en mariant la Bâtarde Doña Margarita d'Autriche audit neveu pontifical, et de restaurer l'autorité pontificale dans l'Emilie, à Ravennes et à Cervia. Les deux hommes avaient été des ennemis acharnés ; et l'Empereur-Électeur s'était comporté abominablement. Même maintenant, il refusait de se rendre à Monza ou à Sant'Ambriogio (Milan) pour recevoir la Couronne de Fer, ou à la Basilique du Latran de Rome pour le Double Diadème Impérial, comme il aurait été traditionnellement obligé de le faire, s'il avait appartenu à la Maison de Souabe. Mais c'était un Espagnol arrogant, cruel, sans scrupule, horriblement puissant ; et il déclara insolemment à Sa Sainteté le Pape qu'il n'avait pas l'habitude de courir après les couronnes ; que celles-ci, en général, couraient après lui.

Si le couronnement du Successeur de Saint Pierre est une remarquable cérémonie, le couronnement conformément au Rite romain du Successeur de Caius Julius Caesar Octavanus Augustus n'est que d'un degré moins somptueux. Il vaudrait la peine, pour n'importe quel homme du XXe siècle, d'échanger sa vie avec celle de William de Hohenzollern, afin d'assister à ce déploiement de festivités. Dans le cas de Carlos V, toutes les cérémonies furent dûment observées. Sa Seigneurie P.P. Clément VII se rendit à Bologne, ville neutre, pour le couronnement, et l'Empereur-Électeur le rencontra là-bas. Le 22 février 1530, dans la Chapelle du Palais Apostolique, la Couronne de Fer[1] fut posée sur la tête impériale. Deux jours plus tard, dans la cathédrale de San Petronio, des rideaux furent tirés autour du canope impérial, formant un pavillon dans lequel l'Empereur-Électeur se déshabilla pour être oint d'huile sainte et de chrême. Il fut ordonné diacre, revêtu de la dalmatique impériale sacrée, et on lui remit l'orbe, l'épée et le sceptre offerts par les souverains régnants. Le Vice-Gérant de Dieu le couronna avec la Double Couronne de l'Empire et les hérauts le proclamèrent

CAESAR
ROMANORUM IMPERATOR SEMPER AUGUSTUS MUNDI
TOTIUS DOMINUS UNIVERSIS DOMINIS UNIVERSIS
PRINCIPIBUS ET POPULIS SEMPER VENERANDUS.

Une fois la cérémonie achevée, le Pape et l'Empereur apparurent au porche de la cathédrale. Là, le Caesar Carlos V, revêtu de tous les insignes impériaux, aida le Pontife à prendre place sur sa monture, et

1. Il s'agit d'un simple cercle d'or constellé de gemmes non taillées, sur le bord intérieur duquel se trouve l'un des Clous qui ont cloué notre Divin Rédempteur sur la Croix du Calvaire. On peut le voir, enchâssé, dans le Trésor de la Cathédrale de Monza.

conduisit son palefroi quelques mètres en signe d'hommage public et d'allégeance à Celui dont la Sanction permet au Rois de régner. Puis il monta sur son propre cheval, et chevaucha aux côtés de Sa Seigneurie P.P. Clément VII dans la ville de Bologne, en s'agenouillant, comme c'est la coutume, quand le Pontife le laissa.

Il est assez probable que le Marquis Don Francisco de Borja ait assisté à cette superbe cérémonie. Il était attaché à la suite personnelle du Caesar Carlos V, mais il y a un autre fait qui implique qu'il ait été d'une manière ou d'une autre – probablement directement – en contact avec Sa Sainteté à ce moment-là. Car un peu plus tard, le Pontife Suprême conféra une faveur extraordinaire à son illustre Maison : Cinq Privilèges accordés au Duc Juan II de Gandia, ses héritiers et descendants des deux sexes, quelles que soient les personnes avec lesquelles elles se marient, EN CONSIDÉRATION DES IMMENSES SERVICES RENDUS AU SAINT SIÈGE PAR LA MAISON DES BORGIA. Cette affirmation sans ambiguïté montre que les calomnies et les brocards de Messer Francesco Guicciardini n'avaient pas produit une mauvaise impression sur Sa Seigneurie P.P. Clément VII, qui avait effectivement rencontré l'écrivain quand il était l'hôte de ce *bas-bleu* de Madonna Veronica Gambara, lors des festivités du couronnement à Bologne. La fable de l'iniquité des Borgia est un produit plus tardif. En 1531, la Maison était considérée avoir rendu de grands services, méritant de la reconnaissance, *pour un mémorial perpétuel.* D'où l'octroi des Cinq Privilèges suivants :

I. « Pour tout confesseur qu'ils pourraient choisir[1], le pouvoir de les absoudre des peines et censures ecclésiastiques les plus graves ; de donner des aumônes au lieu d'observer le jeûne ; une fois par an, de les absoudre dans des cas généralement réservés au Saint Siège, ou de tout vœu ou serment sauf ceux généralement exceptés.

II. Indulgences spéciales pour l'heure de la Mort, et pour les visites à une église ou à un autel ; ainsi que pour toute messe offerte par un descendant de la Maison (étant entré dans les ordres) ou pour tout descendant de la Maison, indulgences égales à celles qui peuvent être obtenues aux autels de San Sebastiano, San Lorenzo, Santa Pudentiana et Santa Maria de Panis à Rome.

III. Permission d'employer les Laeticinia (toute nourriture faite de lait et d'œufs) et de la viande les jours de jeûne pendant toute l'année[2] ; cette permission devant s'étendre aux hôtes et serviteurs de la

1. Dans les pays catholiques, on doit s'adresser au clergé de sa propre paroisse.
2. Le lait et la viande étaient interdits pendant le carême et chaque samedi de l'année.

famille. Permission de déjeuner à midi, et de dîner le soir. Permission de recevoir les sacrements aux périodes où ils sont interdits[1]. Permission d'être enterré n'importe quel jour de l'année, sauf à Pâques.

IV. Les prêtres qui sont des rejetons de la Maison des Borgia peuvent anticiper ou retarder la récitation des Bréviaires sans observer les heures fixées ; réciter toute la messe d'un coup, ou la diviser à leur gré.

V. Les rejetons féminins de la Maison des Borgia, ou les femmes liées par mariage à cette Maison, ont la liberté une fois par mois d'entrer dans un monastère de nonnes, et d'emmener avec elles quatre autres femmes pour converser avec les nonnes, et manger avec elles, pourvu qu'elles ne restent pas la nuit[2]. » (*La heroica Vida, etc. del grande San Francisco de Borja, par le Cardinal Alvero Cienfuegos. Madrid, 1717, I. III. 3,4.*)

Le mariage du Marquis Don Francisco et de la Marquise Doña Leonor de Lombay, eut huit enfants, qui étaient :

Don Carlos, l'héritier ;

Don Juan, Comte de Ficalho ; Vice-Roi de Portugal ; Ambassadeur du Roi Don Feipe II ; auteur de *Empresas Morales* (1581) ; épouse Doña Lorenza Oñaz de Loyola, héritière de Don Beltrano, Señor de Loyola ;

Don Alvaro, Marquis d'Alcaguizes ; Ambassadeur du Roi Don Felipe III au Saint Siège ;

Don Hernando, chevalier de l'ordre de Calatrava ;

Don Alonso, Chambellan de l'Impératrice Maria ;

Doña Isabella, épouse Don Francisco de Sandoval y Rojas, Marquis de Denia, Comte de Lerina : (de ce mariage vient la maison ducale de Lerina) ;

Doña Juana, épousa Don Juan Enriquez de Almanas, Marquis d'Alcanices ;

Doña Dorotea, nonne au monastère des Pauvres Clarisses à Gandia.

Le Marquis Don Francisco s'acquitta pendant six ans des devoirs d'un mari, d'un père et d'un courtisan. En 1536, il accompagna le

1. On peut donc se marier pendant le Carême ou l'Avent.
2. Pour permettre aux dames de la Maison des Borgia de voir parfois leurs relations dans le monastère des Pauvres Clarisses, dont la règle est des plus strictes.

Caesar Carlos V dans une expédition futile et vaine en Provence. Harcelé par le commandant français Montmorency, le Caesar s'aperçut que tous ses préparatifs étaient réduits à néant, ses troupes ravagées par la maladie et démoralisées, son armée mise hors de combat pour moitié par la famine et la peste : il renonça à l'expédition après deux mois de campagne peu glorieuse. Les Français soulevèrent les paysans contre lui : sa retraite devint une déroute ; et seule l'ombre de sa magnifique armée atteignit les portes de Milan. Brûlant de se venger sous les yeux de l'Europe, il lança une autre grande expédition contre Alger : qui s'acheva par un autre désastre ignominieux, telles furent les expériences de la guerre du Marquis Don Francisco de Borja.

En 1537 mourut dans son monastère des Pauvres Clarisses, à Gandia, Suor Maria Gabriella (Doña Maria de Aragona y Luna), veuve du Duc de Gandia assassiné (bâtard de Sa Seigneurie P.P. Alexandre VI) et grand-mère du Marquis Don Francisco. La même année, également, mourut son frère Don Rodrigo, qui avait été Cardinal-Diacre de San Niccolo *in Carcere Tulliano* un an seulement.

En 1539 se produisit un événement qui marqua profondément le Marquis Don Francisco. Sa femme et lui étaient gentilhomme servant et dame d'honneur de l'épouse du Caesar, l'Impératrice Doña Isabella. Tandis que le Caesar était à Tolède et essayait d'obtenir un prêt des Cortes de Castille, l'Impératrice tomba brusquement malade et mourut. Le marquis et la Marquise de Lombay furent chargés d'amener la dépouille impériale à Elvira, pour qu'elle y soit enterrée. Là fut effectuée la cérémonie de la vérification. Devant le cercueil ouvert, le Marquis Don Francisco dut jurer aux magistrats que son contenu était bien la dépouille mortelle de l'Impératrice Isabella. La corruption avait commencé son œuvre, et les traits de la morte, totalement méconnaissables, n'avaient plus rien d'humain. Le Marquis Don Francisco jura, non parce qu'il la reconnaissait, mais parce qu'il savait que le cercueil n'avait jamais quitté ses yeux. Mais il fut assailli par une impression qui ne cessa plus de le hanter et de le tourmenter. Il avait vu la Mort, l'Inévitable, l'Horrible. La vie, la plus haute des vies, la meilleure des vies, telle qu'il pouvait en jouir lui-même, n'offrait ni consolation, ni échappatoire à la fin à laquelle nul n'échappe. Il décida de se consacrer à la vie éternelle.

Peut-être le trait le plus saillant du caractère espagnol est-il la sincérité. Il peut poursuivre un seul but avec une concentration d'énergie, une volonté ferme et pleine absolument étonnantes. C'est un esprit obligeant et noble : la noblesse de Don Quichotte de la Manche représente l'idéal espagnol. C'est un caractère cruel : la cruauté impitoyable, impersonnelle et sans remords de Torquemada fait grincer de douleur des univers entiers. C'est un caractère pieux : il arrive à détacher complètement son âme de tous les sentiments, possessions, espoirs et désirs terrestres. C'est un caractère impie : un Espagnol enlèvera une abbesse de quatre-vingt-dix ans, le cadavre d'une jeune vierge, la statue de la Vérité. C'est un caractère allègre : aucune alouette dans le soleil, un matin de Pâques, n'est plus joyeuse. C'est un caractère ténébreux : une nuit noire et sans lune, immobile, penchée sur des eaux obscures, ombragée de pins funéraires, n'est pas plus profonde que la profonde profondeur obscure qui règne dans des yeux espagnols voilés et tristes. La vision de l'Impératrice Isabella morte obscurcit la joie de vivre chez le Marquis Don Francisco. Il décida de renoncer au monde ; pria que Dieu lui montre le chemin, et lui permette de rompre les liens qui l'attachaient à ce monde. Il avait alors vingt-neuf ans.

Lorsqu'il retourna à Tolède, le Caesar le nomma Vice-Roi de Catalogne et Chevalier de l'Ordre de Sant'Jago. Acceptant avec zèle ses nouvelles obligations, il élimina les brigands qui rendaient les voyages dangereux et gênaient le commerce de cette province. Il trouva la justice difficile à exercer ; et les juges vénaux et corrompus. Il réforma tout. Il fit construire des hospices pour les malades, les nécessiteux, des écoles et des collèges pour l'éducation des jeunes. Un Vice-Roi, au XVIe siècle, n'avait pas à répondre de ses actes devant la presse, des parlements ou des philanthropes, mais devant un seul pouvoir terrestre – celui du Caesar. Aussi longtemps que sa province payait son tribut, et ne causait pas de problèmes au trésor impérial, le Vice-Roi avait une totale liberté d'action. C'était un vrai despote, sauf pour son nom. Dans un tel contexte, un Vice-Roi qui travaillait au bien-être de son peuple était chose assez nouvelle. La piété du Marquis don Francisco se fit de plus en plus intense ; il changea ses habitudes, alla à la Sainte Communion une fois par semaine, et non plus une fois par mois. Il essayait – ce Vice-Roi despotique – de se détacher du monde.

Vint alors un nouveau type de religieux, ni moine, ni frère, ni prêtre séculier (pour s'exprimer précisément), un certain Père Aretino Aroaz, qui était, dit-il, « de la compagnie de Jésus ». Et il prêcha devant le Vice-Roi à Barcelone. Le Marquis Don Francisco entendit de ses lèvres la merveilleuse histoire d'un homme merveilleux, le Señor Don Iñigo Lopez de Recalde, de la Maison de Loyola ; lequel, né en 1491, l'année qui avait précédé l'accession au trône de Saint Pierre de Sa Seigneurie P.P. Alexandre VI, avait suivi la carrière des armes ; été gravement blessé en 1521 ; s'était converti ; avait fait un pèlerinage à Nuestra Señora, la *Mètroparthenos,* de Montserrat, en 1522 ; avait vécu dix mois dans un ermitage à Manresa ; avait étudié la théologie dans la ville de Barcelone ; avait montré partout sa foi dans le Christ ; été emprisonné pour hérésie par l'Inquisition espagnole – six mois à Alcala, trois semaines à Salamanque ; étudié de nouveau la théologie à Paris, de 1528 à 1532 ; été ordonné prêtre ; avait fondé une Religion de chevaliers prêtres du Christ ; obtenu la sanction et la bénédiction du Vicaire du Christ, de Sa Seigneurie P.P. Paul III pour sa « Compagnie de Jésus »[1] ; et donné au monde un livre d'Exercices Spirituels pour former les âmes à des conseils de perfection. Tout cela intéressa extrêmement le Marquis Don Francisco et lui parut très important. Pour en savoir plus, il engagea une correspondance avec le Père Iñigo de Loyola, qui se trouvait à Rome.

Cette même année 1539, le frère du Vice-Roi, Don Enrico, apprit que Sa Seigneurie P.P. Paul III avait daigné le faire entrer au Sacré Collège en qualité de Cardinal-Diacre de San Nereo e Sant'Achilleo, Titre qu'avait précédemment eu le Cardinal Francisco de Borja, bâtard de Sa Seigneurie P.P. Calixte III mort excommunié en 1511. Don Enrico se rendit à Viterbe, où il mourut brusquement en septembre 1540. Son épitaphe, à la Basilique vaticane, montre qu'aucune honte ne s'attachait à cette date à qui descendait de l'Invincible Alexandre VI :

HENRICUS. GENTE. BORGIA. NATIONE.
HISPANUS. PATRIA. VALENTINUS. ALEXANDER. VI.
PRONEPOS. DUCIS. GANDIAE. F. DUM. IN. MAXIMA. SPE.
ASSURGERET. IMMATURA. MORTE. HEU. NIMIUM. RAPTUS.
EST. SPIRITUS. IN. CAELO. CORPUS. HIC. QUIESCIT.

Il n'y avait maintenant plus de cardinaux de la Maison des Borgia.

En 1543 mourut le Duc Don Juan II de Borja, père du Vice-Roi et Marquis de Lombay ; celui-ci prit la tête du Duché de Gandia, des principautés de Teano et de Triarico, des comtés de Chiaramonte, Lauria et Cerignolla. Ayant obtenu du Caesar la permission de laisser la Vice-Royauté de Catalogne, le Duc Don Francisco de Borja retourna à la cour, où il fut nommé Maître de Maison de l'Infante Doña Maria de Portugal. Cette princesse était fiancée à l'Infant Don Felipe, fils du Caesar Carlos V ; et tout paraissait montrer que les liens

1. La Bulle Regimini ne fut pas scellé avant le 27 sept. 1540.

terrestres, loin de se desserrer, se resserraient pour le Duc de Gandia. Mais l'Infante portugaise mourut avant son mariage, et sa maisonnée se dispersa ; le Duc Don Francisco se retira dans son duché, où il commença à faire des plans pour un nouveau collège de la Compagnie de Jésus (qui lui plaisait énormément) et pour un nouveau monastère de nonnes dominicaines, projet auquel la Duchesse Doña Leonor s'intéressait.

L'année 1546 marqua de manière claire que le Duc de Gandia progressait sur la voie du détachement.

La duchesse était malade. Le Duc priait pour sa guérison. C'est alors que la FIGURE sur le crucifix lui parla.

Ce qui suit repose sur les témoignages sous serment faits lors du procès de canonisation, procès que nous décrirons plus loin ; il s'agit d'un procès juridique et formel qui, étant donné sa portée et son contenu, exige autant de considération que le Rapport d'une Commission Royale ou – mieux encore – qu'une Décision de la Commission Judiciaire du Conseil Privé dans l'Angleterre moderne.

La FIGURE sur le crucifix parla :

« — oyo una voz sensible, carinosa e distinta que Christo articulaba desde aquella estatua muerta. » *J'entendis une voix sensible, tendre et claire, que le Christ proférait par la bouche de cette statue morte.*

Elle dit encore :

« Si tu quieres que te dexe à la Duquesa mas tempo in esta vida, yo lo dexo en tu mano ; pero te aviso que à ti no te conviene esto. » *Si tu me demandes de laisser plus longtemps la Duchesse en vie, je le ferai ; mais je te préviens que cela ne te convient pas.*

Le Duc de Gandia répéta ces paroles à son confesseur. Il lui dit aussi sa réponse, qui était la suivante :

« Qu'est-ce que cela, O mon Dieu ? Veux-tu vraiment confier à une main tremblante et faible comme la mienne un Pouvoir qui appartient à Ta Divine Omnipotence ? Qui es-Tu, O mon seul Dieu ? Et qui suis-je, pour que Tu souhaites faire ma volonté ; alors que j'ai été envoyé dans le monde pour faire seulement ce qui est Tien, et obéir non seulement à Chaque Ordre, mais à Chaque Inspiration de mon juste Maître ? Quelle Incommensurable Bonté est la Tienne, si pour montrer de la faveur à une créature, Tu es disposé à abandonner Ta Suprême Prérogative de Créateur de celle-ci ! Puisque c'est mon désir d'appartenir non à moi-même, mais à Toi, je veux que Ta volonté et non la mienne soit faite. Ne laisse rien, O Seigneur, à la décision de Francisco de Borja. Souviens-toi que souvent ses sentiments l'ont aveuglé et égaré. Je ne puis sûrement rien faire de moins pour répondre à Ton Infinie Condescendance, à Ton Infinie et Gracieuse Générosité, que de T'offrir les vies de ma femme et de mes enfants, ainsi que la mienne propre, et tout ce que je possède en fait dans le monde. C'est de Ta Main que j'ai tout reçu : je Te renvoie tout : Te priant très gravement de disposer de tout selon Ton bon plaisir. »

La Duchesse mourut.

Il est inutile d'engager une discussion à propos du Crucifix Qui Parlait. Il est parfaitement concevable que Lui, Qui a fait parler l'âne de Balaam, pouvait aussi faire parler une statue. Nous avons déjà dit que cette histoire traitait de sujets qui, en ce qui concerne l'étendue du savoir humain (et c'est peu) dépassent le cours naturel des choses. L'affaire a été très rigoureusement étudiée, et admise, par un tribunal compétent, dont le verdict doit être considéré comme aussi près de la vérité qu'il est possible à un tribunal humain. C'est pourquoi l'histoire du Crucifix parlant, ainsi que celle d'autres manifestations surnaturelles, sera rapportée telle qu'elle s'est produite, sans aucune tentative d'explication, et sans essayer de les adapter à telle ou telle apologie. Si l'on admet que ces phénomènes sont possibles, ils deviennent d'un coup extrêmement probables. La longueur de la réponse du Duc de Gandia et son caractère élaboré, ont été considérés par certains comme une preuve du fait qu'elle a été composée après coup, et délibérément. Cette conclusion doit être prise au sérieux, parce qu'elle prête le flanc à une objection tout à fait concrète. Les quelques hommes – et les nombreuses femmes – qui prient fréquemment Dieu et ses Saints, qui sont en communication franche, fréquente et habituelle avec l'autre monde, sont parfaitement conscients de la facilité toute spontanée avec laquelle les idées surgissent en eux, avec laquelle des phrases entières d'une langue particulière sortent des lèvres de ceux dont la vie n'est qu'une prière continuelle. Pour de telles gens, la réponse du Duc de Gandia ne présente aucune difficulté : ils y reconnaissent une langue étrangère avec laquelle ils sont familiarisés. On peut également interpréter ces paroles comme n'ayant pas été réellement prononcées, mais représentant les sentiments qui se pressaient dans l'esprit du Duc.

D'un point de vue humain, les hommes ordinaires considéreront la conduite du Duc de Gandia comme repoussante, dénuée de cœur et carrément brutale. Et elle l'était. Étant donné les circonstances, il sacrifia délibérément la vie de son épouse. Mais sa conduite était totalement surhumaine, totalement surnaturelle. C'était l'un des nombreux catholiques du XVIe siècle – le XXe est moins prolifique à cet égard – qui croyaient réellement et vraiment *Dans la Vie du Monde à Venir.* Ses actions le prouvent. Il savait que tout homme doit inévitablement s'assujettir à l'ordre horrible de se soumettre à l'ennemi de Dieu, la Mort, pour prix de son accès à l'éternité. II estima que plus il obéirait tôt à cet ordre, mieux ce serait. C'est pourquoi, confiant dans les mérites de son Sauveur et dans ceux de sa femme, et voyant qu'on lui offrait la chance de s'élever, il accepta immédiatement le marché. C'était là une action vraiment chrétienne, accomplie par un homme cruellement détaché du monde.

« Il souhaitait se débarrasser de son épouse ! »

Bien sûr. Est-il erroné d'accepter toute la joie du ciel pour un être aimé qui souffre sur cette terre ? « Mais ce souhait était égoïste ! »

Oui, il l'était. Le Duc de Gandia gagna beaucoup avec la mort de sa femme. Il gagna la liberté de déchirer son gracieux corps avec des lanières et des fouets. Il gagna la liberté d'abdiquer son duché, son marquisanat, ses deux principautés et ses trois comtés ; de se débarrasser de toute son immense fortune ; d'abandonner son foyer, ses enfants, ses palais et son pouvoir ; de se nourrir de pain moisi et d'eau croupie ; de porter des vêtements horriblement laids ; d'exécuter les tâches les plus humbles pour ses inférieurs ; de transporter du fumier dans des brouettes ; et pis encore, de vivre avec des hommes vulgaires ; de se faire détester, railler et même haïr : s'il est égoïste de désirer toutes ces choses, eh bien le Duc de Gandia était un être égoïste. « II est impossible de l'admirer ! »

Les gens qui disent ces vilaines choses commettent l'erreur, l'injustice de juger le Duc de Gandia en le comparant à leur propre idéal ; c'est là un procédé inconsistant et absurde. Il doit être considéré tel qu'il était ; et non tel qu'il aurait été s'il avait imité l'idéal de quelque plombier, journaliste ou bonnetier du XXe siècle. Il n'est point nécessaire de l'admirer. Il n'a jamais recherché l'admiration ; ni l'imitation. Ce qu'il faisait ne regardait que lui et son Dieu. Il agissait conformément à ses propres lumières. Il obéissait à la voix de sa conscience. Il avait pris comme idéal celui de San Francisco d'Assisi :

NUDUS NUDUM CHRISTUM SEUENS

Et il en avait le droit. C'était son affaire. Et ses actions ne peuvent être que racontées car en faire un prétexte à une leçon de morale serait une vaine entreprise. Les leçons, dans ce département du savoir, ne sont données par aucun professeur humain ; et elles ne sont données qu'aux cours de ceux qui veulent bien les apprendre.

Le premier obstacle était vaincu.

Quelques jours après la mort de la Duchesse, le Père Pierre Lefevre de la Compagnie de Jésus arriva à Gandia, comme il avait été antérieurement prévu, pour poser la première pierre du collège que le Duc faisait construire pour les jésuites. Il apportait avec lui le Livre des Exercices Spirituels écrit par le. Père Général Iñigo de Loyola. Le Duc de Gandia profita de sa visite pour pratiquer ces Exercices Spirituels, qui consistèrent en prières, en méditations pieuses, et en recherches rigoureuses et systématiques sur son propre cœur. « Le sentiment profite d'une telle expérience », écrivit-il à Sa Seigneurie P.P. Paul III, en lui demandant de donner son Approbation Apostolique au livre. Par courrier (au XVIe siècle, les lettres étaient transportées par des courriers), c'est-à-dire au bout de quelques mois, il reçut de Sa Sainteté le Pape une Lettre de Recommandation. La Bulle d'Approbation fut promulguée le trente et un juillet 1548.

Cette Lettre le poussa à se joindre à la Compagnie de Jésus ; et il fit part de sa décision au Général sans délai. Lorsque la mort de la Duchesse le rendit libre de renoncer au monde, il pensa d'abord sérieusement devenir Frère mineur. Son nom, Francisco, lui donnait San Francisco d'Assisi, le fondateur de la Religion des Frères Mineurs, comme saint-patron l'affreuse pauvreté, le singulier mépris du monde, les terribles austérités des Franciscains convenaient admirablement à son tempérament. Il consulta son résident chapelain, qui était lui-même un Frère Mineur. Ce frère eut une vision de la Madone qui lui disait : « Dites au Duc d'entrer dans la Compagnie de mon Fils. » Une statue de la vierge prononça les mêmes paroles au Duc. Cela explique sa résolution finale.

Le Père Ribadaneira de la Compagnie de Jésus, qui fut plus tard son confesseur, écrivit la vie du Duc de Gandia et jura devant les cinq tribunaux que tout ce qu'il avait écrit était la pure vérité, déclare que pendant sept jours, le Duc Don Francisco fut affligé par le phénomène suivant : une mitre somptueuse ne cessait de flotter au-dessus de sa tête. Il en avait très peur. Il savait que lorsqu'une personne de sa qualité abandonnait une brillante carrière dans le siècle, une carrière ecclésiastique non moins brillante lui était ouverte. Et c'était vraiment la dernière chose qu'il désirait. Il jura devant Dieu qu'à moins que l'apparition ne le laisse, et si on lui permettait de pratiquer la pauvreté pendant toute sa vie, il refuserait l'habit clérical : car il sentait que ce genre de dignité était un danger pour lui. L'apparition alors le quitta : combien naturel, excessivement naturel paraît cet exemple de célébration inconsciente ! Il aurait été assez étrange que l'humanité broyée et brisée du Duc ne s'affirme pas dans des apparitions fantomatiques.

La très singulière réponse du Général de la Compagnie de Jésus sera donnée ici en entier. Son souci curieusement mondain pour le bien-être mondain des gens mondains, sa spiritualité merveilleusement profonde pour celui qui a lui-même une disposition d'esprit spirituelle, sa maîtrise totale du problème; sa piété polie, son jugement discret, son humilité personnelle, sa dignité impersonnelle, sa décision autoritaire, l'étrange gravité de sa forme témoignent de la marque d'un grand et puissant esprit. Le Père Iñigo de Loyola lui écrivait les lignes suivantes

« MON TRÈS NOBLE SEIGNEUR, j'ai eu le grand plaisir d'apprendre la résolution que Dieu, dans son Infinie Bonté, vous a inspirée. Étant donné que nous autres, sur terre, sommes incapables de Le remercier suffisamment de la faveur qu'Il a faite à notre humble Compagnie de vous appeler à vous joindre à nous, j'adjure humblement les anges et les saints qui jouissent à présent de Sa présence dans le ciel de suppléer à nos manques à ce sujet. Je crois que la Divine Providence permettra à votre décision d'être la cause de beaucoup de bien, non seulement en ce qui concerne votre propre âme, mais celles de beaucoup d'autres qui pourraient être amenés à suivre votre exemple. Quant à nous, nous sommes déjà membres de la Compagnie, nous nous efforcerons de servir avec une dévotion accrue le Gracieux Père, qui nous a donné un cultivateur aussi expérimenté pour nous aider à faire croître la tendre vigne qu'Il s'est plu à me confier, bien que je sois à tous les égards indigne de cette tâche. Au nom du Seigneur, je vous reçois donc comme notre frère, et vous traiterai dorénavant comme tel. Je puis véritablement promettre de ressentir pour vous, à présent, et pour toujours, une affection proportionnelle à la grande générosité avec laquelle vous souhaitez entrer dans la Maison de Dieu, pour Le servir plus parfaitement.

En ce qui concerne vos questions à propos du moment et de la manière dont vous allez entrer dans la Compagnie de Jésus, j'ai exposé le problème à Dieu dans mes prières. À mon sens, ce changement doit s'effectuer avec beaucoup de prudence et de délibération, de manière à ce que vous ne laissiez pas inaccomplis vos devoirs immédiats; sinon, cela pourrait s'avérer ne pas être A.M.D.G. [*Ad Maiorem Dei Gloriam*: devise de la Compagnie de Jésus]. Vous feriez bien de tenir tout cela secret pour le moment; du moins tant qu'il sera possible de le garder tel, en vous efforçant entre-temps d'arranger les choses de manière à être libre le plus tôt possible, et pouvoir réaliser librement le plan que vous désirez exécuter si ardemment pour l'amour de notre Seigneur.

Afin de me faire pleinement comprendre, je puis dire que vos filles ayant l'âge de se marier, je pense que vous devriez vous efforcer de les installer convenablement. Il serait bon que vous choisissiez une épouse convenable pour votre fils aîné, le Marquis de Lombay. En ce qui concerne vos autres fils, il serait bon de ne pas les laisser dépendre de l'aîné, mais de leur assurer à chacun un revenu convenable et suffisant, en leur permettant entre-temps de poursuivre leur carrière universitaire. On peut raisonnablement espérer que s'ils remplissent, comme je crois qu'ils le feront, les promesses de leur jeunesse, l'Empereur étendra à eux cette faveur qu'il vous a toujours montrée ; et leur accordera, en temps voulu, les appointements qui leur permettront de garder leur rang. Vous devez également veiller à faire achever les différents édifices que vous avez commencé à faire construire ; car j'estime souhaitable qu'ils soient tous achevés avant que le grand changement que vous désirez soit révélé à tous.

Entre-temps, vous ne pouvez rien faire de mieux, puisque vous êtes déjà versé dans la plupart des branches de la connaissance humaine, que de vous appliquer à l'étude de la théologie. Je souhaite que vous le fassiez avec beaucoup de soin et d'efforts ; car je voudrais que vous deveniez Docteur de l'Université de Gandia.

Je ne puis conclure sans vous demander de prendre toutes les précautions possibles pour éviter la divulgation prématurée de cette étonnante nouvelle. Je pense que je n'ai besoin de rien ajouter à ce sujet.

J'espère entendre parler fréquemment de vous et avoir de vos nouvelles ; et je m'efforcerai de vous donner tous les conseils et toute l'aide qu'il est en mon pouvoir de vous fournir. Entre-temps, j'adjurerai le Seigneur de vous accorder toutes les grâces et toutes les bénédictions dans une mesure chaque fois plus abondante. »

C'est là véritablement une lettre extraordinaire. Les deux hommes ne s'étaient jamais rencontrés. Seules quelques lettres, à de longs intervalles, avaient été échangées. Et pourtant il n'y a pas ici la moindre trace d'incompréhension. L'humble prêtre, immédiatement, mais sans avidité, calmement, mais sans arrogance, accepte le rôle de mentor du brillant Duc. Il est très heureux d'obtenir pour sa Compagnie un Duc – qui aura abandonné son duché ; mais il ne permettra aucune reculade une fois qu'il se sera engagé. La séparation doit être absolue, irrévocable ; et à cette fin, le Père Iñigo de Loyola lui donne une leçon de sens pratique, exprimée en des termes à la fois courtois et très énergiques

Je souhaite… Je pense que vous devriez…

Ainsi, pendant les quatre années qui suivirent, le Duc de Gandia s'efforça d'obéir aux ordres de son supérieur ecclésiastique, en éliminant les derniers obstacles qui le liaient au monde. La sœur de son épouse, Doña Juana de Meneses, servit de mère à ses enfants. En 1548, il maria son héritier, le Marquis Don Carlos de Lombay, âgé de dix-huit ans, avec Doña Magdalene de Centellas y Cardona, la Comtesse d'Oliva. En 1549, il maria sa fille Doña Isabella avec Don Francisco de Sandoval y Rojas, Marquis de Denia et Comte de Lerina. Il acheva les bâtiments du monastère dominicain à Gandia, et ceux du Collège jésuite, richement pourvu de maisons pour les étudiants pauvres et pour les enfants des Marranes, c'est-à-dire des juifs baptisés. Il obtint également des chartes de Sa Seigneurie P.P. Paul III et du Caesar Carlos V, élevant ce collège au rang d'une université.

Enfin, en 1550, il laissa son duché de Gandia, et se rendit à Rome, escorté par une suite de trente serviteurs et accompagné de son second fils, Don Juan de Borja, âgé de dix-sept ans. Il dut payer le prix de son extraordinaire célébrité. À son passage à Ferrare, le Duc régnant (qui descendait lui-même des Borgia) le reçut avec des fêtes et des processions. À Florence, le Duc Cosmo de'Medici lui accorda une réception officielle. Il se préparait à renoncer au monde; et le monde accueillait triomphalement ses premiers pas dans cette voie. Son désir de disparaître à la dernière place attirait l'attention, une attention qui confinait à de l'adoration. Sa peine n'était pas déguisée. Il envoya un coursier pour demander à son supérieur de lui accorder l'autorisation de rentrer à Rome de nuit, en évitant toute publicité. Le Père Iñigo de Loyola refusa péremptoirement: le Duc de Gandia était une leçon trop bonne pour qu'elle passe inaperçue. Son entrée dans la Ville Éternelle, dont les citoyens, même en 1550, révéraient encore la mémoire des Borgia, peut être comparée à celle d'un roi qui arrive dans son royaume. Sa Seigneurie P.P. Paul III envoya des ambassadeurs pour l'accueillir, et pour offrir de le loger dans le Palais Apostolique du Vatican: mais le Duc de Gandia se précipita au Collège jésuite, pour rendre obéissance au Général et Fondateur de la Compagnie de Jésus. C'est ainsi que ces deux personnalités uniques se rencontrèrent: celles que les hommes appellent maintenant Saint-Ignace de Loyola, et Saint-Francis de Borgia.

Le Père Iñigo de Loyola admirait immensément le Duc de Gandia. Ce dernier, dont la gracieuse et brillante silhouette l'avait fait comparer à Apollon, et lui avait valu le sobriquet de Narcisse Moderne, était déjà connu pour être un maître et un orateur né. Il était possesseur d'une immense fortune, et avait une énorme influence ; et sa seule ambition était de s'en dépouiller, et de renoncer à sa volonté au profit de celle d'un autre. Pendant son séjour à Rome, il donna une partie de ses revenus pour la fondation du Collège Romain. L'honorable titre de Fondateur lui fut offert par son propre Général ; mais il demanda qu'on ne le lui donne pas ; et le titre fut ensuite accepté par Sa Seigneurie P.P. Grégoire XIII, Qui appela le collège Université Grégorienne Pontificale de Rome. Entre-temps, il envoya un courrier à Augsburg, où se trouvait le Caesar Carlos V, portant une lettre dans laquelle il demandait à son souverain la permission d'abandonner tous ses titres et ses biens. Tandis qu'il attendait la réponse, le Général l'obligea à remplir tous les devoirs de son rang ducal ; et c'est ainsi qu'il entretint des rapports intimes avec Sa Sainteté le Pape et les Cardinaux de la Curie. Il gagna de la considération, même dans cette auguste assemblée. Le Pape et les cardinaux s'éprirent à tel point de lui qu'ils en vinrent à considérer avec peu de chaleur l'idée de permettre à un homme si brillant de s'ensevelir dans la sévère religion du Père Iñigo de Loyola. C'était un gaspillage de talent, dirent-ils ; et le Pontife Suprême proposa aussitôt de le nommer cardinal, comme ses frères défunts Don Rodrigo et Don Enrico.

Cela apparaissait en effet comme un gaspillage de talent. Mais c'était un compte personnel que le Duc de Gandia avait à régler avec son juge. Dans ces cas d'humanité anormale, toute interférence, provenant de forces naturelles, est invariablement fatale. Il est toujours avisé de ne pas empêcher, mais d'aider un homme sain et bien intentionné, conscient de ses responsabilités, à faire la chose qu'il veut faire. Car la nature humaine est capable d'étonnantes explosions, de violences et de divarications quand elle n'est pas libre.

Après quatre mois de séjour à Rome, le Duc de Gandia s'enfuit en Espagne brusquement et sans prendre congé. La perspective de la pourpre était devenue trop réelle et trop terrifiante. Bien sûr, il est impossible qu'un homme soit fait cardinal s'il ne le désire pas. Le cardinalat n'est pas une maladie infectieuse comme la peste ou la scarlatine ; ce n'est pas non plus un sacrement comme le baptême, qui laisse une marque indélébile dans l'âme. Il est concevable que seules la brutalité et l'incivilité suffisent pour l'éviter : mais elles suffiraient. Et on peut toujours y renoncer, bien que de telles renonciations soient rares. Le Duc de Ganclia était un très gracieux seigneur, en pleine possession de ses facultés, et peu influencé ; sans nul doute, il souhaitait éviter une occasion dans laquelle sa conscience lui dicterait d'être impoli ou incivil face à la bienveillance de Sa Sainteté le Pape.

Dans sa fuite, il se rendit d'abord au château des Loyola, où était né le Général, pour remercier le Ciel d'avoir fait naître un homme aussi merveilleux; puis il se rendit à quelques lieues de là dans la petite ville d'Oñate, en Guipuzcoa, où se trouvait une maison de la Compagnie de Jésus. Sa Seigneurie P.P. Paul III mourut à Rome en cette année 1550, et Sa Seigneurie P.P. Jules III lui succéda.

Le Duc de Gandia reçut une lettre du Caesar Carlos V, datée du douze février 1551, lui donnant la permission de renoncer à son rang et au monde, en exprimant le regret de perdre l'allégeance de son plus brillant sujet, et seulement parce que Caesar sentait qu'un refus aurait été contraire à la Volonté divine. Il fit son acte formel de renonciation devant un notaire à Oñate; léguant son duché, ses principautés et ses comtés à son héritier, le Marquis Don Carlos de Lombay, distribuant ses domaines et sa fortune entre ses enfants. Il abandonna son épée qu'il «chevauchait» (pour ainsi dire) à la manière des courriers du Caesar Carlos – puisqu'elle pendait entre ses jambes. Il fit couper ses cheveux très court, et sa tête fut tonsurée. Il changea ses robes ducales pour l'habit noir, pauvre et mal coupé d'un Jésuite. Le samedi de la Pentecôte, il fut ordonné prêtre; et le Duc de Gandia fit place au Père Francisco de Borja. Plus tard, il ne permit jamais la moindre allusion à sa vie antérieure, sauf quand il entendait que la Compagnie de Jésus refusait d'admettre un novice qui ne paraissait pas convenir. Il disait alors: «Je remercie Dieu du fond de mon cœur de m'avoir fait duc; car assurément, il n'y avait rien d'autre en moi qui puisse pousser mes supérieurs à m'accepter»: opinion montrant jusqu'à l'exagération, la très pauvre opinion que le Padre Francisco avait de lui-même, et qui donne à sa personnalité une petite touche humaine qui le rapproche un peu de nous.

Il célébra sa première messe en privé dans la chapelle du château de Loyola, le premier août 1551, à la Fête des Chaînes de Saint Pierre; et il donna la sainte communion à son second fils, Don Juan de Borja, lequel, trouvant difficile de quitter son père, venait d'attacher son cœur à Doña Lorenza Oñaz de Loyola, héritière du. Señor Don Beltrano de Loyola.

La seconde messe du Père Francisco fut dite en public. Tous les gens persistaient à le surnommer «Lo Santo Duque», le saint Duc. Sa Seigneurie P.P. Jules III accorda une indulgence plénière à tous ceux qui assisteraient à cette messe, aux conditions habituelles de la confession et de la communion. Pour satisfaire la foule, la messe dut être célébrée dans la ville de Vergara: mais aucune église ne pouvait contenir la foule, et l'autel fut érigé dans un champ près de l'ermitage de Santa Anna. Elle commença à neuf heures du matin le quinze novembre 1551, et continua l'après-midi, tant était grand le nombre de communiants (une messe ordinaire dure une demi-heure). Le sermon fut prêché par le Padre Francisco dans le dialecte castillan de la cour; mais on observa que les gens de toutes les provinces le comprirent, même ceux dont la langue natale était le basque. Un certain Don Juan de Moschera le maudit publiquement; à quoi le Padre Francisco répliqua aussitôt en implorant d'être pardonné d'avoir été jugé digne d'une injure.

Il s'installa en ermite dans une cellule en bois, près de la Maison des jésuites à Oñate, et devint un prêcheur célèbre (chose curieuse) parmi le clergé cultivé. Les hommes qui se plaisent à approuver les autres, les nouveaux venus dans la même branche, sont rares: mais que le clergé approuve un prêcheur est chose encore plus rare. Il écrivit un manuel de Conseils pour les Prêcheurs, qui eut une vogue inhabituelle. Il aimait beaucoup l'hymne du Bréviaire *Vexilla Regis prodeunt* (les Bannières Royales vont de l'avant) et répétait avec un profond délice de l'âme la stance:

> *« Arbor decora et fulgida,*
> *Ornata regis purpura:*
> *Electo digno stipite,*
> *Tam Sancta Membra tangere. »*

(« arbre de gloire, très bel arbre choisi pour porter ces Saints Membres, combien brillait dans sa robe pourpre la pourpre du Sang de notre Sauveur », Hymnes anciens et modernes).

Il accomplissait des miracles. Une dame possédait deux morceaux de bois; l'un était sans importance, l'autre était une relique de la Vraie Croix. Mais lequel des deux morceaux était la Relique? On ne le savait pas. Le Padre Francisco, pour décider, les brisa tous deux; et de l'un, du sang coula sur une feuille de papier. Une Infante d'Espagne le soumit à une épreuve semblable; mais dans ce cas, la relique était censée être un morceau de peau de l'Apôtre Saint Barthélomé (qui avait été écorché vivant). Le Père Francisco déchira les deux morceaux de peau; et de nouveau, du sang coula sur le lin. Le papier et le lin tachés de sang, ainsi que les deux reliques, se trouvent au monastère des Pauvres Clarisses à Madrid. Les foules venaient voir l'ancien duc devenu ermite; elles disaient qu'elles voyaient un nimbe lumineux éclairer la pâleur de sa figure; pour empêcher le Père Francisco de tomber dans le péché d'orgueil (précaution tout à fait superflue, pourrait-on penser), son supérieur à Oñate, le Père Ochiva, lui ordonna d'exécuter des tâches difficiles, de creuser des trous, de scier du bois, de porter des pierres, de couper des bûches, d'allumer le feu, d'aider à la cuisine et de transporter des brouettes de fumier. Le Général, auquel chaque détail était rapporté, envoya le Padre Francisco prêcher au Portugal, où la Compagnie de Jésus était peu connue ; et cette mission fut remplie de succès. Le Père Francisco était très sévère avec lui-même. Toute beauté avait disparu de son corps autrefois si gracieux, soumis à une incessante austérité. Il prit l'habitude de signer ses lettres *Francisco Pecador;* mais le sage Général mit très vite un terme à cette pratique, lui disant que la Singularité n'était pas une graine de sainteté. Il renvoyait toutes les lettres qu'on lui adressait au nom du Duc de Gandia, en écrivant : *Pas pour moi, Francisco S.J.*

Sa Seigneurie P.P. Jules III promulgua un Bref, en lui offrant le chapeau de cardinal. Il répondit par un ferme refus. On a dit qu'il craignait d'accepter le cardinalat, car il aurait pu être élu Pape au Conclave suivant. Cette affirmation est absurde, car

(a) en théorie, l'élection du Successeur de Saint Pierre est l'œuvre du Saint Esprit ; et *ubi Spiritus ibi libertas,* là où règne l'esprit règne la liberté : sont éligibles non seulement les cardinaux, mais les humbles prêtres, ou des clercs récemment tonsurés, voire même n'importe quel homme chrétien : rien ne serait aussi absurde qu'une restriction du droit de la Divinité de choisir son Vicaire ; et le Père Francisco, donc, était éligible en habit noir, tout comme il l'aurait été en habit rouge ;

(b) s'il avait été élu Pape, il aurait pu accepter ou refuser cette élection.

Certains catholiques romains disent qu'il ne *pouvait* pas refuser. Mais les Papes peuvent abdiquer, et ont abdiqué ! Mais *aurait-il* refusé ? Le Général de la Compagnie de Jésus lui aurait-il permis de refuser ? On ne le sait pas. Le cas ne s'est jamais présenté.

Il n'y a jamais eu de Pape jésuite. Ç'aurait été une situation unique, inouïe : la Compagnie de Jésus détenant les pleins pouvoirs, dotée d'une autorité plénière, absolue, dans le monde, pratiquant un christianisme sans scrupule et sans compromis. Les conditions du Millénaire auraient été alors bien près d'être remplies, pour parler selon le Livre. Mais le Père Francisco refusa le chapeau de pourpre ; car il souhaitait pour lui-même un détachement complet du monde, et rien de plus.

Au retour de sa mission au Portugal, il évangélisa les provinces de Castille et d'Andalousie. À Alicaa, il guérit une jeune fille infirme.

À Valladolid, il ressuscita un mort. Un grand prêcheur qui l'accompagnait avait eu deux dents arrachées : il les lui replanta ; et ni la vieillesse ni le déclin ne les affectèrent désormais. Le Général le nomma Provincial pour l'Espagne et les Indes ; et Père et Fondateur de la Compagnie de Jésus en Espagne et au Portugal. Ses prêches convertirent le riche évêque mondain de Plasencia, qui revint à ses devoirs religieux. Le Padre Francisco introduisit la Compagnie de Jésus à Valladolid, Medina, San Lucar, Burgos, Grenade, Plasencia, Murcia, Séville et Valence. Trouva-t-il, en passant par Valence, quelque trace de la vieille souche de Don Juan Domingo de Borja qui, exactement un siècle avant, avait donné à Rome et à la Chrétienté Sa Seigneurie P. P. Calixte III ?

Il fut le premier à instaurer des Noviciats jésuites ; et celui de Simancas était son préféré. Voici comment il traitait les novices. Un certain novice de noble naissance et de bonne éducation, mais non moins pieux, trouvait intolérable d'avoir à s'occuper sans serviteur de choses aussi communes qu'enlever ses chaussures, brosser ses habits, ou nettoyer le plancher. Le Padre Francisco entendit ses plaintes ; et comme il y avait là un autre novice qui, dans le monde, avait été valet, il lui ordonna de servir son noble frère. La chose fut exécutée ; et peu après, le novice noble eut honte de sa propre conduite, comme on pouvait s'y attendre, et dispensa l'autre de faire ces tâches. Un autre novice d'origine noble trouvait sa cellule étroite et sa chemise hebdomadaire par trop insupportables. Le Padre Francisco lui fournit aussitôt une grande pièce, et une chemise propre tous les jours ; il en vint alors à haïr ses privilèges, et s'intégra au reste des novices. Le Padre Francisco croyait à ce qui a déjà été dit ici, à savoir que l'homme avisé ne doit pas empêcher, mais aider l'homme sain d'esprit et bien intentionné conscient de ses responsabilités, à faire les choses qu'il désire faire ; car si cette chose est indésirable, il s'en apercevra rapidement, et s'en convaincra lui-même ; tandis que si la chose reste inaccomplie, le désir insatisfait fera que l'homme s'accroche à lui et se révolte. Un jour, le père Francisco visitait le Collège de Sant'Andrea, à Valladolid ; les ressources du Collège étaient épuisées ; il n'y avait ni nourriture ni argent. Il fit sonner les cloches comme si le souper était prêt, alors que les tables étaient vides ; et à point nommé, arriva un vieil homme aux cheveux gris, avec un énorme garçon, tous deux étrangers à la cité, qui apportaient des paniers de viande, de pain, de poissons, ainsi que des œufs, du vin, et une bourse d'argent les hommes pieux reconnurent en eux Saint-André et l'Ange.

L'année 1555 vit trois Papes se succéder: Sa Seigneurie P.P. Jules III, Qui mourut et fut remplacée par Sa Seigneurie P.P. Marcellus II, laquelle mourut à Son tour et fut remplacée par Sa Seigneurie P.P. Paul IV.

En 1556, le Père Iñigo de Loyola mourut; et le Père Francisco commença immédiatement à invoquer son chef décédé: *Saint Ignatius de Loyola, prie le Seigneur Dieu pour moi* – tandis que le Père Jago Laynez était élu Général de la Compagnie de Jésus.

En 1558 mourut aussi le Saint Empereur Romain Carlos V, qui était entré depuis longtemps en religion. Sur son lit de mort, le Caesar impérial demanda que le «santo Padre de Borja» l'assiste dans son agonie. Mais le jésuite ne put arriver que pour prêcher l'oraison funèbre.

Le Caesar avait témoigné au prêtre un honneur et un respect sans précédent, en le nommant exécuteur de son testament: tâche que le Père Francisco, dans son détachement du monde, inclinait à rejeter. La famille royale et impériale, consciente du *kudos* qu'elle obtiendrait en le persuadant, lui demanda de revenir sur sa décision. La Princesse-Régente invoqua aussi le Général, qui ordonna au Padre d'obéir; et celui-ci dut exécuter les clauses du testament du Caesar Carlos V, en prenant la part la plus petite possible pour éviter toute offense. Bien sûr, tout ce qu'il obtint alla aux fonds de son ordre, puisque son vœu de pauvreté l'empêchait d'avoir des biens personnels.

En 1559, il se rendit au Portugal une fois de plus et contracta une fièvre intermittente à Evora. Les gens de ce pays, ennemis naturels de l'Espagne et des Espagnols, aimaient tellement le Padre Francisco qu'ils disaient qu'il devait être Portugais. Pendant sa maladie, il trompa son attente et réjouit son âme en mettant en musique le psaume *Regina caeli laetare* («Réjouis-toi, O Reine du Ciel») et les cent soixante-dix vers du Psaume CXVIII, Version de la Vulgate, *Beati Immaculati.* Cette même année, sa sœur Doña Juana de Borja y Aragona (Suor Juana de la Cruz) mourut En Odeur de Sainteté. Elle avait été la première abbesse du monastère royal des Carmélites Déchaussées de Madrid. En 1559 mourut Sa Seigneurie P.P. Paul IV, et Sa Seigneurie P.P. Pie IV Lui succéda. En 1560, le Père Francisco calma la population terrifiée d'Oporto pendant une éclipse totale du soleil, en prêchant spontanément un sermon sans passion sur l'éclipse, le péché mortel qui cache à l'âme humaine le Soleil de la Droiture. Puis la maladie le reprit: névralgies, paralysies, ulcère. Son corps vil résistait à la tension qu'il lui imposait.

Ayant récupéré sa santé en 1561, il fut convoqué à Rome, et nommé Vicaire Général de la Compagnie de Jésus. N'oublions jamais que tandis que les Pontifes Borgia avaient pavé la route du Concile, le Père Francisco de Borja gouvernait les Jésuites dans le monde entier au moment où le Père Général Jago de Laynez se trouvait au Concile œcuménique de Trente. Le rapport entre la Maison des Borgia et les Décrets de Trente est d'une immense importance. On avait enfin un Concile général pour la Réforme de la Sainte Église Romaine, légalement constitué et rassemblé par les autorités. Pendant des années et des années, les égoïstes mécontents (ecclésiastiques et royaux) l'avaient réclamé à cor et à cri. Maintenant, il s'était réuni ; mais le schisme allemand était un fait accompli. Le cri s'était répandu dans la Chrétienté que Rome était à bout, que Rome était corrompue, plongée dans le déclin. Et voici qu'Elle renaissait dans sa Force, expulsait les ulcères parasites qui avaient si longtemps souillé de vices ses contours ; voici qu'Elle refourbissait ses armes spirituelles depuis longtemps rouillées ; qu'Elle mettait en ordre sa maison ; qu'Elle était de nouveau prête, tel un géant régénéré, à reprendre son interminable combat. La Barque de Pierre avait été amenée à bon port. Le Jardin des Âmes était sarclé. Le Concile de Trente réforma la Sainte Église Romaine ; et c'était un Borgia, en tant que représentant du Général, qui dirigeait la Compagnie de Jésus dans le monde entier.

Pendant quatre ans, le Padre Francisco fut Vicaire Général à Rome. Il prêchait souvent à l'église espagnole de San Giuseppe, sur la Via del Monteserrato. La Religion du Padre Iñigo de Loyola se voyait – comme bien souvent attaquée. Dans ce monde, les choses étant ce qu'elles sont, il est inévitable qu'une telle institution soit soumise à des critiques. Persécutions et calomnies se mirent à pleuvoir ; le Padre Francisco défendit avec talent la Compagnie. S'étant complètement brisé lui-même, il pouvait apporter à sa cause la force irrésistible que l'homme ordinaire, distrait par ses intérêts fantasques, ne connaît même plus en lui-même.

Sa conduite, dans l'un de ces cas où la Sainte Église Romaine choqua le monde, est tout à fait remarquable. Son fils Don Alvaro de Borja, qui avait environ vingt-sept ans, et était Ambassadeur d'Espagne à Rome, voulait épouser Doña Laniparte de Almansa y Borja, fille de sa propre sœur Doña Juana, âgée d'environ quatorze ans. Le Padre Francisco refusa d'approuver un mariage entre sa petite-fille et son fils, entre l'oncle et la nièce ; il refusa de demander au Pape la dispense nécessaire. Don Alvaro alla voir directement Sa Seigneurie

Pie IV en qualité d'Ambassadeur, et obtint la dispense; et le Pape blâma la conduite du Père Francisco.

En 1565, le Père Jago Laynez mourut. Se refusant délibérément à écouter ses supplications, les jésuites élurent le Père Francisco de Borja Prépositeur-Général de la Compagnie de Jésus le deux juillet. À la seule exception du Pontife romain, il était maintenant le plus puissant chef de la Chrétienté, général d'une armée qui n'avait pas de rivale quant à la discipline, absolument fiable, parce que ses membres étaient tous volontaires et moralement dirigés. Et pourtant, il ne montra aucun signe de fierté ou de plaisir. C'était un parfait jésuite, humainement sensible, complètement méfiant vis-à-vis de lui-même. Il déclara: «Il est évident que Notre Seigneur a daigné assumer le gouvernement de cette Compagnie, puisqu'Il considère bon d'employer un instrument si déplorablement indigne.» Quels mots pourraient exprimer une humilité aussi sincèrement abjecte et détachée du monde?

Aut pati aut mori était sa devise. Devenu Général, il n'abandonna aucune des rigoureuses pratiques d'austérité grâce auxquelles il dominait son corps... Il avait tué en lui délibérément toute passion et tout appétit de sa nature humaine. Il dormait peu. Mangeait peu. II s'était libéré de tout amour terrestre.

Quel homme doit-il avoir été!

Quel homme était-il en réalité!

Un brillant et gracieux duc, chef de territoires immenses et détenteur d'une énorme fortune, père d'une famille liée au sang le plus pur d'Espagne, honoré par son souverain, respecté par ses égaux, aimé par les siens, adoré par ses sujets.

L'ombre sinistre d'un homme, torturé par des maux incessants, délibérément séparé des siens, craint, détesté, considéré avec méfiance, seul, souffrant – souffrant seul.

Chaque jour, il méditait systématiquement pendant cinq heures sur des choses sur-humaines. Chaque matin, et chaque soir, il soumettait sa conscience à un examen rigoureux, et confessait la moindre impulsion à une pensée mauvaise. II priait sans cesse. Une fois, voyageant en Espagne avec le Père Bustamente, tous deux dormaient côte à côte sur le sol nu d'un grenier, parce qu'il n'y avait pas de place pour eux dans l'auberge. Le Père Bustamente, asthmatique, cracha toute la nuit sur le visage de son compagnon, qui ne bougea pas. À la lumière du matin, il fut horrifié de voir ce qu'il avait fait; mais le Padre Francisco le consola en lui disant qu'il n'aurait pu trouver au monde une meilleure place. Il avait instamment pressé sa sœur Doña Juana, abbesse des Pauvres Clarisses, de poursuivre ses pénitences et ses mortifications jusqu'à la fin de sa vie. A-t-il jamais existé un cas de catholique romain authentique ayant commis le suicide par mélancomanie religieuse ? Rarement ; sinon jamais : car l'Église, reconnaissant sagement ce singulier type de tempérament, a mis sur pied un système où la mortification volontaire possède ses règles, ses lieux, et peut être pratiquée par quiconque le souhaite.

Le Padre Francisco avait ces dons d'intuition et de clairvoyance, que l'on trouve généralement développés chez les femmes et les bêtes sauvages. Il savait quand une maison allait s'effondrer avant que cela ne se produise. Il sut, en voyant le courrier de son fils aîné, que le Duc Don Carlos de Gandia avait eu un héritier. Le courrier n'apprécia pas cette intuition, pensant qu'il méritait d'être récompensé pour cette bonne nouvelle ; le Padre Francisco avait également perçu ce mécontentement, et lui donna une récompense. *Plus est grand le détachement vis-à-vis du monde, plus le pouvoir sur les choses de ce monde s'accroît.* Les gens qui connurent le Padre Francisco pendant qu'il était Général virent des rais de lumière mystérieux jouer autour de sa tête. Le phénomène de l'aura électrique est aujourd'hui bien connu ; et la caméra le montrera un jour. Souvent, dans ses transes de prière, on le vit flotter au-dessus du sol.

En 1566, Sa Seigneurie P.P. Pie IV mourut ; lorsqu'Elle Lui succéda, Sa Seigneurie P.P. Pie V arrêta la procession du couronnement devant la Maison des Jésuites à Rome, pour aller rendre hommage au Saint Général. En 1569, le Père Francisco fut de nouveau atteint de fièvres. Après sa guérison, il fit un pèlerinage à la Sainte Maison de Nazareth, que les anges avaient amenée sur leurs ailes de Palestine pardessus la mer et installée à Loreto, près d'Ancône. En 1571, Sa Sainteté le Pape envoya un ambassadeur en France, en Espagne et au Portugal, pour dresser les souverains de la Chrétienté contre les Musulmans Infidèles. Les ambassadeurs en question étaient le Neveu du Pape, Michele Bonello, fils de Madonna Gardina, la sœur du Pape, né à Boschi près d'Alessandria, qui avait été nommé par son auguste oncle en 1566 Cardinal-Presbytère du Titre de Santa Maria *sopra Minerva* avec le nom d'Alessandrino, et le Père Francisco de Borgia, Prépositeur-Général de la Compagnie de Jésus. Tous deux quittèrent Rome en 1571. À Barcelone, ils réglèrent un vieux différend entre le gouvernement et le chapitre de la cathédrale ; car le Padre Francisco avait toujours été un pacificateur. Dans la province de Catalogne, qui n'avait pas oublié son ancien vice-roi, les ambassadeurs furent reçus avec les plus grands honneurs.

Le récit de ce voyage, accompli sur la scène même de sa glorieuse jeunesse, est l'une des choses les plus pathétiques de l'histoire humaine. Ce sinistre fantôme émacié, mal vêtu, enveloppé dans son habit noir, dont les lèvres minces exprimaient une peine perpétuelle ; ce grand esprit étroit dont les yeux lents et graves regardaient furtivement, avec hésitation et presque somnolence, les choses terrestres parce qu'ils avaient vu les choses célestes ; ce mendiant dont le compagnon était un prince de l'Église somptueusement vêtu d'hermine et de velours – il n'était point un étranger en Catalogne, où en qualité de marquis, de duc et de vice-roi impérial il avait autrefois exercé une domination despotique et souveraine. Maintenant, aucune place n'était assez basse, assez vile pour le désert spirituel qu'il souhaitait. Il était *dans ce monde, mais non de ce monde.*

À Valence, ses enfants et ses petits-enfants s'agenouillèrent pour baiser les pieds usés. Ils lui demandèrent de visiter le duché de Gandia. Il refusa. Il n'appartenait plus au monde.

Il prêcha pour la dernière fois dans la cathédrale de Valence – de Valence qui était le tombeau de la Maison des Borja. Là, un siècle et demi plus tôt, le Chanoine Alonso de Borja avait été nommé évêque. L'Évêque de Valence était devenu Cardinal. Le Cardinal de Valence était devenu le tenace Calixte III. De Xativa, en passant par Valence, vint Don Rodrigo et Lançol y Borja, Évêque de Valence, Cardinal de Valence, le magnifique et invincible Alexandre VI. Le superbe Don Cesare (dit Borgia) avait été lui aussi Évêque de Valence et Cardinal avant de renoncer à la pourpre pour le duché français de Valentinois. Trois immenses figures avaient porté le nom qui était maintenant représenté par cette obscure et blême silhouette dont la voix, la voix magiquement implorante et évanescente, vibrait dans les nefs latérales du temple de Valence. Là, à Valence, le feu s'était enflammé ; là, à Valence, la torchère avait illuminé les murs d'une lumière ferme et brillante, éclairant ainsi les hommes pour qu'ils puissent voir les bonnes œuvres et glorifier le Père qui est au ciel. Le Padre Francisco de Borja prêcha pour la dernière fois dans la cathédrale de Valence.

En France, les ambassadeurs n'eurent pas de succès. Ce misérable pays était plongé dans les affres de la rébellion des Huguenots ; et la Reine-Douairière, Madame Catherine de Médicis, gouvernait le Roi maniaque. Après avoir traversé la France pendant l'hiver, convertissant et confirmant des églises, mais échouant dans l'objectif de leur voyage, les ambassadeurs atteignirent Turin ; et devinrent les hôtes du Duc de Savoie. Le Padre Francisco, épuisé, usé et anxieux ses forces vitales avaient presque entièrement disparu tomba malade le deux février, à la Quasimodo de 1572. Les exigences de l'étiquette de cœur l'ennuyèrent ; et il partit en hâte. Il arriva à Ferrare à Pâques closes. Son neveu, le Duc de Ferrare, lui donna une escorte royale et une litière, car il était trop faible pour monter à cheval, et le renvoya à Rome. Pendant cet ultime voyage, on remarqua que tout en gisant comme un cadavre plus que comme un homme vivant, il gardait encore les gestes caractéristiques du commandement.

Il atteignit la Porte Flaminienne de Rome le vingt-huit septembre. Toute la Compagnie de Jésus était venue accueillir son Général mourant. On l'emmena à la Maison des jésuites, et les derniers Sacrements de l'Onction et du Viatique fortifièrent son âme.

À la Fête de l'Archange Saint Michel, il était à l'article de la mort. Le lendemain, il prononça ses dernières paroles. Ses dernières paroles – celles du Duc autrefois gracieux et brillant, celles du Général des Jésuites, furent celles d'un simple petit enfant chrétien : « Je soupire après Jésus.

Il avait abandonné le latin de l'Église. Il était revenu à sa langue maternelle : « A Jesus quiero. »

Le premier octobre 1572, il mourut d'épuisement, âgé de soixante-deux ans.

L'opinion pieuse fut instantanément informée que le Padre Francisco de Borja était mort en Odeur de Sainteté.

Il fut impossible de déshabiller le corps. Parmi d'autres, son frère Don Tommaso de Borja, le Vice-Roi d'Aragon, essaya de remplir les derniers devoirs, mais sans succès. Le même Don Tommaso, qui devint plus tard Archevêque de Saragosse, écrivit une histoire détaillée de ce phénomène, qu'il considérait comme miraculeux. Diverses explications ont été fournies à propos de cette soudaine et complète rigor mortis, qui sont cependant d'ordre mystique, et non physique. On affirma que la pudeur empêcha de le déshabiller, ou que l'on essaya de dissimuler les traces de ses mortifications, ou que la plus grande révérence était due au corps qui avait été le temple du Saint-Esprit.

Sa famille ainsi que tous ceux qui l'avaient connu de son vivant, considéraient le Padre Francisco de Borja comme un saint ; c'est comme tel qu'ils vénéraient son odorante mémoire, et invoquaient son intercession. Aucun honneur public ne lui avait été accordé, car le droit à ceux-ci n'avait pas encore été accordé ; mais on affirmait que ces invocations privées donnaient des résultats merveilleux. Nous en citerons deux. Les médecins qui s'occupaient de la Duchesse d'Uzeda, sur le point d'accoucher, se voyaient dans l'incapacité de mettre l'enfant au monde, à cause d'une malformation congénitale. Lorsqu'on invoqua le Jésuite défunt, la Duchesse accoucha sur-le-champ et sans douleur d'un enfant en parfaite santé. La Reine Doña Margarita, l'épouse du Roi Don Felipe III d'Espagne, souffrait de fièvre puerpérale. L'invocation du Padre Francisco suffit à la guérir. En possession de telles créances, la Compagnie de Jésus demanda formellement au Nonce papal en Espagne, Monsignor Decio Carafa, qui devint plus tard Cardinal, d'ordonner une enquête sur les vertus et les miracles du Serviteur de Dieu, du Général défunt. Cinq tribunaux furent constitués à Valence, Madrid, Barcelone, Saragosse et Recanati ; de très nombreux témoins furent entendus et écoutés plusieurs fois. Le Padre Ribadaneira, confesseur du Padre Francisco, confirma sous serment la véracité des dires de son livre sur le Général jésuite. C'est à ce livre que sont empruntés un certain nombre de faits présentés ici. En 1615, après trente-sept ans de travail, les dossiers des cinq tribunaux furent envoyés à Rome, où l'Ambassadeur d'Espagne les présenta à Sa Seigneurie P.P. Paul V, avec des lettres de recommandations du Roi Don Felipe III, des Grands et des Hidalgos d'Espagne, des archevêques, évêques, chapitres de cathédrale, municipalités et universités.

Le Pontife Suprême consentit à soumettre l'affaire à la Sacrée Congrégation des Rites, le tribunal romain chargé de traiter de pareils cas. Devant cette cour, toutes les preuves furent examinées et vérifiées ; un décret fut promulgué, attestant l'orthodoxie de l'enseignement du Vénérable Serviteur de Dieu, la sainteté de sa vie, l'authenticité des miracles présentés ; et on donna l'autorisation de procéder à la Béatification. Sa Seigneurie P.P. Paul V confirma le décret et nomma trois Commissaires Apostoliques pour poursuivre la procédure en Espagne. Le travail d'une Commission Royale est si bien fait qu'il est à peine nécessaire de dire que celui d'une Commission Apostolique consiste à rechercher des informations, à entendre et examiner les témoins, et à constituer un rapport sur tel ou tel sujet.

Entre-temps, les réclamations de l'Espagne concernant la récupération des restes de son illustre fils avaient été reconnues ; et le vingt-trois février 1617, le corps du Vénérable Francisco de Borja (à l'exception d'un bras conservé au Gesù à Rome) fut transféré à la chapelle de la Maison jésuite de Madrid.

En 1623, après huit ans de travail, la Commission Apostolique transmit ses conclusions à Rome, où elles furent soumises au scrutin usuel. Le verdict fut le suivant : la sainteté et les miracles du Vénérable Francisco de Borja avaient été établis ; il était donc digne d'être béatifié; décision qui fut dûment confirmée par Sa Seigneurie P.P. Grégoire XV.

Trente et un ans plus tard, le trente et un août 1654, un décret fut promulgué par la Sainte Congrégation des Rites en accord avec cette décision, et ratifié par Sa Seigneurie P.P. Urbain VIII[1]. Laquelle, le vingt-quatre novembre, publia la Bulle de Béatification accompagnée d'un Office et d'une Messe en l'honneur du Bienheureux Francisco de Borja pour l'Église universelle.

Dix-sept ans de prières publiques et d'actions juridiques passèrent encore; et le onze avril 1671, Sa Seigneurie P.P. Clément XI canonisa solennellement Saint Francisco de Borja, ajoutant à la Martyrologie Romaine, qui est l'annuaire officiel des saints, les trois lignes par lesquelles la Sainte Église Romaine prononce son jugement décisoire. Voici leur traduction littérale:

« Sixième jour des Ides d'Octobre. Ce jour, à Rome, est réservé à la fête de Saint Francisco de Borja, Prépositeur-Général de la Compagnie de Jésus, homme mémorable ayant renoncé aux choses séculières et refusé les dignités de l'Église, par l'austérité de sa vie et le don de la prière. »

En 1680, les reliques du saint furent transférées à la somptueuse église de Madrid que le Duc de Lerma avait construite A.M.D.G. pour la Plus Grande Gloire de Dieu et de son ancêtre Saint Francisco de Borja. Ainsi, un siècle après sa mort, un Borgia était compté parmi les Saints.

La raison humaine peut se réjouir d'avoir à s'incliner devant le sobre jugement de l'Église, si éloigné de toute extravagance extatique, si tranquillement et juridiquement personnel. Elle a tout deviné, et reste réticente. Elle a exprimé son jugement, et cela est suffisant. Elle a montré en lui un *Contenu Idéal.* Il a « tout laissé », et c'est pourquoi Elle l'honore: et Elle a la Garantie Scripturaire.

« Courtisan accompli, diplomate éclairé, vice-roi gracieux et brillant, religieux parfait.

« Caractère impérieux et dominant, qui en se brisant lui-même s'est entièrement dompté.

« Homme non naturel magnifié.

« Saint Francisco de Borja – Mémorable – Par l'austérité de sa vie – par le Don de la prière.

« Mémorable. »

1. On demanda un jour à ce pontife de dire qui avaient été, à son avis, les plus grands Papes. Il répondit Saint Pierre, Saint Sylvestre, Alexandre VI et Nous-Mêmes.

LES CENDRES

À partir du moment où St Francisco de Borja naquit à la Vie Éternelle, la Branche espagnole de la Maison, dans ses descendants directs, s'accrut et se multiplia ; se maria avec les plus grands noms d'Espagne ; puis déclina et s'éteignit dans l'avant-dernière décennie du siècle dernier. Quatre seulement de ces descendants seront nommés ici.

Don Gaspard de Borja était l'arrière-petit-fils du Saint, et le fils du Duc Francisco de Gandia, par son épouse Doña Juana de Velasco Tovar. Il étudia à l'Université Complutensienne, et devint Lauréat en Théologie et Doyen de l'Université. Il fut le premier Grand d'Espagne à occuper la Chaire de professeur et de conférencier public. Sur les instances du Roi catholique, il obtint un canonicat à la Cathédrale métropolitaine de Tolède ; c'est là qu'il commença à nourrir l'immense ambition de devenir le troisième Pape de la Maison des Borgia.

Le dix-sept août 1611, il fut nommé Cardinal-Presbytère du Titre de Santa Croce *in Gerusalemme*, alors qu'il était encore jeune ; « invenis », dit Ciaconi ; vingt-deux ans, dit Moroni, toujours exact et incomparablement informé. Le quinze mai 1630, il obtint l'évêché d'Albano, et fut nommé Archevêque de Séville. À Rome, il appartenait à la Sacrée Congrégation du Saint Office, et était ambassadeur du Roi catholique auprès du Saint Siège. Dans le royaume de Naples, il était Vice-Roi. Il acheta (Mr Henry Harland dit moqueusement qu'on peut acheter de telles choses) le titre supplémentaire de « Père des pauvres », en distribuant annuellement par charité dix mille couronnes, et échangea son archevêché de Séville contre celui de Tolède. En 1641, il réunit un synode diocésain que son Vicaire-général présidait en qualité de mandataire, et gouverna son archidiocèse tandis qu'il cultivait à Rome ses ambitions. Il assista de mauvaise grâce aux deux Conclaves qui élurent Sa Seigneurie P.P. Grégoire XV et Sa Seigneurie P.P. Urbain VIII. Et en novembre 1645, tandis que l'Angleterre était déchirée par la Grande Rébellion, il mourut à Madrid à cinquante-six ans, après trente-quatre ans de cardinalat. Il mourut aigri et déçu, et fut enterré dans la cathédrale métropolitaine de Tolède.

Don Francisco de Borja, arrière-arrière-petit-fils du Saint, fils du Duc Don Carlos de Gandia par son épouse Doña Maria Ponce de Leon, naquit le vingt-sept mars 1659. Il fut un homme d'une piété et d'une érudition tout à fait extraordinaires, qui devint Archidiacre de Calatrava et Chanoine de Tolède. Par sa fidélité à toute épreuve, il gagna les faveurs du Roi catholique Don Carlos II, qui en fit le Chancelier d'Aragon. Rome lui accorda l'évêché de Calagurita; et le quatorze novembre 1699 selon Moroni, le vingt et un juin 1700 selon Guarnacci, il obtint le cardinalat et l'archevêché de Burgos. Il mourut le quatre avril 1702, sans qu'on puisse guère distinguer sa figure de celles des autres ecclésiastiques de son rang.

Don Carlos de Borja était le frère de Don Francisco. Né à Gandia, le fief de sa famille, le trente avril 1653 (Moroni) ou 1663 (Guarnacci), il étudia la théologie au collège de Sant'Ildefonso, et succéda à son frère comme Archidiacre de Calatrava et Chanoine de Tolède. À la mort de l'Archevêque Don Pedro de Portocarrero, Sa Seigneurie P.P. Clément XI le nomma Archevêque de Tyre et de Trébizonde in *partibus infidelium;* de Tyre et de Trébizonde, l'Archevêque Don Carlos de Borja obtint le Patriarcat des Indes, continuant à résider en Espagne, où il était chapelain et aumônier – un chapelain et un aumônier réputé pour son zèle et sa piété du Roi catholique Don Felipe V. Le trente septembre 1720, il entra au Sacré Collège; et c'est en qualité de cardinal qu'il se hâta d'aller à Rome pour le Conclave de 1721. Il y trouva déjà élue et couronnée Sa Seigneurie P.P. Innocent XIII, Qui le nomma Cardinal-Presbytère du Titre de Santa Pudenziana, et le nomma membre des Sacrées Congrégations de l'Index des Livres Interdits, des Indulgences, des *Signaturae Gratiae.* Il mourut à la Villa Royale de Sant'Ildefonso, près de Madrid, le huit août 1733, et y fut honorablement enterré. Il n'est rien resté de sa personne, à l'exception d'un visage physiquement efféminé, mais beau, aimable et généreusement sillonné d'ombres, tel qu'on le voit sur le portrait qu'en a fait Procaccini, et sur la gravure de Rossi.

Ainsi la Branche aînée, qui descendait directement du Duc de Gandia assassiné, bâtard de sa Seigneurie P.P. Alexandre VI, disparut-elle dans une somptueuse obscurité; accumulant les titres séculiers et les domaines par des mariages, les dignités et bénéfices ecclésiastiques par la magie du nom des Borja et par le mérite personnel, jusqu'à ce qu'elle s'éteigne il y a seulement dix-huit ans. Les noms et les titres du dernier Borja espagnol, cités ici, montreront que cette Maison avait accumulé en quatre siècles seulement trois principautés, sept duchés, dix marquisats, seize comtés et un vicomté, sans parler des décorations et des ordres de chevalerie.

Son nom était:

Don Mariano Tellez-Giron y Beaufort Spontin Pimentel de Quiñones Fernandes de Velasco y Herrera Diego Lopez de Zufliga Perez de Guzman Sotomayor Mendoza Maza Ladron de Lizana Carroz y Arborea Borja y Centelles Ponce de Leon Benavides Enriquez Toledo Saim-Saim Hurtado de Mendoza y Orozco Silva Gomez de Sandoval y Rojas Pimentel y Osorio Luna Guzman Mendoza Aragon de la Cerda Enriquez Haro y Guzman.

Ses titres:

Prince de Squillace[1], Eboli, Melito;

Duc d'Osuna, Infantado, Benevente, Plasencia, Béjar, Gandia, Arcos de la Frontera, Medina de Rioseco y Lerma;

Marquis de Tavara, Santillana, Algecila, Arguesco, Gibraleon, Zahara, Lombay, Peñafiel, Almenara y Cea;

Comte de Benevente, Plasencia, Béjar, Gandia, Arcos de la Frontera, Medina de Rioseco y Lerma, Real de Manzanares, La Oliva, Belaleazar, Urefla, Casares, Melgar, Baiten, Mayorga y Fontenar; Vicomte de La Puebla de Alcocer.

Il était Dix Fois Grand d'Espagne de Première Classe, Chevalier des Ordres de Calatrava, de St Jean de Jérusalem, de la Toison d'Or, Chevalier Grand-Croix des Ordres de Carlos V, de St Herménégilde, de St Alexandra Newski, du Christ de Portugal, de la Couronne de Bavière, de la Légion d'Honneur, etc., etc., etc.

Il mourut le deux juin 1882 sans laisser de descendance.

---

1. Il serait fort intéressant de savoir comment et quand ce titre passa de la lignée du Prince Gioffredo Borgia à celle de son frère aîné, Don Juan Francisco de Borja, le Duc de Gandia assassiné; car le Prince Gioffredo, marié à quatorze ans, donna certainement naissance à une branche importante des Borgia qui, au XVIIe siècle, se maria avec les Orsini, Ducs de Gravina. Il est très inhabituel qu'un titre *revienne,* comme c'est le cas, et passe à une autre branche. Et que sont devenus les principautés de Teano et de Tricarico, les comtés de Chiaramonte, Lauria et Cerignola que possédait le Duc de Gandia assassiné, son fils Don Juan II, et le fils de St Francisco de Borja?

LIVRE QUATRE

UN FRÉMISSEMENT DANS LES BRAISES

Tandis que St Francisco de Borja était son contemporain dans la Branche espagnole, Don Pietro Borgia (l'arrière-arrière-petit-fils de ce Don Pietrogorio Borgia qui était le fidèle confident du Duc Cesare de Valentinois della Romagna et Vice-Roi des Abruzzes) vivait à Velletri, à la frontière du Regno, la petite ville vois que où sa famille était installée depuis que Don Niccolo Borgia était devenu son Régent en 1417. Il épousa Madonna Filomena – *gentildonna molto pia,* comme le dit le petit texte que l'Archevêque Bonaventura Theuli a conservé pour nous – et eut trois enfants

(a) le plus jeune fils, Don Polidoro Borgia, mourut jeune, l'année précédant la mort à Rome de Francisco de Borja, Général des Jésuites. Voici son épitaphe, telle qu'elle se trouve sur le porche de Santa Maria del Trivito à Velletri :

D.O.M.
POLIDORO BORGIAE
INVENI VIRTUTIBUS ET MORIB. ORNATISS.
FILUMENA MATER HECTOR I.V.D. ET HORATISS BORGIA
FR. B.P. VIX. A. XXII. OB. A. M.D. LXXJ DIE XII OCTOB.

(b) le second fils, Don Orazio Borgia, devint commandant d'un escadron de la Cavalerie pontificale ; il tomba glorieusement sur le champ de bataille pendant la Croisade de Hongrie, en 1597.

(c) l'aîné, Don Ettore di Pietro Borgia, épousa Madonna Porzia Landi, qui lui donna deux fils le plus jeune, Don Alessandro Borgia, devint Doyen du chapitre de la cathédrale de sa ville natale. L'aîné, Don Camillo Borgia, devint gouverneur de Velletri, épousa la Noble Madonna Constantia Gallinella, et mourut en 1645. Son épitaphe, dans la chapelle de la Visitation – de la *Partènomèter* (sainte-patronne des Borgia de Velletri), dans la cathédrale de San Celmente à Velletri, est la suivante :

D.T.V.
CAMILLO BORGIAE NOBILI
VELITERNO
HECTORIS I.C. ET D. PORTIAE LANDAE
FILIO NON MINUS CELEBRI
AVORUM TOGA ET ARMIS INSIGNIUM
CLARITUDINE ILLUSTRI
CONSULI JUDICI ET RECTORI
VIGILANTISSIMO
VITAE CANDORE MORUM SUAVITATE
UBIQ. CLARO OMNIBUS CHARO
ANNO AET. SUAE LV ET MEN. IV
EXTINCTO
DIE XXVI, SEPT. A PARTU VIRGINIS
M. DC. XLV
ALEXANDER I.V.D. ET HUIUS CATHED.
CANONICORUM DECANUS FRATER
HECTOR I.V.D. EX NOBILI CONSTANTIA
GALLINELLA FILIUS
EXTREMUM AMORIS
MONUMENTUM
MŒSTISS. POSUERE[1]

Don Camillo Borgia laissa trois fils :

(a) le plus jeune, Don Giampaolo Borgia, fut chanoine de Velletri ;

(b) le second, Don Ettore Borgia, fut un juriste célèbre, qui gouverna des villes pontificales et fut auditeur et familier du Prince Savelli, le Maréchal Héréditaire de la Sainte Église Romaine ;

(c) l'aîné, le Noble Don Clemente Erminio Borgia, Patricien Romain, et Gouverneur de Velletri, épousa Madonna Cecilia Carboni, dont il eut au moins sept enfants.

Nous connaissons la vie de cinq des enfants de Don Clemente Erminio Borgia.

(a) Madonna Angela Caterina Borgia devint nonne au couvent de Santa Lucia in Silice à Rome et mourut en Odeur de Sainteté ;

1. Indubitablement chrétienne, cette épitaphe montre que la sophistication moderne, qui a détruit toute croyance dans le monde futur, avait déjà fait son apparition en Italie. La mort n'est plus considérée ici avec cette calme dignité que l'on perçoit dans les épitaphes antérieures (celle, par exemple, de son ancêtre Don Pietrogorio Borgia) mais comme une Horreur et une Fin.

(b) Don Fabrizio Borgia, né en 1689, étudia dix ans avec son oncle, le Chanoine Giampaolo Borgia, devint évêque de Ferentino en 1729 et mourut en 1754 ;

(c) Don Cesare Borgia fut Chevalier Commandeur de l'Ordre de St Jean de Jerusalem de Malte en 1703[1] ;

(d) Don Alessandro Borgia, né en 1682, étudia avec son frère Don Fabrizio sous la direction de leur oncle, le Chanoine Giampaolo ; obtint la couronne de laurier de l'archigymnase de Sapienza à Rome ; en 1706, il fut attaché à la Nonciature Secrète de Monsignor Bussi, à Cologne ; en 1716, il devint évêque de Nocera et en 1723 Prince-Archevêque de Fermo (dans le Musée Mazzuchelliana il y a une gravure d'une médaille de ce prince-archevêque, qui a été faite pour commémorer la consécration de son neveu, le fils de l'une de ses sours, dont le nom reste à découvrir, Don Pierpaolo Leonardi, Prince-Évêque d'Ascoli, L'avers de la médaille montre trois évêques assis et un agenouillé, avec la légende A. BORGIA, ARCHIEP. ET PRINCEPS FERMANUS P. PAULUM LEONARDUM EP. ET PRIN. ASCULAN. INUNGIT. Le revers montre le *théotokos* en Assomption bénissant deux églises, avec la légende UTRIUSQUE ECCLESIAE PATRONA FIRMI ET ASCULI A.D. M.D. CCLV). Le Prince-archevêque Alessandro Borgia mourut en 1764.

(e) l'héritier, Don Stefano Camilo Borgia, de la Magistrature Suprême, épousa Madonna Maddalena Gagliardi et eut des enfants

(a) Le Cavaliere Giampaolo Borgia, général de l'Armée pontificale ;

(b) Le Noble Don Stefano Borgia, qui fit rougeoyer les braises de la Maison des Borgia il y a cent ans.

1. L'Ordre de Malte, ou de St Jean de Jerusalem, fut fondé par Don Gerardo di Martiquez di Provenza, directeur de l'Hôpital de St Jean Baptiste pour les pèlerins, en 1098. Les Hospitaliers se consacraient au service des pauvres, et portaient un habit noir, avec une croix de Malte à huit pointes, blanche, sur la poitrine. Ils faisaient les vœux de pauvreté, de chasteté et d'obéissance. La Fondation Régulière fut retardée jusqu'en 1104, quand Baldwin I était Roi de Jérusalem. La Règle était celle de St Aurelius Augustine ; et l'Ordre fut finalement confirmé par la Bulle de Sa Seigneurie P.P. Pascal II en 1113. Sa Constitution reconnaissait des Chevaliers d'Honneur et des Frères de Dévotion ; les premiers juraient de défendre la Foi contre tous les ennemis, les seconds de s'occuper des pèlerins et des affligés. Ils avaient deux insignes, une croix à six pointes en or émaillé de blanc, et une croix couronnée à huit pointes en or émaillé, portant un ruban noir. L'Ordre avait un Prieuré à Londres avant la Réforme – St Jean de Jérusalem à Clerkenwell – dont la porte et la crypte d'origine existent encore. Le prétendu Ordre actuel qui occupe ce prieuré doit encore démontrer son droit à l'existence.

Don Stefano Borgia naquit à Velletri le 3 décembre 1731. Sa première éducation eut lieu dans cette petite ville volsque, où sa Maison était établie depuis environ 1417, et probablement même depuis le Document de Donation de Sa Seigneurie P.P. Lucius III, 1181-1185. Plus tard, il se rendit chez son oncle, le Prince-archevêque Alessandro Borgia de Fermo, chez qui il vécut, et avec qui il étudia, jusqu'à la mort de ce dernier en 1756. La nature de cette éducation peut être jugée d'après la vie ultérieure de Don Stefano, qui se distingua aussi bien comme ecclésiastique que comme diplomate, guide, érudit, archéologue, homme de lettres et gentilhomme chrétien.

À l'âge de dix-neuf ans, il écrivit un petit traité érudit sur le monument de Sa Seigneurie P.P. Jean XVI, ainsi qu'une Brève Histoire de la vieille ville de Tadino, en Ombrie, avec un compte-rendu exact des recherches les plus récentes dans ses ruines, deux volumes in-octavo publiés à Rome en 1750-1751 ; si bien que lorsqu'il arriva dans la Ville Éternelle après la mort de son oncle, il fut apprécié non seulement à cause de son nom illustre, mais pour les croissantes capacités dont il avait fait montre. Trois années plus tard, en 1759, il fut nommé gouverneur de la ville et du duché de Benevento, le fief pontifical autrefois occupé par un autre Borgia, le Duc de Gandia assassiné. Il y écrivit ses Mémoriaux Historiques de la Ville Pontificale de Benevento du VIIIe au XVIIIe siècle, en trois volumes in-quarto publiés à Rome en 1763-69. En 1764, il devint secrétaire de la Sacrée Congrégation sur les Indulgences. En 1765, à l'âge de 34 ans, ses mains furent ointes, et il fut ordonné prêtre. En 1770, il fut nommé secrétaire a secretis de la Sacrée Congrégation de la Propagation de la Foi.

Sa carrière était maintenant bien commencée; et il avait tout le temps de poursuivre ses occupations favorites, les lettres et l'archéologie. Écrivant sous ses initiales S.B., il publia en 1773 sa découverte d'un Calendrier vénitien du XIe siècle, d'un vellum M.S., et un fragment en copte et en latin des Actes de St Koluthus. En 1774, il publia une édition de l'œuvre de Sa Seigneurie P.P. Pie II (Enea Silvio) *Contre les Turcs*. En 1775, le Signor Abbate Stefano Borgia envoya aux Académies étrusques de Cortona et de Florence une Dissertation philologique sur une intaille antique, « la pregiabile vetusta agata – la bella e rara gemma – Gemma Borgiana » ; dissertation que le très illustre et très docte antiquaire Martinello, dans une lettre au Padre Ignazio della Croce, Frère augustin, dit très précieuse et érudite. En 1776, il écrivit une œuvre in-quarto sur la Châsse de St Pierre dans la Basilique Vaticane. En 1779, il publia un volume sur le Vendredi

Saint, avec le rite syriaque de la Salutation de la Croix, le tout exposé de manière fort savante, et illustré de notes et de commentaires.

Il n'oubliait pas sa Maison, ou sa ville natale de Velletri ; car il y fonda le Musée Borgia des Antiquités, connu surtout pour le Codex mexicain qu'il y présentait, et considéré plus tard digne d'être reproduit en fac-similé à Rome avec une splendeur et un soin qu'aucun éditeur anglais ne saurait approcher.

En 1780, il publia son in-quarto sur l'Antique Croix de Velletri, « une croix emplie de reliques conservées dans la cathédrale avec beaucoup de décence ». C'est une œuvre étrange et savoureuse, qui relate l'histoire de la Croix, une pièce d'or fin incrustée de grosses perles simples et d'autres gemmes, qui date du milieu du XIIIe siècle, époque à laquelle elle fut donnée à la Cathédrale de Saint Clément, à Velletri, par Sa Seigneurie P.P. Alexandre IV, Qui, avant Son élection, n'était que le Seigneur Rainaldo de'Conti di Segni[1], Cardinal-Évêque d'Ostie et de Velletri. En 1788, il publia un autre in-quarto, une Brève Histoire du Domaine Temporel du Siège Apostolique dans les Deux Siciles, qui fut réédité l'année suivante.

Mais à ce moment-là – c'était l'année de la Révolution française – la carrière de l'Abbé Stefano Borgia fit un immense bond en avant. Sa Seigneurie P.P. Pie VI le nomma Cardinal-Presbytère du Titre de San Clemente, lors du Consistoire du 30 mars 1789 ; et en fit le secrétaire de la Propagande des Préfectures de la Sacrée Congrégation de l'Index et de l'Université Pontificale Grégorienne de Rome.

La pourpre de cardinal convenait à merveille à ce noble personnage. Le Très Éminent Seigneur et Cardinal Stefano Borgia devint un exemple de ces princes de l'Église somptueux et magnificents, pour lesquels l'art et les belles lettres constituent une occupation favorite. « Quest'Amplissimo Porporato », disait de lui son ami et biographe, le Carmélite chaussé Fra Pietro Paolino da San Batolomeo, car il avait tout ce qui signale universellement le parfait gentilhomme et le savant érudit. Il avait un goût très vif pour les lettres, l'habitude d'acquérir des livres et des manuscrits rares ; et il était lui-même un écrivain fort distingué. Il collectionnait également avec passion les objets beaux et singuliers, particulièrement les gemmes gravées. La magie de ces pierres précieuses l'enchantait, car les camées et les intailles ont toujours ravi les hommes qui possèdent un esprit puissant et délicat. L'époque à laquelle il vivait ne convenait guère, il est vrai, pour la

1. Les Sforza-Cesarini, qui se marièrent au XVe siècle avec les Borgia, possèdent aujourd'hui le Duché de Segni.

culture de ces goûts délicats: mais il n'est nullement désirable qu'ils le soient. Car ils ne mènent nulle part – ni au Ciel, ni en Enfer. Ils n'ont essentiellement aucun rapport avec l'œuvre de la vie, ou de la mort; et il n'est pas bon qu'ils accaparent totalement l'attention – car il existe des choses plus importantes. Mais la possession de tels goûts est un impératif pour celui qui veut se consacrer à ces choses plus importantes; elles donnent, comme nulle autre, l'habitude de la discrimination de la sélection, de l'appréciation; elles raffinent, forgent et donnent grâce à l'acier dont sont faites les grandes actions de la vie et de la mort; c'est ainsi qu'elles atteignent leur seul but; celui qui a ces habitudes en lui de manière innée, qui n'a pas eu à les acquérir laborieusement, est l'homme le meilleur, le plus capable, le plus endurant, le plus talentueux, le plus puissant, le plus triomphant et, corrélativement, le plus heureux. Le Cardinal Stefano Borgia, qui possédait naturellement cet amour noble et généreux pour les livres et les pierres précieuses, devint tout naturellement l'un des ecclésiastiques les plus distingués de son époque.

En 1791, il publia en supplément à sa Brève Histoire un in-quarto défendant le Domaine Temporel du Siège Apostolique des Deux Siciles. Il y ajouta en outre en 1793 un traité sur deux saints coptes, Koluthus et Panesnice, dont il possédait les Actes originaux. Mais c'est essentiellement en qualité de cardinal de la Curie, de Protecteur de la Religion, de Guide et de Gouverneur, de Préfet de la Propagation (charge qu'il avait obtenue en 1798) qu'il montra tous ses talents et toute son excellence. Lorsque les armées de la France révolutionnaire envahirent l'Italie, se livrant à ces monstruosités et à ces turpitudes extravagantes qui souillent malheureusement les Français à chaque tournant de siècle, Son Éminence ne permit pas à la guerre de troubler l'exercice serein et dévoué de ses multiples charges. À cette horrible époque, il se retira avec une superbe dignité à Padoue, où il continua à administrer et à gouverner non seulement ses propres domaines, mais les diocèses et les missions étrangères qui relevaient de la Propagande. Et c'est là, à Padoue, qu'il trouva le temps de faire une belle et noble action qui suffirait à elle seule à lui donner un nom plus illustre.

À cette époque, le Collège des Cardinaux comprenait un certain Personnage Auguste, un Anglais de très haut rang.

Lorsque le Roi James II Stewart fut chassé pendant la Révolution de 1688 de son royaume d'Angleterre par le Prince d'Orange, il se réfugia en France. Son fils, le Prince James, vulgairement appelé le Vieux Prétendant, lutta en vain pour ses droits en 1715; à la mort de son père, il assuma en exil son droit de naissance en se faisant appeler James III D. G., Roi F. D. de Grande-Bretagne, France et Irlande. Le Roi James III eut deux fils. L'aîné, le Prince Charles Edward, qui était Prince de Galles, vulgairement appelé le Jeune Prétendant, voulut faire valoir les droits de son père à la couronne d'Angleterre par la force des armes en 1745. Le résultat de cette équipée fut le massacre de Culloden Moor. Le plus jeune, le Prince Henry Benedict, Duc d'York, devint prêtre. Chassé de France par la diplomatie de Hanovre, le Roi James III se réfugia à Rome, où il mourut; le Prince de Galles lui succéda, sous le nom du Roi Charles III. Le Prince Henry Benedict, entre-temps, s'était élevé dans la hiérarchie ecclésiastique, et était devenu Cardinal-Évêque d'Ostie et de Velletri (la ville natale du Cardinal Borgia), puis Cardinal-Évêque de tusculum et Vice-Chancelier de la Sainte Église Romaine. Sa médaille, qui est l'œuvre de Filippo Cropanesi (1766) montre son profil royal de membre de la lignée Stewart, avec le traditionnel admirable port de tête et la légende:

HENRICUS H.D. EP. TUSC. CARD. DUX. EBOR.
S.R.E.V. CANC.

En 1788, son frère, le Roi Charles III, mourut à Rome; il fut enterré avec son père dans la crypte de la Basilique Vaticane. Comme il ne laissait pas d'héritiers légitimes, ses droits à la Couronne d'Angleterre échurent au Cardinal Henry Benedict Stewart, que l'on appelait Son Altesse Royale le Cardinal Duc d'York. Ce personnage unissait en lui une grande beauté et une allure vraiment royale, une vertu authentique et un bon sens extrême. Rien n'est plus parfaitement royal que son appréciation instantanée et réaliste de la situation. Il était tout à fait conscient du fait qu'en dépit de ses droits héréditaires, ses propres sujets, soumis à une dynastie d'usurpateurs, avaient renié – et continueraient à le faire – toute demande d'allégeance qu'il pourrait faire. Il savait ce qu'était la guerre. Il ne désirait pas follement la couronne. Il prit une décision d'une sagesse absolument lumineuse. Pour que les droits de sa dynastie ne soient pas atteints par une renonciation de sa part, il réaffirma (techniquement parlant) sa souveraineté, proclamant son accession au trône d'une manière qui ne pouvait pas gêner l'usurpation de son trône par l'Électeur de Hanovre (vulgairement appelé George III), *à moins que l'Angleterre n'exprime un souhait contraire*. Il fit frapper une médaille, portant sur son avers l'effigie de Sa Majesté en habit de cardinal avec le zucchetto et la croix pectorale de son épiscopat – le port royal de sa tête, à présent, était un peu affaissé –, accompagné de la légende suivante :

HENRY LE NEUVIÈME DE GRANDE-BRETAGNE FRANCE ET IRLANDE
LE ROI, DÉFENSEUR DE LA FOI, CARDINAL ÉVÊQUE DE TUSCULUM

Le revers montre une image de la Foi, au pied de laquelle se trouvent le chapeau de cardinal et la couronne royale, et qui va du Lion vers la Croix, avec la légende :

NON PAR LE DÉSIR DES HOMMES
MAIS PAR LA VOLONTÉ DE DIEU

À la même époque une autre médaille fut frappée, destinée à être distribuée parmi les quelques Anglais loyaux qui n'avaient pas prêté serment d'allégeance au Baal de Hanovre, et à guérir les personnes affectées du struma, ou *mal des rois ;* pouvoir occulte qui mourut avec le dernier des Stewart. Les revers porte une image de frégate, avec la légende :

HENRY LE NEUVIÈME DE GRANDE-BRETAGNE FRANCE
ET IRLANDE, ROI PAR LA GRÂCE DE DIEU, DÉFENSEUR
DE LA FOI, CARDINAL ÉVÊQUE DE TUSCULUM

L'avers montre l'Archange Saint Michel terrassant le Dragon, avec la légende :

À DIEU SEUL LA GLOIRE

Et c'était tout, tout ce que Sa Majesté le Roi avait reçu en héritage de ses ancêtres, gravé dans le bronze éternel. Il croyait en son Droit Divin, en le droit impliqué par sa propre existence, son existence sanctionnée par Celui Qui fait régner les rois ; et il réaffirmait simplement ce droit, attendant que son peuple le reconnaisse comme souverain légitime et fasse son devoir comme il avait fait le sien. Est-il quelque chose de plus superbe, de plus contemptueusement royal que cette distinction des devoirs du souverain et des sujets ? Le Cardinal Roi Henry IX était heureux, car il avait reçu en partage un très bon héritage, au sein de la Sainte Église Romaine. Si Sa majesté l'avait souhaité, le Pontife Suprême aurait pu le libérer de ses obligations et possessions ecclésiastiques d'un trait de plume, de manière à lui permettre de poursuivre la défense de ses droits incontestés. Mais tel n'était pas son désir. Il avait choisi la meilleure part – la paix – et le bonheur de ses sujets qui étaient bien ses sujets, mais ne le posséderaient jamais comme leur seigneur lige et souverain. Il n'existe pas dans l'histoire humaine d'exemple de sacrifice aussi splendide et désintéressé que celui de ce Roi d'Angleterre qui dédaigna de rechercher l'hommage que ses sujets ne voulaient pas lui donner. C'était vraiment l'acte d'un Roi.

Après avoir réaffirmé officiellement sa souveraineté, Sa Majesté n'émit pas d'autre prétention[1]. Il n'hésita pas à employer son nom royal sur les monuments qu'il fit construire dans son Diocèse suburbain, ou en d'autres endroits semblables; mais il était content qu'on l'appelle comme auparavant le Cardinal Duc d'York, bien que tout le monde sût ce qu'il était réellement, et lui accordât invariablement le respect qui lui était dû en qualité de prince de l'Église. Il y eut cependant une exception notoire. La très chevaleresque nation française, qui s'était autrefois vengée de Sa Seigneurie P.P. Alexandre VI en attaquant Madonna Giovanna de'Catanei et Madonna Giulia Orsini née Farnese, était toujours prête à s'en prendre aux vieillards et aux gens sans défense; et c'est aux atrocités honteuses commises par la France que l'Angleterre doit la noble action qu'un Borgia entreprit pour aider le dernier représentant de la Maison Royale des Stewart.

On a dit que le Cardinal Stefano Borgia se trouvait à Padoue à l'automne 1799, quand les armées régicides du Consulat français gagnaient leurs lauriers d'infamie en ravageant les États pontificaux. De Padoue, son Éminence écrivit une lettre privée, datée du 14 septembre 1799, à un baronet anglais, un certain Sir John Coxe Hippisley, à Grosvenor Street, Londres, qui se passe de commentaires. Le Cardinal écrivait les lignes suivantes, dans un italien magnifique, mais avec l'orthographe incorrecte d'un gentilhomme né

« L'amitié dont vous m'avez honoré à Rome m'encourage à vous présenter un cas digne de vos plus mûres réflexions : parmi les autres cardinaux qui se sont réfugiés à Padoue, il y a aussi le Cardinal-Duc; et je suis fort affligé de voir un aussi grand Personnage, le dernier descendant de sa Maison Royale, réduit à une telle détresse, les Français

1. Par ses dernières volontés et son testament, le Cardinal Roi Henry IX transmit ses droits à la Couronne anglaise aux descendants d'Anna Maria d'Orléans (fille d'Henrietta Stewart et nièce du Roi Charles I), qui épousa le Duc Vittoramadeo de Savoja; et de laquelle descend, non la Princesse bavaroise de l'Ordre de la Rose Blanche, mais le Roi Vittoremanuele III d'Italie.

lui ayant pris de façon barbare tous ses biens *(dai Francesi barbaramente spogliato di tutto)*; et s'ils ne lui ont pas ôté la vie également, ç'a été grâce au Tout-Puissant, Qui l'a protégé dans sa fuite par terre et par mer; mais les misères de ce voyage ont gravement atteint sa santé, étant donné qu'il a soixante-quinze ans, et l'une de ses jambes est gravement malade.

Ceux qui sont bien informés des affaires de ce très digne cardinal m'ont assuré que depuis sa fuite, ayant laissé derrière lui ses objets les plus riches et les plus magnificents, qui ont tous été pillés et volés à Rome et à Frascati, il n'a vécu que grâce à la vaisselle d'argent qu'il avait emportée avec lui, et qu'il a commencé à vendre à Messine; et on m'a dit que pour subvenir à ses besoins pendant quelques mois à Venise, il a vendu tout ce qui lui restait.

Des bijoux qu'il possédait, il ne reste que fort peu, car ceux qui avaient le plus de valeur ont été sacrifiés lors des contributions bien connues[1] (*taxes forcées* serait une expression plus juste que le mot de «contribution» qu'emploie humblement le bon Cardinal) en faveur des Français, nos pilleurs et destructeurs; en ce qui concerne ses revenus, la Révolution française lui a confisqué ses quarante-huit mille couronnes annuelles, et le reste s'est perdu lors de la chute de Rome: soit la somme annuelle de dix mille couronnes que lui allouait la Chambre Apostolique, et ses fonds privés de la Banque romaine.

Le seul revenu qu'il ait gardé est celui de ses bénéfices d'Espagne[2], qui s'élève à quatorze mille couronnes; mais comme il n'est maintenant payable qu'en papier-monnaie, il est très réduit par un change désavantageux; ce revenu, du reste, est resté impayé depuis plus d'un an, ce qui est peut-être dû à l'interruption des communications avec ce royaume.

Il m'est ici nécessaire d'ajouter que le Cardinal est lourdement grevé par le paiement annuel d'une somme de quatre mille couronnes pour la dot de sa belle-sœur, la Comtesse d'Albany; d'une somme de trois mille couronnes pour la mère de sa défunte nièce[3]; de mille cinq cents couronnes d'annuités diverses de son père et de son frère; et il n'a aucun crédit pour faire face à ces obligations.

---

1. Une bague appartenant au Cardinal Roi Henry IX, contenant des miniatures de son père et de sa mère, le Roi James III et la Reine Clementina, se trouve dans la Collection Fortnum de l'Oxford University Galleries.
2. La possession de «bénéfices en Espagne», soi-disant un crime dans le cas d'Alexandre VI, semble être assez courante.
3. Miss Clementina Walkinshaw, Comtesse Albertstorf, la maîtresse du Roi Charles III.

Ce tableau que je présente à votre amitié pourrait fort bien exciter la compassion de toute personne qui songe à la naissance élevée, à l'extrême dignité et à l'âge avancé de la Personne dont je vous peins maintenant la situation dans le simple langage de la vérité, sans recourir à l'aide de l'éloquence. Je veux seulement vous charger de communiquer cette situation aux personnes distinguées qui ont quelque influence sur votre gouvernement; je suis persuadé que la Magnanimité anglaise [La *Magnanimità Inglese*][1] ne souffrira pas qu'un Illustre Personnage de cette même nation meure dans la misère.

Je m'arrêterai ici, pour ne pas offenser votre dignité nationale, qui aime à agir par disposition propre et généreuse, et non en étant poussée par d'autres[2].

Nous avons ici [à Padoue] non seulement le Cardinal-Duc, mais d'autres cardinaux, comme les deux Doria, Caprara et Livizzani; et ils seront peut-être tous ici, car il est probable que le Conclave se tiendra en ce lieu; il a plu à Dieu de délivrer de tous Ses travaux le Très Infortuné Pie VI, Qui nourrissait envers vous une tendre affection, et Qui a bien voulu, lorsqu'Il se trouvait au couvent cartusien de Florence *(certosa)* me charger de la Propréfecture de la Congrégation de la Propagation de la Foi.

Je n'ai plus de papier, mais je ne manquerai jamais d'être votre fidèle ami et serviteur (servitore)

STEFANO, CARDINAL, BORGIA »

Cette lettre fut écrite en septembre 1799. On ignore comment le courrier du Cardinal la fit parvenir en Angleterre, ni combien dura son voyage. Il est évident que les terribles désordres de France empêchaient tout acheminement par ce pays (la route la plus courte), et en temps de paix, cet itinéraire exigeait trois semaines de voyage. Une dame anglaise qui épousa Don Lorenzo Sforza-Cesarini, Duc di Segni, etc., (les grands-parents de l'actuel Duc Lorenzo) fit ce voyage avec des chevaux de poste à l'automne 1837; et elle a décrit en détail à l'auteur de ce livre ce voyage, en mentionnant en passant qu'entre

1. Le mot magnanimità a changé de sens depuis le XVIe siècle, époque à laquelle Messer Niccolo Machiavelli disait que les Baglioni de Pérouse avaient manqué de magnanimità, parce qu'ils n'avaient pas étranglé leur hôte, Sa Seigneurie P.P. Jules II.

2. Existe-t-il une formule plus obscurément claire, plus insinuatrice de compliments? Le Cardinal Borgia, en laissant l'initiative à John Bull, réalise un tour de force en matière de diplomatie latine, diplomatie dont la force a toujours consisté à être maîtresse du jeu et savoir tirer les ficelles.

Londres et Rome, il fallait sortir et rentrer dans les États pontificaux au moins cinq fois, avec tous les inconvénients douaniers que cela supposait. Que doit avoir été ce voyage en 1799, quand la France était hostile à tous les pays étrangers, et particulièrement à l'Angleterre et à ses alliés! De plus, le voyage de Vienne à Venise durait quinze jours, comme on pourra le voir en regardant les dates des lettres citées plus loin. Ces considérations sont nécessaires pour expliquer le fait que trois mois s'écoulèrent avant que le Cardinal Borgia puisse connaître la réponse de Sir John Coxe Hippisley; car pendant ces trois mois, le voyage – le long voyage –, avait été fait deux fois (aller et retour) par le courrier; ce qui laissait peu de jours entre-temps pour l'action.

Il est curieux de penser que ces événements ne se sont produits qu'il y a un siècle; et cette vision intime de l'histoire privée et secrète du dernier Stewart et du dernier Borgia illustre aurait pu rester inconnue. S'il y avait eu le moindre élément désagréable dans cette transaction, la dissimulation aurait pu être concevable; mais bien au contraire, toutes les personnes concernées se voient éclairées d'un jour avantageux: Borgia, Stewart, les Anglais et – pour rendre au diable ce qui lui est dû – l'Électeur de Hanovre, vulgairement appelé George III. On se souvient des premiers Borgia à cause de leurs indiscrétions, de leurs faiblesses humaines:

«Le mal que font les hommes leur survit
Le bien souvent avec leurs os est enseveli.»

Voici donc une bonne action d'un Borgia, qui sera incontinent sortie de son importun sépulcre, et montrée à tous pour qu'ils l'apprécient et lui accordent tout le respect voulu. En recevant la lettre enchanteresse du Cardinal Borgia, Sir John Coxe Hippisley envoya à son Éminence une traite de 500 livres, le priant d'accepter cette somme pour l'Auguste Personnage, et «pour les exigences du moment». Il promettait en outre d'exposer l'affaire en bon lieu.

Les méticuleuses précautions qui sont invariablement prises pour assurer la liberté d'un Conclave pour l'élection d'un Pape ont déjà été décrites ici. À la mort de Sa Seigneurie P.P. Pie VI (à laquelle fait allusion la lettre du Cardinal Borgia), alors que Rome était occupée par les Français et toute l'Italie préoccupée par l'occupation étrangère, le Sacré Collège se rendit par étapes, en courant d'immenses périls, à Venise, où il se rassembla dans le couvent de l'Île de San Giorgio. Cela signifiait, entre autres choses, que les cardinaux n'étaient pas autorisés à recevoir ou à envoyer des lettres à moins qu'elles ne soient soumises à un examen rigoureux des cardinaux-censeurs, qui s'efforcent d'empêcher que le vote soit influencé par des puissances ou des considérations externes et séculières.

Le quatre janvier 1800, les cardinaux-censeurs de l'île de San Giorgio permirent la sortie d'une lettre du Cardinal Borgia à Sir John Coxe Hippisley, qui lui annonçait la réception des 500 livres, et évoquait la gratitude et la satisfaction de l'Auguste Personnage, lorsqu'il avait appris ce que l'on faisait pour lui. « Je suis moi-même enfermé ici dans ce Conclave pour l'élection d'un nouveau Pontife [dit le Cardinal Borgia] avec trente-quatre cardinaux qui, lorsqu'ils ont appris la générosité montrée par un Anglais vis-à-vis de leur Illustre Collègue... » Et il décrit les sentiments très sincères d'admiration et d'estime que ces Cardinaux italiens, comme tous les Italiens de toutes les époques et de tous les rangs (à l'exception des cardinaux du XIXe siècle) ressentaient pour l'Angleterre et les Anglais. Cette lettre est signée à la troisième personne.

« Suo servitore cordialissimo ed Amico

S. Card. Borgia »

Le vingt-six février 1800, le Cardinal fut autorisé à envoyer une seconde lettre à Sir John ; un mot très bref, en fait, qui disait qu'un gentilhomme anglais venait juste d'être autorisé à pénétrer dans l'Île, car il était porteur d'une « lettre très polie de Lord Minto » à l'Auguste Personnage. Cette « lettre très polie » est présentée ici telle quelle, à la fois pour elle-même et pour donner un exemple du français employé à l'époque par la diplomatie anglaise. Elle est adressée au Cardinal-Duc de York :

« De Vienne, 9 Fév. 1800.

« MONSEIGNEUR,

« J'ai reçu les Ordres de Sa Majesté le Roi de la Grande Bretagne de faire remettre à Votre Éminence la somme de deux mille livres Sterling, et s'assurer V.E. qu'en acceptant cette marque de l'intérêt et de l'estime de S.M. elle lui fera un sensible plaisir. Il m'est en même tems ordonné de faire part à V.E. des intentions de S.M. de lui transmettre une pareille somme de £ 2000 Sterling au mois de Juillet si les circonstances demeuraient telles que V.E. continuât à la desirer.

« J'ai donc l'honneure de la prevenir que la somme de £ 2000 Stg. est déposée à la maison de Messieurs Coutts et Cie., Banquiers à Londres à la disposition de Votre Éminence. En executant les Ordres du Roi mon Maître, V.E. me rendra la justice de croire que je suis infiniment sensible à l'honneur d'être l'organe des sentiments nobles et touchants, qui ont dicté a S.M. la démarche dont elle a daigné me charger, et qui lui ont été inspirés d'un côté par ses propres vertus, et de l'autre tant par les qualités éminentes de la Personne Auguste qui en est l'object, que par son désir de reparer partout où il est possible les désastres dans lesquels de fleau Universel de nos jours a paru vouloir entraîner par préférence tout ce qui est le plus digne de Vénération et de Respect.

« Je prie V.E. d'agréer les assurances de mes hommages respectueux et de la Vénération profonde avec laquelle

« J'ai l'honneur d'être,

« De Votre Éminence,

« Le très humble et très obéissant Serviteur. »

MINTO,
Env. Ex. et Min. Plen. de S.M.B.
à la Cour de Vienne.

Si on laisse de côté son verbiage poli, cette lettre annonçait au Cardinal Roi Henry IX qu'on lui offrait une rente annuelle de 4 000 livres aussi longtemps qu'il le jugerait bon. Il est peu honorable de dire, avec quelques Écossais, qu'après tout 1'Electeur de Hanovre n'offrait à Sa Majesté le Roi d'Angleterre qu'une portion congrue. La situation était difficile. Tout concourait à faire du Cardinal Henry Benedict Stewart, de par sa naissance, le seul Roi légitime d'Angleterre. Il n'y pouvait rien ; pas plus que n'importe quel être humain né de père et de mère dans un mariage régulier ; et la Royauté, étant d'origine Divine, ne peut être conférée, transférée ou confirmée que par la Divinité, agissant par l'intermédiaire de son Vice-Gérant Terrestre, le Pontife Romain. Les circonstances étant ce qu'elles étaient, et ces principes ce qu'ils sont, le Cardinal Henry avait noblement décidé de n'être roi que de nom. Sa simple existence, cependant, rendait dans une certaine mesure incertaine l'occupation par un autre du Trône d'Angleterre : pour une dynastie étrangère, il subsistera toujours un élément d'inquiétude tant qu'un membre de la dynastie dépossédée sera en vie. L'ordre ancien avait changé, et laissé place à un ordre nouveau ; mais le nouveau ne pouvait pas savoir ce que l'ancien accepterait – condescendrait à accepter – en cas de nécessité. C'était une situation très délicate. Par ailleurs, il était hors de question que Sa Majesté le Roi fasse connaître aux Anglais sa situation désespérée : le Cardinal Henry était Roi des pieds à la tête. Mais le bon cœur et la plume lucide du Cardinal Stefano Borgia résolurent la difficulté, en demandant – sur la base d'une amitié privée – l'intervention de Sir John Coxe Hippisley.

Quand les Anglais décident de changer leurs dynasties souveraines, ils doivent au moins préserver leur nation de la disgrâce de voir périr dans la misère quelqu'un qui peut vraiment dire : *« Mon Grand'père a autrefois porté la Couronne, touché les écrouelles sur les marches du Puit de St Winifred, et régné comme Roi en Angleterre. »* Le spectacle du mendiant aveugle de Constantinople criant « Date obolum Belisario » est honteux pour un continent, et la disgrâce de sa répétition doit être évitée. Une pension sur la Liste Civile aurait sans doute résolu le problème ; mais elle aurait comporté maints désavantages. Elle aurait exigé une certaine publicité : il aurait été fort désagréable pour l'orgueil de l'Auguste Personnage dont la vie et le caractère n'exigeaient que du respect.

On est maintenant habitué à entendre des membres d'une certaine classe d'Écossais désireux de briller – ne serait-ce que dans un miroir – dire avec orgueil que leurs ancêtres appartenaient à la génération de 1715 ou 1745. On n'entend pas si souvent des Anglais se vanter d'avoir pour ancêtres des héros qui ont été spoliés, mis hors la loi pour la même cause – mais en 1688 ! Dès le début, les Anglais résistent à l'agression ; ils ont l'habitude et se réjouissent de faire des sacrifices pour leurs souverains ; ils ne marchandent pas avec eux. Ce ne sont donc pas de bons vantards. Il n'y a aucun doute que les Écossais versèrent beaucoup de sang en 1715 et 1745 pour la Maison des Stewart. Qu'ils versèrent également pas mal d'or écossais en cette occasion. Mais on n'a jamais entendu dire que les Écossais loyaux – loyaux, comme ils disent, envers les Stewart – aient jamais envisagé de subvenir aux besoins de leur Seigneur, le Cardinal Roi Henry le Neuvième. La morale de Maître John Knox, dont l'ardeur iconoclaste s'arrête à la bourse, et qui fait de celle-ci l'objet idolâtre d'une adoration suprême des dulies, hyperdulies et latries, a sans nul doute affaibli le sentiment de fidélité vis-à-vis d'un roi qui était en même temps un papiste épiscopal. Un fond national, rassemblé par les partisans des Stewart, et qui aurait fourni un revenu annuel à leur souverain exilé, aurait constitué une solution noble et acceptable. C'est le devoir d'un peuple de maintenir son monarque ; et il n'est pas offensant pour la dignité de celui-ci d'accepter une telle aide. Le denier de St Pierre n'est qu'un fond de ce genre, institué par le Roi Alfred d'Angleterre pour subvenir aux besoins du Souverain Pontife. Dans le cas du Cardinal Roi Henry le Neuvième, cependant, aucune annuité de ce genre ne fut proposée par la nation dont une bonne partie des membres reconnaissait les droits légitimes. La fidélité aux Stewart se limitait à quelques rares individus; et il fallut donc chercher une autre façon de résoudre la difficulté.

La seule façon possible satisfaisante ou acceptable de régler le problème était un don privé fait par le Roi *de facto*, George III, au Roi *de jure*. C'est pourquoi une annuité de 4 000 livres fut offerte, non de la Liste civile, non de la Nation, mais de la Cassette du Roi – du Roi George au Cardinal Henry, d'un gentilhomme anglais à un autre gentilhomme anglais. Le tact et la franchise avec lesquels l'Envoyé Extraordinaire et le Ministre Plénipotentiaire de Sa Majesté Britannique à la Cour de Vienne firent cette offre; les termes flatteurs de sa lettre à l'« Auguste Personnage »; sa prudente dénonciation des Français qui avaient dépouillé le Cardinal; l'hommage rendu au Cardinal: toutes ces qualités méritent l'épithète de « très polie » employée par le Cardinal Stefano Borgia pour cette lettre, et rendaient la proposition honorable et acceptable. C'est du moins ce qu'estima le Cardinal-Duc d'York, comme le montreront les deux lettres citées plus loin. On observera qu'elles sont écrites dans un anglais incohérent et bizarre. Il ne faut pas oublier qu'elles étaient écrites par un très vieux gentilhomme, dans des circonstances très agitées, dans une langue terriblement difficile qui, quoi qu'elle fût sa langue maternelle, lui était en même temps étrangère; car il n'avait jamais vécu en Angleterre, et dans l'exil qu'avait été toute sa vie, il n'avait employé que le latin avec les membres du clergé, ou l'italien avec ses amis.

Il écrivit du Conclave réuni sur l'île de San Giorgio le 26 février 1800; et ses lettres sont scellées avec les Armes Royales d'Angleterre et de France, surmontées du Chapeau de Cardinal, et non de la Couronne.

I. (À Lord Minto)

« Avec l'arrivée de Mr. Oakley qui a été ce matin avec Moi, j'ai reçu par ses paroles, et plus encore par vos lettres, tant de Signes de votre singulière considération et d'attention pour Ma Personne que cela m'oblige à abandonner toute espèce de cérémonie et à commencer abruptement par vous assurer, mon cher Lord, que vos lettres ont été pour Moi tout à fait acceptables dans leur forme et leur contenu. Je n'ai jamais douté le moins du monde de la manière noble de penser de votre généreux et bienfaisant Souverain; mais je ne m'attendais pas à voir dans une lettre tant d'expressions obligeantes qui, reçues par les Personnes qui comprennent leur force, impriment dans leurs esprits un sentiment vivant de tendresse et de gratitude qui, je dois vous le dire, m'oblige à plus qu'une simple générosité.

Je suis en réalité incapable d'exprimer par écrit tous les sentiments de Mon cœur, et pour cette raison laisse entièrement à l'intérêt que vous prenez à tout ce qui touche Ma Personne de faire connaître de manière énergique et convenable toute la Gratitude que je n'arrive pas à exprimer mais que vous pouvez aisément comprendre après avoir lu attentivement cette lettre.

Je vous suis très obligé de M'avoir indiqué la manière dont je peux écrire à Coutts, le Banquier de la Cour, et suivrai vos conseils amicaux. Entre-temps je suis très désireux que vous soyez convaincu des sentiments de sincère estime et amitié avec lesquels, mon cher Lord, Je vous embrasse de tout Mon cœur.

HENRY CARDINAL »

II. (À Sir John Coxe Hippisley)

Vos lettres ne persuadent pleinement de l'intérêt cordial que vous avez eu pour Ma Personne, et je suis heureux de reconnaître que c'est à vos efforts amicaux, et à ceux de vos amis, que je dois le secours qui M'a été généreusement accordé pour affronter les problèmes extrêmes dans lesquels les tristes circonstances actuelles M'ont plongé. Je ne puis exprimer suffisamment combien Je suis sensible à votre bon cœur; et je vous écris ces quelques lignes en premier lieu pour vous exprimer Mes sentiments les plus sincères et les plus reconnaissants, et pour vous informer que par Mr. Oakley, un gentilhomme anglais arrivé ici la semaine dernière, J'ai reçu une lettre de Lord Minto, de Vienne, M'avisant que sa cour lui avait donné l'ordre de Me remettre la somme de 2000 livres sterling, et qu'au mois de juillet je puis également, si je le désire, retirer la même somme. Sa lettre est écrite d'une manière si obligeante et si aimable et avec de telles expressions d'attention et de considération pour Moi, qu'elle a, je vous l'assure, éveillé en moi des sentiments très vifs et très particuliers, non seulement parce que je suis satisfait de la délicatesse avec laquelle l'affaire a été menée, mais aussi par gratitude pour la générosité dont on a fait montre à Mon endroit.

J'ai répondu à la lettre de Lord Minto, et ai donné Mon mot à Mr. Oakley qui allait l'envoyer par la poste du soir (le courrier diplomatique) à Vienne, et je l'ai écrite d'une manière qui, je l'espère, procurera toute satisfaction à ce Seigneur. C'est à vous que je dois ce secours sans lequel il M'aurait été impossible de subsister, étant donné la perte absolument irréparable de tous Mes revenus – les biens eux-mêmes ayant été détruits ; si bien que sans cela, J'aurais été réduit pendant le court laps de temps qui Me reste à vivre à languir dans la misère et l'indigence. Je vous en remercie de tout cœur, et je suis certain que votre cœur bon et expérimenté saura trouver les moyens de Me faire connaître de manière énergique et appropriée ces sentiments de reconnaissance ».

Le meilleur de vos amis,

HENRY CARDINAL. »

Il n'est pas nécessaire d'évoquer ici le reste de l'histoire de H.R.H. le Cardinal Duc d'York. Il mourut en 1807, et fut honorablement enterré dans la Basilique vaticane avec son père et son frère, dans une tombe portant leurs noms et titres, James III, Charles III, Henry IX, derniers rois de la Maison Royale des Stewart, « qui ont payé trois couronnes pour une messe », qui ont sacrifié les couronnes de Grande Bretagne, de France et d'Irlande plutôt que leurs convictions religieuses. Puissent-ils reposer en paix. »

L'action du Cardinal Stefano Borgia qui vient d'être décrite ne fut pas la seule manifestation de noblesse d'âme dont il fit preuve pendant le long Conclave de 1799-1800. Il fit – ou plutôt ne fit pas – une autre bonne action ; ce qui suffirait à lui gagner un grand renom.

On a déjà dit ici que les ambitions humaines atteignent leur sommet extrême lors de l'élection d'un Pape par un Conclave. À différentes époques de l'histoire, la papauté a été considérée comme l'apanage d'un empire, ou des grands baronages italiens, les Crescenzi, les Colonna, les Orsini, les Savelli, les Medici. La Maison des Borgia, non sans raison, désirait atteindre le rang de celles-ci ; et les cardinaux Borgia s'attendaient toujours à être élus. Il y avait déjà eu deux Papes Borgia, le tenace Calixte III, et l'invincible Alexandre VI. L'arrière-petit-fils de St Francisco de Borja, le Cardinal Don Gaspero, avait publiquement espéré être le troisième, mais ses espérances avaient été déçues. À la fin du XVIIIe siècle, dans un autre Conclave, un autre Cardinal Borgia, le noble Cardinal Stefano, était présent, et l'on s'attendait à ce qu'il sorte de ce Conclave sous le nom de PIERRE, et non de Stefano, couronné du Triregno, le diadème pontifical fait de plumes de paons blancs et de trois couronnes d'or.

Humainement parlant, ses chances d'être élu étaient absolues. Tout le Sacré Collège le considérait comme un *facile Princeps.* Son érudition, son pouvoir dominant, sa simple piété, sa personnalité sympathique à tous l'assuraient d'une majorité unanime, s'il choisissait d'entrer dans les rangs des cardinaux en compétition, c'est-à-dire des cardinaux qui, éligibles, voulaient également être élus.

Lorsqu'un homme sait qu'il est capable de faire certaines actions légitimes et bénéfiques, le monde est tenté de considérer, comme une folie le fait qu'il néglige de rechercher l'occasion d'exercer ses talents. Si un ecclésiastique est persuadé que dans une certaine position, doté d'une certaine autorité, il peut servir Dieu, pourquoi renoncerait-il à obtenir cette position par une lâche terreur des inévitables brocards et insultes d'une multitude vénale, incompétente et envieuse ? Sa Seigneurie P.P. Pie II n'avait pas peur. Elle connaissait ses propres pouvoirs. Elle était convaincue de la pureté de ses intentions ; et en qualité de Cardinal Enea Silvio Bartolomeo de'Piccoihuomini, Elle répondit aux plans du Cardinal Guillaume d'Estouvile lors du Conclave de 1458 par des contre-plans et parvint à accéder au Trône pontifical. Il y a un autre exemple, plus proche de nous, et qui date du siècle dernier : l'exemple d'un prévôt de chapitre de cathédrale métropolitaine, qui connaissait son pouvoir, qui savait que le successeur légalement désigné de l'archevêque n'était pas qualifié pour les responsabilités de cette charge, et qui avait un agent au Vatican pour proposer sa candidature une fois le siège vacant – jusqu'à ce que Sa Seigneurie P.P. Pie IX, déclarant qu'il s'agissait d'un *colpo-di-stato di Domeniddio,* fit du prévôt converti l'Archevêque de Westminster. On ne saurait alléguer que le Cardinal Henry Edward Manning s'est indignement conduit en montrant concrètement qu'il repoussait cette doctrine ridicule et maléfique prêchée par des dégénérés et des vicieux, et selon laquelle *Le Tout-Puissant veut que beaucoup de ses Bonnes Œuvres soient gâchées.* On ne saurait alléguer que le Cardinal Manning agit par orgueil personnel ou par désir de promotion. Toute sa vie de sacrifice, de lutte incessante pour le bien-être spirituel et temporel de tous les hommes, sans distinction de croyance, d'intense humilité, de mortification ascétique, prouve le contraire. Si bien que le noble caractère du Cardinal Stefano Borgia n'aurait nullement été souillé s'il avait souhaité se présenter comme candidat au Trône de St Pierre.

Mais il ne le désirait pas. De fait, il manifesta qu'il ne souhaitait pas être élu ; et le Sacré Collège choisit un autre Très Éminent Seigneur, le Cardinal bénédictin Gregorio Luigi Barnabo Chiaramonte, qui fut proclamé Pape sous le nom de Sa Seigneurie P.P. Pie VII. Ainsi la Chrétienté n'a-t-elle toujours pas de troisième Borgia, Pontife, et il est improbable que cette lacune soit bientôt comblée : depuis le Cardinal Stefano, aucun Borgia n'a porté le chapeau de Cardinal ; mais ce n'est pas une situation irrémédiable, car la Maison des Borgia reste vivante.

Il y a peu à dire du dernier Borgia illustre. À la mort du Cardinal Gerdil, le Cardinal passa de la Propréfecture à la Préfecture de la Propagation de la Foi.

En 1804, alors qu'il accompagnait le faible Pie VII à Paris (où Sa Sainteté avait été emmenée pour couronner empereur le consul d'origine corse, Napoléon Bonaparte), le Cardinal Stefano Borgia mourut, à l'âge de soixante-treize ans, pendant la Fête de la St Clément, le vingt-trois novembre, à Lyon, et il fut enterré là dans la cathédrale. Il vaut la peine de noter qu'il avait été baptisé dans la cathédrale St Clément de Velletri en décembre 1731 ; qu'il avait obtenu son titre de cardinal avec l'église St Clément de Rome ; et qu'il mourut en 1804 à la St Clément. Son ami, Fra Pietro Paolino da San Bartolomeo, un Carmélite, écrivit sa biographie. Le fameux Cancellieri composa son élégie, qui a été publiée de nouveau par Bodoni. Le Musée d'antiquités Borgia, qu'il a fondé à Velletri, et dont le savant catalogue est l'œuvre de son oncle, Don Filippaurelio Visconti, se trouve en grande partie au Musée Royal de Naples ; le Collège de la Propagation en a une partie moins importante, ainsi que sa splendide bibliothèque.

La Maison des Borgia continue à vivre avec les descendants du frère du Cardinal Stefano, le Cavaliere Giampaolo Borgia de Velletri, général de l'armée pontificale, qui épousa la représentante de deux des plus importantes maisons de Romagne, souvent mentionnée dans ces pages pour avoir été conquise par le splendide Duc Cesare (dit Borgia) di Valentinois della Romagna, lors des campagnes de 1499, 1501 et 1502 – la Comtesse Alcmena[1] Baglioni-Malatesta de Pérouse. Ce mariage a donné dix-huit enfants. Les noms de cinq d'entre eux ont été découverts à cette date : l'aîné, le Cavaliere Camillo ; Don Clemente ; Don Alessandro ; Don Cesare, et le plus jeune, Don Francesco.

(a) Le Cavaliere Camillo Borgia, né en 1777, a été chef d'État-major et maréchal du Roi Joachim Murat de Naples ; Conseiller-aulique et Chargé d'affaires du Roi du Danemark à Rome ;

1. *Alcmènè*. Il est curieux de noter la survivance des noms grecs dans les vieilles familles d'Etrurie.

Chevalier de la Légion d'Honneur[1] et de l'Ordre des Deux Siciles[2]. Il s'est distingué dans la carrière militaire, ainsi que dans le domaine des lettres. Après s'être retiré de l'armée, il a beaucoup voyagé en Afrique du Nord pour étudier les antiquités latines. L'une de ses œuvres l'a rendu célèbre, le *Planisfero Borgiano.* Il a épousé Mademoiselle Adelaide Quaison (morte en 1865) et est mort en 1817, laissant :

Don Ettore Borgia, né à Velletri en 1802, Patricien romain, Chevalier d'honneur et de dévotion de l'Ordre de St Jean de Jerusalem de Malte, Chevalier-Commandeur de l'Ordre de St Grégoire le Grand[3], Gonfalonier de Velletri, représentant national de Velletri au parlement romain de 1848, et gouverneur provisoire de Velletri en 1871. Il mourut en 1892 à Melazzo, en Sicile, à l'âge de quatre-vingt-dix ans ; et sa mort sans descendance a mis fin à la branche Vélliternienne des Borgia.

(b) Don Clemente Borgia, de Rome, qui épousa Donna Luisa Calderoni, et mourut en 1852, laissant :

(a) Don Adriano, mort non marié ;

(b) Don Tito, mort non marié ;

(c) Don Costantino, prélat (auteur de *De Cathedra Romana Sancti Petri Principus Apostolorum Oratio*, etc., volume in-quarto publié à Rome en 1845) ; mort non marié en 1878 ;

(d) Don Augusto, prélat, mort en 1820. Sa mort, le 2 septembre 1900, sans descendance, a mis fin à la Branche romaine de la Maison des Borgia.

---

1. La Légion, d'Honneur est un ordre français fondé sous le consulat de Napoléon Buonaparte, le 20 floréal, An X ; ratifié par le Roi Chrétien Louis XVIII le 6 juillet 1814. Il est gouverné par un Grand Maître qui est l'empereur, ou le roi, ou le président français, selon la mode du moment. Il contient cinq classes. Les chevaliers et officiers ont des croix d'argent. Les commandeurs, grands officiers et grands-croix portent une décoration en or. Sa devise est : HONNEUR ET PATRIE.

2. L'Ordre des Deux Siciles a été fondé par Joseph Buonaparte le 24 février 1808, pour récompenser la loyauté, le courage et les fidèles services.

3. L'Ordre de St Grégoire le Grand a été fondé par Sa Seigneurie P.P. Grégoire XVI pour le mérite civil et militaire le 1er sept. 1831. Il comporte quatre classes : premier et second grand-croix, commandeurs et chevaliers. L'avers de la médaille d'argent octogonale porte une croix à huit pointes en émail rouge, avec un bouclier portant une effigie de Sa Seigneurie P.P. Grégoire le Grand, le Pape qui envoya Ste Augustine convertir les Anglais en 596 après J.-C. Le revers porte la légende : PRO DEO ET PRINCIPE GREGORIUS XVI.P.M. ANNO I.

(c) Don Alessandro Borgia, né en 1788, Ballì de l'Ordre de St Jean de Jérusalem de Malte, mort en 1872.

(d) Don Cesare Borgia, Chevalier Commandeur de l'Ordre de St Jean de Jérusalem de Malte, homme de lettres à Ferrare (la ville dont Madonna Lucrezia avait été la Duchesse souveraine) jusqu'à sa mort en 1861. *(Il faudrait citer ici les noms de treize enfants du Cavaliere Giampaolo Borgia et de son épouse la Comtesse Alcmena Baglioni-Malatesta de Pérouse qui, actuellement, ne sont pas accessibles). Le dix-huitième et plus jeune fils de ce Cavaliere était:*

(e) le Noble Francesco Borgia, né en 1794; Chevalier d'honneur et de dévotion et Commandeur héréditaire de l'Ordre de St Jean de Jérusalem de Malte; Chevalier de l'Ordre du Lys de France[1]; Chevalier de l'Ordre des Deux Siciles; Patricien de Rome, qui épousa la Noble Luigia Ferrari di Cremona, Comtesse-Douairière Cassera (morte en 1855) et fonda la Maison des Borgia de Milan par son mariage avec une dame de cette ville en 1822. Mort en 1861 en laissant:

(a) La Noble Alcmena, mariée au Marquis Paolo Litta-Modignani de Milan;

(b) Le Noble Cesare Borgia (actuel héritier de l'Illustre Maison des Borgia), Chevalier d'honneur et de dévotion et Commandant héréditaire de l'Ordre de St Jean de Jérusalem de Malte; Patricien de Rome (dont le patriciat donne à son détenteur le droit au titre de Comte); né à Milan le vingt-sept janvier 1830, il épousa en 1856 Donna Clementina Tarantola (qui mourut en 1884) et eut:

(a) Don Francesco Borgia, né en 1863; épousa en 1885 la Marquise Eugenia Litta-Modignani di Menzago e Vinago; Patricien de Milan, qui eut:

(a) Don Cesare Borgia, né en 1886;

(b) Don Alessandro Borgia, né en 1898.

AD MULTOS ANNOS

---

1. Le deux avril 1814, M. Le comte d'Artois autorisa la Garde Nationale de Paris à porter une fleur de lys en argent accrochée à un ruban blanc moiré. Le vingt-six avril, une étoile remplaça la fleur de lys, et une bordure bleue fut ajoutée au ruban blanc. La Décoration fut appelée l'Ordre du Lys de France, et tous les «décorés» doivent jurer un serment de fidélité à Dieu, et obéissance au Roi.

NOTE DE L'ÉDITEUR

Nous avons conservé aux noms propres l'orthographe employée par le baron Corvo, aussi étrange qu'elle soit parfois.

Table des matières

Cet ouvrage a été composé
par Atlant'Communication
au Bernard (Vendée)

Impression réalisée par
l'Imprimerie Darantiere (Dijon-Quetigny)
en mai 2013

Imprimé en France
N° d'édition : 244 – N° d'impression : 13-0502
Dépôt légal : mai 2013